華人本土
心理學30年

工商管理與臨床療癒

五南圖書出版公司 印行

華人的本土心理學實在是一種「將華人當華人來研究」的心理學，而不是一種「將華人當美國人或西方人來研究」的心理學。

──楊國樞（1993）[1]

　　在日常生活中，我們是中國人；在從事研究工作時，我們卻變成了西方人。我們有意無意地抑制自己中國式的思想觀念與哲學取向，使其難以表現在研究的歷程之中，而只是不加批評的接受與承襲西方的問題、理論與方法。

──楊國樞（1982）[2]

　　編者謹以楊先生的兩段話，紀念他逝世四週年。

──2022 年 7 月 17 日

---

[1] 楊國樞（1993）：〈我們爲什麼要建立中國人的本土心理學？〉。《本土心理學研究》，1 期，頁 6-89。

[2] 楊國樞（1982）：〈心理學研究的中國化：層次與方向〉。見楊國樞、文崇一（編）：《社會與行爲科學研究的中國化》。頁 53-188。臺北：中央研究院民族學研究所。

序

　　由楊國樞先生所創建之華人本土心理學，發展至今數十餘載，從起先的為何本土，何為本土，積累至今而出如何本土，乃至於整合本土。就先從基本的發展來看，自 1991 年出版的《本土心理學研究》剛過第五十期。同一時期，又陸續出版了《中國人的心理與行為》系列叢書（1991 年到1993 年）。之後，於 2005 年，更是由楊國樞、黃光國、楊中芳主編《華人本土心理學》，共上下兩冊，匯集了當時本土心理學相關的知識內容，這套叢書不僅是在學術界深獲好評，在兩岸三地華人心理學術社群中有諸多回響，且也成為大專院校（尤其研究所階段）本土心理學知識的重要教材。然而，楊國樞先生於 2018 年辭世，學術界不僅深感遺憾，也由此讓諸多本土心理研究學者重新反思，自上次成書至今，時過境遷已久，本土心理學知識內容至今積累更甚，係以更需要再次進行爬梳整理。據此，本叢書不只是對華人本土心理學的再次匯聚，同時也是紀念楊國樞先生一直以來對本土心理研究的引領投入，以他帶領創辦《本土心理學研究》一學刊，及開啟「系列叢書」的 1991 年為標記，到本書預期出版的 2021 年，正好 30 年，是故取名為《華人本土心理學 30 年》。

　　從 2018 至今，主編群廣邀相關學者多次討論，我們也重新沉澱反思，這數十年來自身所涉入的本土心理學領域，於內部（華人社群）之演進和與外部（國際學界）之對話。至終，透過將近三年的時間，由諸位作者撰寫內容，再由各自子領域專輯編審統整集合，並先提供初步的書寫意見，待該章作者修改回覆後，才再整理匯集。故此次更新再版，於質與量都有極大的突破。首先，以冊數來論，由之前的兩冊（上、下）拓展延伸至三冊，字數更高達一百多萬字。於內容來看，更強化了主題性，上、中、下三冊依序為《華人本土心理學（上冊）：本土研究取徑及理論》、《華人本土心理學（中冊）：自我、人際與家庭關係》、《華人本土心理學（下冊）：工商管理與臨床療癒》，即是從本質方法論，到以個人延伸至他者的主題脈絡，乃至於生活場域中的具體實踐。此外，上、中、下每冊各自又含有三大部分（篇），共九大篇，共計三十一章。

更進一步地，對照於 2005 年初版之作者序中，其中提到希冀於未來能擴增相關章目，包含華人本土自我歷程、華人性格研究、中庸思維、華人家庭教養、華人家長式領導、華人本土心理治療等。這些內容均於此次更新再版都有專章論述之，故也是補充且延伸甚而突破了初版內容。以下，我們將依序說明三冊內容之安排，並介紹其中增添與亮點。

1. 上冊：本土研究取徑及理論

首先，在這一冊的內容，主要是追蹤「華人本土心理學」第一版出版之前後，過去 30 年間「憑文化的根基闖天地」，在三個方面的研究進展：(1) 如何做本土研究的理論探討；(2) 傳統概念的心理學研究成果；(3) 現代化對華人社會帶來的價值變遷及融合方式的報告及反思。

本冊第一部分的內容，主要就是在追蹤第 1 版出版之後，在本土理論研究方面的進展，包括了黃光國、翟學偉及楊中芳所寫的三篇文章。他們三位在本土研究這個領域都算是老兵了，各自對要如何進行本土研究有他們不同的切入點及領悟。對比他們在這兩版中的論述，提供讀者一個機會看到個別本土理論發展的歷程。在這一部分的最後，鍾年記錄了早年一些有影響力的學者在出洋考察學習後，對國人要如何革新所作的深思，提供了一個作本土研究的初心，是一個很重要的補遺及喚醒。

黃光國由其早年對人情、面子、關係的本土建構出發，走入用西方建構實在論去重新思考作本土研究的取徑，到近來提出做本土研究不能困於心理學或社會學的門戶之限，要用一個社會科學整合的宏觀角度來構思華人的生活世界。翟學偉早年是從面子開始研究的，他歷經了以各種視角來詳盡探討的過程，也經過與自我、人情、人際關係等放在一起探研的階段，促使他提出建構以一個宏觀社會交往架構來做本土研究的取徑。楊中芳多年對傳統中庸概念所做的心理學研究，讓她領悟到中庸實踐思維，有別於我們現在視為當然而的主流心理學思考進路，因而主張將之發展成為一套本土研究取徑。編者認為三者反映了難得的「殊途同歸」。

在本冊第二部分中，記述了三個將華人文化傳統概念進行心理學研究的案例。這一研究取徑，相對於換用其他科學範式來作本土研究的取徑，可以說是最原始、最直接也是最保守的嘗試。只是把在現今華人社會中，尚在運作的傳統概念，孝道及中庸，沿用主流心理學現有的實證研究範式，加以探研之。然而，這樣原本簡單的構想，經過多年的探研及浸泡，反覆地與西方主流研究進行交流與對話，卻最終各自走上不同的本土道路。楊中芳藉之領悟到主流思考進路對貼切地研究本土心理課題的「力不從心」之處，從而提出換用中庸思維進路，來做本土研究的建議。而曹惟純、葉光輝多年研究孝道的經歷及成果，卻引領他們走向將所得的認知發展理論應用到其他研究課題，甚至到普世領域之中。編者認為這兩個案例反映的是和諧的「分道揚鑣」。韋慶旺的研究固然也是在探討中庸這個課題，但是確對「中庸」到底是什麼，作了更細緻、深入的剖析，並用了一個普世價值的架構，來加寬對它涵義的理解。

在本冊的第三部分中，主要是記敘臺灣及中國大陸社會在現代化的過程中，如何吸收及融合外來文化，從而促成自身文化改變的實例。王叢桂的重點是放在臺灣工作價值觀的流觴；周玉慧則是放在臺灣對家庭價值觀的變遷；彭泗清則從中國大陸社會快速轉型的過程中，在消費價值觀及行為方面的轉移。楊世英則是從她多年探討的智慧研究資料去發現臺灣社會有很容易接受及融合外來文化的價值取向，從而建議在今後的本土心理研究中要加強探討文化複合的各種取徑的研究。研究價值觀不免要涉及到兩個問題：一個是全球普世性／文化特殊性；另一個是理想與現實的差距，四位作者在文中都或多或少涉及到這些問題。價值觀本身肯定涉及的是理想層面，其中確實有許多普世的成分在內；然而，如何在日常生活的方方面面將之付諸實行，倒真應該是本土研究者的關注點。本書這一部分的四位作者都非常盡力地反映了這一點。

2. 中冊：自我、人際與家庭篇

到了中冊，則是進入更為具體之領域主題，三大主題分別是「自我與性格」、「愛情、婚姻、家庭」與「人際與群際關係」，也由此呼應

2005 年初版中對於這些領域的疏漏補遺。

對於自我與性格的部分，共有四章，先由孫蒨如對於楊國樞先生在華人自我四元論的建構進行縝密豐富的說明，尤其分析了此四種自我取向：個人取向、關係取向自我、家族（團體）取向自我、他人取向之特性，以及可透過實驗方法進行區辨和機制探討。楊宜音與張曙光一文則更進一步地從宏觀文化層次，探討華人自我觀中之「公」與「私」之運作和內涵，且更回歸到思考「關係」作為華人自我構念之本質意義。最後，許功餘、莊詔鈞、蔡沂珊則對於華人性格研究進行極完善的闡述跟分析，且是透過兩章之篇幅，先說明華人性格在「因素與結構面」的特性，並且比較了不同研究取徑所得的結果。之後，再細部探討華人性格對於各種心理功能和適應的影響機制，從個人層次（如心理健康）到人際層次（如關係品質）之關聯與路徑，都有相當詳實統整的介紹。

中冊的第二部分，則是探討華人社會心理中的愛情、婚姻、家庭關係，共有三章。首先，由張思嘉、楊淑娟透過華人歷史文化的追溯，對比於西方以浪漫為基礎的愛情觀，進而分析兩者對於現下社會的影響。利翠珊一文則探究進入婚姻中的夫妻關係，並且也分析社會與法律政策的影響，以及不將婚姻關係視為一停滯不動的狀態，而是富含不同階段性的「起、承、轉、合」，係由此探究在這階段中的婚姻適應與調節。最後，許詩淇更是聚焦於華人社會中耳熟能詳的「婆媳關係」，其文章標題就以「嫁娶 vs. 結婚」，直接道出華人社會與西方社會對婚姻關係上的認知與定位差異，且由此思考「家庭」之功能和內涵在本質意義的出入。有趣的是，這三章都多少提及現今的小說、散文甚或連續劇內容，並也提及古文經典中之語句論述，甚能感受到華人心理對於「愛、婚、家」的不變與變。

中冊的最後一部分則是人際與群際關係，共有四章。首先，由林瑋芳對於華人在「忍」的樣貌與機制做了更完整的說明，並且比對近期北美心理在情緒壓抑和犧牲行為上的差異，更精緻地展現出「忍」在華人人際中的多層次性與正向功能。黃囇莉一文則對其早先提出的人際衝突與和諧模型進行了更完整的回顧，歸納整理的其自博士論文至今的相關文獻，並也針對不同人際關係（如職場主管部屬、青春期友誼、親子家庭）下的衝突

與和諧歷程予以闡述，展現了其理論觀點更豐富的延伸與突破。之後，再由李怡青對於華人群際關係進行深入探討，尤其聚焦在群族和性別領域，這也是近代華人社會中相當迫切的議題，從個人層次延伸至社會認同層次，並且也充分整理兩岸三地之間的資料和觀點。最後，許詩淇與簡晉龍則再聚焦於華人社會互動中的親疏尊卑關係，反思在先天既有名分與後天實然互動中，並且搭配權威而形成所謂親親尊尊之人情往來，由此衍生出更富層次性與交織性的互動角本。有趣的是，這四個章節在上一次的版本中均有，都是本土心理早先關注的議題，但熱度不僅沒有隨時間削弱，反而是更加獲得關注，理論拓展跟實際面向也愈趨豐富。

3. 下冊：工商管理與臨床療癒

　　本書的最後一冊，則是聚焦於實務應用場域──工商與心理治療，這部分也是三大部分，依序為「組織與領導」、「組織行為與廣告說服」、「人文臨床與倫理療癒本土化」。首先，在工商組織心理與行為的研究中，新版篇幅擴大許多，增益了兩大部分，在第一部分主要是以鄭伯壎教授研究團隊之華人領導研究，係由他與黃敏萍完整地回顧其家長式領導的三元模式：威權領導、仁慈領導以及德行領導，並闡述其中機制跟對組織效能的影響。接續於此，其後由林佳樺、姜定宇則深入探究差序式領導，即是點出了「關係」於華人職場中所扮演的核心角色，並且仔細審視出才（庸）、忠（逆）、質（劣）、群（孤）、親（疏）之內涵與影響。最後，周婉茹則更進一步地聚焦於威權領導之獨特意涵，且對於已發表的一百多篇文獻進行大規模的整合分析（meta-analysis）與系統性回顧，此般呈現不只能見作者之用心，更讓人意識到該領域的蓬勃發展。

　　下冊的第二部分承接前脈絡，先是由姜定宇與鄭伯壎對於華人組織中的「忠誠」，他們先是對比了西方相近概念如組織承諾與組織公平行為，在由此回顧出《忠經》於更後設層次中對華人社會的影響，是以點出了犧牲、服從、配合、輔佐的華人文化組織文化特殊性。林姿葶一文則開拓了一個新興華人組織議題，即是從動態的「時間觀」予以著手，尤其從《周易》與佛學的角度，探究華人組織在面對不同時間尺度之變動知覺，並由

此帶出特有的華人組織中的時間觀領導。最後，林升棟一文則進入更爲貼近日常生活中的應用面向：消費與廣告說服。其細緻比較了經典廣告在東西文化間之差異，且點出了典型西方說服研究中在「情」與「理」之二元架構限制性，進而提出了華人說服歷程中乃需要「情理交至、主客相容」的整合觀點，而非僅以「以理束情；主客相分」的侷限立場。

　　下冊的最一部分則是探究華人心理治療實務現場，共有三章。首先，林耀盛與劉宏信從「倫理療癒」之本土化切入臨床心理場域，並以詮釋現象學的觀點和方法探究人文臨床的可能，是以不只是心靈上的療「癒」，更是貼近生活上親臨的療「遇」。李維倫更承接於此，先從民間宗教行巫探究華人「受苦」轉化甚或昇華，進而帶出整合「心性」與「倫理」的「柔適照顧」。最後，彭榮邦以自身在大學場域中教導本土心理學的經驗爲起始，反思華人臨床心理學訓練在實習現場中感知到的「學用落差」，進而重新解構「本土心理學」一詞，由此衍伸出生活即是本土、生命即是學習，兩相並至而出的「本土心理＋學」。最後這一部分，在 15 年前的初版書中，主要是由余德慧老師主筆撰寫。惜天不假年，余德慧老師也於 2012 年辭世，然而從這次再版內容來看，能見其發展並沒有因此中斷，而是有更積極的開拓，且更是將理論面和實務面完好接合，爲本土心理學應用上提供了一個良好典範。

　　最後，我們要再次深深感謝本書的所有作者（超過三十名學者專家），爬梳彙整了如此豐富的內容。起先，我們本來預計以一年的書寫期程（自 2018 年開始），再搭配審查與出版程序，期望能在 2021 年出版，以趕上由中央研究院民族學研究所主辦的「第十二屆華人心理學家」學術研討會，該會也是由楊國樞先生於 1995 年發起籌辦至今。本想於會議前完書，也同時紀念楊國樞先生在本土心理學上的奉獻。然而，人算不如天算，新冠肺炎疫情（Covid-19）打亂了世界秩序，對於學術界也帶來巨大衝擊，本書篇章之作者們多於大專院校服務，因應著各式臨時變動，著實費心費力。所幸且感佩的是，即使在面對如此紛擾，作者群依舊再接再厲，僅以又額外一年的時間完成書稿，且「第十二屆華人心理學家」也因

應疫情延期至 2022 年，如此這份紀念仍然可能。於末，我們期許本土心理學能因本叢書出版，讓本土心理學術社群更由此啟發激盪，引領出更具深度與廣度的本土心理研究，並且期待下一個 15 甚或 30 年，能看到更嶄新的一頁。

張仁和、楊中芳

作者簡介

（依姓名筆畫排序）

李維倫

　　美國Duquesne University臨床心理學博士。現任政治大學哲學系教授，曾任東華大學諮商與臨床心理學系教授、系主任。

林升棟

　　廣州中山大學社會心理學博士。現任中國人民大學廣告與傳媒經濟系教授、新聞與社會發展研究中心研究員。

林佳樺

　　中正大學心理學系博士候選人，中正大學心理學碩士及美國紐約州立大學石溪分校科技系統管理碩士。

林姿葶

　　臺灣大學心理學研究所博士，現任政治大學心理學系副教授。

林耀盛

　　臺灣大學心理學系博士，現任臺灣大學心理系教授。

周婉茹

　　臺灣大學心理學博士，中原大學心理學系助理教授、臺灣工商心理學學會副秘書長。

姜定宇

臺灣大學心理學博士，現任中正大學心理學系教授兼系主任，美國伊利諾大學香檳校區心理學系訪問學者。

黃敏萍

臺灣大學管理學院組織行為暨人力資源博士，曾至法國INSEAD商學院擔任訪問學者。現任元智大學管理學院教授兼副院長、博士班暨經營管理碩士班主任。

彭榮邦

美國杜肯大學臨床心理學博士，現任慈濟大學人類發展與心理學系副教授。

鄭伯壎

臺灣大學心理學博士，現任臺灣大學心理學系終身特聘教授、傅斯年紀念講座教授，以及社會科學類國家講座主持人，並為臺灣組織行為與領導研究領域的開拓者。

劉宏信

東華大學多元文化教育研究所博士，現任台北市基督教勵友中心副執行長。

目　錄

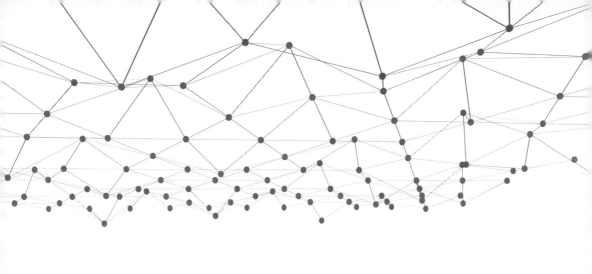

◆ 第七篇

組織與領導

（鄭伯壎主編）

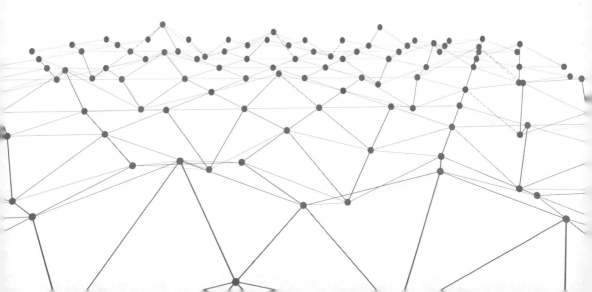

第二十三章

華人組織中的領導

鄭伯壎、黃敏萍

一 前言

古今中外，領導現象都是一個令人重視的研究課題，理由是一位卓越的領導者往往能夠力挽狂瀾，締造豐功偉業，甚至改寫人類的歷史。而自古以來，歷史學家、哲學家就常常對領導現象加以說明與詮釋，試圖揭開領導的神祕面紗。甚至著名的君臣對話錄、名人的演說也就成了許多人學習的對象，以便從中獲得寶貴的經驗。然而，由於領導是一個頗為複雜的現象，要透過這種瑣碎與片斷的臆測掌握領導的現實，實屬不足。因而，在二十世紀之交，終於開啟了科學性的領導研究與探討。

從領導研究的歷史軌跡來看，這種科學性的探討，在 1980 年以前的西方，幾乎都是採取準則式的研究途徑（nomothetic approach），堅持領導現象與領導內容應該是放諸四海皆準的，不太應該受到文化、地域、國家的影響，甚至宣稱有全球性、普遍性的領導作風存在（House et al., 1997）。然而，在 1980 年以後，許多研究者在透過理論整合與跨文化取徑的反思，承認領導內涵頗受文化的影響，不能視之不見。他們強調：雖然領導也許是全球共有的現象，但領導的內容卻是鑲嵌在文化之下的，隨著文化的不同，領導的內涵及其與效能的關係是有差異的（Chemers, 1993; Hofstede, 1980）。

究竟領導是一種放諸四海皆準的規範？抑是一種鑲嵌在文化底下的特定表現？目前學界對這種爭論已經取得了一致的共識，認為領導及其效能頗受文化的影響，而且，在全球化的浪潮下，文化歧異（cultural diversity）的管理也變得日益重要。派駐海外的管理者並不能光靠一套由西方或母國發展出來的管理與領導規範，就可在異國發揮經營績效，甚至可能橘逾淮為枳，產生負面效果（Cox, 1993）。

在學術研究上，已有許多研究與個案證實了領導應該是鑲嵌在文化下的一種特殊現象（Hofstede, 1980; Hofstede & Bond, 1988; House et al., 2004）。一個典型的例子，是 Hofstede（1980）針對 IBM 全球四十幾個國家的員工所進行的文化價值與研究。他從個人主義、權力距離、不確定性的規避，以及陽剛化等四個層面，來剖析各國的文化價值，結果發現：(1) 接受研究的四十幾個國家，在四個向度上，可以形成數個清晰可辨、迥然不同的文化群；(2) 相對於英美等西方國家，東亞或海外華人的國家或地區，如香港、新加坡、臺灣及韓國，在文化價值是十分相似的，而形成文化集群，並與西方國家則大異其趣。其中，與領導行為具有密切關聯的上下權力距離，華人社會與西方的差異頗大：華人社會的權力距離較大，而西方較小，尤其是盎格魯撒克遜文化群。

Hofstede 與 Bond（1988）據此質疑美式組織管理的文化普同性，認為領導放在不同的文化場域，能展現其原有效果的假定是需要受到質疑的。因為雖然領導是一種社會影響歷程，這種過程也許具有普同性，較少受到國界或文化的阻隔；然而，領導的內涵、領導作風，以及實務作法卻頗受文化的影響。領導者選擇何種領導作風，在大多數狀況下，會反映其文化價值，而不見得完全是個人意志的決定；同時，究竟何種領導作風有效，也會受制於社會脈絡的影響（Farh & Cheng, 2000; Gelfand et al., 2017）。

以華人社會而言，從現有的研究證據來看，西方（如英美諸國）所強調的個人主義，以及上下之間的權力差距較小，彼此較為平等的傾向，與華人社會所強調的社會取向，如集體主義與上下權力差距大十分不同。這種不同不唯在臺灣、香港、新加坡等東亞三小龍，以及東南亞的華人企業中發現，針對中國的研究亦肯定了上述差異（Takeuchi et al., 2020）。

誠如許多研究者所言（Hsu, 1953），華人社會的文化價值與西方的差異是很明顯的，因此西方所發展出來的領導模式，硬是套用在文化十分不同的華人社群中，就可能發生「削足適履」的情形，不但無法捕捉

華人領導原有的風貌，而且可能發生歪曲事實的情形（Smith & Wang, 1996）。此外，過分強調東西方彼此間的相似性，也會忽略了華人社會更加關鍵而重要的獨特領導現象。

　　爲了掌握華人文化特色下的組織與領導，早有一些研究者（鄭伯壎，1991；Redding, 1990; Whitley, 1992）採用主位研究途徑（emic approach）的方式，探討華人企業組織的特性，以及管理作風等等的諸般問題（黃敏萍，2007）。這些華人企業組織散布在臺灣、香港、新加坡、菲律賓、印尼、泰國、馬來西亞等亞洲國家中，結果都得到了類似的結論：即華人企業組織不少是由家族控制的，因而與家族主義（或是社會取向、關係主義）及其衍生之價值具有密切的關係；華人企業的高階領導擁有清晰、鮮明的特色，一方面展現出上尊下卑的家長式領導，一方面又具有偏私自己人的差序領導作風。這種領導作風，除了可在華人家族企業組織中發現之外，在非家族企業的企業組織（例如，中國與臺灣的國營事業），以及政府機構（例如，亞洲許多國家的政府組織）中也十分常見（Pye, 1981; Walder, 1986）。在早期主位研究成果的擴散下，目前累積的相關文獻已相當豐富，而且也有一些整合分析的結論性論文出現（林姿葶、姜定宇等人，2014；Hiller et al., 2019）。雖然如此，本文的目的，仍然注重於溯源，針對重要的華人企業組織領導的研究，檢討華人企業組織領導所處的情境脈絡；以及家族主義或社會取向價值觀與領導行爲間的關係，期對華人文化情境下組織領導的興起背景以及其中的理路，有較爲深入的了解。

二　家族主義與組織管理

　　以華人社會而言，家是組織生活的起點：家屬於一種原級團體，團體生活時所發展出來的規範或型塑行爲的法則，例如社會取向（楊國樞，1993）或關係主義（Ho, 1998; Hwang, 1999），會遷移到其他團體或組織生活上。因此，具有團體或組織特性的企業組織自不可免於其影響。這種遷移作用，可稱之爲泛家族主義或擬似家族主義（楊國樞，1998）。即使企業規模擴大、科層化程度提高，或組織規章更加確立時，泛家族主義的

影響也仍然很大。既然泛家族主義是家族主義的擴充，於是家族主義所強調的角色規範更會影響華人企業中的組織行為。所謂角色規範則至少涵蓋了兩類重要的人際法則或人際倫理，包括尊尊法則與親親法則。前者涉及的是尊卑，指的是根據雙方地位的尊卑上下，尊其所當尊；後者涉及的是親疏，指的是根據彼此關係的親疏遠近，親其所當親。事實上，尊卑與親疏的人際法則也是人類社會關係很重要的基本形式（Fiske, 1991），只是華人社會更加彰顯出尊尊與親親的特色。

（一）尊尊法則

想要了解家族主義與企業經營的關係之前，必須先了解傳統華人家庭的本質，家庭是華人社會結構的核心（Bellah, 1970）。在儒家思想的主導下，家庭是中華社會三千年來最主要與基本的建制單位。儒家的五倫當中（即君臣、父子、夫婦、兄弟及朋友），有三倫是屬於家庭中的關係（即父子、夫婦及兄弟）。在父權的傳統下，父子軸是最重要的社會關係，而且遠超過夫婦軸等其他社會關係。父親的權威要遠高於子女及其他的家庭成員，權力可說是絕對的。瞿同祖（Chu, 1961）在《傳統中國的法律與社會》（Law and society in traditional China）一書中，就特別強調：

中國的家族是家父長制的，父祖是統治的首腦，一切權力都集中在他手中，家族中所有人口——包括他的妻妾、未婚的女兒、孫女、同居的旁系親，以及家族中的奴婢，都臣服在他的權力下，經濟權（法律權、宗教權）也在他手裡。經濟權的掌握到家長權的支持力量極為重大。中國的家族是注重祖先崇拜的，家族的綿延，團結的倫理，都以祖先崇拜為中心。在這種情形之下，無疑地，家長權因家族祭司（主祭人）的身分而更加神聖化，更加強大堅韌。同時，也由於法律對其統治權的承認與支持，使他的權力更是不可搖撼。

表面看來，這種家父長權威頗類似古代地中海文化，諸如以色列、羅馬及希臘中的家長。然而，就像 Bellah（1970）所指出的，華人與古代

地中海文明對父權的看法，仍有基本的差異存在。這種差異主要來自於家父長的權力來源不同，而非誰擁有家戶治理權。在西方，家父長的權力是來自神的賦予。當家父長與神的關係慢慢地變為隱晦不明之後，家父長的權力就逐漸受到削弱。尤其是在政府權力壯大之後，家父長對家戶的權力必須形諸法典，納入政府的法律系統當中，一旦父權法典化了之後，統治者、菁英分子，以及富豪的權力，就剝奪與限制了家父長的權限（Hamilton, 1990）。

　　因此，父權制在西方是逐漸衰落的。相反地，在華人社會並沒有一位全真全能的上帝，賦予家父長權力的來源。父權是來自於儒家思想中的父子關係，其本質是孝道，是指屈從父親的旨意。對儒家而言，在許多方面，家庭都是一種類似宗教的情境。個人與上天的關係，是透過父母親做為媒介的，每個人的神聖義務即是孝順父母。因此，孝順不只是完人的美德，家庭團結和樂的基石，更是維繫社會秩序的基礎。在實際運作中，人子盡孝的孝道在生活中，都是強制性的義務，是傳統社會中支配原則的核心。當然，傳統華人社會重視孝道，有其生態與經濟上的理由。時至今日，孝道的內容與意涵可能有所轉變，但孝道概念仍然受到相當的重視，也是華人日常生活中重要的行為準則與德行之一（葉光輝、楊國樞，1991）。

　　從孝道的主軸出發，Hamilton（1990）採社會比較的觀點討論了東西方的文化差異與社會結構的不同。他強調：

　　西方家父長制強調「個人」的最終優位；反之，華人的家父長制則強調「角色」的最終優位。因此，這個不同不是程度上的差別，而是性質上的差異。對於任何一個社會而言，這個差異隱含著兩套不同的意義及建構社會秩序的方式。西方是把人的意義，以及人與人之間的關係系統化，華人則把角色的意義系統化。西方家父長制強調的是身分地位優於個人的權力，並給他命令權及一個可以正當行使命令權的領域（如：家戶）。相對的，華人家父長制強調下屬順從的責任，賦予他們象徵著順從的角色義務，並且依據一套角色關係（如：父子、君臣、夫婦）限定其權力及服從

關係。西方以超驗的神祇賦予父權，而華人則持之以內在的正當性。西方以「愛」規範家族成員相互關聯的情感，華人規範情感乃在於「敬」。

　　Hamilton 的這項比較，是十分有見地的想法，而能勾勒出華人文化傳統對角色關係——尤其是上下關係的強調。顯然地，對上位者的敬，是華人社會維繫秩序的重要基礎，也是下位者的內在義務。

　　從親屬系統而言，人類學者強調，華人的親屬系統立基於父子軸，而有別於美國的夫妻軸。透過具支配性的親屬關係，會進而影響其他關係的運作與內涵，而有支配社會組織、制度及文化的傾向。由於父子軸較強調男性中心、集體取向、垂直排序、單向強勢、角色優先等關係運作的法則（楊國樞，1998），因此，華人社會維持秩序的一個重要法則，似乎是在「支配—順從」的向度上，強調互動雙方要有尊卑上下的互補關係，而且這種尊尊法則會強烈表現在親子與上司部屬的角色關係上（莊耀嘉，1996）。

（二）親親法則

　　顯然地，Bellah、Hamilton 及 Hsu 都強調了家族主義中角色規範的影響：在華人這種以父子關係為主軸的社會當中，對角色有十分嚴格的定義與規定，上下之間的分際是很清楚的。除了尊尊的法則之外，傳統上，華人的角色規範也強調親親法則，認為「仁者，人也，親親為大。……親親之殺，……禮之所由生也」。所謂「君令臣共，父慈子孝，兄愛弟敬，夫和妻柔，姑慈婦聽，禮也。君令而不違，臣共而不二，父慈而教，子孝而箴，兄愛而友，弟敬而順，夫和而義，妻柔而正，姑慈而從，婦聽而婉，體之善物也」（左傳）（Chu, 1961）。這不僅彰顯了各種角色的規範，而且指出了角色之間合理的互動法則。透過角色規範的教化，使得每一面角色的個人均能形成適切的角色結構認知，而能「不失其倫」——「倫」指的就是一組制約著社會關係的法則，主要的關注點是「別」，亦即是角色關係的差等或差序（金耀基，1992；費孝通，1948）。

　　在華人社會中，這種角色關係差等的特色，費孝通（1948）有十分生

動的描述。他在對中國鄉村經濟做了十年的田野調查之後，從比較社會學的觀點，提出了「差序格局」的概念，用以說明華人的人際網絡中，存有親疏、遠近等的差等次序。他認為華夏傳統的社會結構是一種具同心圓波紋性質的差序格局。波紋的中心是自己，與別人發生的社會關係，就像水的波紋一樣，一圈圈推出去，隨著波紋與中心的遠近，而形成種種親疏不同、貴賤不一的差序關係。

為了說明華人社會中的人情與人際關係的關聯，黃光國（1985）引用費孝通的差序格局概念，將資源支配者與請託者的關係，依照情感與工具兩人關係向度，區分為情感性、混合性及工具性三大關係。所謂情感性關係指的是家人、密友及同儕團體內的人際關係，具有此關係的人採用的是「各盡所能，各取所需」的社會交易與資源分配法則。而混合性關係則是指像親戚、鄰居、師生、同事、同學、同鄉等角色關係，此關係中的人際交往則採取人情法則，給予對方特殊的幫助。至於工具性關係則是指像銷售員與顧客、陌生人之間的關係，是一種透過關係來獲取利益或達成個人目標的關係，因此會採取公平性的法則與對方交往。雖然黃光國的想法存有不少尚待釐清的疑點，也欠缺支持的實徵性證據（如林端，1991；鄭志明，1991），但該模式擴充了費孝通差序格局的概念，將關係的界定與功能涵蓋了親屬、朋友、地緣、九同與陌生人等社會連帶（social tie）的關係上。

在組織行為的領域當中，Tsui 與 Farh（1997）則根據楊國樞（1998）之家人、熟人及生人的歸類，進一步指出不同關係基礎的人，所進行的人際互動類型與互動法則是不同的。對親人而言，遵循的是角色義務與責任（role obligation and responsibility）的法則；對熟人而言，遵循的是人情的法則；對具有類似身分的生人而言，遵循的是帶有一些情感的功利法則；對沒有共同身分的生人而言，則遵循完全的功利法則（utilitarian exchange without affection）。根據這四種法則，不同關係的互動對象，會受到不同的待遇與不同程度的信任。類似的說法，在鄭伯壎與林家五（1998）對臺灣大型企業中的人際關係中，或是 Takeuchi 等人（2020）的回顧性論文裡，都有更詳細的分析。由以上的說明，可以看出華人的人

倫規範也十分強調在「親近─疏遠」的向度上，互動雙方必須遵循差序性的互惠原則，來進行人際間的交往。

（三）家族主義與組織行為

　　究竟華人傳統文化中所強調之家原則中的尊尊與親親法則，如何對現代企業組織中的人際關係產生影響？影響內涵與程度如何？這些問題都是十分有趣且值得探討的，而且不僅涉及理論，也是一項經驗性問題。誠如余英時（1987）所言：「文化的基本價值並沒有完全離我們而去，不過是存在於一種模糊籠統的狀態當中……這是一個經驗性的問題，必須留待經驗研究來回答。」當傳統價值遇到現代化的企業組織時，自然也會展現在企業經營與組織管理上。目前已有一些研究透過理論分析，去推論傳統文化中的尊卑、親疏等家族主義素質，如何在現代的企業組織中作用。例如，楊國樞（1998）認為家族中的倫理或角色關係，會類化到家族以外的團體或組織。透過這種泛家族化的歷程，企業組織中的人際關係，會表現出類似家庭中的角色關係。

　　在實際企業經營上，陳其南（1986）也強調：華人只注重系譜概念上的宗法延續，而忽略了延續家戶經濟體的重要性，因此相對於日本人的絕家，絕嗣要比公司破產嚴重得多。此種想法表現在企業經營上，就是所謂的重親主義。林南（Lin, 1989）則進一步指出，在華人社會中，家庭中權威的傳承優於一切，以確保家姓之源遠流長。通常權威是由長子繼承，而財產則由諸子均分，並導出幾種結構特性：⑴集中且雙層次的權威結構，以父親為中心，諸子為衛星；⑵以父系血緣界定成員的身分；⑶家是一個小的社會運作單位，在父親掌理之下運行；⑷內外有別，分際標準在血緣。既然企業只是家族的延長，於是企業內的員工角色會區分為有血緣關係的自己人與無血緣關係的外人；父親擁有最高的決策權與管理權；企業的擴張需視家族能夠掌控的程度；同時，家族的生存常常優於企業的生存。

　　鄭伯壎（1991）更透過對臺灣家族企業的長期參與觀察，一針見血地點明了，家族主義展現的是兩種重要的價值，一是家長權威價值：企業

主持人擁有最大的權威；二是關係差異價值：基於家族第一的概念，在企業家長的認知中，家族內的圈內人與家族外的圈外人，是壁壘分明的，圈內人會受到較佳的照顧或較多資源的分享，圈外人則較少。用傳統文化價值的術語來說，前者遵循的是尊尊法則，後者遵循的則是親親法則，此兩種傳統文化價值顯著地影響了華人企業內的領導與管理行爲。Redding（1990）在分析海外華人的企業組織行爲時，亦持有類似看法，認爲父權主義（paternalism 或尊尊法則）與人治主義（personalism 或親親法則）是海外華人組織的重要價值觀。總結上述分析，可以了解尊尊與親親等兩種價值觀會分別滋生出極具特色的領導行爲，包括家長式領導與差序式領導。

三 家長權威與領導行爲

　　以尊尊法則的作用而言，在華人企業組織中，家長權威與領導行爲的關係，主要是呈現了上下權力距離大時的情形：上位者可以極端地自我展現（self-presentation），表現種種支配作風，而下屬則得自我約束，表現服從的行爲；然而，領導者也會盡力照顧部屬的生活，提供工作上的支持；此外領導者也會展現應有的公正無私等德行。這種領導行爲，研究者稱之爲家長式領導（鄭伯壎，1995a；Farh & Cheng, 2000; Redding, 1990）。利用科學的概念，來探討華人企業組織的家長式領導，近年來雖然頗爲熱門，但千禧年之前的研究並不多（林姿葶、鄭伯壎等人，2014），主要包括三項針對華人家族企業主進行觀察與訪談的質性研究（Silin, 1976; Redding, 1990；鄭伯壎，1995a）、一項理論性的研究（Westwood, 1997）及一項評論性的整合論文（Farh & Cheng, 2000）。然後，在整合性架構提出之後，才開展了一系列的實徵研究，並逐漸發揮國際影響力，而成了當代重要的新興領導理論之一。

（一）組織社會學的考察

　　持平而言，對於華人企業組織領導的實徵性探討，始於哈佛大學

Silin（1976）的博士論文。Silin 於 1960 年代末期訪問了臺灣一家大型民營企業的主持人、管理人員以及員工，也觀察了上下之間彼此的互動，再運用比較社會學的分析，突顯出臺灣大型民營企業組織內的上下關係與領導特性，結果發現企業主的領導作風與西方或北美極為不同，並展現以下行為：⑴ 道德風範：領導者除了工作能力強之外，還必須做部屬的「道德」標竿。但所謂的道德並不是泛指一般的德行，而是領導者能夠犧牲私利、顧全大局，而且能將抽象概念轉化為具體行動；⑵ 教誨行為：領導者會向部屬提供個人的成功經驗，教導部屬如何將理想付諸實踐，並達成目標，這是一種教誨式的領導（didactic leadership）；⑶ 專權作風：管理權力集中在企業主持人的手裡，獨斷決定，而很少與部屬分享權力；⑷ 維持威嚴：領導者對部屬除了維持威嚴的形象，刻意與部屬保持距離之外，也喜怒不形於色，不明確表現個人的意圖；⑸ 嚴密控制：領導者會施展各種控制手法，包括私下獎賞、分化群體、擴大競爭、嚴格監督，以及任用親信等，來嚴密控制部屬與訊息，以免受到部屬的蒙蔽。

在這種領導的狀況下，部屬要如何做才能符合領導者的期待？根據 Silin 的觀察，部屬必須完全服從與依賴領導者，信任老板與老板的判斷；而且也必須謹記，老板是不可能犯錯的，不能公開提出反對的意見，否則就表示對老板的信任不夠。他們也得對老板表示尊敬：由於上下間的權力距離很大，部屬對老板表示尊敬的方式，是適度地畏懼老板，並對老板關心的事戒慎恐懼。究竟這種領導方式與部屬的工作態度、工作績效有何關係呢？Silin 並未直接回答此一問題，但卻提出三項極為有趣的論點：第一，部屬對老板的效忠，主要乃基於部屬認為老板的能力遠高於他，而非彼此的感情好。事實上，對某些被視為外人的部屬而言，要在情感上認同老板與公司，是不太可能的。第二，由於老板的分化管理策略使然，部屬彼此間的競爭相當激烈，使得公司內部各單位或各負責部門的合作變得困難，而加重了老板在協調上的負擔。第三，許多部屬因為覺得權力不大，人微言輕，而降低了工作士氣，也戕害了主動積極與開創創新的精神（Farh & Cheng, 2000）。顯然地，Silin 對臺灣的最高企業主持人的領導行為，做了十分豐富與細緻的描述。然而，由於只是針對一家企業的案例

研究，很難理解此類領導人是否在華人社會具有普遍性。其次，Silin 強力批評了此類領導的組織與個人效能不彰，但並未提供進一步的證據來支持，除此之外，這項觀察似乎與臺灣當時之家族企業的強大競爭力與蓬勃發展的歷史現實有所矛盾。在這方面，Redding 以海外華人企業與領導者為對象，提出更全面的考察。

　　Redding（1990）的研究，主要著重在華人家族企業的組織結構與管理作風上面。透過長期、持續且有系統地探討香港、臺灣、新加坡、菲律賓及印尼等華人家族企業之後，他指出華人的經濟文化具有特殊風貌，稱之為華人資本主義（Chinese capitalism），其中父權主義是重要的因素。他並據此發展了頗為精緻的概念架構，來說明父權主義的決定因素與後續效果。其主要論點在部屬方面有⑴ 對上司的依賴：在心態上，部屬想依賴領導者；⑵ 完全順服：部屬接受領導者的權威時，是全面性的接受，而非部分或有條件的接受。在領導者方面，則表現：⑴ 行為楷模：在部屬心目中，領導者是一位效法的對象，是楷模兼良師；⑵ 偏私支持：領導者會偏愛親信，對忠誠部屬的支持度較高，而對其他部屬較低，因而促使部屬更願意效忠領導者；⑶ 察納雅言：領導者會明察部屬的觀點與建議，以修正自己專斷的看法；⑷ 恩威並施：領導者通常會表現出仁慈式的專權領導（benevolently autocratic leadership），同時照顧與要求部屬。

　　Redding 的訪談質性研究，肯定了上述的推論，認為華人家族企業的高階領導與部屬反應的確存有以上的特性。相較於其他研究者，Redding 對海外華人企業的研究較為深入，而且涵蓋較多海外華人社會之不同類型的企業，樣本數也比較多。因此，我們有理由相信，家長式領導的確遍布在華人的企業組織當中。雖然 Redding 對領導的描述內涵，頗類似 Silin 的研究觀察，尤其在威權領導與德行領導的掌握方面，但也有所差異。例如，Redding 特別提出了仁慈領導的概念，認為仁慈是指「像父親一樣地照顧或體諒部屬」與「對部屬的觀點敏感」。但仁慈領導的概念，卻沒有在 Silin 對臺灣家族企業的觀察中發現；反而在 Pye（1981）對亞洲政治領導的研究中常被提及。除此之外，究竟家長式領導的效能如何呢？針對這個問題，他也沒有提供明確的答案，而只是從更高更廣的角度，去俯瞰華

人家族企業在二十世紀末期之環境下的整體功能，包括華人家族企業具有許多優點，例如，策略上頗具有彈性、反應速度快、企業主持人的遠見能夠轉化為實際經營行動、部屬刻苦耐勞且願意順從企業主的要求。然而，也存有不少缺點，包括基層員工會結黨營私、員工之間或部門之間會有所磨擦、員工的創新性與主動性不高、法律與制度權威不足導致法因人行等等。

Redding 對華人家族企業的社會學分析當然頗具啟發性，但對了解領導人與部部屬的動態歷程則不完整（Farh & Cheng, 2000），而需要單獨將領導人獨立出來作為研究的焦點，探討家長式領導作風、部屬反應，以及領導效能的關係。其中，首腦式領導的回顧性論文即是一次嘗試。這是 Westwood（1997）在觀察東南亞華人的企業組織，且檢討西方文獻之後，提出的一個概念，並以「首腦」（headship）這個字眼來形容東南亞華人企業組織中的領導風格。此類領導行為與西方十分不同，原因在於華人文化較強調社會秩序與社會和諧，而非個人主義與自由平等，因而，企業領導者通常會要求部屬順從，並著重於組織內部的和諧。

他將此類文化價值下的領導，稱之為家長式首腦（paternalistic headship），並用首腦（headship）這個字詞來說明海外華人企業組織領導的特點。其主要特徵有：⑴ 教誨領導：領導者對部屬表現教誨行為（didactic behavior），指導部屬學習與改過遷善；⑵ 保持距離：領導者刻意與部屬保持物理與心理距離，也不明言自己的意圖；但部屬必須能夠旁敲側擊，體察上意；⑶ 建立威信：領導者會努力建立其威信，並要求部屬完全服從其領導；⑷ 權謀操控：領導者會採用權術來操控部屬，維持其絕對的支配權；⑸ 人治主義：領導者會依照個人喜好或部屬與他的關係，特別照顧某些部屬，而有徇私的情形；⑹ 維持和諧：要求部屬迴避衝突，避免紛爭，以維持人際間的和諧；⑺ 對談理想：上司下屬能夠對談彼此的理想（dialogue ideal），互相砥礪。

雖然 Westwood 的許多領導觀點，都與 Silin、Redding 所指出來的極為類似，但降低衝突與對談理想則是新的想法。根據 Westwood 的論點，社會和諧是華人社會所強調的終極價值，因此，首腦的重要功能就是要提

醒團體成員避免公開衝突，並予以化解或預防。至於上下間的對談理想
（dialogue ideal），則是用來說明企業主持人透過非正式溝通的方式，與
部屬交換意見，用來維護部屬的自尊，並對部屬個人表示關懷之意。透過
這種方式，用以維繫上下間的人際和諧。然而，降低衝突與部屬對談理想
是否也是華人家族企業領導的重要面向，仍然需要做進一步的檢視。

　　由於上述研究都是社會學者針對華人企業所提出來之巨觀組織行為
的觀察與推論，對於微觀之上下間的互動或領導歷程與人際關係行為則較
少討論。因此，研究者對權威家長與部屬反應間的互動關係與歷程了解有
限，反而在微觀組織行為或組織心理學有較多的探討與考察。

（二）組織心理學的分析

　　在組織心理學方面，1980 年代末期，鄭伯壎（1995a）開始採用個案
研究的方式，來探討臺灣家族企業主與管理人員的領導作風。根據對企
業主持人的深入觀察與訪談，他發現臺灣企業主持人的領導模式與 Silin
（1976）、Redding（1990）所報告的領導作風頗為類似，原先聚焦於專
權專斷行為，稱之為威權式領導，後來又納入照顧部屬的仁慈領導行為，
並命名為家長式領導。1993 年至 1994 年，他又擴大觀察對象，訪談了
18 位臺灣民營企業主持人及 24 位一級主管，結果肯定了家長式領導的確
遍布在多數華人企業組織中。這些企業組織涵蓋了電子、塑膠、食品、
營造、金融、諮詢顧問以及行銷服務等行業。透過上下對偶關係（dyadic
relationship）的架構與互動過程，他提供了許多詳細的領導行為模式，也
指出了部屬的相對反應方式（Farh & Cheng, 2000）。

　　就領導行為作風而言，他特別強調威權領導與仁慈領導。在威權領導
（authoritarian leadership）的行為模式方面，他認為領導者會表現四大類
的行為，包括專權作風、貶抑部屬的能力、形象整飾以及教誨行為，同時
指出：相對於領導者的威權領導，部屬會表現出順從、服從、敬畏及羞愧
等行為反應。在每一大類的領導行為中，他又提供了更詳細的類別與行為
描述。例如，專權作風涵蓋了不願授權、單向下行溝通、獨享訊息，以及
嚴密控制等細項。部屬的順從則表現在公開附和老板的決定、避免與老板

發生衝突及不唱反調；而服從則可細分為無條件接受領導者的指派、效忠領導者及信任領導者。這些研究也說明了部屬工作成功或失敗之後的歸因歷程，並指出此種成敗的歸因，會進一步強化領導人的威權領導。例如，部屬的成功會被歸因於老板英明的領導，然而失敗則歸因於部屬不夠努力或能力不佳。前者進而鞏固了老板的超凡傑出地位，後者則表示部屬需要進一步的教誨，並使得威權領導再次獲得了增強（鄭伯壎，1995a）。

在仁慈領導方面，領導行為可以細分為兩大類，一為個別照顧，一為維護部屬面子。針對領導者的仁慈，部屬會表現感恩與圖報兩類行為，回報領導者的恩澤。雖然看起來，仁慈與體恤（Fleishman, 1953; Stogdill, 1974）或支持領導（Bowers & Seashore, 1966; House & Mitchell, 1974）有點雷同，但彼此之間還是有所差異的，因為體恤（consideration）是指領導者表現友善與支持部屬的程度，表示對部屬的關懷、重視部屬的福祉；而支持則指領導者會接受與關心部屬的需要與感受（Yukl, 1994）。因而有以下的差別：⑴ 體恤通常表現在對部屬的尊重與上下平權的環境脈絡下，但仁慈則展現在上下權力距離大的狀況下；體恤行為中的主要內容，例如，對待部屬一視同仁、願意接納部屬的建議、徵詢部屬的意見等，都不屬於仁慈領導的範疇；⑵ 仁慈並不限於工作上的寬大為懷，也會擴及部屬私人的問題，包括幫助部屬處理家庭與私人的問題、提供急難救助，甚至對交友與婚姻提供諮詢；⑶ 仁慈是長期取向的，是一種義務，而非短期的交換。例如，領導者對部屬的仁慈，不見得是因為社會交換的關係，而是來自領導者的角色內化，認為英明與盡責的領導者理應如此。因此，領導者不會找藉口來避開此項責任與義務；⑷ 當部屬發生重大的失誤時，領導者較常做諄諄告誡或嚴厲指正，以讓部屬有改進的機會，而非直接繩之以法、對簿公堂或予以開除。

總之，威權領導與仁慈領導都是家長式領導的重要質素，透過鄭伯壎早期的質性研究，研究者在這個基礎上，可以針對家長式領導的重要面向及其與領導效能的關係，進行更進一步的整合分析，加上對組織社會學的文獻進行回顧性研究（相關研究之比較如表 23-1 所示），而建構出家長式領導的三元模式，認為除了威權（authoritarianism）、仁慈

（benevolence）兩大領導行為向度之外，還包括第三個重要面向，即德行（moral）領導。德行領導強調領導者必須表現更高的個人操守或修養，大公無私，以贏得部屬的景仰與效法（Farh & Cheng, 2000）。

表23-1　華人企業之家長式領導的早期研究（鄭伯壎、黃敏萍，2000）

項目	Silin（1976）	Redding（1990）	鄭伯壎（1995a）	Westwood（1997）
領域	組織社會學	組織社會學	組織心理學	組織社會學
研究方式	訪談	訪談	臨床研究、訪談、檔案分析	文獻評論
研究對象	臺灣大型家族企業	港、臺、菲華人家族企業	臺灣民營企業	東南亞華人家族企業
文化淵源	儒家	儒家、釋家、道家	儒家、法家	儒家
強調價值	家長權威	家長權威	家長權威	秩序與順從、和諧
研究焦點	描述企業主持人的經營理念與領導作風	探討文化價值與家族企業領導的關係，並建構概念架構	建構有效的華人家長式領導模式，列出特定的領導作風，與部屬的相對反應，以預測領導效能	說明文化價值對家族企業主持人領導的影響

在三元模式中，威權領導與仁慈領導是研究者較有共識的部分，但對德行領導則較少提及，理由是研究者對領導者必須具備何種美德或素質，以表現出高尚的道德，並沒有一致性的看法。例如，Silin（1976）所謂的道德領導是指領導者必須展現出財務與商業上的成就；同時，也要表現出個人的大公無私。然而，Westwood（1997）卻認為，老板所需要展現的高超道德，指的是老板是否具備儒家倫理中的美德，如仁、禮、孝等。雖然這些學者對美德或個人特質欠缺共識，但他們幾乎都同意領導者必須以身作則。換言之，為了能讓部屬效法，領導者必須能夠公私分明，身先士卒，作部屬的榜樣與表率。

事實上，這種觀點早就有一些華人研究者提及，只是沒有做更進一步的探討。例如，鄭伯壎與莊仲仁（1981）曾以臺灣的軍事組織為對象，探

取俄亥俄州立大學的領導研究途徑，以開放式的題目詢問士官兵，要他們說明連長與輔導長等基層連隊主管的領導行為。透過關鍵事例分析後，得到 102 條領導行為陳述句。經過與有帶兵經驗的軍官討論，把內容重複的的陳述句歸併，編製一套 30 題的領導行為問卷。再蒐集 580 位士官兵對基層領導行為描述的資料之後，進行因素分析，結果發現在三種主要的領導行為向度中，只有兩種行為向度與西方的體恤、主動結構較為類似，而命名為公私分明行為的領導因素則是西方研究未加提及的。所謂公私分明是指領導者不會徇私、圖利自己或親信。此因素不但可以十分有效預測軍事幹部的領導績效，而且也是華人領導行為中的獨特模式之一。事實上，從公私分明的內容中，可以反映出領導者的德行領導作風。

　　無獨有偶的，凌文輇（1991）為了編製一套既能考核「才」又能考核「德」的領導行為評定量表，而以日本三隅二不二（Misumi & Peterson, 1985）的 PM 領導理論作為基礎，發展測量工具。在蒐集中國國營企業員工的資料且進行因素分析後，得出三項領導因素，包括個人品德（character and moral, C）、工作績效（performance, P），以及團體維繫（maintenance, M）。品德因素指的是領導者能夠克己奉公、不謀私人的利益，是中國國有企業所特別強調的一種領導作風。除此之外，在中國人的內隱領導理論研究中，他與團隊成員亦發現了華人的領導認知基模中涵蓋了品德的因素（凌文輇等人，1991）。首先，他們蒐集了中國人關於領導特質的描述句，然後發展出評定量表。接著請受試者評定每個陳述句在多大程度上能作為領導特質。因素分析結果發現，中國人的內隱領導理論內容包含四個因素，即個人品德、目標有效性、人際能力以及才能的多面性。此研究結果不但顯示了中國人的內隱領導理論內容不同於美國，而且再次肯定了品德在華人領導上的重要性。這種特別強調領導者之德行或公私分明的情形，可能與儒家傳統主張之風行草偃的領袖德行有某種程度的關聯（Farh & Cheng, 2000）。

　　圖 23-1 總結了家長式領導三個重要面向的領導行為，以及部屬的相對反應。這些特定的行為都相當常見，雖然不見得一一窮舉。在威權領導下，主要的領導行為包括專權作風、貶抑部屬能力形象整飾及教誨行為。

而部屬的相對反應則是順從、服從、敬畏以及羞愧行為。就仁慈領導而言，領導者表現個別照顧與維護面子的行為；而部屬則表現出感恩與圖報的行為。在德行領導方面，領導者表現出公私分明與以身作則的行為；而部屬則做出認同與效法的反應。

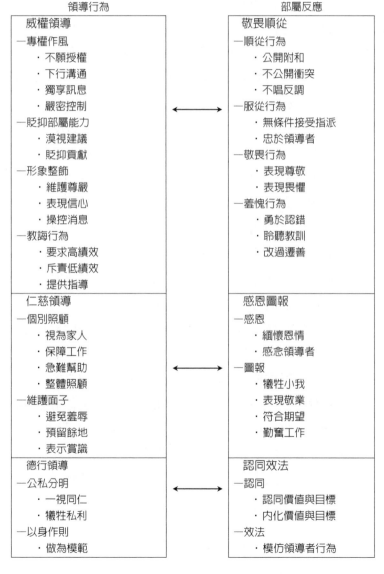

圖23-1　家長式領導行為與部屬反應

　　圖 23-1 隱涵著一個基本假設，即在家長式領導中，領導者與部屬的角色是互補的：除非部屬願意順從與服從領導者的權威，否則威權領導將無法發揮作用；除非部屬能夠產生感激、知所圖報的反應，否則仁慈領導的效果將大打折扣；除非部屬認同領導者的德行高超，願意效法，否則德行領導將無法產生影響效果。當領導者與部屬雙方都能扮演好各自的本分角色，則人際和諧或社會和諧就得以維繫，家長式領導就能發揮作用。一旦部屬不願意扮演其應扮演的角色，而領導者卻堅持採用家長式領導時，就可能會導致效能低落、人際和諧破壞、關係斷裂，甚至發生激烈的公開衝突，並損及領導者的英明形象。因此，正確地說，家長式領導可以說是依附在部屬的追隨（followship）上（鄭伯壎，1995a）。

　　究竟什麼心理機制與情境因素促使部屬表現應有的反應，而使得家長式領導能夠發揮作用呢？圖 23-2 說明了這套心理機制，以及其中的情境因素（Farh & Cheng, 2000）。當部屬願意服從威權領導時，其背後的心理機制是對領導者的畏懼。這種畏懼來自於兩方面：(1) 領導者具有獎賞與強迫權，可以賞罰部屬；(2) 部屬認為下屬具有服從領導者的義務。欠缺懼怕感，部屬不太可能去順從威權領導。部屬對仁慈領導表現出互惠反應的心理機制，則是感恩（indebtedness）。就像許多學者所強調的，華人社會存有極為強烈的互惠規範（Hwang, 1987; Yang, 1957）。在這種規範之下，領導者的仁慈，會使部屬覺得有所虧欠，而願意以更大的「人情」來回報。如果仁慈不能導致感恩圖報，則仁慈領導的效果就會下降。德行領導則透過部屬對領導者的認同來發揮作用。認同指的是部屬在心理上，願意像領導者一樣，領導者是他效法的楷模。如果領導者的高尚情操或美德，不能獲得部屬的肯定時，德行領導的效果就會受到影響。此外，這種上下屬間的互動，亦受制於社會文化與組織因素的影響，不同的情境下有不同的展現。基於以上的想法都是從文獻評述與質性研究推衍而來，仍需進行進一步的量化研究來加以佐證。

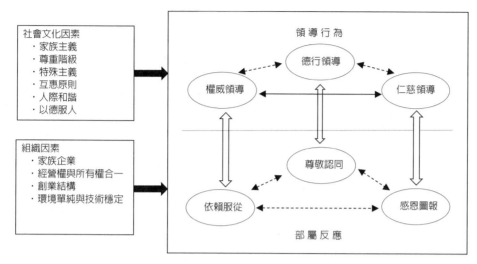

圖23-2　家長式領導的初步模型（Farh & Cheng, 2000）

（三）家長式領導的實徵驗證

　　當家長式領導建構出初步模型後，接著就是得建構測量工具，以進行相關假說的驗證。此一作法呼應了過去研究者所主張的，當新概念提出之後，概念是否存續、為人接受，就得經過正當性（legitimation）的考驗。正當性是指，研究者除了透過教導學術社群或研究人員構念的定義、鋪陳構念的功用及其重要性外，還必須提出可行的研究方法，進行相關實徵研究，以證明構念所描繪的現象在真實世界的確存在。因此，發展具有良好信、效度，以及符合心理計量特性的測量工具，將是驗證家長式領導三元模式及其相關條件與權利的關鍵。

　　早期所編製之恩威雙元領導問卷（鄭伯壎、周麗芳等人，2000），雖然足以反映家長式領導中威權與仁慈之核心概念與重要行為類別，然而，仍存在著幾個關鍵性的問題，必須加以解決。第一，某些題目與行為類別無法展現華人文化價值的特色。例如，施恩中「意見諮詢」、「正面獎勵」等向度，只是反映與部屬工作有關（work-related）的一般性對待或工作支持，而無法符合仁慈領導之「對部屬做個別、全面及長久之關懷」

的定義。第二，在施恩領導中的楷模或以身作則向度，比較接近德行領導的行為類型，而非仁慈領導，而需要獨立出來。第三，問卷編製過程中，雖然也參考了過往研究者所探討之公私分明的研究（鄭伯壎、莊仲仁，1981），但並未單獨針對德行領導加以琢磨。因而，需要重新思考與審視，並發展新的測量工具。

於是在過去研究的基礎上，研究者採用被研究者觀點（subject's view），以及單文化（mono-cultural）的研究策略，而對家長式領導問卷做了進一步的修正（鄭伯壎、周麗芳等人，2000）。首先，根據家長式領導之仁慈、德行及威權領導的定義，重新考察過去的研究成果，並保留符合家長式領導內涵與定義的題項；其次，透過質性研究，掌握更豐富的家長式領導行為事件，並據以撰寫相關題項；同時，將所有題項加以歸類，並依照題項與類別之間的匹配（match）程度，把無法歸類的題項予以刪除，且將題意雷同的題目加以歸併與精簡，以免累贅。最後，則參考鄭伯壎與莊仲仁（1981）之公私分明的向度與 CPM（Character-Performance-Maintenance）問卷中的 C 量表（凌文輇，1991），重新編寫德行領導題目，用以測量德行領導中的公私分明與行為楷模的向度。

接著，進行前導研究（pilot study），將量表施測於 20 家企業之基層主管與職員，並以探索性因素分析探討 200 份問卷之因素結構，結果發現仁慈領導包含「個別照顧」與「體諒寬容」；德行領導包含「正直盡責」、「不占便宜」及「無私典範」；至於威權領導則包含「威服」、「專權」、「隱匿」、「嚴峻」及「教誨」等向度。然後，再根據探索性因素分析的結果編製正式量表，並分別施測於臺灣 60 家企業之中、基層主管與職員（評估直屬主管），以及臺灣北部之公立小學之教師（評估校長），有效樣本分別為 532 份與 490 份。根據項目分析、確認性因素分析、以及外部效度分析的結果，顯示家長式領導具有仁慈、德行及權威三大因素，同時，不論是在一致性信度、建構效度，以及效標關聯效度上，都具有良好的表現（鄭伯壎等人，2000）。

在工具發展完成之後，即可進行家長式領導三元模式之驗證。從構念演化（Thagard, 1992）的角度而言，任何新概念的提出與建構，從創發至

構念被學術社群接受、形成制式化的標準為止，大致可以分成三個階段：⑴ 構念的引進與闡述。將構念的定義傳遞給學術社群，並且提出研究方法，蒐集初步的研究數據，以證明構念所描繪的現象的確存在，並釐清獨變項與依變項之間所存有的關係；⑵ 評估與論辯。在各種評論與研究大量出現之後，研究者需要克服評論者與相關研究者所指出的問題，導入各種情境因素與中介變項，說明可能存有的內在機制，並釐清構念解釋的範圍。同時，開始提出概念的應用研究，以解決實務上的問題；⑶ 強化與接納。進行所有相關研究的後設分析（meta-analysis），以了解家長式領導的整體效果（鄭伯壎，2004），因而，在確立了家長式領導三元模式、發展出具有良好信度、效度的測量工具之後，乃進行了一系列的家長式領導之實徵研究，並用以檢視此類領導的效果，包括模式的建構效度、區辨效度、內部效度、效標關聯效度、預測效度與其中的心理歷程以及脈絡環境。這些研究可以依照個人與群體的研究層次來加以區分，而可概括為圖 23-3 的架構。圖 23-3 簡要地闡明了家長式領導對部屬態度與行為的直接、中介及調節效果，以及其中的情境條件與限制。

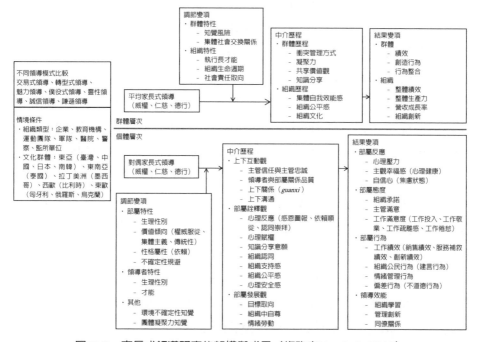

圖23-3　家長式領導研究的架構與成果（修改自Lin et al., 2019）

　　以個人層次而言，探討了領導者之家長式領導與部屬反應之間的互動關係，並與其他各種領導風格進行比較。結果發現，第一，家長式領導對部屬的心理健康、工作態度與行為大多具有顯著的預測效果。其次，相對於其他主流研究的領導風格，包括交易式領導、轉型式領導、魅力領導、僕役式領導、靈性領導、誠信領導，以及謙遜領導等，家長式領導都具有額外的解釋效果，顯示家長式領導的內涵的確與其他領導有所不同，而具有區辨效度，並擁有額外的預測效果。第三，家長式領導在許多情境下都具有顯著的外部效度，包括企業組織、教育機構、運動團隊、軍事組織、醫療組織、警察及監所單位，顯示家長式領導具有跨情境的適用性。第四，即使在不同的文化場域下，家長式領導對部屬心理與行為也具有一定程度的效果，而具有跨文化類推效度，雖然效果量會因為文化價值的差異而有一些不同。第五，除了圖 23-2 所示的上下互動中介機制之外，研究者也嘗試從不同角度探討家長式領導效能的中介因素與效果，包括詮釋觀與發展觀。第六，調節變項至少含括了部屬特性、領導者特性，以及組織、環境及文化特性，而說明了家長式領導效果的情境條件與界限。

　　從傳統領導理論而言，個人層次的分析是立基於領導者對部屬之領導是因人而異的預設，因而是從對偶關係來加以探討的；然而，亦有一些研究者主張領導者對部屬的領導行為是一視同仁的，而可由平均式領導的想法來加以驗證，並從群體層次探討家長式領導的作用。結果發現平均家長式領導對團隊、組織層次的結果變項具有影響效果，其中介機制是群體與組織歷程，包括群體凝聚力、共享價值、集體自我效能、組織公平感等。除此之外，平均式家長領導亦具有跨層次的效果，而對個人層次的結果變項有所影響。總之，圖 23-3 的架構總結了過往對家長式領導的研究，並仔細審視了此類領導的作用與心理機制，以及其中可能的適用情境與範圍。目前，探討家長式領導及其模式的論文不少，每年至少都有上百篇的成果，而可以回答更多家長式領導模式的相關問題。除此之外，邁入二十一世紀之後，後設分析（meta-analysis）的論文亦逐漸出現（林姿葶、姜定宇等人，2014；Hiller et al., 2019），而可以了解此領導模式與效能的整體效果。換言之，家長式領導及模式的驗證已成為當代領導研究的主流

之一。

四 關係差異與領導行為

　　除了家長權威之外，影響華人組織領導的另一項重要價值是關係差異。由於華人社會具有人治主義（personalism）與偏私主義（favoritism）的傾向，因而，領導者與部屬間的特殊關係，會影響領導者對部屬的領導與管理。此種依親疏遠近之分而產生之不同對待的想法，與費孝通（1948）所提出的「差序格局」說法十分相近，而突顯了華人社會中人際交往原則的特色，並展現在領導歷程當中。

（一）關係差異與上下間的垂直互動

　　在探討華人關係與上下屬互動的關係時，首先會面臨關係（guanxi）如何界定的問題。在華人社會中，關係的意涵顯然相當複雜而多元，不過在相關研究中，通常從儒家五倫的觀點出發，將關係界定為一種特殊的連帶（particularistic tie）（Farh et al., 1998; Jacobs, 1980）。在此意義上，「關係」的來源多與個人的出身背景與社經地位有關。除了少數關係基礎為與生俱來或先天遺傳的結果之外，大部分的關係基礎都是後天所獲致的結果，或者是源自於共享屬性所形成的關係基礎。一般常見的關係基礎包括：血緣、地緣（含宗親與姻親）、同事、同學、結拜兄弟、姓氏、師生關係等等（Jacobs, 1980），而同鄉、同道、世交、老上司、老部下、業師、門生、同派、熟人、朋友及知己等也都是常見的關係種類（喬健，1982）。換言之，「關係」不僅指稱個體間具有客觀的共同背景或共享經驗，而且隱含著舊有、已經產生的人際互動概念。基本上，除了出身背景與同姓（宗）關係基礎外，大部分的關係基礎都存有過去互動而來的人際交往經驗，例如過去所形成的師生關係、一起讀書的同學、一起工作的同事、同為家族成員的親戚，或來自相同地域的同鄉等等。

　　在釐清關係基礎的定義之後，關係與上下屬間的互動品質關係又是如何呢？從理論上來看，與主管具有較特定關係的部屬，其上下間的關係品

質應該較佳，較能贏得主管的信任，部屬也較信服其主管（Tsui & Farh, 1997）。這些推論，目前已有一些研究的支持。其中，有一項研究是以臺灣人壽保險公司 560 對主管與部屬為研究對象，探討關係基礎與人口背景相似性對於部屬對主管的信任、主管對部屬績效的評定，以及部屬實際的銷售績效、組織承諾及離職的傾向等五項工作結果變項的作用。雖然研究樣本僅有少部分的主管與部屬具有直接的特殊連帶，包括 3.4% 具有同鄉關係、2.1% 具有過去同事關係，以及 2.5% 過去具有鄰居關係，但在控制人口背景相似性、部屬與主管的人口背景屬性的影響後，發現關係基礎對部屬的主管信任仍具有顯著預測效果：當部屬與主管具有親戚關係或者過去曾具有鄰居關係時，部屬對主管的信任程度較高（Farh et al., 1998）。

　　另一項研究則同時以臺灣與中國的主管與部屬為研究對象，探討關係基礎、人口背景相似性與上下關係品質、組織承諾及績效評估等工作結果的關係（Xin et al., 1998）。在臺灣樣本中，總共有 175 對主管與部屬的對偶樣本，其中 43% 具有同鄉關係、9.6% 過去曾經是同學、1.7% 具有親戚關係、1.1% 具有同宗關係，以及 0.6% 過去具有鄰居關係；而人口背景相似性則是 73% 具有相同性別、19% 具有類似的公司年資，以及 18% 具有類似的教育程度。研究結果發現：當主管與部屬過去曾具有同事關係或者為同鄉時，部屬知覺的上下關係品質較高，並有較高的組織承諾；當彼此過去具有同事關係時，主管會知覺到較高的上下關係品質，對部屬的績效評估也會較佳。在中國的樣本方面，共有 42 家國營企業的高階主管與部屬接受訪談與調查研究，總計獲得 168 對上下對偶關係樣本，其中，38% 具有類似的公司年資、61% 具有相同性別，以及 42.6% 具有類似的教育程度；就關係基礎而言，1.8% 具有家人關係、4.3% 過去具鄰居關係、5.6% 過去具同學關係、8% 過去具同鄉關係，以及 22.1% 具有同黨關係。結果發現：當主管與部屬間具有同鄉與同黨關係時，主管與部屬皆會知覺到彼此間的人際關係品質較佳，部屬對組織的承諾較高，主管對部屬的績效評估也會較佳。

　　由以上的研究可以發現，在華人的企業組織中，當主管與部屬具有某種特定的關係基礎或社會連帶時，彼此的人際關係品質較佳，互信的程度

也較高。因而，上司與部屬間所具有的特殊連帶關係（particularistic ties guanxi），應是影響華人領導者與部屬互動品質的重要因素之一。另外，一項實驗室的研究也證實了，當群體成員彼此具有同鄉或是親戚關係時，較能創造出共享的團體認同，使得受試者在執行群體任務時，比無關係者有更佳的表現（Earley, 1993）；而另外一項以臺灣高階領導人（包括 121 位高階主管與 745 位高階主管之重要他人）之社會關係網絡的研究，亦發現特殊連帶（含家人、朋友、主管、同事）對人際互動與人際情感具有顯著預測效果，且遠高於人口背景相似性，而反映出費孝通（1948）所強調之差序格局的同心圓親疏有別的特色（周麗芳等人，2005）。

　　當然，這一系列的研究仍然存有一些限制，首先，由於這一系列的研究，並非直接探討關係差異與領導行為的關聯，而無法清楚了解關係如何影響領導行為，其可能的中介機制為何？其次，這些研究旨在比較關係基礎與人口統計背景相似性的相對作用，亦即對上下關係品質與部屬後果變項的預測上，而較少探討關係與領導行為的直接作用。因此，對了解關係與人際關係品質也許具有某種程度的啟發，但對釐清關係差異與領導行為之間的關聯助益相當有限。相形之下，主管的員工歸類模式及其效果的探討就更為直接了。

（二）員工歸類與領導行為

　　許多關注「華人社會關係」的觀察者（Butterfield, 1983）都曾提及：相較於西方社會，華人有較強烈的「將人分類的傾向」，並以此分類來決定對待對方的方式。在此觀點上，員工歸類模式認為就華人企業高階領導人而言，常會將員工加以歸類，其歸類標準常以關係、忠誠及才能為主，因而對部屬常會形成一定的差序認知結構，進而導致差別領導與管理（鄭伯壎，1991，1995b）。此模式的提出乃源自於對領導者與部屬交換論（LMX）的反思，以及對臺灣企業領導人多年之臨床研究與參與觀察而來的，詳盡闡述了華人企業組織領導人歸類員工的標準，以及差等管理的方式，而進一步延伸了過去相關研究者所提出之觀察，即華人社會人際互動較西方社會更傾向於類別化之差等對待（楊國樞，1993；Butterfield,

1983; Redding, 1990）。此模式指出，在華人企業組織內，領導人為了有效分工，會以關係（員工與自己之關係親疏）、忠誠（員工的忠誠度高低），以及才能（員工的才能優劣）三種標準來區分部屬，並依其所屬類型給予適切的對待。

與過去研究對關係的界定一致，員工歸類模式中的關係也是指重要的社會連帶。就企業領導者來說，組織成員之關係的親疏遠近會因人而異：具有血緣或姻親關係、彼此生活在一起的組織成員，關係自然較為密切。此外，基於經營企業所需，雖然也有些成員不具血緣關係，但卻因為具備不同的條件或被企業主持人賞識，而滋長出類似家族內的親屬關係。這種具擬似血緣關係的組織成員，也與企業領導者具有較為親密的關係（陳介玄、高承恕，1991；Walder, 1983, 1986）。

忠誠指的是組織成員對領導者毫不保留的貢獻、忠貞不二。忠誠之所以重要，實與華人社會所強調之權威取向具有密切關係。由於華人家族制度強調父權的優位性，下位者服從上位者（或善盡孝道）是一種義務（Hamilton, 1990）。因此，在具泛家族主義特色的華人企業組織中，企業領導人的角色不僅是領導人而已，亦具有類似父親般的權威角色，而導致上下關係超越正式工作關係的角色範圍。同時，為了促進組織團結，以及規範上下間的秩序，企業領導人也會要求成員對自己與所代表的組織做毫不保留的赤誠效忠（鄭伯壎，1995b；鄭伯壎、姜定宇，2000）。

就才能而言，企業要永續經營，就必須擁有競爭優勢，持續創造價值。維持競爭優勢的重要關鍵，即在於擁有高素質的人力資源，人盡其才，人適其職，以達成組織目標。因此，員工的才智、能力，以及績效表現，都是領導者歸類員工的標準。對領導人而言，才能不僅是員工擁有完成工作任務的能力，還包含了努力達成工作目標的動機。其中，工作能力包括性向、技能、知識，以及工作經驗；而動機則是運用能力於工作上的努力程度，此兩個因素的互動決定了工作績效的高低。換言之，企業領導人對員工才能的歸類，是藉由對員工的工作績效與工作品質等具體行為的觀察，才逐漸形成對員工才能優劣之判斷，並加以歸類（鄭伯壎，1995b）。

　　當企業領導人掌握員工在此三種標準的特性後，即可依照高低程度，進一步將員工細分為八種類型（見圖23-4），而與此八種類型之人的互動法則，即構成了華人企業組織與領導行為之運作基礎。從所謂的經營核心至邊緣人員之原型，其被視為自己人與贏得信任的程度亦漸次遞減，進而產生差別對待與反應，並展現在各種領導行為上。也就是說，企業領導人對於自己人員工，會有較高的情感依附，有較多的信任感、親密感、或是有較高的照顧義務。在領導作風上，企業領導人對於自己人會較寬大、體諒，或偏向人際取向；而對外人則較嚴格、苛刻或重視工作取向。在組織結構或工作控制方面，自己人員工較可能位居組織核心或是居於管理階層，外人員工則居於基層作業或工作執行的部分。在工作設計、雇用關係、資源分配方面，自己人員工較容易獲得領導人的長期雇用與獎勵，外人部屬則較少。在這種差別待遇的狀況下，自己人部屬的工作態度，例如工作滿意、組織承諾、組織公民行為，都會較外人部屬為高。

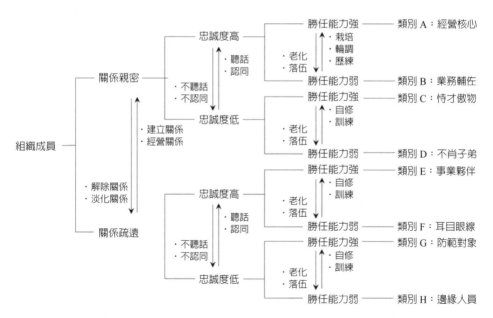

圖23-4　員工歸類模式之八種員工類型（鄭伯壎，1995b）

　　針對員工歸類模式的主張，目前已經有一些實徵研究加以探討，其

中之一爲質性研究，蒐集了臺灣七家大型民營企業的組織資料、相關文件，以及企業主持人的領導風格，並訪談了 13 位公司的一級主管，要求他們描述企業主持人與部屬互動的歷程，結果大致支持了員工歸類模式的想法：關係在部屬歸類中扮演了重要角色，尤其當部屬具備家人關係時，被企業主持人歸爲自己人的可能性最高（鄭伯壎、林家五，1998）。另一個研究爲量化研究，以臺灣六家民營企業的 173 對主管與部屬配對爲研究對象，發現上下屬間的關係親疏遠近會影響領導者是否寬大對待部屬，領導者對關係親近部屬較爲寬容，也較爲照顧；而對關係疏遠者，則反之（Cheng et al., 2002）。除此之外，以情境故事法（scenario）的研究也肯定了親、忠、才對領導者管理行爲的正面效果；同時，三種歸類標準的兩兩交互作用與三階交互作用亦具有顯著的效果，而支持了員工歸類模式的預測（徐瑋伶等人，2002；Hu et al., 2004）。這方面的研究雖然已累積一些成果，但還需要有更多的研究證據，來證實員工歸類模式與領導差序的確切效果，並掌握其中的心理機制。

（三）差序對待與領導效能

在員工歸類模式的基礎上，針對領導者之差序對待效果的探討，就是所謂的差序式領導研究。此類研究較聚焦於偏私性或差別性的部屬對待，究竟會對部屬或群體效能帶來何種影響？其中的影響歷程又是如何？如就員工歸類模式而言，其所持的觀點是認爲差序式領導者將部屬區分爲自己人與外人，再給予差序式對待的作法，可以讓部屬了解：成爲自己人部屬方能獲得領導者較佳之對待，而符合條件式酬賞（contingent reward）的原則，進而更能激發成員的動機與努力；同時，賞罰分明可以使組織的資源分配較爲合理，而提升團隊效能（王耀德，1995；鄭伯壎，1995b）。

然而，從相對剝奪的角度來看，當部屬的待遇不一時，領導者的偏私對待會引發部屬的社會比較，並導致不公平或被剝奪感，而減損團隊成員的滿意度或效能（Colquitt et al., 2001）。換言之，資源分配上的不均等，也可能會導致外人部屬覺得被相對剝奪，而破壞團隊成員間的關係；同時，會對領導者所偏好的自己人部屬產生負面的評價，認爲自己人部屬使

用各種可能的逢迎手段贏得主管的賞識，進而影響彼此間的溝通與合作，降低群體凝聚力與工作效能。因而不同的理論觀點，會得出不同的結論，究竟孰是孰非呢？顯然地，此一爭論需要進行實徵研究來加以檢視。

　　但在驗證推論之前，必須要先行發展差序式領導的測量工具，且確認其心理計量特性，方能進行資料蒐集。藉由文獻回顧，有些研究者認為差序式領導可從管理方式與資源分配之差序對待來說明：就管理方式而言，是指領導者在溝通決策、照顧支持、寬容犯錯，以及親密信任等行為，對自己人部屬有較多的偏愛；就資源分配而言，則在關鍵協助、提拔獎勵，以及資源使用上有所差別。也就是說，差序式領導行為至少表現在決策溝通、照顧支持、寬容犯錯、工作授權、協助幫忙、提拔獎勵及資源使用等方面（徐瑋伶，2004；徐瑋伶等人，2002；鄭伯壎，1995b，2005）。根據上述行為範疇，姜定宇與張菀眞（2010）編寫了初步題目，進而蒐集資料進行因素分析來確定其構念效度，結果獲得三大因素，包括照顧溝通、提拔獎勵，以及寬容犯錯，其內部一致性信度分別為 .84、.94 及 .89，而整體差序式領導量表則為 .94，顯示此量表具有良好的內部一致性信度。

　　接著，他們再蒐集另外一個樣本來進行確認性因素分析，結果亦獲得了此三個因素，表示向度頗為一致、穩定，其中，照顧溝通是指領導者與自己人部屬有較多正向互動，經常交流意見與想法，包括原來的決策溝通與照顧支持；提拔獎勵是指領導者給予自己人部屬較多調薪、升遷或獎勵的機會，以及工作協助與職涯栽培，題目都來自提拔、獎勵，以及資源使用；而寬容犯錯是指領導者較寬容自己人部屬的工作失誤，則是由此向度原先的題項而來。

　　為了驗證差序式領導的效果，又蒐集 68 家企業 312 位員工的資料，結果發現在控制部屬個人背景與家長式領導的效果後，差序式領導對工作績效仍具有顯著的額外預測效果；對主管程序公平與互動公平亦具有顯著的預測效果，顯示就部屬的認知而言，主管展現出差序式領導是符合程序公平與互動公平的。至於分配公平的效果雖然不顯著，但在權力距離高時，效果會變得顯著；而程序公平亦然，顯示在權力距離高的狀況下，主管的差序式領導對公平的效果是更為顯著的。此結果顯然較支持增

強原則的主張，而較不支持相對剝奪與公平的推論。不過亦有研究者認為，從更長期的觀點來看，即使部屬感受到剝奪感或不公平，但當個人相信有改變的餘地時，也會提升自我改善（self-improvement）與積極改變（constructive change）的動機，從而更加努力工作，贏得主管的賞識；同時，也會促使外人部屬盡力改變目前的歸屬類別，使自己成為自己人部屬（姜定宇、鄭伯壎，2014）。事實上，上述結果與部屬歸類模式的論述一致，即外人部屬可以透過輸誠、建立關係、經營關係，以及展現工作才能等方式，成為主管的自己人部屬（鄭伯壎，1995b）。

最後，回顧歸類模式與差序式領導的基本觀點，可以發現此類領導方式的理論意涵應該同時涵括主管對部屬的歸類歷程與差序對待行為，因而未來需要做進一步的整合，以建構更為完整的差序式領導理論。其次，員工歸類模式的研究，較著重於領導者的觀點，然而，從部屬的角度來說，是否其歸類標準亦與領導者一致？如果不一致，是否會造成衝突或展現歧異的偏差行為（deviant behavior）呢？第三，側重不同標準的差序式領導類別對效能是否亦具有不同的效果？例如，工作偏私（重才）與情感偏私（重親）的差序領導作用可能是不同的，前者對工作表現具有正向效果，但後者則無（謝佩儒等人，2020）。

第四，差序式領導在團隊層次上的影響，也是值得深入討論的重要議題。已有推論指出，差序式領導能夠形成一個以領導者為中心的恩義差序格局，內圈是自己人部屬所組合而成的堅強環節，外圍則是外人部屬所形成的群體。藉由善用自己人部屬的橋梁角色，領導者一方面可以將自己的精力與時間放在最重要的管理任務上，一方面則可透過自己人部屬與外人部屬，互通有無，使外人部屬取得必要之資源，進而提升工作效能。因此，其作用就如同「漣漪效應」的擴散一般，內外圈環環相扣，形成緊密的人際關係網絡，每位成員各司其職、各盡所能，從而提升群體的整體效能（徐瑋伶，2004）。因而，進一步區分出差序式領導對自己人部屬或外人部屬的差異影響歷程，也是深化差序式領導概念的重要研究方向。最後，差序式領導是根植於人治主義文化而產生的，因而，在類似文化價值地區也應該具有一定程度的外部類推效度，這種差序式領導的跨文化應用

也是值得探討的方向之一（姜定宇、鄭伯壎，2014）。

五　家長式領導與差序式領導之整合

　　受尊尊法則影響的家長式領導，也是一種處於人治氛圍下的領導方式，而所顯現的嚴明紀律或權威、父親般的仁慈，以及道德廉潔的作風；至於親親法則影響下的差序式領導，則是一種領導者對部屬之歸類過程與差序對待的領導方式。因此，在華人的組織情境中，究竟家長式領導與差序式領導之間的關聯為何，也是一項值得探討的議題。此一問題涉及領導者的歸類標準是否與領導或管理行為有關。也就是說，主管與部屬的關係、忠誠及才能，是否會透過家長式領導之不同展現而對部屬效能產生影響？

　　為了回答此一問題，有一個研究以臺灣企業主管與部屬為對象，蒐集了 294 對對偶樣本的資料，並發現主觀情感關係對於威權領導與仁慈領導均具有正向效果，顯示領導者對關係親密者會採取恩威並濟的領導方式；而才能則對威權領導有顯著負向效果，顯示領導者對高才能之部屬比較不會展現出強制性的權威與要求；忠誠對於仁慈領導與德行領導亦具有顯著效果，顯示輸誠效忠的部屬較受到領導者的照顧，且對之展現以身作則的行為。其次，關係與忠誠之互動對德行領導具有負向效果，表示針對高忠誠與關係親近之部屬，主管比較不會展現德行領導。而忠誠與才能對威權領導具有正向影響效果，顯示當部屬才能高又忠誠時，領導者比較不會對其施以威權領導。第三，在家長式領導的中介效果方面，則發現威權領導與德行領導在忠誠與督導滿意間具有部分中介效果（鄭伯壎等人，2003）。上述結果說明了家長式領導與差序式領導間，可能具有互涉關係，包括對情感關係親近者採取恩威並濟的方式，同時展現威權與仁慈的作風，而符合華人傳統之家父長形象；對才能高的部屬會降低威權作風，較尊重部屬的自主；對忠誠的部屬則展現較多的德行領導與仁慈領導，顯示差序式領導與家長式領導間可能存有互為因果的關係：上下間的情感關係、部屬的才能及忠誠，都可能影響主管之家長式領導行為的展現，並導

致不同的結果。

　　另一方面，亦可從群體層次來探討策略性之差序家長式領導對部屬效能的作用（郭均誠等人，2015）。理論上，由於華人社會中流行人治主義，因此，家長式領導者也會將部屬區分為自己人與外人，且對不同類別的部屬進行差別對待，例如，對自己人的部屬表現較少的立威與較多的施恩；至於外人部屬則有較多的立威與較少的施恩。此外，領導者也會隨著部屬行為表現的改變，而改變其對待部屬方式（鄭伯壎，2005）。也就是說，領導者的差序對待可能會形塑出一種存在於團體中的社會線索或角色秩序，而突顯出差序幅度下的角色規範。一旦團隊成員掌握住明確的角色定位，就會展現合宜合模的角色行為。以差序仁慈領導而言，當領導者對自己人部屬表現出差序施恩行為時，內圈成員會基於領導者的偏私照顧，而滋長出感恩懷德的心理，並願意更努力付出，以貢獻一己之力來回報主管；同時，亦可以藉此來鞏固自己的內圈地位（鄭伯壎，1995b）。至於外圈成員則可透過替代學習（vicarious learning）的過程，觀察與仿傚內圈成員的行為，一方面與領導者建立良好關係，另一方面提升個人表現，以改變自己的外圈成員身分或外人標籤，並且朝向內圈或自己人類別流動（徐瑋伶，2004）。

　　以差序權威領導來說，當領導者對團隊成員表現出差序立威行為時，自己人成員會觀察到領導者對外圈成員展現強制權，基於戒慎恐懼與警惕的心理，而會努力維持、甚至提升個人表現，以保障自己的內圈地位。至於外圈成員，則會在與領導者互動的過程中，察覺到自己處於差序結構中的較低位置，並了解身為外圈成員的角色所帶有的義務與責任；同時，亦會對領導者的合法權威產生敬畏之情，且透過順從與服從行為，符合領導者的期望、要求及命令。因此，不管是差序式仁慈領導或是差序式權威領導，都會與部屬的效能具有正向關聯。至於德行領導則較偏向一視同仁的平均領導性質，因而，現行研究較將其視為同質的構念，探討平均式德行領導對差序式仁慈與威權領導之效能的調節作用。

　　為了驗證上述推論，有一項研究是以軍事組織中的基層連隊為對象，蒐集 172 位連長及其所領導之 516 位排長的資料，考察其上下互動

行為，結果發現在連長之平均德行領導低的狀況下，差序式仁慈與威權領導對後果變項（如組織公民行為與工作績效）較具有正向效果；但在高平均德行領導的狀況下，則較偏向無效果或低度負效果（郭均誠等人，2015）。顯示當連長的德行領導低下時，差序式領導能發揮更為正面效果。由於以上的研究都只是初步探討，只能提供差序式領導與家長式領導之間的初步關係，至於更複雜的互動與互涉影響，則需要進行更多的全面性研究來加以考察。其中之一也許可以採用縱貫式研究作法，在領導者與部屬關係啟動之際，即開始進行觀察，且逐一掌握各互動階段的動態變化歷程，以了解兩種領導模式間的互動歷程，以及其中的權變與調節作用。其次，則是進行多層次的探討，針對個人、對偶及群體層次之差序式領導與家長式領導的互動關係進行實徵研究，應可進一步回答兩類領導及其效能的問題。有關兩類領導的整合與互動研究架構，如圖 23-5 所示。

六　結語

　　領導的科學研究，至今已歷百年以上，累積的文獻汗牛充棟，提出的相關理論也不在少數，可惜的是，對異文化下之本土領導構念與行為的了解相當有限，理由當然是與領導研究的發展軌跡有關，就如 Yukl（1994）所下的結論：過去的領導研究絕大多數都是在北美與西歐進行的，其他地方則相當有限，因而所掌握的只是西方文化下的領導現象。這種缺失在二十世紀中期，即有一些組織人類學與社會學研究者注意到，並開始探討華人企業組織中的組織與管理行為，而逐漸開展出華人組織與領導的研究議題。他們通常採用質性訪談與參與觀察的方式，探討華人情境下的組織行為與特色，進而有系統地描述華人企業組織中的經營理念、人際溝通、關係網絡，以及組織領導等等。由於上述焦點與作法乃立基於巨觀組織行為的角度，因而對微觀領導行為的掌握較為有限。此一侷限，直到組織心理學研究者投入以後，才有更進一步的突破。

　　本文即在鋪陳此一立基於本土主位取向之研究路線的研究思路與研究成果：從傳統華人文化價值觀入手，考察家族主義下的華人企業組織中的

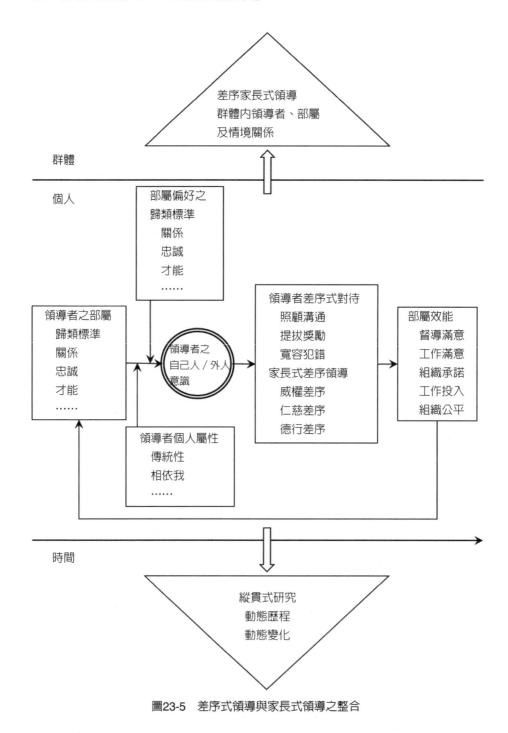

圖23-5　差序式領導與家長式領導之整合

領導，期了解這方面的研究進展與發展方向。相對於全球性的領導研究，此類型的研究成果雖然尚屬有限，但由於千禧年之後全球化興起，而受到了更大的關注，也有了更多的發現。在此趨勢下，本文首先指出領導現象應該是鑲嵌在地域或國家文化下的一種現象，而需要重視文化價值的影響。接著，討論能夠突顯華人文化特色之家長權威（階序格局）與關係取向（差序格局）兩大價值，以及這些價值對組織領導的影響，並建構出兩類重要的華人領導模式，包括家長式領導與差序式領導。然後，再針對此兩類領導模式的理論建構與實徵驗證進行討論，進而指出可以持續進行的研究方向。最後，則鋪陳整合兩類領導模式的可能。

　　具體而言，本文論述了傳統之華人家族結構與文化價值是如何展現在華人的組織領導上的：由於謹守家長權威與部屬義務的尊尊原則，而展現了家長式領導的特色；也由於講求差序格局與親疏遠近的親親原則，而導致了差序式領導的作風。這種兼及家長式領導與差序式領導的管理方式，正是華人企業組織領導的重要風貌，不但流行在華人社會的家族企業組織中，而且在講求高權力距離與集體主義的各種產業組織裡，也是司空見慣的。根據此一思考軸線與研究面向，可以導出更多值得探討的議題，包括領導與效能、領導與情境，以及領導與變遷等等，而可對本土文化情境下的領導現象有更進一步的了解。

　　究竟家長式領導與差序式領導的效能如何，這是許多領導研究者關心的主要問題，此問題通常反映了結構功能論的觀點。領導的結構功能論指出，在組織中，領導功能是有層次之分的，而可區分為組織內領導（leadership in organizations）與組織的領導（leadership of organizations）。前者指的是分布在組織各層級的領導，是透過人際互動來影響部屬完成工作任務的；後者則是組織的高階領導，重視環境變化的審視與組織遠景的建立，是一種立足現在、展望未來的策略性領導（strategic leadership）（林姿葶、鄭伯壎等人，2014）。雖然現行之華人領導的構念是來自家族企業主持人的案例研究與臨床觀察，較偏向高階之組織的領導，可是在進行實徵研究時，卻大多是以各中低層級之主管及其部屬為研究對象，而偏向組織內領導。因而，兩者間似乎是有一些混用，

而需要做進一步的釐清，同時，也得增加高階之策略領導的實徵性探討，以檢驗高階華人領導理論的效度。

此外，亦可考察高階領導與各階層領導間的垂直影響關係，察看上下之間如何展現涓滴效應（trickle-down effect），其效果如何，是偏向取代、互補、獨立或是強化效果，以進一步理解領導上層系統與下層分系統間的關聯。當然，此一問題亦涉及了分析層次（level of analysis）的議題——分析層次可說是近年組織行為研究的重要考慮因素，涉及理論建構與理論驗證的實質對象究竟是什麼的問題。由於各層次彼此之間是巢套或鑲嵌在一起的，而需要針對個人、對偶、群體及集體等四大層次（Yammarino & Dionne, 2018）進行思考。就過去華人領導的研究而言，大多聚焦在個人、對偶及群體層次上，探討個別、平均領導行為與部屬個人、群體效能間的關係，而較少涉及集體層次。因此，未來的研究應該更聚焦於集體層次，探討高階領導行為對各層次效能的影響。除此之外，針對領導與效能之內在心理或中介機制方面，也需要認真思考，期對華人領導理論的精緻化與強韌化有所助益。

就領導與情境而言，華人領導所涉及的情境因素至少包括了社會文化因素（如家族主義、尊重階級、特殊主義、互惠原則、人際和諧及以德服人）與組織因素（如生命週期、經營權與所有權合一、創業結構、經營環境單純及技術穩定）。作為前序條件，這些情境因素究竟是如何影響領導風格的形成呢？以過去的研究而言，在社會文化因素上，大多著重於家族主義與關係倫理的文化價值，偏向儒家倫理中的庶人倫理，這是指一般平民階級所重視的文化內涵。

除此之外，傳統之華人文化亦強調士之倫理——這種倫理偏向知識菁英的倫理，較偏重修身以道與濟世以道，領導人不但需要修養自己，而且也需要擴大造福鄉梓與社會，以展現內聖外王的精神。也就是說，由一人興仁，邁向一國興仁，甚至臻於天下興仁的理想境界。這種重視個人自我修養與推己及人的想法，引入領導領域，就成了謙遜領導與神聖領導的重要內涵（鄭伯壎，2017）。另外，道家講究道法自然、陰陽和合等價值，在這種價值的影響之下，就比較可能展現出矛盾領導（paradoxical leadership）的行為（Zhang et al., 2015）。

　　就組織情境因素而言，現行的華人領導模式大多是觀察第一代創業家的行為而來，其所屬組織通常規模偏小、市場與技術穩定、經營環境較為單純。可是，當組織規模擴大、情境變得複雜時，此類華人領導模式是否依然有效，亦值得關注。最後，家長式與差序式領導在華人社會是普遍而鮮明的，也是鑲嵌在集體主義與高權力距離的文化特色中，在其他文化特性類似的國家或地區，此兩類領導模式是否依然具有類似效果，也可以加以考察，以了解此類領導模式的跨文化與跨情境類推效果（Lin et al., 2019; Koveshnikov et al., 2020）。

　　在組織領導與變遷方面，本文的論述也可以說是立基於傳統之父子軸之文化結構上，重視權威取向與關係差異，但在現代社會又是如何呢？父子軸社會結構之所以發生，與古代之農耕生態環境頗有關係，因而特別講究家族團結與人際和諧。可是，在邁入工業化、資訊化及數位化的社會之後，這種文化結構是否會發生改變，其中各種角色的相對優勢是否亦有所不同。也就是說，父子軸家庭是否已經逐漸鬆動，而被夫妻軸結構所取代。因而，華人的角色內涵與結構，以及習慣採用的關係基模將會有所變遷，進而影響企業組織內的領導。

　　以現行華人組織的研究而言，有些研究者對華人家族企業的變遷，曾提出很有意思的觀察，認為臺灣大型民營企業已經彰顯出家族、差序及制度等三環文化結構的特色，既不是傳統的家庭工業，也不是理性的西方組織，而是揉合著傳統與現代、文化與市場、出身與成就的一種混合性的組織（hybrid organization）（鄭伯壎、林家五，1998）。在這種組織變遷之下，究竟家長式領導會朝向平權式領導過渡、差序式領導朝向法制式領導遷移，其中的領導效能如何演變，都是值得深思的問題。

　　另外，在全球化的影響下，華人社會的年輕一代是否也有所改變，而越來越重視個我主義，接受自由、自主、權利、自我實現，以及自由選擇等個人取向的價值觀，且脫離華人文化傳統所重視的共享性、責任義務及尊重權威等的社會規範（林姿葶、姜定宇等人，2014）；或是由於華人親子教養模式的改變（林文瑛、王震武，1995），而使得上尊下卑的傳統親

子關係發生質變。總之，隨著社會變遷，以及傳統與現代價值觀的更迭，華人組織的領導與效能是否已發生改變，領導模式又如何隨著時代變遷而加以轉化，並且與時俱進，都是值得探討的。

　　總結而言，本文分析了華人企業組織的特殊環境背景、傳統家族主義或社會取向的價值作用、家長式與差序式領導的本質與內涵、現行的研究成果與發現，並提出許多亟待解答的問題，期對當代與未來之華人社會或具有類似文化價值之地區的領導研究，提供一項堅實的基礎。

參考文獻

王耀德（1995）：〈評〈差序格局與華人組織行為〉：兼論組織行為理論本土化的問題及策略〉。《本土心理學研究》，*3*，238-249。

余英時（1987）：《中國思想傳統的現代詮釋》。聯經出版公司。

周麗芳、鄭伯壎、陳靜慧、任金剛、許金田（2005）：〈華人高階管理者網絡中的特殊連帶與人際情感：深層心理契合與正式工作關係的效果〉。《本土心理學研究》，*23*，201-257。

林文瑛、王震武（1995）：〈中國父母的教養觀：嚴教觀或打罵觀？〉。《本土心理學研究》，*3*，2-92。

林姿葶、姜定宇、蕭景鴻、鄭伯壎（2014）：〈家長式領導效能：後設分析研究〉。《本土心理學研究》，*42*，181-249。

林姿葶、鄭伯壎、周麗芳（2014）：〈家長式領導：回顧與前瞻〉。《本土心理學研究》，*42*，3-82。

林端（1991）：〈儒家思想與行動理論：與黃光國教授對話〉。《當代》，*72*，82-103。

金耀基（1992）：〈關係和網絡的建構：一個社會學的詮釋〉。《二十一世紀雙月刊》，*12*，143-157。

姜定宇、張菀真（2010）：〈華人差序式領導與部屬效能〉。《本土心理學研究》，*33*，109-177。

姜定宇、鄭伯壎（2014）：〈華人差序式領導的本質與影響歷程〉。《本土心理學研究》，*42*，285-357。

凌文輇（1991）：〈中國人的領導與行為〉。見楊中芳、高尚仁（主編），《中國人、中國心：人格與社會篇》，頁409-448。遠流出版公司。

凌文輇、方俐洛、Khanna, A.（1991）：〈內隱領導理論的中國研究——與美國的研究進行比較〉。《心理學報》，*3*，187-212。

徐瑋伶（2004）：《海峽兩岸企業主管之差序式領導：一項歷程性的分析》（未發表之博士論文），國立臺灣大學。

徐瑋伶、鄭伯壎、黃敏萍（2002）：〈華人企業領導人的員工歸類與管理行為〉。《本土心理學研究》，*18*，51-94。

莊耀嘉（1996）：〈中國人角色關係的認知結構〉。國科會專題研究計畫成果報告。

郭均誠、林姿葶、周婉茹、鄭伯壎（2015）：〈領導者之差序對待幅度與部屬效能：平均德行領導的調節效果〉。《本土心理學研究》，*43*，125-172。

陳介玄、高承恕（1991）：〈臺灣企業運作的社會秩序：人情關係與法律〉。《東海學報》，*32*，219-232。

陳其南（1986）：〈傳統家族制度與企業組織〉。見陳其南（主編），《婚姻、家族與社會》。允晨文化公司。

喬健（1982）：〈關係芻議〉。見楊國樞、文崇一（主編），《社會及行為科學的中國化》。中央研究院民族學研究所。

費孝通（1948）：《鄉土中國與鄉土重建》。觀察社。

黃光國（1985）：〈人情與面子：中國人的權力遊戲〉。見李亦園、楊國樞、文崇一（主編），《現代化與中國化論集》。桂冠圖書公司。

黃敏萍（2007）：〈組織領導〉。見鄭伯壎、姜定宇、鄭弘岳（主編），《組織行為研究在臺灣》，頁248-278。華泰文化。

楊國樞（1993）：〈中國人的社會取向：社會互動的觀點〉。見楊國樞、余安邦（主編），《中國人的心理與行為：理論與方法篇》，頁87-142。桂冠圖書公司。

楊國樞（1998）：〈家族化歷程、泛家族主義及組織管理〉。見鄭伯壎（主編），《海峽兩岸之組織與管理》，頁20-59。信義文化基金會。

葉光輝、楊國樞（1991）：〈孝道認知結構組型之分析〉。《國家科學委員會人文及社會科學彙刊》，*1*，頁32-51。

鄭伯壎（1991）：〈家族主義與領導行為〉。見楊中芳、高尚仁（主編），《中國人、中國心：人格與社會篇》，頁365-407。遠流出版公司。

鄭伯壎（1995a）：〈家長權威與領導行為之關係：一個臺灣民營企業主持人的個案研究〉。《中央研究院民族學研究所集刊》，*79*，119-173。

鄭伯壎（1995b）：〈差序格局與華人組織行為〉。《本土心理學研究》，*3*，142-219。

鄭伯壎（2004）：〈華人文化與組織領導：由現象描述到理論驗證〉。《本土心理學研究》，*22*，195-251。

鄭伯壎（2005）：〈華人組織行為研究的方向與策略：由西化到本土化〉。《本土心理學研究》，*24*，191-245。

鄭伯壎（2017）：《華人領導的十堂必修課》。五南圖書出版公司。

鄭伯壎、周麗芳、樊景立（2000）：〈家長式領導：三元模式的建構與測量〉。《本土心理學研究》，*14*，3-64。

鄭伯壎、林家五（1998）：〈差序格局與華人組織行為：臺灣大型民營企業的初步研究〉。《中央研究院民族研究所集刊》，*86*，29-72。

鄭伯壎、姜定宇（2000）：〈華人組織中的主管忠誠：主位與客位概念對員工效能的效果〉。《本土心理學研究》，*14*，65-111。

鄭伯壎、莊仲仁（1981）：〈基層軍事幹部有效領導行為之因素分析：領導績效、領導角色與領導行為之關係〉。《中華心理學刊》，*23*(2)，97-196。

鄭伯壎、郭建志、徐瑋伶、胡秀華（2003）：《人治主義、家長式領導及部屬效能：中介模式的驗證》（計畫編號：89-H-FA01-2-4-4）。教育部資助華人《本土心理學研究》追求卓越計畫之研究報告，教育部。

鄭伯壎、黃敏萍（2000）：〈華人企業組織中的領導：一項文化價值的分析〉。《中山管理評論》，*8*(4)，583-617。

鄭志明（1991）：〈儒家崇拜與儒家社會—兼評黃光國的「儒家思想與東亞現代化」〉。《當代新儒學論文集，外五篇》。文津出版社。

謝佩儒、鄭伯壎、周婉茹（2020）：〈雙構面差序式領導與部屬效能：上下關係認定之調節效果〉，《本土心理學研究》。

Bellah, R. N. (1970). Father and son in Christianity and Confucianism. In R. N. Bellah (Ed.). *Beyond belief essays on religion in a post-traditional world* (pp. 76-99). Harper & Row.

Bowers, D. G., & Seashore, S. E. (1966). Predicting organizational effectiveness with a four-factor theory of leadership. *Administrative Science Quarterly, 11*, 238-263.

Butterfield, F. (1983). *China: Alive in a bitter sea.* Coronet Book.

Chemers, M. M. (1993). An integrative theory of leadership. In M. Chemers and R. Ayman (Eds.), *Leadership theory and research: Perspectives and directions* (pp. 293-319). Academic Press.

Cheng, B. S., Farh, J. L., Chang, H. F., & Hsu, W. L. (2002). Guanxi, zhongcheng, competence and managerial behavior in Chinese context. *Journal of Chinese Psychology, 44*(2), 151-166.

Chu, T. S. (1961). *Law and society in traditional China.* Paris: Mouton.

Colquitt, J. A., Conlon, D. E., Wesson, M. J., Porter, C. O. L. H., & Ng, K. Y. (2001). Justice at the millennium: A meta-analytic review of 25 years of organizational justice research. *Journal of Applied Psychology, 86*(3), 425-445.

Cox, T. (1993). *Cultural diversity in organizations: Theory, research and practice.* Berrett-Koehler.

Earley, P. C. (1993). East meets West meets Mideast: Further explorations of collectivistic and individualistic work groups. *Academy of Management Journal, 36*(2), 319-348.

Farh, J. L., & Cheng, B. S. (2000). A cultural analysis of paternalistic leadership in Chinese organizations. In J. T. Li, A. S. Tsui, & E. Weldon (Eds.), *Management and organizations in the Chinese context* (pp. 85-127). Macmillan.

Farh, J. L., Tsui, A. S., Xin, K., & Cheng, B. S. (1998). The influence of relational demography and guanxi: The Chinese case. *Organization Science, 9*(4), 471-488.

Fiske, A. P. (1991). *Structures of social life: The four elementary forms of human relations.* Free Press.

Fleishman, E. A. (1953). The description of supervisory behavior. *Journal of Applied Psychology, 37*(1), 1-6.

Gelfand, M. J., Aycan, Z., Erez, M., & Leung, K. (2017). Cross-cultural industrial organizational psychology and organizational behavior: A hundred-year journey. *Journal of Applied Psychology, 102*(3), 514.

Hamilton, G. G. (1990). Patriarchy, patrimonialism, and filial piety: A comparison of China and Western Europe, *British Journal of Sociology, 41*(1), 77-104.

Hiller, N. J., Sin, H. P., Ponnapalli, A. R., & Ozgen, S. (2019). Benevolence and authority as WEIRDly unfamiliar: A multi-language meta-analysis of paternalistic leadership behaviors from 152 studies. *The Leadership Quarterly, 30*(1), 165-184.

Ho, D.Y.F. (1998). Interpersonal relationships and relationship dominance: An analysis based on methodological relationalism. *Asian Journal of Social Psychology, 1*, 1-16.

Hofstede, G. (1980). *Culture's consequences: International differences in work-related values.* Sage.

Hofstede, G., & Bond, M. H. (1988). The Confucius connection: From cultural roots to economic growth. *Organizational Dynamics, 16*(4), 4-21.

House, R. J., Hanges, P. J., Javidan, M., Dorfman, P. W., & Gupta, V. (Eds.). (2004). *Culture, leadership, and organizations: The GLOBE study of 62 societies.* Sage.

House, R., & Mitchell, R. (1974). Path-goal theory of leadership. *Journal of Contemporary Business, 3*, 81-98.

House, R. J., Wright, N., & Aditya, R. N. (1997). Cross-cultural research on organizational leadership: A critical analysis and a proposed theory. In P. C. Earley, & M. Erez (Eds.), *New perspectives on international industrial/organizational psychology* (pp. 535-625). New Lexington.

Hsu, F.L.K. (1953). *Americans and Chinese: Two ways of life.* Akerlard-Schuman.

Hu, H. H., Hsu, W. L., & Cheng, B. S. (2004). Reward allocation decisions of Chinese managers: Influence of employee categorization and allocation context. *Asian Journal of Social Psychology, 7*(2), 221-232.

Hwang, K. K. (1987). Face and favor: The Chinese power game. *American Journal of Sociology, 92*(4), 944-974.

Hwang, K. K. (1999). Filial piety and loyalty: Two types of social identification in Confucianism. *Asian Journal of Social Psychology, 2*, 163-183.

Jacobs, J. B. (1980). The concept of *guanxi* and local politics in a rural Chinese cultural setting. In S.L. Greenblatt, R.W. Wilson, & A.A. Wilson (Eds.), *Social interaction in Chinese society* (pp. 209-236). Praeger.

Koveshnikov, A., Ehrnrooth, M., & Wechtler, H. (2020). The three graces of leadership: Untangling the relative importance and the mediating mechanisms of three leadership styles in Russia. *Management and Organization Review*, 1-34.

Lin, N. (1989). Chinese family structure and Chinese society. *Bulletin of the Institute of Ethnology, Academia Sinica, 65*, 59-129.

Lin, T. T., Cheng, B. S., & Chou, L. F. (2019). Paternalistic leadership: An indigenous concept with global significance. In K. H. Yeh (Ed.), *Asian indigenous psychologies in the global context* (pp. 115-138). Palgrave Macmillan.

Misumi, J., & Peterson, M. F. (1985). *The behavioral science of leadership: An interdisciplinary Japanese research program.* The University of Michigan Press.

Pye, L. W. (1981). *Dynamics of Chinese politics.* Oelgeschlager, Gunn and Hain.

Redding, S.G. (1990). *The spirit of Chinese capitalism.* W. de Guyter.

Silin, R. H. (1976). *Leadership and values.* Harvard University Press.

Smith, P. B., & Wang, Z. M. (1996). Chinese leadership and organizational structures. In M. H. Bond (Ed.), *The handbook of Chinese psychology* (pp. 322-337). Oxford University Press.

Stogdill, R. M. (1974). *Handbook of leadership: A survey of theory and research.* Free Press.

Takeuchi, R., Wang, A. C., & Farh, J. L. (2020). Asian conceptualizations of leadership: Progresses and challenges. *Annual Review of Organizational Psychology and Organizational Behavior, 7*, 233-256.

Thagard, P. (1992). *Conceptual revolutions.* Princeton University Press.

Tsui, A. S., & Farh, J. L. L. (1997). Where *guanxi* matters: Relational demography and guanxi in the Chinese context. *Work and Occupations, 24*(1), 56-79.

Walder, A. G. (1983). Organized dependency and cultures of authority in Chinese industry. *The Journal of Asian Studies, 43*(1), 51-76.

Walder, A. G. (1986). *Communist neo-traditionalism: Work and authority in Chinese industry*. University of California Press.

Westwood, R. (1997). Harmony and patriarchy: The cultural basis for "paternalistic headship" among the Overseas Chinese. *Organization Studies*, *18*(3), 445-480.

Whitley, R. (1992). *Business systems in East Asia: Firms, markets and societies*. Sage.

Xin, K. R., Farh, J. L., Cheng, B. S., & Tsui, A. S. (1998). *Guanxi and vertical dyads: Evidence from Taiwan and the PRC*. Paper presented at the Research Conference of Management and Organizations in China, Hong Kong University of Science and Technology, Hong Kong.

Yammarino, F. J., & Dionne, S. D. (2018). Leadership and levels of analysis: Clarifications and fixes for what's wrong. In R. E. Riggio (Ed.), *What's wrong with leadership? Improving leadership research and practice* (pp. 41-57). Routledge.

Yang, L. S. (1957). The concept of 'pao' as a basis for social relations in China. In J. K. Fairbank (Ed.), *Chinese thought and institutes* (pp. 291-309). University of Chicago Press.

Yukl, G. A. (1994). *Leadership in organizations*. (3rd edition). Prentice-Hall.

Zhang, Y., Waldman, D. A., Han, Y. L., & Li, X. B. (2015). Paradoxical leader behaviors in people management: Antecedents and consequences. *Academy of Management Journal*, *58*(2), 538-566.

林佳樺、姜定宇

一 前言

　　華人文化中對於「關係」（guanxi）的界定與內涵，有著其獨特的成分而與西方文化不同，至今仍主導著華人文化影響下的人際互動，對於企業組織經營與管理也有著重要的影響。在企業組織的場域中，早年多採客位化和跨文化的研究取徑，長期套用西方的觀點與理論至華人情境進行驗證，或者藉此比較不同文化特性間的組織行為差異，直至近年來本土化研究意識的抬頭以及西方對華人文化的關注，關係與家長式領導等華人組織行為才逐漸受到國際的重視（鄭伯壎、黃敏萍，2019；Gelfand et al., 2007）。

　　「關係」在華人社會占有相當重要的角色，華人會依親疏遠近給予他人不同的對待，認為應該要多關照那些關係親近的人，若人與人之間有關係，也會有比較好的照應（費孝通，1948；鄭伯壎、樊景立，2001）。如第十九章針對關係差異與領導行為的討論，可以看到即便在企業組織中，關係主義亦有其影響性，組織內部成員藉由關係可以獲得較多的資源與信任（Xin & Pearce, 1996）。在領導者與部屬之間，領導行為也帶有著屬於華人關係意涵的形式，領導者身為企業中的資源分配者與權威的代表，將會是建構上下關係形式的主動方，根據個人特質將員工依據歸類標準分類並以不同的方式與之互動（鄭伯壎，1995），進而出現差序式領導這般的領導風格。差序式領導者藉由對部屬展現不同的對待方式，促使部屬有更高水準的工作表現、更快融入團隊，以及讓部屬能擁有較高的非正式團

體地位，在這項領導風格中，領導者與部屬之間的關係是一項重要的決定因子，讓差序式領導者藉以區分自己人部屬與外人部屬，並透過獎勵和照顧自己人部屬、對外人部屬則抱持冷漠與嚴苛的差別對待，激勵自己人部屬更加投入工作任務，亦同時促進外人部屬的成長與改變（姜定宇、鄭伯壎，2014；葉晃昌，2011）。

本章延續第十九章提出的觀點，將先從華人關係主義與差序格局開始，逐步介紹這兩者在華人社會的發展與影響，以及在企業組織內對於上下關係與同事關係間的作用，進而剖析差序式領導的內涵與影響歷程，並為西方相關理論與近期研究進行整理與討論。本章為差序式領導提供更為完整的樣貌和呈現條理清楚的理論脈絡，協助後續研究者在進行此項議題研究時，能有具體可行的參考方向。

二 華人關係主義與差序格局

（一）關係

「關係」可以被視為一種人際間非正式且私人的特殊連帶（particularistic ties）（Chen & Chen, 2004; Jacobs, 1979; Tsui et al., 2000），其組成涵蓋了雙方的血緣或社會既定聯繫（例如：父女和母子等具有先天性的連結，或者師生、同事和朋友等由交往經驗建立的連結），以及在特定場合中兩人間工具性的往來交換，和雙方於人際交往中情感親密的程度。同時，關係是具有動態性的，在每次交往互動之後，兩人間的關係有可能會維持，但也有可能會有所變化；關係也具有累積性，其組成包含過去雙方的交往經驗，過去的經驗會影響未來的關係互動，從中建立起彼此該如何相處或展現什麼樣行為的期待；再者，人與人之間的關係也會受到場合的影響而變動，在特定場合裡會突顯出屬於該場合的社會聯繫，形塑出適合該場合的角色期待（楊中芳，1999；Tsui & Farh, 1997）。

關係裡的雙方會遵循社會文化所賦予的角色規範（楊國樞，1992；Chen & Chen, 2004），華人社會裡最典型的人際關係為五倫──君臣、

父子、夫妻、兄弟與朋友，孟子曾說：「君臣有義，父子有親，夫婦有別，長幼有序，朋友有信」《孟子　滕文公篇上》，這便呈現了華人對於不同關係的看法，認為各種關係間應該會有相異的角色功能，其互動方式也會有所不同（黃光國，1988a）。關係的角色化可以從華人社會組成窺知一二，自古以來中國的經濟型態便主要是以家族為單位的精耕農業，這般社會結構需要家族內有穩定與明確的人際關係，讓每個人根據其角色規範行事，才能夠維持有效的生產力並讓家族得以永續發展。而在資源有限的環境和重視父系傳承的觀念下，關係勢必會影響資源分配的方式，形成內外有別的現象，優先保留資源給予關係親近的人（楊國樞，1992；葉明華、楊國樞，1997）。

（二）關係主義與差序格局

　　費孝通（1948）以「差序格局」說明華人會根據關係親疏遠近而有差等對待的現象，其提出華人的人際關係會以自己為中心點，如漣漪般一圈圈的向外擴散，每圈代表不同的關係類別並且具有個體差異，當中存在著不同的人際交往原則，越靠自己的圓圈會被視為自己人、越外圈的則會被視為外人，對待關係圈內的人會講情面，反之則無（陳之昭，1988）。對於這些不同種類的人際連結，主要是以兩人間的對偶關係為脈絡，楊國樞（1992）將之分成三大類：家人關係、熟人關係與生人關係，提出「關係決定論」（relationship determinism）說明關係會決定人際互動的方式：家人關係講求盡責而不求對等的回報，關係雙方互為依賴、凡事以保護家人為原則；熟人關係以人情為基礎，依照過去累積的關係程度給予自己認為適當的通融與特殊對待，不過相較於家人來說，互動中較會期望對方有所回報；生人關係則以利害為原則，建立在工具交換之上，彼此不會有任何相互依賴的行為，後續亦有學者將生人再細分為具有共同背景特性者（例如：相同姓氏、同齡或同性別等）和不具共同背景特性者，對待有共同背景特性的生人仍會存有一些偏袒的成分，但對於不具共同背景特性的生人便會僅是純粹的利益交換（Tsui & Farh, 1997）。黃光國（1988b）的人情與面子模式則是認為在分配資源時，華人會依照關係成分判斷使用何種交

往法則，關係成分包含情感性成分與工具性成分，根據這兩種成分的多寡組成情感性關係、工具性關係與混合性關係，人們以需求法則對待情感性關係者，盡己之力滿足親密的他人；以公平法則與工具性關係者互動，客觀地評估付出和回饋之間的平衡；最後，運用人情法則與混合性關係者往來，顧及人情給予特殊的幫助。

在實徵研究中，研究者曾經由訪談統整出華人社會常見的 37 種人際關係，其中關係遠近對於大多數的類別都有明顯的影響（張志學，1999）。亦有研究顯示不論是從內隱認知建構或外顯覺察的角度，華人皆會以親疏、尊卑來界定角色關係與互動規範，並且在上下關係角色間的互動規範具有不對等性，地位高者或握有資源者應給予弱勢的一方較多的幫助（莊耀嘉、楊國樞，1997；楊中芳，1999）。楊宜音（2000）藉由個案研究法蒐集中國鄉村與城市的訪談資料，發現華人普遍採自己人—外人的關係分類，不過鄉村與城市的人對於親疏的判斷標準不同，鄉村以血緣關係為依據，城市則是由人際親密、信任與義務組成，並且當先賦性與交往性改變，人際關係也會跟著變化，像是結婚建立的姻親關係或是交往良好的摯友。這說明了人我之間關係界線是具有動態性的，自己人有可能會轉變為外人，外人也有機會成為自己人，並且每個人對於關係類型的界定都會有所不同，呈現具有個人色彩的差等對待，顯示人際關係的中心仍是以自我為主，這些都反映出華人社會差序格局的樣貌。

而差等對待的華人交往原則除了受華人社會規範和既定連結所影響之外，關係中的情緒表達方式也強化了人我之間的上下權力差距，進而讓差別對待更加合理化。近期的回顧性文章列舉了夫妻關係、親子關係與主從關係的相關文獻，指出擁有權力的一方通常為情緒表達規則的制定者，其較為不苟言笑並且負向情緒的展現也比較直接，像是對子女的打罵管教或是對部屬的斥責貶抑，下位者為了維繫關係和諧與避免衝突的產生，通常會壓抑自己的負面情緒並對上位者展現正向情緒（林佳樺、姜定宇，2019）。在此般情緒互動裡上位者所建立的威嚴，以及下位者的順服與退讓，可以看到角色情緒表達方式其實加深了互動雙方之間的權力差異，使互動對象更能夠接受具有差別對待的相處方式，讓「親親之殺，尊賢之

等」《中庸》這種差等對待的法則建構了華人的關係網絡。

三　華人企業組織內的關係

　　對於華人企業組織中的關係，主要可以從「上下關係」與「同事關係」這兩方面切入。在與關係相似的概念中，西方研究過去多是以社會網絡（social network）的觀點討論企業組織的人際連結與互動，或是從關係人口學（relational demography）的觀點探討背景相似性／相異性對工作以及人際交往的態度與行為之影響，但這無法反應華人關係主義對血緣與過去既往經驗的重視，也難以說明差別對待和角色義務在華人交往原則中的獨特性（周麗芳，2002；Tsui & Farh, 1997）。在企業組織裡，屬於生人關係的兩人可藉由共同的特徵或身分認同，正向地影響工作方面的互動，一般同事關係和主管—部屬的上下關係則主要會被歸類至熟人關係，雙方互有友誼與義務感，而員工亦可能會因與老闆有家人關係而被邀請進入組織工作，角色義務與責任主導了兩人之間的交往型態（Tsui & Farh, 1997）。互動雙方可能同時共有多種關係基礎，人們也容易偏向有關係的對象，拉關係、套交情地設法建立與維繫人際關係並不是少見之事，關係遠近會影響工作中的人際信任、人際喜好、忠誠與偏私行為，此般互動方式對於個人職涯與事業是有幫助的，組織成員可以藉由關係獲得工作機會、建立良好的職場連結，以及取得有用的資訊、資源和保障（喬健，1982；Tsui et al., 2000; Xin & Pearce, 1996）。

（一）上下關係

　　目前針對華人職場關係的研究中，研究者們曾蒐集臺灣和中國的企業組織為樣本探討上下屬關係，Farh 等人（1998）從關係基礎出發，說明雙方若有關係基礎，像是曾為鄰居或有親屬關係的話，該部屬會被主管視為自己人，在這樣的關係裡部屬對主管的信任程度也會比較高。Xin 等人（1998）的研究結果亦指出，雖然臺灣參與者與中國參與者看重的關係基礎不盡相同，例如臺灣樣本注重在主管與部屬間的同鄉或前同事關係、中

國樣本則是關注在同鄉或同黨關係，但都會對雙方的關係品質知覺有所影響，並且主管因此對部屬的績效評估較高，部屬也會有較高的組織承諾。在第十九章裡有詳細地描述這些針對關係基礎的研究，說明了領導者與部屬之間的特定社會連帶，將會影響彼此間的互動狀況。

蔡松純等人（2015）則從社會認知基模的角度，提出領導者與部屬對於上下關係認定的認知與信念，會影響主管與部屬之間的互動動機、互動原則以及回報規範，他們將關係以「親密—疏遠」與「平等—不平等」兩個維度做界定，也就是以關係親疏遠近為橫向的情感軸、並以關係平等與否作為縱向的權力軸，由此劃分出四種關係認定向度，分別為：情感共享關係、工具利益關係、照顧回報關係與權威服從關係，根據所認知到的關係形式，主管會有不同的領導行為，部屬也會給予不一樣的回饋與工作態度。當主管採情感性關係認定時，部屬的利社會組織行為較多；主管採工具性關係認定時，部屬的利主管與利同事行為則較少，並且部屬會受權力階級的價值觀影響，而對關係互動有不同的回應方式（蔡松純等人，2009）。再者，從部屬的角度來說，部屬將上下關係界定為情感共享關係者，會有較多的利主管行為、順從與主管承諾，若視為工作利益關係則部屬較不會對主管有承諾行為。至於視領導者—部屬之間為權威服從關係者，部屬會願意展現對主管的承諾與利主管行為，但是不見得會順從於主管（蔡松純，2018）。

（二）同事關係

對於同事關係的研究指出，當人們展現較多的關係行為，其可以獲得較高程度的同事支持（Taormina & Gao, 2010）。Chen 與 Peng（2008）整理 17 種會影響同事關係的行為事件，其中分別包含與工作有關以及與工作無關的正負向事件，例如：幫你解決工作相關問題（與工作有關的正向事件）、會一起參加與工作無關的活動（與工作無關的正向事件）、在公開場合批評你（與工作有關的負向事件）以及在背後說你壞話（與工作無關的負向事件），並且以中國 173 位企業主管為研究對象，隨機分派至三種不同關係遠近的同事情境中，調查這些正負向事件對於同事關係的影

響。研究結果顯示不論原本關係的遠近以及事件是否與工作有關，正向事件都會促進同事關係的發展，而負向事件都會損害同事間的交往互動，不過原本關係較疏離的同事因正向事件而拉近關係的幅度較大，關係較親近的同事則是受負向事件影響的程度較高。

另一方面，陳怡潔（2010）則是藉由情境故事法探討當自己身為旁觀者，同事間的水平關係親疏和垂直地位差距對於分配不公平的反應，該研究有 480 位臺灣企業組織員工參與，結果表示同事交情和年資深淺不會影響自己對他人獲得獎金多寡的感受，但是會影響分配不公平時的抗議行為。面對不同交情與年資的同事，如果拿到較高獎酬的是與自己交情疏遠，或者是比自己年資淺的同事，則較容易有抗議不公的情況發生。

上述研究從不同觀點討論了關係在華人上下屬與同儕互動間所發揮的作用，顯示企業組織內的人際交往結果亦會受關係差異影響而有所不同。然而對於組織中的領導行為來說，這部分尚未能直接說明關係與領導行為之間的連結。在華人文化中，具有代表性的組織領導行為包含從尊尊法則出發的家長式領導，以及受親親法則影響的差序式領導（鄭伯壎，2004）。在討論領導者與部屬間因關係主義所產生的差別對待時，釐清差序式領導的內涵與影響歷程將能夠幫助理解這富有華人文化意涵的領導行為。

四　差序式領導的概念與內涵

姜定宇與張苑真（2010）將差序式領導定義為：「在人治主義的氛圍下，領導者對不同部屬有著差異對待的領導行為，是一種對較偏好部屬會給予較多偏私的領導風格。」華人社會普遍接受領導者以私人關係或個人偏好，作為工作分派、賞罰升遷或是生活照顧等的決策判斷依據（Redding, 1990; Zhou & Martocchio, 2001），自己人部屬獲得照顧與獎勵的機會較高，亦容易擔任核心角色而有較多機會參與決策（鄭伯壎，1995，2005；徐瑋伶、鄭伯壎、黃敏萍，2002；Hu et al., 2004）。領導者依照部屬的特性將員工歸類、安排部屬至各自適合的工作任務中，將能夠

妥善地發揮部屬的能力與促進團隊的運作，過往研究即使控制了家長式領導或領導者—部屬交換關係（leader-member exchange, LMX），差序式領導對於部屬和團隊效能仍有額外的解釋力（姜定宇、張苑眞，2010；姜定宇、鄭伯壎，2014；姜定宇、孫曉眞，2021）。對於差序式領導的實際作法，首先需釐清領導者會如何區分部屬特性作爲差異對待的根據，再進一步了解差序式領導的成分內涵是什麼，以及差序式領導又是如何影響上下互動與團隊效能，因此以下將從員工歸類標準開始、逐一說明差序式領導的本質與運作機制。

（一）員工歸類標準

部屬表現與團隊效能會受到員工分類與差別對待的影響，然而華人主管爲什麼會區分不同種類的部屬，以及部屬是根據什麼標準被分類的？Dansereau 等人（1975）提出領導者這般將員工分類的行為，主要是由於領導者缺乏足夠的時間和資源讓其可以與所有部屬皆建立良好的社會交換關係，然而領導者需要有值得信任的部屬來協助處理工作任務，因此透過把部屬分類以培養自己人團體。鄭伯壎（1995）則從社會知覺的觀點說明，對於認知負荷大者來說，訊息處理的方式會主要以類別爲基礎，藉以降低外在的複雜度和提升訊息溝通的效率（Brewer, 1988; Cantor & Mischel, 1979），加上華人社會受差序格局的觀念影響，習慣與各式特定對象有著不同的互動方式（楊國樞，1992；費孝通，1948），導致華人主管在日理萬機的情境下，自然亦傾向將員工依特性分類，根據不同類別基礎與之互動。

1. 親、忠、才

對於領導者將員工歸類的方式，鄭伯壎（1995）提出親、忠、才三個員工歸類標準，「親」指的是「關係」也就是上下屬間具有血緣關係或姻親關係，或者兩方互動相當密切而發展出近乎像親屬般的擬血緣關係；「忠」意指「忠誠」，表示部屬對主管的效忠與順從，能夠接納主管的價值觀與目標，並且願意主動付出；「才」則爲「才能」，指的是員工所具

備的工作能力與工作動機，是否能達成工作任務與目標。根據這三種歸類標準的高低，鄭伯壎（1995）發展出八種員工類別與互動基礎，分別命名為：經營核心、事業輔佐、恃才傲物、不肖子弟、事業夥伴、耳目眼線、防範對象以及邊際人員，這些類別具有動態性，當員工被歸類後，可能會因一些行為表現而重新被主管分類，葉晁昌（2011）的質性研究也指出，外人部屬在工作中積極與主管建立關係、配合主管的要求，以及有良好的工作表現與危機處理能力，能夠讓主管將其轉變類別為自己人部屬；而自己人部屬若違背了主管的信任、想法理念與主管相左，並且能力上無法持續滿足主管的期待時，主管便會重新歸類該部屬為外人。同時，主管分別對於親、忠、才這三種歸類標準的重視程度，也會影響前述八種員工類別各別被主管視為自己人或外人的程度（鄭伯壎，1995）。

員工歸類的實徵研究顯示主管確實會一併考量員工的關係、忠誠與才能高低，這三種歸類標準間亦會互相影響，關係近、忠誠高或才能佳的部屬會分配到較多的獎酬，主管也較會讓其參與決策，並且與該部屬分享訊息，給予比較多的照顧和較高的信任（徐瑋伶等人，2002；Hu et al., 2004）。Cheng 等人（2002）則是蒐集臺灣企業中的對偶問卷資料，同時從主管與部屬的角度探討員工歸類對於領導行為和部屬反應的影響，研究結果顯示在這三種員工歸類標準中，忠誠最為重要，其同時對於主管展現與部屬知覺到的仁慈、授權、溝通和信任都有正向影響，部屬也會有較高的工作滿意度與主管滿意度；才能則是與主管展現仁慈、授權、溝通、揭露與信任，以及與部屬知覺到的主管溝通有關聯；最後，關係是與主管展現的授權和揭露，以及部屬知覺到的仁慈、授權、溝通與揭露有關，並且部屬會有較高的主管滿意度。

2. 才、忠、質、群、親

姜定宇、鄭伯壎（2014）提出偏惡對待的行為不僅是相對剝奪的感受，亦有可能是實際的不當對待，認為偏私自己人與偏惡外人應該視為兩個不同的建構，舉例來說，主管會寬容地對待自己人部屬所犯的錯誤，但不見得這位主管就一定會嚴厲地指責外人部屬的失誤。在這觀點之下，員

工歸類的標準可能不能只從單面來看，主管歸類自己人部屬與外人部屬的方式可能也有所不同。姜定宇、鄭孟育（2011）便邀請臺灣與中國各 90 名主管，請他們列舉出什麼樣的部屬特徵，會讓他們將該位部屬其視為自己人或外人，透過歸類與分析結果發現五項自己人歸類標準以及可對應的五項外人歸類標準，分別為：才（庸）、忠（逆）、質（劣）、群（孤）、親（疏）。「才」為「才能」代表個人良好的工作能力與積極的工作動機，「忠」為「忠誠」代表對主管與公司的效忠，「質」為「品格」代表個人品德佳與風趣親和，「群」為「群性」代表具有團隊精神並樂意合作，「親」為「關係」代表部屬為以前的同事或同學。雖然外人部屬的歸類標準與自己人部屬相同，不過主管對於兩者歸類標準的重要性排序並不一樣，自己人部屬的歸類標準重要性依序為：才（43%）、忠（26%）、質（13%）、群（10%）、親（7%），外人部屬的歸類標準重要性依序則為：庸（37%）、孤（31%）、逆（16%）、劣（15%）、疏（1%）。

　　姜定宇（2017）進一步採這五項員工歸類標準的向度概念，並參考姜定宇與鄭孟育（2011）所蒐集之語料以及徐瑋伶（2004）所使用的測量，發展這五項員工歸類標準的測量工具。同時亦蒐集臺灣企業主管的資料，以主管信任部屬與不信任部屬作為員工歸類標準的效標變項，研究結果大致符合假設，新編製的測量工具具有良好的信度，視其為才、視其為忠、視其為群、視其為格和視其為親皆與主管信任部屬有正向關聯，除了視其為親之外，其餘歸類也會減低主管不信任部屬的程度，視其為親與不信任部屬間則是受到遠疏的調節，表示在主管很重視要疏離關係不好者的情況下，若主管將員工歸類為關係好者，則對該員工的不信任感會較低。

（二）差序式領導三成分

　　領導者對自己人部屬富有信任感，也會認為有責任要給予自己人部屬對等的關懷與回報，同時亦會對自己人部屬有所期待，希望對方有良好的表現與發展（徐瑋伶，2004），而相對於自己人部屬，領導者對待外人部屬的方式則有很大的差異（鄭伯壎，1995）。Jiang 等人（2014）便針對臺灣與中國的員工進行調查，請參與者描述在過往經驗中，相較於主

管對待外人的方式，主管會如何對待自己偏好的部屬，此研究總共蒐集了
2161 條有關主管如何對待自己人部屬的行為事件，以及 2217 條如何對待
外人部屬的行為事件，從中歸納出對自己人偏私、對自己人嚴厲以及對外
人偏惡的差序領導行為，建立了差序式領導的三向度八因素結構。在二階
確認性因素分析的檢驗之下，顯示比起只將差序式領導行為區分為偏私對
待與偏惡對待的兩向度結構，自己人偏私、對自己人嚴厲以及對外人偏惡
的三向度結構更能完整地解釋差序式領導的本質，在此將分別說明差序式
領導各個向度的內容。

1. 對自己人偏私

　　該向度內涵為：「領導者會給予所偏好的部屬較多參與決策與提拔獎
勵的機會，對於其過錯不會給予嚴厲責備，並且私下會有較多非公事上的
互動。」（姜定宇、孫曉真，2021）其中涵蓋的四個因素分別為：提拔獎
勵、寬容過錯、信任諮詢以及私交甚篤（Jiang et al., 2014）。在具有特殊
主義的社會關係影響之下，偏私親近者為應然之事，對於關係親密的自己
人越有提供資源與幫助的義務（金耀基，1988；楊國樞，1992），領導者
會讓自己人部屬有較多獲得培訓或升遷的機會，給予的獎勵幅度也較高，
對於自己人部屬較為寬大，睜一隻眼閉一隻眼地處理部屬所犯的錯誤，領
導者遇到問題時亦傾向徵詢自己人部屬的意見，並在工作之外仍維持與自
己人部屬的交際往來（姜定宇、張苑真，2010；姜定宇，2018；Hu et al.,
2004）。對於自己人部屬來說，他們努力工作、展現主動付出與配合要求
的行為後，會希望能夠獲得領導者相對的回應，因此領導者的偏私對待可
以滿足部屬的公平交換心理，主管對自己人偏私的程度越高，部屬的工作
績效與工作滿意度也會越佳（姜定宇、張苑真，2010；姜定宇，2018；鄭
伯壎，2005）。

2. 對自己人嚴厲

　　該向度內涵為：「領導者對於所偏好的部屬會有較高標準的期許與
要求。」（姜定宇、孫曉真，2021）此向度的一因素結構為：高度期待，

領導者會要求自己人部屬有較好的工作表現、設立更高的工作標準以及交辦重要的任務，也會為部屬的好表現而開心（Jiang et al., 2014；徐瑋伶，2004）。對於這般嚴苛的要求，自己人部屬會因知覺到主管對自己的高期許而更加努力，同時，無法達到主管的期待也可能會使自己人部屬變成外人，讓自己人部屬不會因為主管的偏私對待而損害工作效能。這顯示了領導者給予的照顧與自己人部屬的高標準表現之間，為一種合理交換的人際往來，高度信任與支持伴隨相對的高度要求可以增進成員公平知覺，降低外人部屬的不公平感受，提升員工的工作績效與滿意度（姜定宇，2018；姜定宇、鄭伯壎，2014；葉晁昌，2011；鄭伯壎，2005；Scandura, 1999）。

3. 對外人偏惡

該向度內涵為：「領導者與較不偏好的部屬互動較為冷漠，會有較高的防衛與距離感，並對於其過錯給予較為嚴厲的責難。」（姜定宇、孫曉眞，2021）此向度為三因素結構，包含了疏離防備、苛責刁難以及互動冷漠。領導者對外人部屬較為冷淡和苛薄，不會協助解決工作問題或困難，對於他們犯錯的容忍性也較低，領導者不會指派重要的任務給外人部屬，同時外人部屬獲得資源的機會亦較少（葉晁昌，2011；鄭伯壎 1995）。雖然對外人偏惡的領導行為可以減少團隊中社會賦閒的存在，而外人部屬感受到偏惡對待時也會更加努力工作、提升績效，讓自己得以成為主管的自己人，不過偏惡對待亦可能會造成外人部屬感受到社會壓力與孤立，進而影響其心理健康（姜定宇，2016）。

（三）差序式領導的團隊影響歷程

差序對待讓上下互動在團體內具有變異，領導者將團體中的部屬區分為自己人與外人，面對不同部屬給予差等的對待方式（姜定宇、張菀眞，2010；Henderson et al., 2009），如此看似偏心的領導風格會如何損害或幫助團隊效能，姜定宇與鄭伯壎（2014）的文章便從分化、激勵和整合觀點切入，從這三個面向探討差序式領導在團隊中的影響歷程，以下分別簡

述之。

1. 分化觀點

　　根據公平理論（equity theory）與相對剝奪理論（relative deprivation theory），人們會透過與他人比較的過程，獲得對自身的評價，而自己之於他人的付出與獲得比率若有相對落差，則會引發不公平或相對被剝奪的感受（Adams, 1965; Crosby, 1984; Martin, 1981）。在團隊中，自己人部屬是外人部屬的重要比較對象（徐瑋伶等人，2002），差序式領導者明顯地偏私自己人的行為可能即會引發員工的不公平感。團隊成員會認為團隊的成功是來自於眾人的付出，領導者的差等對待容易對團隊成員之間的關係產生負面影響（Sherony & Green, 2002; Sias & Jablin, 1995），而當成員間的關係不好時，將進而破壞團隊凝聚力與團隊合作，導致團隊效能的低落（Seers et al., 1995）。

2. 激勵觀點

　　從條件式酬賞（contingent reward）的角度來看，區辨團隊成員個別努力的程度與表現的好壞，並以此為根據給予部屬明確的賞罰，能夠增進部屬的工作表現與工作滿意度，同時亦能降低發生社會閒散的機會（George, 1995; Podsakoff et al., 1984; Podsakoff et al., 1982）。差序式的偏私對待可以讓自己人部屬感受到其付出有受到肯定，對外人部屬來說，領導者給予的具體回饋以及看到自己人部屬受到較好的對待，可以促使外人部屬學習自己人部屬，表現出符合領導者期待的行為。另一方面，角色分化（role differentiation）的觀點指出，明確地賦予團隊成員不同的工作任務與責任，能夠提升個人任務表現以及團隊效能（Podsakoff et al., 1996; Slater, 1955; Tyler, 1993），而領導者主動建立清楚的地位差異亦可以降低團體成員互相競爭而導致的團隊衝突（Ellemers et al., 1993; Groysberg et al., 2011），差序式領導者根據部屬特性與能力安排工作任務，並界定自己人與外人在團隊中的地位，對於團隊效能應有正向影響。

3. 整合觀點

分化觀點與激勵觀點分別提出差序式領導的正反兩面，不過考量領導者對部屬的長期影響，這兩派觀點還是有整合的可能。研究指出，當員工相信有機會改變現狀時，即使當下有相對被剝奪感，仍會有動機要自我增進或積極改變（Martin, 1981），由此對應到差序式領導中，自己人與外人部屬的身分亦是具有可改變性，此般應可激勵外人部屬展現良好的工作表現、配合主管要求或積極建立關係等行為，努力成為主管的自己人（葉晁昌，2011）。再者，在華人文化強調人治主義的影響下，人們普遍能接受私人關係作為決策依據，並且上下的權力距離大，對於差序式主管根據關係給予偏私對待的行為，員工接受的可能性較高，不見得會因此有負面反應，研究顯示，權力距離高的員工知覺差序式領導與主管公平間是具有正向關聯（姜定宇、張菀真，2010）。而給予不同部屬清楚的團體地位，以及根據部屬的貢獻回饋相應的對待，可以消除員工在環境中所感受到的不確定性，每個人清楚的定位亦能夠促進團隊合作（Halevy et al., 2011; Hogg, 2007）。

近期的實徵研究也提供差序式領導在團隊層次上的支持證據，姜定宇與孫曉真（2021）以臺灣企業組織中的團隊為研究對象，蒐集了 52 組團隊，總共 297 位企業員工參與，探討差序式領導的三個成分與團隊效能之間的關聯。他們認為在控制差序 LMX 之後，主管對自己人偏私仍會正向地影響團體效能並降低團體內的人際衝突，因為偏私行為能夠激勵成員付出更多努力並了解自己在團體中的角色地位。而主管對自己人嚴屬可以增進團體內的公平與合理交換知覺，有效地提升團體效能以及減少衝突的發生。對於主管偏惡外人的行為則是維繫了團體內的公平感受，讓團體成員知道主管有能力區辨工作績效低落者，提供心理上的平衡，確保成員都可以展現良好的表現，提升整體的效能並削弱成員間的衝突。研究結果顯示，對自己人嚴屬與團隊績效、團隊滿意度以及團隊集體效能有顯著的正向關聯，但是對團體合作的幫助有限；對外人偏惡的行為則會與團隊合作滿意度和團隊滿意度有顯著的正向關聯，並且能夠符合處罰搭便車者的觀

點，顯著地降低團隊中的人際衝突。雖然對自己人偏私未在團隊效能指標上達到預期的效果，不過這可能是由於有其他潛在的調節變項存在，像是主管的特質、價值觀或者所採用的員工歸類標準，值得後續研究進一步討論。

五　西方相關概念與整合性領導歷程

（一）VDL 與 LMX

　　差序式領導是在華人文化下發展出的概念，對比西方既有理論來說，垂直對偶連結（vertical dyad linkage, VDL）與後續延伸出的領導者部屬交換理論（leader-member exchange, LMX）有相似的現象，值得提出來討論。VDL 指出領導者的時間與資源有限，無法一視同仁地對待所有成員，也很難與所有成員都建立高品質的社會交換關係，提供等同的支持與關注，因此領導者會將部屬區分出內團體成員（in-group members）與外團體成員（out-group members），給予不同性質的工作任務，確保有可以信任的員工能夠將工作妥善完成（Dansereau et al., 1975; Liden & Graen, 1980）。LMX 理論則發展自 VDL 理論，認為在高品質的交換關係中，領導者傳達對部屬的期待並相互依賴與了解，能讓部屬清楚領導者的想法，進而以領導者所期待的行為回應，此般穩定的關係對領導效能有利，領導者會對自己人部屬有高程度的信任與尊重，賦予較富有挑戰性且對團隊效能影響重大的任務，對於社會交換關係較差的部屬，領導者則是指派較為例行或較不具挑戰性的工作（Gerstner & Day, 1997; Graen & Uhl-Bien, 1995; Graen & Novak, 1982）。

　　雖然差序式領導與 LMX 都有涉及差別對待的行為，但是相較於差序式領導顯示互動中領導者的優勢地位，LMX 較不強調領導者與部屬間的地位差異；差序式領導的差別對待與 LMX 的差別關係也不盡相同，領導者給予自己人較多的偏私行為，不代表他們兩人間社會交換關係品質亦較佳；再者，差序式領導著墨領導者藉由針對自己人或外人的概念群體給予

差別對待，而對部屬產生影響的領導行為，LMX 理論則僅強調領導者與個別部屬間的交換關係對於互動結果的效果，其中涉及領導行為的層面較為薄弱（姜定宇、鄭伯壎，2014）。這些具有差別互動關係的理論觀點，也包含了員工歸類模式，員工歸類模式說明領導者會將員工歸類對待，但其強調的是領導者區分部屬的方式，這些概念皆具有其共同與相異之處，姜定宇（2017）便提出一項歷程模式，試圖用歷程階段的形式區分每個理論觀點的角色。

（二）整合性領導歷程：員工歸類、差序式領導與 LMX 理論

領導者與部屬互動的初期是類別形成階段，領導者會從先前是否認識該名部屬、彼此的互動經驗、部屬學經歷和履歷，或者是以領導者的直覺，初步評估該名部屬能否值得信任，受華人文化影響的領導者在這個階段可能便會以關係、部屬的忠誠與才能為主要標的，將員工進行分類（葉晁昌，2011；鄭伯壎，1995；Farh et al, 1998; Liden & Graen, 1980）。而對該部屬能否信賴的判斷，可以幫助領導者指派和分配工作任務，並決定與該名部屬的互動方式（徐瑋伶，2004；Dansereau et al., 1975）。因此在互動歷程階段，領導者可能便會將較為複雜和重要的任務，交付給較為信賴的自己人部屬，而將較不具影響性的例行事務，委由信賴程度較低的外人部屬執行，根據部屬特性與角色分派不同的工作任務並給予具有差異的回饋，藉由這般差序式領導行為能夠降低領導者的認知負荷並且促進團隊效能（姜定宇、孫曉真，2021；徐瑋伶，2004；鄭伯壎，1995）。

當領導者與部屬互動一段時間之後，將進入關係形成階段，團體成員個別與領導者會逐漸形成不同程度的社會交換關係（Cogliser & Schriesheim, 2000；Schriesheim et al., 1998）。對於那些較為信賴並且能夠達成領導者交付任務的部屬，以及可以滿足或超過領導者期待的部屬，雙方間將形成高品質的社會交換關係，根據 LMX 理論，當良好的社會交換關係建立後，領導者可以更有效地與部屬溝通，部屬亦將成為領導者的得力助手，展現出更佳的工作效能；而對於領導者信賴程度較低的部屬，上下之間的社會交換關係便較為普通，相對於高品質社會交換關係者，低

社會交換品質的領導者與部屬間互相給予的信任和支持較有限（Graen &
Uhl-Bien, 1995）。

　　最後，上下互動關係亦可能發生改變，從認知的觀點來說，當舊有
的認知基模（schema）或是類別觀點，無法解釋目前的現象或訊息時，個
人會被促使要修改原有的認知基模（Rousseau, 2001; Stiles et al., 2015）。
在這項主管歸類與領導的整合性歷程模型中，領導者對部屬的評估改變可
能會發生在兩個層面，一個是針對評估對象類別的重新歸類，舉例來說，
一開始被主管評估為能力不好又不忠誠的部屬，在努力改善工作能力並且
竭盡所能地配合領導者要求後，主管留意到部屬的成長與調整，便可能會
重新評估這位部屬，進而提升對其的信賴感（鄭伯壎，1995；葉晃昌，
2011）；另一個則是評估標準的改變，舉例來說，主管可能從原本較強調
才能的評估，轉變為強調忠誠的評估，也可能加重或減輕對某些項目的評
估權重，亦或者增減對部屬的評估標準項目（姜定宇，2017；姜定宇、鄭
孟育，2011）。這項包含員工歸類、差序式領導與 LMX 理論的整合性領
導歷程，請參見圖 24-1，其說明了每個階段的內涵與所運用的理論。

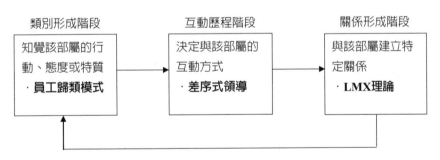

圖24-1　員工歸類與領導的整合性歷程

六 近期相關研究成果

　　在臺灣，差序式領導近十年來陸續有新的研究成果出現，除了針對
差序式領導概念內涵的再釐清，也跨情境至不同場域進行檢驗（請參見表

24-1）。對於差序式領導的偏私意涵，姜定宇與張菀眞（2010）提出偏私對待應包含照顧溝通、提拔獎勵與寬容信任三個向度，並且編製了對應的測量工具、進行問卷調查，研究結果發現在控制家長式領導後，差序式領導與部屬的工作績效仍有正向關聯，而對於差序式領導與知覺主管公平之間的關係，權力距離具有調節效果，當部屬的權力距離高時，差序式領導與知覺主管互動公平之間的正向關聯會被加強。姜定宇與葛玉璇（2018）則是以知覺自己人程度作爲團隊內地位的象徵，探討自己人與外人的知識分享行爲，認爲部屬屬性與知識分享傾向有關，並且知識分享的對象也會受主管的差序式領導行爲所影響。其研究結果便指出，部屬知覺自己人程

表24-1 2010年至2019年差序式領導在臺灣的相關期刊論文

作者	研究主題	研究方法	研究對象	主要發現
姜定宇、張菀真（2010）	對部屬效能的影響	問卷調查	臺灣企業組織312 名員工	偏私對待的內涵、差序式領導對部屬效能的正向影響力，以及權力距離的調節效果。
姜定宇、鄭伯壎（2014）	差序式領導的內涵	文獻評論	—	回顧與整理差序式領導的概念與理論意涵，並論述其影響歷程。
黃國恩、鄭志富（2016）	華人運動團隊的差序式領導	文獻評論	—	探討差序式領導對運動團隊效能的影響。
姜定宇、葛玉璇（2018）	差序式領導的調節效果	問卷調查	臺灣企業組織62 組團隊	部屬知覺自己人程度與知識分享的關聯，以及主管偏私自己人的調節效果。
鄭志富、張琪、王豐家、黃國恩（2019）	華人運動團隊差序式領導量表	訪談內容分析	大專院校運動代表隊10 名選手、10 名教練	呈現在運動團隊中教練的領導內涵，發展出包含 4 個主要構念與 9 個次要構念的華人運動團隊差序式領導量表。
姜定宇、孫曉真（2021）	對團隊效能的影響	問卷調查	臺灣企業組織53 組團隊、297 位成員	差序式領導三成分與團隊效能的正向關聯，並且對外人偏惡與人際衝突另有負向關聯。

度與受到自己人部屬分享一般性和隱匿性知識有正向關聯，同時，當主管偏私程度越高，知覺自己人程度與自己人隱匿性知識分享的關聯也越強。

姜定宇與鄭伯壎在 2014 年則是回顧了過去中西方與差序式領導有關的文獻，整理差序式領導的概念起源與理論意涵，論述差序式領導的本質、影響歷程與影響機制，也在本篇文章提出華人差序式領導除了偏私自己人之外，應尚有對自己人嚴厲與對外人偏惡面向的研究命題。姜定宇與孫曉真（2021）接續這樣的想法從事實徵研究，以差序式領導的三元模式（對自己人偏私、對自己人嚴厲與對外人偏惡）驗證其對團體效能的影響，採取了團隊績效、團隊滿意度、團隊合作、集體效能等指標進行分析，研究結果顯示，在控制差序 LMX 後，差序式領導與團隊效能之間仍存有正向關聯，且對外人偏惡與人際衝突另有負向關聯。

而黃國恩與鄭志富（2016）將差序式領導延伸應用至運動團隊情境，認為華人教練在華人文化的師徒關係與權力距離影響之下，亦富有差序式領導的風格，進一步論述教練的差序式領導行為對運動團隊效能的影響。鄭志富、張琪、王豐家及黃國恩（2019）隨後便蒐集大專院校教練與選手的訪談資料，建構華人運動團隊的差序式領導量表，其中主要向度有照顧溝通、提拔獎勵、寬容信任與嚴苛要求，「照顧溝通」中包含照顧支持、決策溝通與急難協助三個次向度，「提拔獎勵」包含提拔隊員、獎勵與資源使用兩個次向度，「寬容信任」包含犯錯容忍與親信信任兩個次向度，「嚴苛要求」則是包含嚴格管教與高度期許兩個次向度，為差序式領導的差別對待如何運用在運動情境中提供進一步的理解。

在碩博士論文的部分，與早期相比，有關差序式領導的研究主題在2010 年至 2019 年間大幅度增長。2009 年之前，差序式領導的碩博士論文平均一年最多僅一篇，這十年中則是每年平均有三至四篇關注於差序式領導的研究。這些研究包含許多不同主題，從中大致可以歸類為：員工歸類模式的內涵與影響、差序式領導對部屬個人反應的影響、部屬公平知覺的中介效果、差序式領導對團隊效能的影響，以及對於差序式構面的討論，以下將根據這些類別簡述差序式領導近期的研究發展。

首先，在員工歸類模式方面的研究中，研究者運用實地訪談瞭解主管

在實際企業場域的歸類標準與員工身分變化的因素（葉晁昌，2011），另有研究則討論主管將員工歸類後所使用的影響策略以及後續對雙方關係品質的影響（王勝斌，2014；張言謙，2015），接著，也有研究主題將重點放在探討員工知覺到主管的歸類行為後，員工所產生的情緒勞動現象（劉兆中，2016）。另一方面，對於差序式領導影響部屬個人反應的議題，在2010 年至 2019 年間受到至少 15 篇碩博士論文的關注，並且除了直接效果之外，大多會同時討論差序式領導與部屬反應之間可能受到什麼樣的情境因素調節，這些年來累積了豐富的研究成果。舉例來說，研究顯示對於有高成長需求的自己人部屬，差序式領導會讓他們採取更多輸誠與拉關係的行為（吳華萍，2011）；對於喜愛主管的員工以及權力動機高的員工，差序式領導分別與不同種類的員工爭寵行為有著更高的正向關聯（黃國展，2014）；而多種領導風格亦會與差序式領導有交互作用，影響員工對組織的承諾與對主管的情感性信任（胡秩穎，2017；黃俊憲，2016）。

再者，由於過去研究指出公平知覺在差序式領導影響歷程中的關鍵性，說明主管展現偏私行為可以讓部屬覺得自己的貢獻有被認同，自己為主管的付出可以收到對應的回饋，讓部屬在關係中感受到公平對待，進而提升部屬效能（姜定宇、張苑真，2010；鄭伯壎，2005）。因此，陸續也有研究檢驗公平知覺在差序式領導與部屬反應間的中介效果，並且研究結果均有所支持，顯示差序式領導與組織公民行為、盡責行為等部屬反應之間，公平知覺會是重要的影響歷程之一（林萬居，2016；郭柏成，2018）。而對於差序式領導與團隊效能之間的關聯，除了鍾筱涵（2011）的碩士論文以實徵研究去了解差序式領導對團隊效能是激勵還是分化的作用，近期的碩博士論文亦有探討團隊公民行為與團隊政治行為所受到的影響，以及團體集體性在之中的調節結果（伍恬瑩，2013）。邱敏佳（2012）指出差序式領導會透過團隊倫理氣候認知而影響部屬的團隊認同，張文馨（2014）則提出團隊社會凝聚力在差序式領導與團隊績效之間的中介作用。

透過近期大量的研究調查，可以更進一步地揭開差序式領導對部屬和團隊的影響以及其中運作機制的面貌，不過在這些研究中對差序式領導

的界定幾乎皆是關注在偏私自己人的部分，對於對自己人嚴厲以及對外人偏惡的面向，著實還缺乏討論。另外，偏私對待在差序式領導中，藉由公平知覺對自己人部屬會有激勵的效果，但在什麼情況下對外人部屬來說仍會有相對剝奪感，可能也是需要再深入探討的議題。同時，針對差序式領導的內涵，除了差序式領導三成份結構（Jiang et al., 2014）之外，謝佩儒（2015）另也從資源分配差異的觀點提出雙構面模式，其將差序式領導分成「工作型差序式領導」（work-based differential leadership）與「情感型差序式領導」（affect-based differential leadership）兩個構面，工作型差序式領導定義為，相對於外人部屬，領導者會給予自己人部屬較多的金錢物質、組織地位或工作資訊和資源；情感型差序式領導則是意指，相對於外人部屬，領導者會給予自己人部屬較多無形的社會情感支持。其研究結果顯示，工作型差序式領導會增加部屬的工作績效，情感型差序式領導則是與部屬對主管的忠誠有正向關聯，並且不同種類的部屬上下關係認定會調節上述的影響、強化雙構面差序式領導對結果變項的效果，此雙構面差序式領導的觀點亦值得後續研究進一步釐清當中的概念本質。

七 總結：未來研究議題與發展

自從鄭伯壎（1995）提出華人企業組織中的差序格局，差序式領導的概念已逐步被檢驗與支持，同時也引出一些議題可供未來研究者加以討論。首先，差序式領導是藉由差別對待針對部屬的不同表現給與相應的回饋，然而這樣的行為可能不符合公平公正的直覺感受，在華人社會對形式道德的重視之下，即使實際行為有爭議，人們仍傾向聲稱自己的行為符合社會道德，差序式領導的主管是否會因更重視自己公正無私的外在聲譽，而低估了實際的差序式領導行為（姜定宇，2018；楊中芳，1996；Jiang et al., 2011），這般印象整飾行為會不會讓部屬接收到相互矛盾的訊息，增加工作環境中部屬的不確定性感受？再者，主管對自身領導行為的覺察與部屬感受之間的差異，是否也會反應到不同的差別對待行為上，像是主管認為自己是在給予自己人部屬偏私的待遇，但從部屬的角度來說，自己

人部屬認爲主管是以嚴厲的態度對待他們，反而導致壓力與負面情緒的產生？

在員工歸類的議題上，現有研究大部分是採關係、忠誠與才能的歸類標準，才、忠、質、群與親的員工歸類模式尚需研究加以檢驗，同時亦可以進一步探討根據不同權重進行員工歸類的方式，例如：重才、重忠、重質、重群或重親的差序領導者（姜定宇、鄭伯壎，2014），其可能會對部屬效能有不同層面的影響，領導者所採取的互動策略也可能將有所不同。另一方面，人們對領導者與部屬關係間既存的信念會影響其偏好的互動法則與回報規範（蔡松純等人，2009），領導者的上下關係認定基模是否也會影響領導者採用的員工歸類標準，又或以適配性的角度切入，上下關係認定基模是否會影響領導者差序對待與部屬反應之間的關係，這部分的討論可以爲差序式領導效能提供更多的理解。

最後，研究者也必須留意差序式領導的黑暗面，領導者對自己人部屬的照顧支持與獎勵提拔，容易引發外人部屬的不公平感受（林家五等人，2009），外人部屬對自己人部屬的排斥抗拒（葉晁昌，2011），成員間的爭寵（黃國展，2014）以及因順從主管所造成的建言流失（Davidson et al., 2017），並且差序式領導者若以違反社會道德或組織規範的方式歸類員工，或者對外人部屬展現過多的不當督導和社會孤立時，亦違反了差序式領導的本意，無法提升領導效能之外，甚至有可能造成部屬間的惡性競爭（姜定宇、鄭伯壎，2014）。

差序式領導是一項藉由區分自己人部屬與外人部屬，並給予差異對待以激勵部屬的領導行為，本章從華人文化中的差序格局與關係主義出發，帶出差序式領導的本質與影響歷程，藉由與西方相關概念的對話，提供一項整合性的領導歷程，近期差序式領導的相關研究開始蓬勃發展，期待未來研究能夠爲華人企業組織管理提供更多的啟發與方向。

參考文獻

王勝斌（2014）：《華人主管之員工歸類模式與其影響部屬策略的選擇》（未出版碩士論文），中原大學。

伍恬瑩（2013）：《差序式領導的雙面效果：團體集體性的調節作用》（未出版碩士論文），國立臺灣大學。

吳華萍（2011）：《差序式領導與部屬反應：部屬身分知覺與成長需求的調節效果》（未出版碩士論文），國立中正大學。

周麗芳（2002）：〈華人組織中的關係與社會網絡〉。《本土心理學研究》，*18*，175-227。

林佳樺、姜定宇（2019）：〈華人角色關係的情緒表達規則〉。《本土心理學研究》，*51*，169-228。

林家五、張國義、劉貞妤、林裘緒、陳筱華（2009）：〈差序對待知覺與同事間信任對公平態度與政治行為之影響〉。《本土心理學研究》，*31*，143-175。

林萬居（2016）：《差序式領導對部屬組織公民行為之影響以知覺主管公平為中介》（未出版碩士論文），崑山科技大學。

邱敏佳（2012）：《差序式領導對部屬團隊認同之影響—以團隊倫理氣候認知為中介變項》（未出版碩士論文），逢甲大學。

金耀基（1988）：〈人際關係中人情之分析〉。見楊國樞（主編），《中國人的心理》，頁75-104。桂冠圖書公司。

姜定宇（計畫主持人）（2013-2016）：《華人差序式領導的本質與影響歷程》（計畫編號：NSC 102-2410-H-194-098-SS3）。科技部補助專題研究計畫成果報告，科技部。

姜定宇（計畫主持人）（2015-2018）：《知人善任：領導者覺察與有效的差序式領導》（計畫編號：MOST 104-2420-H-194-004-MY3）。科技部補助專題研究計畫成果報告，科技部。

姜定宇（計畫主持人）（2016-2017）：《主管的自己人與外人部屬：員工歸類模式的延伸與驗證》（計畫編號：MOST105-2410-H-194-038-SSS）。科技部補助專題研究計畫成果報告，科技部。

姜定宇、孫曉眞（2021）：〈差序式領導與團體效能：三元模式的驗證〉。《應用心理學刊》，*79*，87-154。

姜定宇、張菀眞（2010）：〈華人差序式領導與部屬效能〉。《本土心理學研究》，*33*，109-177。

姜定宇、葛玉璇（2018）：〈因人而異的知識分享：對自己人偏私的調節效果〉。《人力資源管理學報》，*18(2)*，1-30。

姜定宇、鄭伯壎（2014）：〈華人差序式領導的本質與影響歷程〉。《本土心理學研究》，*42*，285-357。

姜定宇、鄭孟育（2011）：〈員工歸類標準再議：臺灣與中國大陸的證據〉（口頭發表論文）。臺灣心理學會第五十屆年會，臺中。

胡秩穎（2017）：《差序式領導與部屬組織承諾之關係─以眞誠領導爲調節變項》（未出版碩士論文），崑山科技大學。

徐瑋伶（2004）：《海峽兩岸企業主管之差序式領導：一項歷程性的分析》（未出版博士論文），國立臺灣大學。

徐瑋伶、鄭伯壎、黃敏萍（2002）：〈華人企業領導人的員工歸類與管理行爲〉。《本土心理學研究》，*18*，51-94。

張文馨（2014）：《差序式領導與團隊績效關係之研究：團隊凝聚力之中介效果》（未出版碩士論文），國立高雄應用科技大學。

張志學（1999）：〈中國人的人際關係認知：一項多維度的研究〉。《本土心理學研究》，*12*，261-288。

張言謙（2015）：《員工歸類模式與主管、部屬交換關係：主管影響策略使用的中介角色》（未出版碩士論文），中原大學。

莊耀嘉、楊國樞（1997）：〈角色規範的認知結構〉。《本土心理學研究》，*7*，282-338。

郭柏成（2018）：《差序式領導、公平知覺與角色外行爲之研究》（未出版碩士論文），國立高雄師範大學。

陳之昭（1988）：〈面子心理的理論分析與實徵研究〉。見楊國樞（主編），《中國人的心理》，頁155-237。桂冠圖書公司。

陳怡潔（2010）：《關係與努力對華人組織分配公平知覺的影響》（未出版碩士論文），國立中正大學。

喬健（1982）：〈關係芻議〉。見楊國樞、文崇一（主編），《社會及行為科學研究的中國化》，頁345-360。中央研究院民族學研究所。

費孝通（1948）：《鄉土中國》。觀察社。

黃光國（1988）：《儒家思想與東亞現代化》。巨流圖書公司。

黃光國（1988）〈人情與面子：中國人的權力遊戲〉。見楊國樞（主編），《中國人的心理》，頁289-317。桂冠圖書公司。

黃俊憲（2016）：《差序式領導與部屬情緒及情感性信任之關係以德行領導為調節變項》（未出版碩士論文），崑山科技大學。

黃國展（2014）：《差序式領導與爭寵行為》（未出版碩士論文），國立中正大學。

黃國恩、鄭志富（2016）：〈華人差序式領導對運動團隊效能之影響〉。《中華體育季刊》，*30*，171-178。

楊中芳（1996）：《如何研究中國人》。桂冠圖書公司。

楊中芳（1999）：〈人際關係與人際情感的構念化〉。《本土心理學研究》，*12*，105-179。

楊宜音（2000）：〈「自己人」：一項有關中國人關係分類的個案研究〉。《本土心理學研究》，*13*，277-322。

楊國樞（1992）：〈中國人的社會取向：社會互動的觀點〉。見楊國樞、黃光國、余安邦（主編），《中國人的心理與行為：理論與方法篇》，頁87-142。桂冠圖書公司。

葉明華、楊國樞（1997）：〈中國人的家族主義：概念分析與實徵衡鑑〉。《中央研究院民族學研究所集刊》，*83*，169-225。

葉晁昌（2011）：《差序式領導與員工歸類模式：主管的自己人或外人？歸類類別的轉換》（未出版碩士論文），國立中正大學。

劉兆中（2016）：《差序式領導與情緒勞動間的關係——以權力距離為調節因子》（未出版碩士論文），國立臺灣科技大學。

蔡松純（計畫主持人）（2016-2018）：《領導者與部屬上下關係認定之前因與後果》（計畫編號：MOST 105-2410-H-152-005）。科技部補助專題研究計畫成果報告，科技部。

蔡松純、鄭伯壎、周麗芳（2015）：〈領導者與部屬上下關係認定之理論模式建

構〉。《中華心理學刊》，*57*，121-144。

蔡松純、鄭伯壎、周麗芳、姜定宇、鄭弘岳（2009）：〈領導者上下關係認定與部屬利社會行為：權力距離之調節效果〉。《中華心理學刊》，*51*，121-138。

鄭伯壎（1995）：〈差序格局與華人組織行為〉。《本土心理學研究》，*3*，142-219。

鄭伯壎（2004）：〈華人文化與組織領導：由現象描述到理論驗證〉。《本土心理學研究》，*22*，195-251。

鄭伯壎（2005）：《華人領導：理論與實際》。桂冠圖書公司。

鄭伯壎、黃敏萍（2019）：〈組織行為研究在臺灣五十年：路線、轉折及反思〉。《中華心理學刊》，*61*，341-359。

鄭伯壎、樊景立（2001）：〈初探華人社會的社會取向：臺灣與大陸之比較研究〉。《中華心理學刊》，*43*，207-221。

鄭志富、張琪、王豐家、黃國恩（2019）：〈華人運動團隊差序式領導模式之建構〉。《體育學報》，*52*，223-240。

謝佩儒（2015）：《雙構面差序式領導與部屬效能：上下關係認定之調節效果》（未出版碩士論文），國立臺灣大學。

鐘筱涵（2011）：《差序式領導與團隊效能─激勵或分化？》（未出版碩士論文），國立中正大學。

Adams, J. S. (1965). Inequity in social exchange. In H. L. Tosi & W. C. Hamner (Eds.), *Organizational behavior and management: A contingency approach* (3rd ed.). Wiley.

Brewer, M. B. (1988). A dual process model of impression formation. In T. K. Srull & R. S. Wyer, Jr. (Eds.), *Advances in social cognition*. Erlbaum.

Cantor, N., & Mischel, W. (1979). Prototypes in person perception. In L. Berkowitz(Ed.), *Advances in experimental social psychology*, Vol. 12, 3-52. Academic Press.

Chen, X. P., & Peng, S. (2008). Guanxi dynamics: Shifts in the closeness of ties between Chinese coworkers. *Management and Organization Review*, *4*(1), 63-80.

Chen, X.-P., & Chen, C. C. (2004). On the intricacies of the Chinese guanxi: A process model of guanxi development. *Asia Pacific Journal of Management*, *21*(3), 305-324.

Cheng, B.-S., Farh, J. L., Chang, H.-F., & Hsu, W.-L. (2002). Guanxi, zhongcheng, competence and managerial behavior in the Chinese context. *Chinese Journal of Psychology*, *44*, 151-166.

Cogliser, C. C., & Schriesheim, C. A. (2000). Exploring work unit context and leader-member exchange: a multi-level perspective. *Journal of Organizational Behavior*, *21*(5), 487-511.

Crosby, F. (1984). Relative deprivation in organizational settings. In B. M. Staw & L. L. Cummings (Eds.), *Research in organizational behavior*, Vol. 6. JAI Press.

Dansereau, F., Graen, G., & Haga, W. J. (1975). A vertical dyad linkage approach to leadership within formal organizations: A longitudinal investigation of the role making process. *Organizational Behavior and Human Performance*, *13*, 46-78.

Davidson, T., Van Dyne, L., & Lin, B. (2017). Too attached to speak up? It depends: How supervisor-subordinate guanxi and perceived job control influence upward constructive voice. *Organizational Behavior and Human Decision Processes*, *143*, 39-53.

Ellemers, N., Wilke, H., & Van Knippenberg, A. D. (1993). Effects of the legitimacy of low group or individual status on individual and collective status-enhancement strategies. J*ournal of Personality and Social Psychology*, 64(5), 766-778.

Farh, J. L., Tsui, A. S., Xin, K., & Cheng, B. S. (1998). The influence of relational demography and guanxi: The Chinese case. *Organization science*, *9*(4), 471-488.

Gelfand, M. J., Erez, M., & Aycan, Z. (2007). Cross-cultural organizational behavior. *Annual Review of Psychology*, *58*, 479-514.

George, J. M. (1995). Asymmetrical effects of rewards and punishments: The case of social loafing. *Journal of Occupational and Organizational Psychology*, *68*, 327-338.

Gerstner, C. R., & Day, D. V. (1997). Meta-analytic review of leader-member exchange theory: Correlates and construct issues. *Journal of Applied Psychology*, *82*, 827-844.

Graen, G. B., & Uhl-Bien, M. (1995). Relationship-Based Approach to Leadership Development of Leader-Member Exchange (LMX) Theory of Leadership over 25

Years: Applying a Multi-Level Multi-Domain Perspective. *Leadership Quarterly.* 6(2), 219-247.

Graen, G., & Novak, M. A. (1982). The effects of leader-member exchange and job design on productivity and satisfaction: Testing a dual attachment model. *Organizational Behavior & Human Performance, 30*(1), 109-131.

Groysberg, B., Polzer, J. T., & Elfenbein, H. A. (2011). Too many cooks spoil the broth: How high status individuals decrease group effectiveness. *Organization Science, 22*(3), 722-737.

Halevy, N., Y. Chou, E., & D. Galinsky, A. (2011). A functional model of hierarchy: Why, how, and when vertical differentiation enhances group performance. *Organizational Psychology Review, 1*(1), 32-52.

Henderson, D. J., Liden, R. C., Glibkowski, B. G., & Chaudhry, A. (2009). Within-group LMX differentiation: A multilevel review and exami-nation of its construct definition, antecedents and outcomes. *The Leadership Quarterly, 4*, 517-534.

Hogg, M. A. (2007). Uncertainty-identity theory. In M. P. Zanna (Ed.), *Advances in experimental social psychology* (pp. 69-126). Academic Press.

Hu, H. H., Hsu, W. L., & Cheng, B. S. (2004). Reward allocation decisions of Chinese managers: Influence of employee categorization and allocation context. *Asian Journal of Social Psychology, 7*(2), 221-232.

Jacobs, J. B. (1979). A preliminary model of particularistic ties in Chinese political alliances: Kan-ch'ing and Kuan-hsi in a rural Taiwanese township. *The China Quarterly, 78*, 237-273.

Jiang, D.-Y., Lin, Y.-C., & Lin, L.-C. (2011). Business moral values of supervisors and subordinates and their effect on employee effectiveness. *Journal of Business Ethics, 100*(2), 239-252.

Jiang, D. Y., Cheng, M. Y., Wang, L., Baranik, L. (2014). *Differential leadership: Reconceptualization and measurement development.* Paper presented at the meeting of the 29th Annual Conference of the Society for Industrial and Organizational Psychology, Hawaii, US state.

Liden, R., & Graen, G. B. (1980). Generalizability of the vertical dyad linkage model of leadership. *Academy of Management Journal, 23*, 451-465.

Martin, J. (1981). Relative deprivation: A theory of distributive injustice for an era of shrinking resources. In B. M. Staw & L. L. Cummings (Eds.), *Research in organizational behavior*, Vol. 3. JAI Press.

Podsakoff, P. M., MacKenzie, S. B., & Bommer, W. (1996). Meta-analysis of the relationships between Kerr and Jermier's substitutes for leadership and employee job attitudes, role perceptions, and performance. *Journal of Applied Psychology, 81*, 380-399.

Podsakoff, P. M., Todor, W. D., & Skov, R. (1982). Effects of leader contingent and noncontingent reward and punishment behaviors on subordinate performance and satisfaction. *Academy of Management Journal, 25*(4), 810-821.

Podsakoff, P. M., Todor, W. D., Grover, R. A., & Huber, V. L. (1984). Situational moderators of leader reward and punishment behavior: Fact or fiction? *Organizational Behavior and Human Performance, 34*, 21-63.

Redding, S. G. (1990). The spirit of Chinese capitalism. Berlin: Walter de Gruyter.

Rousseau, D. M. (2001). Schema, promise and mutuality: The building blocks of the psychological contract. *Journal of occupational and organizational psychology, 74*, 511-541.

Scandura, T. A. (1999). Rethinking leader-member exchange: An organizational justice perspective. *The Leadership Quarterly, 10*(1), 25-40.

Schriesheim, C. A., Neider, L. L., & Scandura, T. A. (1998). Delegation and leader-member exchange: Main effects, moderators, and measurement issues. *Academy of Management Journal, 41*, 298-318.

Seers, A. S., Petty, M. M., & Cashman, J. F. (1995). Team-member exchange under team and traditional management: A naturally occurring quasi-experiment. *Group Organization Management, 20*(1), 18-35.

Sherony, K. M., & Green, S. G. (2002). Coworker exchange: Relationships between coworkers, leader-member exchange, and work attitudes. *Journal of Applied Psychology, 87*, 542-548.

Sias, P. M., & Jablin, F. M. (1995). Differential superior-subordinate relations, perceptions of fairness, and coworker communications. *Human Communication Research, 22,* 5-38.

Slater, P. E. (1955). Role differentiation in small groups. *American Sociological Review,* 20, 300-310.

Stiles, P., Trevor, J., Farndale, E., Morris, S. S., Paauwe, J., Stahl, G. K., & Wright, P. (2015). Changing routine: Reframing performance management within a multinational. *Journal of Management Studies, 52*(1), 63-88.

Taormina, R. J., & Gao, J. H. (2010). A research model for Guanxi behavior: Antecedents, measures, and outcomes of Chinese social networking. *Social Science Research, 39*(6), 1195-1212.

Tsui, A. S., & Farh, J.-L. L. (1997). Where guanxi matters: Relational demography and guanxi in the Chinese context. *Work and Occupations, 24*(1), 56-79.

Tsui, A. S., Farh, J.-L., & Xin, K. R. (2000). Guanxi in the Chinese context. In J. T. Li, A. S. Tsui, & E. Weldon (Eds.), *Management and organizations in the Chinese context* (pp. 225-244). Palgrave Macmillan.

Tyler, T. R. (1993). The social psychology of authority. In J. K. Murnighan (Ed.), *Social psychology in organizations: Advance in theory and research.* Prentice Hall.

Xin, K. K., & Pearce, J. L. (1996). Guanxi: Connections as substitutes for formal institutional support. *Academy of management journal, 39*(6), 1641-1658.

Xin, K. R., Farh, J. L., Cheng, B. S., & Tsui, A. S. (1998). *Guanxi in vertical dyads: Evidence from Taiwan and the PRC.* Paper Presented at the Research Conference on Management and Organizations in the Chinese Context. Hong Kong University of Science and Technology, Hong Kong.

Zhou, J., & Martocchio, J. J. (2001). Chinese and American managers' compensation award decisions: A comparative policy-capturing study. *Personnel Psychology, 54*(1), 115-145.

第二十五章

威權領導：概念演進與分化[1]

周婉茹

一 前言

　　組織管理與領導行為，向來是組織行為研究中的重要議題。二十世紀初期，西方學術界便已對領導現象進行系統性地探究，並提出若干領導理論。這些領導研究，習於將領導與其系絡情境隔絕開來，並抱持文化普同論的立場，對企業組織的領導效能提出解釋。然而，這些研究大多是基於個人主義（individualism）的文化預設，甚少觸及到其他文化價值的觀點與立場（House et al., 1999）。因此，在 1980 年以後，受到強烈質疑，並開始有學者發現：領導的內容具有文化鑲嵌性，隨著文化的不同，領導的內涵、作風及效能便會展現出不同的風貌（Hofstede, 1980）。換言之，在一個文化背景下所發現之理論與觀點，不見得具有跨文化的普遍性（吳宗祐，2008）。倘若貿然將西方的研究典範與理論套用在不同文化場

1　致謝：

　本文承蒙張湘苡研究助理協助文獻蒐集、圖表繪製及內文校對，以及本人指導的碩士生許以萱同學支援 LPA 分析，特此致謝。

　註釋：

　本文改寫自《中華心理學刊》的〈威權領導：概念源起、現況檢討及未來方向〉（周婉茹等人，2014）。主要修改為：(1) 提供威權領導實徵研究的時間發展，並補充一概念歸納的整合型框架；(2) 納入中國場域的研究，並將文獻搜尋範圍限縮在登載於 SSCI、TSSCI（含第三級）及 CSSCI 引文索引資料庫，同時新增 2014 年 1 月至 2020 年 5 月有關威權領導的新文獻，並結算至 2020 年 6 月 1 日的搜尋資料；(3) 在討論中，增添雙向度威權領導組合模型的初探分析，以及結合威權領導與形象整飾的研究建議。

域，不僅會產生水土不服的問題，亦將忽略許多更顯著而重要的獨特現象
（Hofstede & Bond, 1988）。

　　華人社會在領導研究的發展初期，也有類似的狀況（樊景立、鄭伯壎，2000a）。直到二十世紀末期，隨著華人支配下的亞洲經濟快速成長，以及中國大陸在改革開放後的亮麗經濟表現，才開始有許多研究者試圖去了解華人企業組織的管理特色，並在主體性思考下開展出系列性的研究（如 Redding, 1990; Whitley, 1992; Wong, 1988）。這些研究共同指出了華人企業領導者具有獨特的領導風格，可稱之為家長式領導（paternalistic leadership）。其中，在家長式領導的三元素中，最清晰鮮明且最為突出的成分，就是威權領導。它不僅反映出華人社會「尊卑階序」的特色，也最能代表華人領導中強調家長權威的文化傳統（Chen & Farh, 2010），更是早期研究者在描繪華人企業高階領導人的特色時，著墨最多、最能激發研究靈感的部分（吳宗祐，2008）。相較於西方重視個人權利與自主平等而產生的領導方式，此種威權領導作風，可說是相當獨特且又極具爭議性的現象。有鑑於此，許多研究者對威權領導的研究議題，始終抱持著相當大的好奇心，至今仍投注大量心力戮力耕耘。

　　本文鎖定刊載於 2000 年 1 月至 2020 年 5 月期刊的實徵研究，並以2019 年社會科學引文索引（Social Science Citation Index, SSCI）、臺灣社會科學引文索引（Taiwan Social Science Citation Index, TSSCI）及中文社會科學引文索引（Chinese Social Sciences Citation Index, CSSCI）所收錄的管理類、心理類及體育類期刊，以關鍵字家長式領導、威權或權威領導、authoritarian leadership 進行搜尋，並排除純粹概念論述或回顧性論文，以及整合分析（meta-analysis）研究。再從這些期刊論文中，針對論文題目、摘要、樣本及研究結果進行閱讀與檢核，篩選出與威權領導直接相關的實徵研究論文。

　　集中回顧這二十年的實徵研究，威權領導的概念發展有幾個重要的時間點（參見表 25-1 與圖 25-1）。首先，鄭伯壎等人（2000）確立了三元家長式領導的概念建構與測量工具，也奠定了後續開展威權領導系列研究的基礎。若以五年為一個區間，威權領導的研究成果呈現逐漸攀升的

表25-1　威權領導相關論文的年代發展

	2000-2004	2005-2009	2010-2014	2015-2020	合計
TSSCI 期刊 [a]	6 （3.2%）	20 （10.8%）	16 （8.6%）	11 （5.9%）	53 （28.5%）
CSSCI 期刊 [b]	1 （0.5%）	8 （4.3%）	26 （14.0%）	27 （14.5%）	62 （33.3%）
SSCI 期刊 [c]	1 （0.5%）	5 （2.7%）	19 （10.2%）	46 （24.8%）	71 （38.2%）
合計	8 （4.2%）	33 （17.8%）	61 （32.8%）	84 （45.2%）	186 （100.0%）

註：

a 以關鍵字「威權／權威領導」、「家長式領導」於 Airiti Library 華藝線上圖書館
　／CEPS 中文電子期刊資料庫的搜尋結果。搜尋範圍包含管理、心理、體育類，
　以及 TSSCI 第三級期刊之文獻。

b 以關鍵字「威權／權威領導」、「家長式領導」於中國知網／中國期刊全文數據
　庫的搜尋結果。其中，僅採用管理、心理及體育類期刊的文獻。

c 以關鍵字「authoritarian leadership」於 Web of Knowledge（SSCI）資料庫的搜尋
　結果。其中，僅採用管理、心理及體育類期刊的文獻。

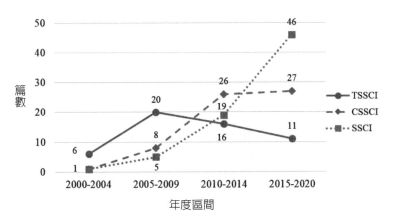

圖25-1　論文發展趨勢圖

趨勢。在 2004 年以前，處於醞釀期，論文數量較少，多發表於 TSSCI；
2005 年開始，進入發展期，論文數量增長了四倍，但仍以發表於 TSSCI
為主；在 2010 年起進入爆發期，論文數量開始高速成長，並以 CSSCI 居

多；同年，周婉茹等人（2010）率先提出了雙向度威權領導概念，威權領導研究也進入新的里程碑。有趣的是，在 2015 年至 2020 年期間，開始有大量的 SSCI 期刊探討威權領導主題，論文數量甚至超過 TSSCI 與 CSSCI 的總和，顯示此一主題不再只有華人研究者感興趣，而是受到了國際學術社群的關注。有鑑於威權領導近十年的高速成長，以及國際學術社群的看重，實在有必要梳理國內外文獻，並進行主題式的檢視。

為了讓後續研究者便於掌握此一主題，並有通盤的了解。本文將爬梳威權領導的歷史脈絡與演進軌跡，並反省過去的成就與限制，從而明示已解與未解之議題，以指明未來研究藍圖。全文主要分成三大部分，由點而面，集中介紹較有系統且互有關聯的文獻與成果。在「回顧」的部分，針對文化根源予以分析評論，並描述威權領導議題的發展概況。在「現況」的部分，將檢視各項重要的研究發現，以完整呈現研究狀況，描繪出威權領導的構念關係網絡（nomological network）。最後，在「前瞻」的部分，則鑑往知來，勾勒出未來研究的主要方向，並點出可能的研究議題。

二 回顧：威權領導的發展脈絡

（一）威權領導的歷史觀點

1. 家長權威（paternalistic authority）

華人社會深受家族主義（familism）與儒家倫理的影響，家庭是社會結構的核心，也是最主要的建制單位（Bellah, 1970）。儒家禮教所遵從的家庭基本型態為父權體系，強調家父長制（patriarchal）、隨父居（patrilocal）及父系的（patrilineal）系統（Kim, 1994）。在父權的傳統下，「父子軸」是儒家五倫（君臣、父子、夫婦、兄弟、朋友）中最重要的社會關係，身居家長的父親享有最大權威，具有絕對的權力與地位優勢。由此可見，「家長權威」乃華人社會的運作基石，規範了家庭成員間的互動；其中，家父長制的探討，可說是家長權威的濫觴。受制於家父長權威的主從秩序，即長輩優先、年長者優先及男性優先的條件，家父長有

權界定個人的權利與義務及其與社會整體間的關係，而家屬則只能聽命服從。因此，在家長屬行經濟控管、思想專制、家政肅然及尊卑等級四項作為之下，家族中的所有成員都必須臣服於家長統治之下，恪盡孝道、服從權威（楊國樞，1993；Chu, 1961）。這種家父長制是指一種社會秩序（social order），在此秩序當中，個人的生活型態會受到個人與社會整體（social whole）關係的影響。換言之，「支配—順從」（dominance and submission）的尊卑上下互補關係，是華人社會維持社會秩序的一個重要法則。由於企業就如同是家的擴大，此種家庭結構中的上下關係與互動原則，便延伸至企業運作與社會生活當中（Kim, 1994; Redding & Hsiao, 1990）。透過泛家族主義（pan-familism）的過程，也就是將家庭中習得的經驗與型塑出的習慣類推至其他群體上（楊國樞，1998），企業主管與部屬間的互動，便如同家庭結構中的父子關係。這樣的運作法則（家長權威），也充分展現在企業的領導作風上，可稱之為「威權領導」。

在家長權威的探討上，社會學家韋伯（Weber, 1968）在《經濟與社會》（*Economy and Society*）一書中，論及支配類型時，基於理性（rationality）的推論基礎，將領導權威劃分為⑴傳統型權威（traditional authority）：來自於既定的、不可考究之長久建立的傳統信念，個人可經由世襲傳承獲得某一職位後，由於其權力的正當性而使得下屬產生強制性的服從，其權威效力是基於管理幹部對統治者的依附；⑵法理型權威（rational-legal authority）：乃基於規範與法令的合法性，權力的使用者會針對特定事物來給予命令與要求，類似於合法權（legitimate power）的概念，又稱作科層式權威（bureaucratic authority）；⑶魅力型權威（charismatic authority）：權威的擁有者展現出超凡獨特的魅力特質、英雄式行為、個人典範及自我規範的命令形式與要求，其權威展現是基於追隨者視領導者為超凡異聖而來的赤誠效命，類似於參照權（referent power）的概念。其中，威權領導即為傳統型權威的表現型態，並深受家父長制的影響。

這種家父長權威類似古代地中海文化，諸如以色列、羅馬及希臘中家父長的權力（Bellah, 1970）。韋伯（1968）在分析家父長制的產生與

影響後，認為家父長權威的來源有二：一為家父長的職位使然，下屬基於對傳統的尊重而具有的道德義務，來服從家父長的支配；二為下屬對家父長的個人忠誠，使得家父長對下屬具有自由裁量權。此種自由裁量權來自於天神賦予，具有祭司角色的家父長，基於其與神所擁有的獨特關係，而有權要求下屬服從。根據韋伯的分析，華人社會的家父長制與羅馬、中東（尤其是古埃及）乃屬相同類型，只是他認為傳統型權威的控制類型會被法理型的科層式權威所取代。這也許說明了為什麼父權制在西方會逐漸衰落而消失。西歐法律體系（羅馬法）的修訂，也提供了一些解釋。當政府權力壯大之後，家父長的權力必須形之法典，納入政府的法律體系當中，因而削弱了家父長的權限。雖然，韋伯對於為什麼在西方已經拋棄家父長制的時候，華人社會仍保留此一色彩提出了說明，但卻沒能切中要點，並指出關鍵性因素，而受到批判。其實，華人社會與古代地中海文明對父權的看法，有著基本上的差異。

Bellah（1970）即指出，這種差異主要來自於家父長的權力來源不同，而非誰擁有家戶治理權。Hamilton（1990）更進一步提出了他對這些差異的看法：第一、父權所指涉的意義不同：在西歐社會，家父長的權力來自神祇的賦予；在華人社會，父權則來自儒家思想中的父子關係，其本質為子女對家父長的孝道。所謂的孝，乃指屈從父親的意志。第二、法律發展方向的不同：在西歐社會，由於羅馬法的修訂、更新，父權色彩的法律便逐漸消褪；在華人社會，家父長的權威卻在明、清時期，受到進一步的強化（Smith, 1994），法律更允許父親因故殺死子女可以豁免刑責。第三、家族團體的包容性不同：在西歐社會，羅馬法律認可被領養的人可以進入家族，並享有繼承權與財產權；在華人社會，則強調血緣關係，只有直系子孫方能擁有此種權力。第四、社會發展的歷史不同：在西歐社會，父權制在古羅馬帝國時就逐漸沒落了，現今的家父長觀念，實質上等同於男性對女性的宰制力量；但在華人社會，則逐漸增強，並在帝制末期壯盛、強大。上面四種差異，尤以第一種差異最具有重大的涵義。扼要而言，西歐家父長制強調「個人」的最終優位，也就是身分地位優於個人的權力；反之，華人家父長制則強調「角色」的最終優位，下屬負有象徵順

從的角色義務與責任（Hamilton, 1990, pp. 81-85）。

　　從歷史結構的觀點來看，上述區分充分解釋了家父長制在兩個社會體系互為消長的理由。然而，為什麼父權制權威會在華人社會如此盛行呢？由於當時的社會處於動盪與紛亂的局面，重視目的與現實的法家思想自然受到相當大的倚重（余英時，1976；Smith, 1994）。法家之集大成者韓非，綜合道家、荀子、商鞅及管仲等人的思想後，締造出法家思想體系。根據「人性本惡」與「人性自利」的基本假設，法家主張法律必須嚴峻，透過制定合理的規章制度，「以法制之」，要求臣民的行為都能「出於治，合於道」，以收到「性善」的效果（黃光國，1997）。基本上，韓非的整套哲學思想，是以「工具性關係」為基礎，並以「性惡論」建構「法、術、勢」三個核心概念，強調權力的累積，主張採用各種控制手段，並實施高壓統治的政權，來駕馭臣下（Chan, 1963）。顯然地，法家的主張與強調道德教化，以維繫社會和諧與秩序的儒家思想，大相逕庭。然而，作為統治手段，法家思想的實用性，卻難以被執政者割捨，而有了漢朝施行陽儒陰法的現象。此時，為了受到當局者的重用，儒家也有了進一步的轉化，而產生「政治化的儒家」（余英時，1976，頁 32）。其實，不論是儒家所強調的透過角色規範的教化，使得占有角色的每一個人均能形成適切的角色結構認知，且謹守角色與互動規範；或是重視實際成就與具體成效，並主張嚴刑峻法的法家思想，二者都致力於社會秩序的建立，也都強調安分守己（鄭伯壎等人，2006）。以下將分別探討「政治化儒家」的意涵，以及「法家的政治思想」。

2. 政治化的儒家

　　儒家強調「禮治」，而禮治需植基於個人的修養上。然而，在缺乏道德自律與禮義崩壞的時代，儒家似乎陳義過高，而無法有效發揮作用。甚至在秦朝以法家思想建立大一統帝國後，備受壓抑。因此，為了獲得主導地位，儒者也開始吸收重視目的與現實的法家思想，接受法家「君尊臣卑」的主張，揚棄孟子「民貴君輕」（《孟子·盡心》）、荀子「從道不從君」（《荀子·臣道》）的原則，來滿足上位者的權力欲。此一過

程，即爲「儒家的法家化」（蔡忠道，2003）。其實，政治化的儒家就是法家化的儒家，也就是在國家治理上，儒家採用法家的主張（余英時，1976）。此時，儒家理想中的角色相互性（mutuality）關係被捨棄，而代之以強調下位者的責任與義務。換言之，在五倫中，下位者（包括臣、子、妻、弟）有義務去服從上位者（即君、父、夫、兄）的要求。此種轉化具體表現在董仲舒的「三綱」上，亦即君爲臣綱、父爲子綱、夫爲婦綱。上下之間的權力關係不對等，下位者負有較大的順從責任與義務，而形塑出中國傳統的威權精神（Smith, 1994）。更進一步的來說，根據儒家的階序觀（value of hierarchy），居上位者的角色與職權本身，即足以對下位者的行爲發揮影響力（Hwang, 2000, 2008）。也就是說，領導者所擁有的職權愈高，或是展現愈多的權威，則部屬便會表現出愈多的服從與聽話的反應。

在這種政治化的儒家社會秩序下，父子關係君臣化，君臣關係父子化，父權是整個社會結構的組織原則，也是絕對的宰制與權威的象徵（林安梧，1996）。Hamilton（1990）在總結華人社會父權制的本質時，即指出父權的特色在於強調下位者服從（或盡孝）的義務，賦予他們順從的角色義務，並且依據一套角色關係（如父子、君臣、夫婦）限定其權力與服從關係。換言之，在社會化的歷程中，下位者能夠學會其角色義務與責任，則父權制將可以建立。事實上，魏晉以來，乃至唐朝，受儒、法相融的影響，不僅儒家講求上下有別的五倫秩序觀，提供了父權強大權威的合法性與正當性，並落實於帝王的國家治理；法家的控制手段與駕馭臣民之術，亦給予父權領導之行爲實踐的指引（周婉茹等人，2010）。

３ 法家的政治思想

法家思想融合了商鞅之「法」、申不害之「術」及愼到之「勢」的思想體系，其政治哲學乃是以法治國、以勢行法、用術固勢，法、術、勢三者相倚爲用，互相借重。法爲君所立，術爲君所用，勢爲君所有，三位一體，皆是維持專制政權、保持社會安定的基本工具。所謂「法」，指的是政府所規定之行事準則，此乃領導者爲了達到組織目標，所訂定的辦法、

章法及規章制度。法的概念，亦可從公開的法令延伸爲對績效、標準、程序、態度及規範等的要求（周婉茹等人，2010）。「術」就是權術，爲領導者防止部屬做出傷害自己權威、違法營私的操控技巧，是一種防止權力旁落的權謀之術。「君無術則弊於上，臣無法則亂於下。此不可一無，皆帝王之具也」（《韓非‧定法》），故「法」與「術」不可分，都是君王治理天下的工具。二者的不同在於「法」爲臣民所共守，故會明文公布；而「術」在於操控群臣，會隱藏於藏晦法令自御觀制上位者心中。「勢」則是指威勢或權力，乃居上位者所擁有，也就是領導者對部屬的影響力。作爲領導者，必須將「勢」與「法」配合運作，並以法來規範，使部屬不致濫權。

綜觀上述論點，韓非的領導觀，主張以「法令」作爲治國的有效工具與標準，以「心術」免受姦臣之謀害，並以「處勢」對臣下做有效統治（黃柏勳，2003）。他以人性自利爲出發點，倡導君權高於一切，透過各種控制手法，來實踐領導者的目標或理想。因此，爲了達成政治理想，君王需藉由法、術、勢的交互運用與有效結合，才得以發揮其領導效能。由於歷代皇帝爲鞏固其政權、維持社會秩序，法家的統治思想與其提倡之駕馭手段，始終受到相當程度的倚重（陳惠馨，2006）。

從社會權力（social power）的觀點切入（French & Raven, 1959），法家的政治思想提供了威權領導與「權力基礎」（base of power）間關係的重要指引。由於威權領導者的權力基礎爲個人的角色權威，對部屬會展現高度的控制與支配，在決策上擁有生殺大權，而具有較大的社會權力，因此對部屬具有高度的合法權（legitimate power）、強制權（coercive power）及獎賞權（reward power）。此外，威權領導者會壟斷資訊，並掩蓋部屬視聽，因此亦具有高度的知識權（knowledge power）。這些威權領導者所產生的社會權力，皆足以引發部屬的順從行爲，以達到法家集權中央、思想箝制，以駕馭臣下並維持社會秩序的主張。

4. 馬基維利的政治思想

爲了避免讀者誤將馬基維利（Niccolò Bernardo Machiavelli, 1469-

1527）的政治思想比附於先秦的韓非（281-233 BC），而將兩者所提倡的領導統御觀等同視之，在此特別提出比較論述。在西洋思想史上，文藝復興時期的馬基維利在其著作《君王論》（*The Prince*）與《李維史論》（*The Discourses on the First Ten Books of Titus Livius Livy*）中，闡述了君王如何運用權術與政治手腕，以穩定政權、避免國家亡於內亂或外患。基於性惡論的主張，前者以個人統治權的獲得與維繫為主要目的，後者則認為政治行動的終極目標，在於為國家與共善而奉獻（劉長城，2003）。馬基維利的基本論調，是以權力與君王利益為重，強調軍事力量才是國家長治久安的保證。因此，其戰略思維是一種權衡、算計的思考模式，而且「為達目的，可以不擇手段」。值得注意的是，雖然馬基維利與法家代表人物──韓非都主張人性自利，並同意運用權術役使臣民，以保障君王專制的政權。但是，馬基維利所論述的政治運作，是以軍事力量作為壓制利器，政策參照的是軍事戰略而非法律、制度（吳承瑾，2009），這也突顯出馬基維利與韓非在政治思想上的差異。從中西方的歷史演進可以知道，父權主義下的威權領導，有其獨特的文化根源與脈絡，強調角色義務與尊卑階序，而不同於西方的管理哲學。

（二）威權領導的研究軌跡

1. 概念發軔

　　威權領導（authoritarianism）概念在組織場域的探討，始於 1960 年代，那時研究者普遍將之視為無效的領導方式。最早的紀錄，可追溯自 Likert（1961, 1967）對管理風格的分類。他採用兩種極端的類別來說明威權領導概念，即訴諸恐懼與懲罰的「剝削獨裁」（exploitative authoritative）與運用臨時性獎賞（occasional reward）的「仁慈專斷」（benevolent authoritative）。前者是完全獨裁的上對下式（top-down）領導風格，所有的決策與命令都由上位者主導；後者則為較溫和的專制式家長作風（paternalistic）。Schriesheim 等人（1976）也提出他們對威權領導原型（authoritarian archetype）的看法，認為這是一種強調高度指導

性、運用懲罰及獨裁的領導風格。之後，幾項類似的概念相繼提出，如指導式領導（directive leadership; Muczyk & Reimann, 1987）與工具式領導（instrumental leadership; Nadler & Tuchman, 1990）。Smither（1991）在回顧與總結相關研究之後，提出威權領導者極端仰賴工作角色，認為自己的工作在於制定決策，並運用權力確認部屬執行決策的成果。

這些早期的威權領導研究，受到 X 理論的影響，認為人類生性懶惰、不願承擔責任，必須採取強制、監管、控制及懲罰等措施來進行管理（McGregor, 1960）。該理論認為唯有透過軍隊式的威權領導，嚴格的鞭策與命令式的指導，方能提升工作或生產效率。然而，這項觀點很快的就被推翻，而有了強調激勵、自主（self-directed）與滿足各式需求的 Y 理論。由於 Y 理論的觀點較契合西方的個人主義與民主文化背景，而在近幾十年中受到重視與應用。在西方文獻的探討中，除了從 X 理論到 Y 理論的觀點轉變外，由於威權領導的展現過於強調領導者對自身利益（self-interest）的追求，且其武斷與獨裁的作風，亦違反平權社會的文化價值。因此，在受到西方學者的強力批評下，快速地從領導文獻中銷聲匿跡。直至華人所支配的亞洲經濟迅速成長，才又逐漸受到研究者的注目。威權領導較為完整的概念介紹，主要集中於三項針對華人家族企業領導人進行觀察的質化研究（鄭伯壎，1995；Redding, 1990; Silin, 1976）、一項針對運動團隊教練的深度訪談（康正男，2005），以及一項理論性的探討（Westwood, 1997）。

針對臺灣一家大型民營企業進行個案研究，面談企業領導人、經理及員工長達一年的時間，Silin（1976）觀察到幾項威權領導範型的主要行為模式，包括：⑴提供部屬方法，教導部屬如何成功達成工作目標的「教誨式領導」（didactic leadership）；⑵管理權力集中在企業領導人手裡，且不與部屬分享的「中央集權」；⑶維持威嚴形象，而刻意與部屬保持距離的「社會權力距離大」；⑷不明確表達真正想法，並保留控制權的「領導意圖不明」；以及⑸施展各種控制手法，來嚴密控制部屬的「控制與支配」。在這些領導狀況下，部屬必須完全服從與依賴領導者，完全信任領導人的判斷，並透過適度的畏懼以表示對領導人的尊敬。雖然，

Silin 對威權領導提出了十分豐富與詳盡的描述，但是僅針對單一企業的個案研究，無法理解該領導現象在華人社會的普遍性。其次，Silin 強力批判威權領導的效能，此點與臺灣企業蓬勃發展的歷史現實有所出入。在這方面，Redding 提出了更全面的考察。

　　Redding（1990）的研究，主要著重在香港、新加坡、臺灣、菲律賓及印尼等海外華人家族企業的組織結構與管理作風。他在整合 Silin（1976）、Pye（1985）及 Deyo（1978, 1983）的研究之後，發展了一個概念架構，並提出幾項描述威權領導的概念內涵。其主要論點為：(1) 部屬具有依賴領導者的心態，並會全面接受領導者的權威；(2) 層級分明、社會權力距離大；(3) 權威一旦被認定，即不容忽視；以及 (4) 不明確表達領導者的意圖。雖然，Redding 的研究已較為深入，受訪的企業個案也涵蓋較多類型，但此種領導作風及其效能的關係未能清楚指明（Farh & Cheng, 2000）。因此，Westwood 針對企業領導人的領導效果，做了進一步的分析。

　　Westwood（1997）在觀察東南亞華人的企業組織，並檢視相關文獻後，提出首腦（headship）的概念，來形容這些企業組織中的領導。根據 Westwood 模式的主張，華人企業領導人會強調組織內的秩序與和諧，並要求部屬順從。他更進一步指出華人領導中的權力結構，具有幾項與威權領導有關的特徵：(1) 教誨行為；(2) 領導意圖不明；(3) 講究權謀，以維持其支配權；(4) 建立威信，並要求部屬完全服從；以及 (5) 社會權力距離大。

　　上述三項研究，都是從組織社會學觀點所提出的觀察與分析，對於上下間互動歷程的描繪較少著墨，而無法了解領導行為與部屬反應的對應關係。因此，鄭伯壎（1995）從組織心理學角度剖析臺灣家族企業領導人的個案研究，提供了更為擴大與精闢的闡釋。其研究價值不僅是提供更細緻與精微的闡述，更延伸領導行為與部屬反應的動態關係。在威權領導方面，他認為領導者為了維繫權力距離的優勢，並使部屬順服，會施展各種控制手法，表現出專權作風、貶抑部屬能力、形象整飾及教誨訓示等「嚴父式」的立威行為。面對領導者的立威，部屬會產生順從、服從、敬畏及羞愧（即恥感）的相對反應。在鄭伯壎的架構中，隱含著一個基本假設，即領導者與部屬的角色是互補的；換句話說，威權領導是依附在部屬的追

隨與順從義務上，唯有部屬願意順從上級與依賴權威，威權領導才得以發揮作用（樊景立、鄭伯壎，2000a）。總之，透過鄭伯壎的研究，研究者可以在此基礎上，針對威權領導的重要面向及其領導效能的關係，進行更進一步的分析與探討。

　　鄭伯壎（1995）的角色互補假設，可以藉由認知基模（cognitive schema）的觀點加以闡釋。由於華人自幼成長在實行父權家長制的環境中，自然會對於權威相關的人、事、物及概念形成權威基模（authority schema），並產生一種過分重視、崇拜及依賴權威的心理與行為傾向（楊國樞，1993）。這種「權威取向」具有三項主要特徵：⑴ 不冒犯權威，並謹守下位者角色規範的「權威敏感」；⑵ 相信權威者不可能犯錯，並習慣性地對權威者不妄加批評與懷疑的「權威崇拜」；以及 ⑶ 認為權威者全知全能，而對權威者產生強烈的依賴性，並無條件地表現恭敬與服從的「權威依賴」。在權威基模的運作下，面對威權領導者，部屬會加快權威訊息的處理（權威敏感），並快速提取適當的行動策略（權威崇拜與權威依賴），表現出合宜的反應（吳宗祐等人，2002）。

　　在運動心理學領域，康正男（2005）考量到既有的威權領導是以私人企業觀點所發展出來的領導概念，可能不適用於運動情境，而無法清楚展現出運動教練領導行為的意涵。因此，以棒球運動團隊為對象，透過深度訪談發掘運動教練領導行為的實質內涵，並建構出合適的理論模型。康正男的研究發現，教練威權領導包含「要求服從」、「教誨訓示」及「紀律精神」三個主要成分。「要求服從」意指要求球員在比賽或訓練時無條件服從教練的指示，並在團隊的規範上避免與教練發生衝突及不唱反調等行為；「教誨訓示」為教練會對球員要求最佳表現，對不好的表現直接斥責，且會對球員加以指導；「紀律精神」則是教練會在球場上對球員嚴格要求學習態度與精神，並為維護球隊的形象，而要求球員自我約束與規範其在球場外的個人行為等等。

　　雖然，這些研究對威權領導的探討，涉及不同的研究領域、研究對象、研究傳統及研究焦點，但對領導行為的描述卻還算接近。從這些早期的研究中，可以發現威權領導的立威涵蓋了以下幾個概念：「控制與支

配」、「中央集權」、「層級分明」、「社會權力距離大」、「領導意圖不明」、「講究權謀」、「要求紀律」及「教誨式領導」。仔細爬梳威權領導的概念發展，並將立威的行為內涵抽取上層概念後，可以得知威權領導的核心意涵，即為家父長的角色權威。因此，威權領導應是指「一種類似父權的作風，領導者會透過嚴明的紀律與權謀性支配，來形塑個人的角色權威，使得部屬遵循其要求」。

後期的研究者，奠基於上述的研究成果，開始思考威權領導可能的現代轉化，進一步將威權領導的內涵區分成兩個主要的成分，即控制部屬的「專權領導」與控制任務目標的「尚嚴領導」（周婉茹等人，2010）。前者涉及領導者的權謀手段（權謀性支配），指的是領導者強調其個人權威與對部屬的操控，以引發部屬的服從、順從及畏懼反應。例如：決策獨斷、要求服從、訊息操控及掌握互動歷程等的行為；後者則側重於紀律規範（嚴明的紀律），是指領導者會嚴格監控部屬的任務與工作程序、要求高績效及維護組織規範，其目的在於要求部屬產生高的工作成果、引發自我要求及對工作之敬業態度。例如：任務監控、原則堅守及目標設定等的領導行為（鄭伯壎、周麗芳，2005）。

上述成果，不僅指出了威權領導的豐富內涵，以及向度區分的意義。其中，威權領導者透過綱常倫理的建立（即角色制約關係），突顯其角色權威，以維繫人際和諧與社會秩序。這些帶有濃厚文化色彩，且強調集體福祉的內容，都可以從上述的歷史脈絡與各項實徵結果中窺知一二。

2. 概念區分

威權領導強調領導者的個人權威與支配性，是一種展現階層關係中，權力不對等的領導方式。它不僅直接點出了華人企業中領導者與部屬間「上尊下卑」的關係，亦彰顯了華人高度權力距離的特色（吳宗祐等人，2002）。在威權領導的概念中，有一些獨特的內涵，使其與西方的獨裁領導（autocratic leadership）、不當督導（abusive supervision）及主動結構（initiating structure）有所區別。首先，獨裁領導者專斷獨行，在決策過程中，會將個人的意見強加在部屬身上，並限制部屬的言論自由，亦

不關心群體的社會情感需求（Bass, 1990; De Cremer, 2006），是一種自我中心（self-centered）的領導風格。雖然，威權領導者也會展現出支配與控制的行為，但其目的並非是為了追求個人利益（personal benefit），而是集體目標（collective goal）（Wu & Xu, 2012）。因此，就行為意圖而言，二者並不相同。

　　其次，不當督導指的是部屬對於主管持續展現具敵意性的口語或非口語行為所產生的知覺，但不包含肢體上的接觸或衝突（Tepper, 2000）。其內涵著重於言語上的攻擊與態度上的輕蔑，確實與威權領導的貶抑行為雷同；然而，威權領導的內涵還包含獨攬大權、嚴密控制部屬的「支配專斷」，隱藏工作資訊、不明示意圖的「整飾隱匿」，以及嚴求績效的「教誨訓示」。因此，在概念上，二者僅為部分重疊。此外，不當督導並非領導風格，而是部屬知覺的行為傾向（Zhang et al., 2011）。雖然，威權領導者為了滿足控制需求與展現權力，而可能做出不當督導（Aryee et al., 2007），但並非所有的威權領導者都會表現出苛責式的對待。在行為意圖與動機方面，二者亦不相同。威權領導者是為了強調尊卑差異與展現權威優勢，並不涉及危害部屬的不良意圖（Wu & Xu, 2012）；不當督導則是為了滿足領導者的個人需求，以及平衡嫌惡經驗（如遭受不公平對待）的不適感（Aryee et al., 2007），所展現的一種剝削與敵意行為，二者可以有所區別。更重要的一點是，威權領導可能引發正向或負向的結果，但是不當督導大部分都會導致負向後果（Wu & Xu, 2012）。若從權力控制的角度觀之，威權領屬於組織中的「正式控制」（formal power），仰賴的是非個人化的程序與規則；不當督導則是「非正式控制」（informal power），主要透過社會互動過程來展現自身影響力（Li et al., 2021）。上述各個面向的比較，都充分凸顯出二者的差異。

　　最後，主動結構是指領導者為了達成組織目標，在界定或釐清自己與部屬角色時所做的行為，包括建立清楚的權責關係、訂定嚴格的工作程序及任務分派等等，為一種工作導向的領導行為（Bass, 1990; Fleishman, 1973）。也就是說，高主動結構的領導者相當注重與部屬之間的工作關係，不僅會要求部屬達成工作任務，也相當在乎部屬的績效表現。就概念

內涵來看，威權領導與主動結構都會展現出嚴格要求高績效、要求部屬配合其工作步調，以及督促部屬達成工作目標的行為。但是，威權領導乃立基於權力距離大的領導情境之下，且其核心概念為「控制」，並強調領導者的權威；而主動結構並不特別強調控制的意涵，協助部屬執行任務與達成目標為其優先考量。因此，二者在行為表現上雖然極為相似，但威權領導的權力與合法性，來自於部屬的角色內化（鄭伯壎等人，2006），而主動結構則立基於領導者的工作責任，兩個概念完全不同。

總結而言，西方與華人對威權領導的探討，有著明顯的差異。在集體主義的作用下，華人強調社會的秩序與和諧，而非個人主義與自由平等。因此，華人企業的威權領導者重視和諧關係與集體目標的達成，並關心群體的福祉，而非只是個人利益的展現。為了讓組織運作順暢，亦會表明其角色中所具有的權威，透過突顯位差優勢來建立倫常，並藉由嚴責來規範、教誨，避免發生人際衝突，以維繫整體的和諧與秩序。若是草率地將西方觀點下強調自我展現與追求個人利益的獨裁式領導，或涉及危害部屬、表現敵意的不當督導，直接與華人為了追求集體目標與群眾福祉，而重視紀律、規範，並展現權威支配的領導概念劃上等號，實有汙名化威權領導之嫌。

▋三 現況：威權領導的實徵研究

威權領導的效果，早期大多是在三元家長式領導架構下所做的探討，近期才開始有大量研究將威權領導獨立出來做個別檢驗（王驚等人，2019；邵康華等人，2020；許境頤、簡心潔，2015；鄭昱宏等人，2019；Chiang et al., 2021; Shen et al., 2019）。這些研究成果，將近九成左右是在個人或對偶層次（individual or dyadic level）進行檢驗，僅有約一成的研究嘗試在群體層次（group level）做探討。以下將分別介紹家長式領導研究中，有關威權領導的實徵證據，並將研究成果整理如表 25-2 至表 25-4。

表25-2　威權領導實徵研究摘要表（依姓氏筆畫順序排列）

研究者	分析單位	前置因素（前因）	作用機制（中介）	影響效果（後果）	適用條件（調節）
吳宗祐等人（2002）	對偶		憤怒情緒感受 憤怒情緒克制	工作滿意	
鄭伯壎等人（2002）	對偶		情感忠誠 義務忠誠（×） 人際信任	角色外行為（×）	
鄭伯壎等人（2003）	對偶			主位主管忠誠 客位主管忠誠 組織承諾 工作滿意（×） 主管滿意（×）	仁慈領導 德行領導
許金田等人（2004）	對偶		上下關係品質—信任 上下關係品質—滿意	組織公民行為	
湯慧娟、宋一夫（2004）	對偶			工具性團隊承諾	
劉善仕、凌文輇（2004）	對偶			集體取向 家族取向	
Cheng et al.（2004）	對偶			認同效法 順從無違 感恩圖報	仁慈領導 德行領導 權威取向
陳龍弘、蔡英美（2005）	對偶			正面情緒感受 負面情緒感受 競技倦怠（×）	

研究者	分析單位	前置因素（前因）	作用機制（中介）	影響效果（後果）	適用條件（調節）
陳龍弘等人 (2005)	對偶			離職意圖（×）/ 團隊滿意度	
Chou et al. (2005)	對偶			工作績效	情感依賴 / 情感依賴 × 工作依賴 / 管理能力 / 年資優勢
蔡英美 (2006)	對偶			工作凝聚力 / 社會凝聚力	
Farh et al. (2006)	對偶			認同效法 / 畏懼反應 / 組織承諾	部屬傳統性 / 主管依賴
吳歆等人 (2007)	對偶		分配公正（×）/ 程序公正 / 互動公正（×）/ 信任	工作滿意 / 組織承諾 / 離職意圖 / 工作績效 / 組織公民行為	
周浩、龍立榮 (2007)	對偶			分配公正（×）/ 程序公正（×）/ 領導認可（×）/ 領導解釋（×）	仁慈領導 / 德行領導
林姿葶、鄭伯壎 (2007)	對偶	主管—部屬性別配對			前因：共事時間

研究者	分析單位	前置因素（前因）	作用機制（中介）	影響效果（後果）	適用條件（調節）
陳皓怡等人 (2007)	對偶			身心健康	仁慈領導（×） 德行領導（×） 個人主義（×）
Aryee et al. (2007)	對偶			不當督導感受	主管互動公正知覺
Chowdhury (2007)	對偶			內在動機（×） 外在動機（×） 工作績效（×）	
于海波等人 (2008)	對偶			個體學習（×） 團體學習 組織間學習 組織層學習（×） 利用式學習 開發式學習	
吳宗祐 (2008)	對偶		主管信任	工作滿意 情感承諾	評估他人情緒能力（×） 調節自己情緒能力
吳宗祐等人 (2008)	對偶	部屬順從表現知覺 部屬畏懼表現知覺			前因：主管遵從權威取向
于海波等人 (2009)	對偶			個體學習（×） 團體學習 組織間學習 組織層學習 利用式學習 開發式學習（×）	仁慈領導（×） 德行領導（×）

研究者	分析單位	前置因素（前因）	作用機制（中介）	影響效果（後果）	適用條件（調節）
高三福、莊仲仁 (2009)	對偶			奮鬥取向 團隊取向 奪標取向 服從取向 成員取向 紀律取向（×）	社會化—團隊優先（×） 社會化—學長示範 社會化—歷史敘說
張新安等人 (2009)	團體		競爭型團隊衝突	團隊績效（×）	
Chen & Kao (2009)	對偶			身心健康	不確定性規避（×）
汪林等人 (2010)	對偶／團體			建言行為（×）	組織自尊 內部人身分地位感知（×）
張鵬程等人 (2010)	對偶			知識創造 知識迴避（×） 知識挪用	德行領導 員工成長價值（×） 顧客導向價值（×） 社會責任價值（×）
陳璐等人 (2010)	團體		團隊認知衝突（×） 團隊情緒衝突	戰略決策結果	
湯慧娟、宋一夫 (2010)	對偶			領導信任 正向情緒 負向情緒（×）	
鄭伯壎等人 (2010)	對偶／團體			工作績效（×） 組織承諾（×）	平均仁慈領導 平均德行領導 平均威權領導

研究者	分析單位	前置因素（前因）	作用機制（中介）	影響效果（後果）	適用條件（調節）
魏蕾、時勘 (2010)	對偶			工作活力 工作奉獻（×） 工作專注	
Kiazad et al. (2010)	對偶	馬基維利主義		不當督導感受	組織自尊
Wang et al. (2010)	對偶／團體			建言行為	上下私交關係
陳嵩等人 (2011)	對偶		主管信任（×） 知覺被主管信任（×）	適應性銷售 勤奮工作 組織公民行為（×）	
曾垂凱 (2011)	對偶		上下關係品質	內容職涯高原 層級職涯高原（×） 中心化職涯高原（×）	
Ling et al. (2011)	對偶		主管忠誠（×）	組織公民行為	
Zhang et al. (2011)	團體		集體效能感 團體知識分享	團體創造力	
于海波、鄭曉明 (2012)	對偶		戰略性培訓 薪酬管理 員工參與決策（×）	組織學習（×）	
于海波等人 (2012)	對偶			利用—開發的交互式學習 利用—開發的比較式學習（×）	仁慈領導 德行領導（×）

研究者	分析單位	前置因素（前因）	作用機制（中介）	影響效果（後果）	適用條件（調節）
李銳等人 (2012)	對偶		心理所有權	沉默行為	集體主義
林子群、高三福 (2012)	對偶			同儕正向關係 同儕負向關係	
姜定宇等人 (2012)	對偶		信任主管 (×) 不信任主管	主管忠誠 工作滿意 工作績效 主管導向偏差行為	
段錦云 (2012)	對偶		心理安全	建言行為	直接：仁慈領導 (×) 直接：德行領導 前段：德行領導
陳璐等人 (2012)	團體		TMT 凝聚力	TMT 有效性	
傅曉等人 (2012)	對偶			新產品績效 (×) 探索式創新 (×) 利用式創新 新產品績效 (×)	探索式創新 (×) 利用式創新
Lin et al. (2012)	組織			組織績效 (×)	管理能力
Wu (2012)	對偶			主管信任	德行領導 (×)
Wu et al. (2012a)	對偶		主管信任	工作績效 組織公民行為	
Wu et al. (2012b)	對偶		主管信任	工作績效 (×) 組織公民行為 (×)	

研究者	分析單位	前置因素（前因）	作用機制（中介）	影響效果（後果）	適用條件（調節）
王石番等人 (2013)	對偶		壓力	顯性偏差行為（×） 隱性偏差行為	間接：組織支持感 間接：管理幅度
王雙龍、周海華 (2013)	對偶		創新自我效能	創新行為	直接：傳統性
吳宗祐、廖紘億 (2013)	對偶			工作滿意（×）	分配不公平（×） 程序不公平（×） 分配不公平×程序不公平
陳璐等人 (2013)	對偶		心理賦能（×）	創造力（×）	前段：權力距離 前段：集體主義
潘靜洲等人 (2013)	對偶			創造力（×）	主管創造力表現 上下關係品質 主管創新性表現 × 關係品質
Chan et al. (2013)	對偶		組織自尊	工作績效 組織公民行為	前段：仁慈領導
Chen (2013)	對偶			團隊合作 團隊適應（×） 人際親和性 人際吸引力（×）	
Du & Choi (2013)	對偶／團體			工作績效 助人行為	改變氛圍

研究者	分析單位	前置因素（前因）	作用機制（中介）	影響效果（後果）	適用條件（調節）
Erturaten et al. (2013)	對偶		主管霸凌	工作滿意 離職意圖 情感承諾 持續承諾	
Schuh et al. (2013)	對偶			工作績效（×） 創新行為（×）	轉型領導
Wang et al. (2013)	對偶／團體			創造力 工作績效（×） 助人行為（×） 盡責勤勉	男性主管
田在蘭、黃培倫 (2014)	對偶		自我效能	建言行為	直接：組織支持感
李立良、張家銘 (2014)	對偶		上下關係品質	工作滿意 組織公民行為	
李瑋等人 (2014)	對偶		心理賦能（×）	創新行為	直接：仁慈領導（×） 直接：德行領導（×）
李銳、田曉明 (2014)	對偶		主管信任	前瞻行為	直接：遵從權威取向 前段：遵從權威取向 間接：遵從權威取向 直接：集體主義（×） 前段：集體主義 間接：集體主義（×）

研究者	分析單位	前置因素（前因）	作用機制（中介）	影響效果（後果）	適用條件（調節）
林春培、莊伯超 (2014)	對偶			組織效能（×）	管理創新
林馨洣、楊百寅（2014）	對偶／國家		組織支持感	組織公民行為（×）	中國／韓國（×）
邱功英、龍立榮 (2014)	對偶／團體		上下關係品質、團隊關係品質	建言主管、建言同事	
馬貴梅等人 (2014)	對偶		建設性改變責任感、組織支持感	促進性建言、抑制性建言	
高昂等人 (2014)	團體		團隊效能感	團隊績效	直接：領導者才能
許境頤、詹介云 (2014)	對偶		表層演出、深層演出	情緒耗竭、工作敬業（×）	前段、間接：傳統性
劉娜婷等人 (2014)	對偶		關係品質差異	人際導向偏差行為、組織導向偏差行為、主管導向偏差行為	間接：傳統性、間接：權力距離
龍立榮等人 (2014)	對偶		組織支持感	工作疏離	
顏智淵、李朝裕 (2014)	對偶			運動自信心	
Chan (2014)	對偶			建言行為、組織公民行為	資訊分享（×）
Chen et al. (2014)	對偶		情感信任（×）	工作績效（×）、組織公民行為	

研究者	分析單位	前置因素（前因）	作用機制（中介）	影響效果（後果）	適用條件（調節）
Chu (2014)	對偶			工作滿意 心理健康（×） 生理健康（×）	外在調控（×） 內攝調控（×） 認同調控 整合調控
王雙龍（2015）	對偶		創新自我效能	創新行為	直接：傳統性
張亞軍等人（2015）	對偶		上下關係品質	隱性知識共享	直接：傳統性
許境頤、簡心潔（2015）	對偶		主管焦點印象整飾（×） 自己焦點印象整飾（×） 工作焦點印象整飾	知覺部屬順從	直接：工作動機內化 間接：工作動機內化
黃義翔、晶喬齡（2015）	對偶		教練－選手關係	工作凝聚力 社會凝聚力	
Chen et al. (2015)	團體		團隊認知衝突 團隊情緒衝突	團隊決策效能	
Cheng & Wang (2015)	團體		利己主義倫理氣圍 道德行善倫理氣圍 道德原則倫理氣圍（×）	團隊認同	
Li & Sun (2015)	對偶／團體	上級威權領導		建言行為	前段：主管認同 間接：主管認同 後段：權力距離 直接：工作績效

研究者	分析單位	前置因素（前因）	作用機制（中介）	影響效果（後果）	適用條件（調節）
Zhang et al. (2015)	對偶		上下關係品質（×） 地位判斷	建言行為（×）	
吳磊、周空 (2016)	對偶		主管信任	知識分享	
李庭閣等人 (2016)	對偶		表層演出 深層演出（×）	工作績效（×） 職場偏差行為（×）	
晉琳琳等人 (2016)	團體		團隊知識交流分享 知識整合社會化能力（×） 知識整合作化能力（×）	團隊創新績效	
駱凱等人 (2016)	對偶		上下關係品質（×）	抑制性建言 促進性建言（×）	
常濤等人 (2016)	團體			團隊創造力（×）	仁慈領導 德行領導 仁慈領導 × 德行領導
黃翔強、許雅雯 (2016)	對偶		自主性動機 控制性動機（×） 無動機（×）	體育課樂趣	
Dedahanov et al. (2016)	對偶		建言行為	創造力	
張永軍等人 (2017)	對偶			親組織非倫理行為	仁慈領導（×） 德行領導 二次項德行 傳統性

研究者	分析單位	前置因素（前因）	作用機制（中介）	影響效果（後果）	適用條件（調節）
劉冰等人 (2017)	對偶		自利導向倫理氛圍 規則導向倫理氛圍	職場偏差行為	前段：仁慈領導
Jiang et al. (2017)	對偶		心理契約的違反 組織大儒主義	職場偏差行為（×）	
Pyc et al. (2017)	對偶		焦慮 憂鬱	情緒耗竭（×） 生理症狀 工作滿意 離職意圖 工作績效	
Schaubroeck et al. (2017)	對偶／團體		內部人身分地位感知	工作績效 離職意圖 情感承諾	前段：權力距離氛圍 間接：權力距離氛圍 間接：角色定義幅度自我效能
Tian & Sanchez (2017)	對偶		情感信任（×）	創新行為（×） 知識分享（×）	前段：仁慈領導
Zhang & Xie (2017)	對偶		角色衝突 角色模糊 角色負載	組織公民行為	
于少勇等人 (2018)	對偶			能力信任 仁慈信任（×） 公正信任（×）	

研究者	分析單位	前置因素（前因）	作用機制（中介）	影響效果（後果）	適用條件（調節）
李宗波、王明輝 (2018)	對偶		情感信任	沉默行為	前段、間接：權力距離
李嘉、楊思 (2018)	團體		主管信任	團隊建言氛圍	前段：主管工作敬業
沉翔鷹、穆桂斌 (2018)	對偶		組織認同	抑制性建言 促進性建言	
施濤等人 (2018)	對偶			顧客滿意度 服務創新	組織學習
馬璐、張哲源 (2018)	對偶		上下關係品質	創新行為	
務凱等人 (2018)	對偶		組織認同	離職意圖（×）	
趙文平、畐聚賢 (2018)	團體		交互記憶系統（×）	團隊創新績效	
Duan et al. (2018)	對偶		心理安全 組織自尊	沉默行為	直接、間接：權力距離
Gu et al. (2018)	對偶		上下關係品質 團隊認同	創造力	前段：權力距離
Guo et al. (2018)	對偶		防衛性沉默 畏懼	創造力（×）	前段：心理資本 間接：心理資本
Shu et al. (2018)	對偶		自我效能	強迫性公民行為	前段：主管支持感 前段：政治技能（×）前段：主管支持感 × 政治技能

研究者	分析單位	前置因素（前因）	作用機制（中介）	影響效果（後果）	適用條件（調節）
Tuan (2018)	對偶		工作敬業	角色外顧客服務	前段：仁慈領導 前段：德行領導 前段：自謙 HR 實務
Wang & Guan (2018)	對偶		學習目標導向	工作績效	前段、間接：權力距離
Wang et al. (2018)	對偶			離職意圖	前段：內群體
王驚等人 (2019)	對偶／團體		心理安全	強制性公民行為	直接：中庸思維
侯楠、彭堅 (2019)	對偶		積極執行（×）	工作績效（×）	前段：仁慈領導（×） 前段：二次頂威權
侯楠等人 (2019)	對偶		心理不確定感（×）	主觀幸福感（×）	直接：仁慈領導 前段：仁慈領導 前段：仁慈領導 × 組織公平感 間接：仁慈領導 × 組織公平感
陳順義等人 (2019)	對偶			競技倦怠	
黃國恩等人 (2019)	對偶		心理集體性	教練效能知覺（×）	
譚春平等人 (2019)	對偶			類親情交換（×）	親和性 勤勉性（×）
Bai et al. (2019)	對偶／團體			前瞻行為 情感信任	間接威權領導（×）

研究者	分析單位	前置因素（前因）	作用機制（中介）	影響效果（後果）	適用條件（調節）
Bodla et al. (2019)	對偶			主管導向公民行為 職場偏差行為	二次項威權：關懷氛圍
Chong et al. (2019)	對偶	強勢影響策略		義務感 工作滿意（×） 組織承諾 工作績效 組織公民行為	
He et al. (2019)	對偶		集體自我概念	幸福感	間接：跨文化適應性
Hou et al. (2019)	對偶			探索式創新 利用式創新	環境動態性
Jiang et al. (2019)	對偶		組織犬儒主義 工作疏離（×）	不安全行為	
Lau et al. (2019)	對偶			領導效能	仁慈領導（×） 德行領導（×） 仁慈領導 × 德行領導
Luu & Djurkovic (2019)	對偶		組織認同 角色定義幅度自我效能	彈性工作協商（×）	
Shen et al. (2019)	對偶／團體		關係認同	工作績效（×） 組織公民行為（×）	前段：團體傳統性 直接：團體傳統性 間接：團體傳統性

研究者	分析單位	前置因素（前因）	作用機制（中介）	影響效果（後果）	適用條件（調節）
吳士健等人 (2020)	對偶		情感承諾 心理賦能 上下關係品質	利他行為	
邵康華等人 (2020)	對偶		心理壓力	親組織非倫理行為	後段：組織忠誠 間接：組織忠誠
Du et al. (2020)	對偶			主動支持變革	知覺工作流動性 認知信任
Gu et al. (2020)	對偶			創造力（×）	威權領導 威權領導 × 仁慈領導 威權領導 × 德行領導
Gumusluoglu et al. (2020)	對偶／國家		互動公正 程序公正	倫理氣圍知覺（×）	前段：土耳其／美國
Shaw et al. (2020)	對偶		道德疏離	親組織非倫理行為	前段：仁慈領導 間接：仁慈領導
Sudha & Shahnawaz (2020)	對偶	自戀型人格		工作績效 團隊合作 認知動機效能（×）	
X. Zheng et al. (2020)	對偶		表層演出 深層演出	學生承諾 學校承諾 專業承諾	
Y. Zheng et al. (2020)	對偶			人際偏差（×）	仁慈領導（×） 資源依賴（×） 仁慈領導 × 資源依賴

研究者	分析單位	前置因素（前因）	作用機制（中介）	影響效果（後果）	適用條件（調節）
張少峰等人（2020）	團體	團隊身分信任、團隊威脅信任、中介：心理距離			
Briker et al.（2021）	對偶／團體	主管時間急迫性格（×）、自覺地位優於部屬群（×）		工作壓力、時間壓力	前因：主管時間急迫性格 ×自覺地位優於部屬群
Chiang et al.（2021）	團體		情緒壓抑氛圍	團隊情緒耗竭（×）、團隊績效（×）	前段：主管的情緒壓抑、間接：主管的情緒壓抑
Li et al.（2021）	對偶		知覺無能為力、內在動機（×）	前瞻行為、利他行為（×）、助人行為	直接：不當督導、前段：不當督導
Wan et al.（2020）	團體		主管信任	TMT 行為整合	直接：團體權力距離
Wu et al.（2020）	對偶		心理安全	建言行為（×）	前段：上下私交關係

註：標示（×）為沒有主要效果或交互作用之變項。

表25-3　差序威權領導實徵研究摘要表（依姓氏筆畫順序排列）

研究者	領導行為	分析單位	前置因素（前因）	作用機制（中介）	影響效果（後果）	適用條件（調節）
周婉茹、鄭伯壎（2014）	差序威權	團體			團隊認同（×）、團隊績效（×）	立威行為中心趨勢（×）、團隊任務標準化
郭均誠等人（2015）	差序威權	對偶／團體			工作績效（×）、營位公民行為、主位公民行為（×）	平均應行

註：標示（×）為沒有主要效果或交互作用之變項。

表25-4　多向度威權領導實徵研究摘要表（依姓氏筆畫順序排列）

研究者	領導行為	分析單位	前置因素（前因）	作用機制（中介）	影響效果（後果）	適用條件（調節）
康正男（2006）	紀律精神	對偶			領導信任 人際滿意度 專業滿意度 球隊滿意度 個人表現滿意度	
	要求順從	對偶			領導信任（×） 人際滿意度（×） 專業滿意度（×） 球隊滿意度（×） 個人表現滿意度（×）	
	教誨訓示	對偶			領導信任 人際滿意度 專業滿意度 球隊滿意度（×） 個人表現滿意度（×）	
陳嵩、李佩芬（2006）	專權	對偶			學習目標導向（×） 證明目標導向 迴避目標導向	
	尚嚴	對偶			學習目標導向（×） 證明目標導向（×） 迴避目標導向（×）	

研究者	領導行為	分析單位	前置因素（前因）	作用機制（中介）	影響效果（後果）	適用條件（調節）
鄭伯壎、周麗芳 (2005)	專權	對偶			組織承諾 情感性主管忠誠（×） 義務性主管忠誠（×）	權力距離 傳統性（×） 仁慈領導
	尚嚴	對偶			組織承諾 情感性主管忠誠（×） 義務性主管忠誠	權力距離 傳統性（×） 仁慈領導
蘇英芳、黃賀 (2006)	專權隱匿	對偶			組織導向追隨者效應 個人導向追隨者效應（×）	
	教誨嚴峻	對偶			組織導向追隨者效應 個人導向追隨者效應（×）	
陳嵩等人 (2008)	專權	對偶		學習目標導向 證明目標導向（×） 迴避目標導向	適應性銷售（×） 勤奮工作 銷售績效（×）	
	尚嚴	對偶		學習目標導向 證明目標導向（×） 迴避目標導向（×）	適應性銷售（×） 勤奮工作（×） 銷售績效（×）	
Chiang et al. (2009)	專權	組織／對偶			工作績效（×） 組織績效（×） 組織承諾	領導者才能

研究者	領導行為	分析單位	前置因素（前因）	作用機制（中介）	影響效果（後果）	適用條件（調節）
周婉茹等人 (2010)	尚嚴	組織／對偶			工作績效 組織績效（×） 組織承諾（×）	領導者才能
	專權	對偶			意義度 效能感（×） 自決感 影響力	仁慈領導
	尚嚴	對偶			意義度 效能感 自決感（×） 影響力	仁慈領導
Chou et al. (2010)	專權	對偶		組織自尊	工作滿意 情緒耗竭	成長需求強度
	尚嚴	對偶		組織自尊	工作滿意 情緒耗竭（×）	成長需求強度
周麗芳等人 (2011)	專權	對偶	領導者人際壓力		人際壓力 工作壓力	
	尚嚴	對偶	領導者工作壓力		人際壓力	
Chou & Cheng (2014)	專權	對偶		工作動力	工作績效	
	尚嚴	對偶		工作動力	工作績效（×）	
Chen et al. (2017)	尚嚴	對偶		角色澄清 認知信任 情感信任	工作績效（×）	

研究者	領導行為	分析單位	前置因素（前因）	作用機制（中介）	影響效果（後果）	適用條件（調節）
Chen et al. (2017)	尚嚴	對偶		角色澄清 認知信任 情感信任	工作績效（×）	
陳嵩等人 (2018)	專權	對偶	對部屬的情感信任			
	尚嚴		對部屬的認知信任（×）			
王磊、邢志傑 (2019)	專權	對偶		權力感知	創新行為	直接：上下關係品質 前段：上下關係品質
	尚嚴	對偶		權力感知	創新行為	直接：上下關係品質 前段：上下關係品質
鄭晨宏等人 (2019)	專權	對偶			努力行為（×）	學習目標導向（×） 逃避表現目標導向 證明表現目標導向（×）
	尚嚴	對偶			努力行為	學習目標導向（×） 逃避表現目標導向 證明表現目標導向
Karakitapo lu-Aygün et al. (2020)	專權	對偶		心理資本	工作績效（×） 創新績效（×）	
	尚嚴	對偶		心理資本	工作績效（×） 創新績效	

註：標示（×）為沒有主要效果或交互作用之變項。

（一）威權領導的前置因素

目前，僅有十篇實徵研究（吳宗祐等人，2011；林姿葶、鄭伯壎，2007；陳嵩等人，2018；張少峰等人，2020；Chong et al., 2019; Kiazad et al., 2010; Li & Sun, 2015; Sudha & Shahnawaz, 2020; Briker et al., 2021），對於威權領導的前置因素進行探討。在部屬反應方面，吳宗祐等人發現，主管對部屬的順從與畏懼知覺，可以預測其威權領導行為。其中，主管對部屬的順從表現知覺與其威權領導有負向關聯性，而主管對部屬的畏懼表現知覺則與其威權領導有正向關聯性。此外，主管遵從權威取向對部屬畏懼表現知覺與威權領導的關係具負向調節效果。當主管遵從權威取向愈高，主管對部屬的畏懼表現知覺與威權領導的正向關聯性便愈弱。在人口統計學方面，林姿葶與鄭伯壎發現，女性主管面對男性部屬會展現最多的威權領導，而男性主管面對女性部屬會展現最少的威權領導；此外，隨著主管與部屬共事時間的增長，主管展現威權領導的差異幅度會愈加顯著。在主管影響策略上，Chong 等人發現採取施壓（pressurizing）、正當化（legitimating）、譴責（blaming）及警告等強勢影響策略（assertive influence strategy）的主管，也會展現較多的威權領導。在領導者性格方面，Kiazad 等人發現主管的馬基維利主義可以預測其威權領導行為。當主管的馬基維利主義愈高，便會展現愈多的威權領導行為。Sudha 與 Shahnawaz 發現自戀型人格（narcissism personality trait）的主管，會展現較多的威權領導行為。Briker 等人發現當主管自覺在部屬群中擁有相對較高的地位，並且又具有時間急迫性格（time urgency）時，更容易展現威權領導；反之，當主管自覺在部屬群中擁有相對較低的地位，即便具有時間急迫性格，也不太會展現威權領導。最後，在上級領導行為方面，Li 與 Sun 根據領導的連鎖效應（cascading effect）與社會學習理論（social learning theory），證實當上級主管展現威權領導時，次一級的主管也會仿效展現威權領導；這樣的學習效果，在次一級的主管擁有高度的主管認同時，會更加強烈。

在團隊單位的研究上，張少峰等人（2020）發現團隊身分信任

（team identity trust）會抑制威權領導的湧現，團隊威脅信任（threat to team trust）則會促進威權領導的湧現。其中，團隊心理距離（team psychological distance）在團隊身分信任、團隊威脅信任與威權領導之間的關係，具有部分中介效果。換言之，在以身分信任為基礎的團隊中，成員之間相互了解、彼此認同對方的身分與價值觀，降低了團隊成員的不確定感與距離感，從而縮小了團隊心理距離，促進了團隊中威權領導的湧現；反之，在以威脅信任為基礎的團隊中，則相反。

最後，在雙向度威權領導的研究中，陳嵩等人（2018）指出，上司對部屬的情感型信任會負向預測其專權領導，但認知型信任則無顯著預測效果。周麗芳等人（2011）發現，領導者的工作壓力與尚嚴領導具有正向效果；領導者人際壓力則與專權領導具有正向效果。

（二）威權領導的影響效果

1. 威權領導的直接效果

威權領導的效果，始終呈現出紛歧、不一致的現象，而受到相當大的爭議。雖然，概念提出之時，樊景立與鄭伯壎（2000a）基於合模行為（patterned behavior）的想法，認為威權領導會引發正面的部屬反應，並對組織效能帶來正向提升作用。但是，僅有少數研究提供支持的證據。這些研究發現，在個人層次的結果變項上，威權領導與部屬反應的認同效法、順從無違、感恩圖報（Cheng et al., 2004）、義務感（felt obligation）（Chong et al., 2019）、內容職涯高原（content career plateau）（曾垂凱，2011），知識學習的組織學習（于海波等人，2009）、知識活動（張鵬程等人，2010）、知識分享（吳磊、周空，2016），工作態度的主位與客位主管忠誠、組織承諾（鄭伯壎等人，2003）、工作滿意（李立良、張家銘，2014）、顧客滿意度（施濤等人，2018），工作動機之工作敬業（work engagement）的工作活力（vigor）與工作專注（absorption）（魏蕾、時勘，2010），人際互動的人際親和性（interpersonal affinity）（Chen, 2013），工作行為的勤奮工作（working hard）、適應性銷售

（adaptive selling）（陳嵩等人，2011）、助人行為（helping behavior）（Li et al., 2021）、服務創新（施濤等人，2018）、探索式與利用式創新（exploratory and exploitative innovation）（Hou et al., 2019）、抑制性與促進性建言（prohibitive and promotive voice）（沈翔鷹、穆桂斌，2018；務凱等人，2016），以及工作價值觀的集體取向與家族取向（劉善仕、凌文輇，2004）具有正向效果。在以各式運動團隊為對象的研究上，威權領導與運動自信心（顏智淵、李朝裕，2014）、工具性團隊承諾（湯慧娟、宋一夫，2004）、團隊凝聚力（蔡英美，2006）、領導信任與正向情緒（湯慧娟、宋一夫，2010）、同儕互動關係（林子群、高三福，2012），以及團隊價值觀中的奮鬥取向、團隊取向、奪標取向、服從取向及成員取向（高三福、莊仲仁，2009）皆具有正向效果。

大多數的實徵研究，則提出相反的證據。這些研究在許多場域，如教育機構（鄭伯壎等人，2002；Zheng et al., 2020）、軍隊組織（許金田等人，2004）、醫療院所（許境頤、詹介云，2014）、運動團隊（陳龍弘、蔡英美，2005；陳龍弘等人，2005；劉義傳等人，2013）、跨國企業（陳皓怡等人，2007）及兩岸私人企業（如：Cheng et al., 2004; Wu et al., 2012b）進行探究。研究結果顯示，在個人層次的結果變項上，威權領導與部屬效能，如部屬反應的認同效法（Farh et al., 2006），知識學習的組織學習（于海波等人，2008）、隱性知識共享（tacit knowledge sharing）（張亞軍等人，2015），工作態度的主管忠誠（姜定宇等人，2012）、主管信任（Wu, 2012）、工作滿意（吳宗祐等人，2002；吳宗祐，2008）、團隊滿意度（陳龍弘等人，2005）、組織承諾（吳宗祐，2008；Farh et al., 2006）、學校承諾與專業承諾（Zheng et al., 2020）、領導公正（leader justice）（周浩、龍立榮，2007）、主動支持變革（Du et al., 2020），工作行為的工作績效（Chan et al., 2013; Chou et al., 2005; Sudha & Shahnawaz, 2020; Wu et al., 2012a）、組織公民行為（organizational citizenship behavior）（許金田等人，2004；Chan et al., 2013; Chen et al., 2014; Ling et al., 2011; Wu et al., 2012a）、助人行為（Du & Choi, 2013）或利他行為（altruistic behavior）（吳士健等人，2020）、角色外顧客

服務（extra-role customer service behavior）（Tuan, 2018）、前瞻行為
（proactivity）（李銳、田曉明，2014；Li et al., 2021）、創造力與創新
行為（王雙龍、周海華，2013；李琿、丁剛、李新建，2014；Dedahanov
et al., 2016; Gu et al., 2018）、利用式創新（傅曉等人，2012）、建言行為
（田在蘭、黃培倫，2014；段錦云，2012；Chan, 2014; Li & Sun, 2015）
或抑制性與促進性建言（馬貴梅等人，2014）具有負向效果。此外，威
權領導也會增加部屬的離職意圖（吳敏等人，2007；Ertureten et al., 2013;
Wang et al., 2018）、沉默行為（silence behavior）（李銳等人，2012；
李宗波、王明輝，2018；Duan et al., 2018）及工作疏離（龍立榮等人，
2014）。

　　在人際互動上，威權領導與團隊合作（Chen, 2013; Sudha &
Shahnawaz, 2020）、團隊凝聚力（黃義翔、聶喬齡，2015）具有負向效
果，而與知覺部屬順從（許境頤、簡心潔，2015）具有正向效果。在負面
或受迫工作行為上，威權領導則與不安全行為（unsafe behavior）（Jiang
et al., 2019）、職場偏差行為（deviant workplace behaviors）（王石磊等
人，2013；劉娜婷等人，2014；劉冰等人，2017；Bodla et al., 2019）、
親組織非倫理行為（unethical pro-organizational behavior）（邵康華等
人，2020；張永軍等人，2017；Shaw et al., 2020）及強制性公民行為
（compulsory citizenship behavior）（Shu et al., 2018）皆具有正向效果。

　　在情緒反應與職場健康部分，威權領導會引發部屬的畏懼反應（Farh
et al., 2006）與負面情緒感受（陳龍弘、蔡英美，2005）、降低正面情
緒感受（陳龍弘、蔡英美，2005）；另外，威權領導亦會增加部屬的情
緒耗竭（許境頤、詹介云，2014）、工作壓力與時間壓力（Briker et al.,
2021），損害其身心健康（陳皓怡等人，2007；Chen & Kao, 2009）與幸
福感（He et al., 2019），如產生軀體化症狀（somatic symptom）、焦慮與
失眠（anxiety and insomnia）、社交障礙（social dysfunction）及嚴重沮喪
（severe depression）等情形，並可預測運動員的競技倦怠（陳順義等人，
2019）。在行為知覺上，Aryee 等人（2007）與 Kiazad 等人（2010）發
現威權領導會引發部屬的不當督導感受。

最後，在團隊單位的研究上，威權領導對團隊認同（team identification）（Cheng & Wang, 2015）、團隊績效（高昂等人，2014）、團隊創新績效與團隊或工作團體的創造力（趙文平、聶聚賓，2018；Zhang et al., 2011）、團隊建言氛圍（group voice climate）（李嘉、楊忠，2018）、團隊決策效能（team decision effectiveness）（Chen et al., 2015）、戰略決策結果（陳璐等人，2010）及高階管理團隊（top management team，TMT）效能（陳璐等人，2012）與行為整合（Wan et al., 2020）具有負向效果；亦有研究發現威權領導對團隊創新績效具有正向效果（晉琳琳等人，2016）。在跨層次效果的探討上，群體層次之平均威權領導對部屬的建言行為（邱功英、龍立榮，2014；Wang et al., 2010）、盡責勤勉（conscientiousness）（Wang et al., 2013）、創造力（Wang et al., 2013）、前瞻行為（personal initiative）（Bai et al., 2019）、工作績效、情感性組織承諾（Schaubroeck et al., 2017）具有負向效果；群體層次之差序威權領導與客位公民行為（郭均誠等人，2015）具有正向效果。

2. 威權領導的區分效果

上述研究顯示，威權領導的正向效果沒有獲得太多實徵證據的支持。為什麼威權領導的效果會不一致呢？在這樣的提問下，開始有學者針對威權領導的概念內涵提出質疑，認為威權領導至少包含兩種不同的成分：一為操控部屬的「專權領導」，一為監控任務與要求績效的「尚嚴領導」。因此，在既有量表的基礎上，許多研究者根據不同的控制焦點，將威權領導區分為雙向度構念，並獲得實徵驗證（鄭伯壎、周麗芳，2005；Chiang et al., 2009）。然而，借用單一向度發展的量表來探討雙向度的概念，作法並不周延，也缺乏細緻的理論探討，而無法清楚掌握雙向度威權領導的理論依據。因此，周婉茹等人（2010）進而透過文化根源分析釐清概念理路，佐以文獻評析的演繹法編製測量工具，並經過一系列嚴謹的程序確認雙向度威權領導的構念效度。在周婉茹等人的努力下，雙向度威權領導的相關研究便逐步展開，更有研究者在此研究基礎上，從親子教養的

角度再次將雙向度威權領導的概念內涵做進一步的調整（Chen, 2011）。

　　這些研究結果發現，兩類領導具有中、低度正相關，且影響方向相反。其中，專權領導與部屬效能，如部屬反應的心理賦能（psychological empowerment）次向度中的意義度（meaning）、自決感（self-determination）及影響力（impact）（周婉茹等人，2010），部屬態度的主管信任（Chen, 2011）、工作滿意（Chou et al., 2010）、組織承諾（鄭伯壎、周麗芳，2005；Chiang et al., 2009），部屬行為的工作績效（Chen, 2011）、助人行為（Chen, 2011）、創新行為（王磊、邢志傑，2019），以及部屬的學習目標取向（learning goal orientation）（陳嵩、李佩芬，2006）具有負向效果；並會引發部屬的情緒耗竭（emotional exhaustion）（Chou et al., 2010）、工作壓力與人際壓力（周麗芳等人，2011）、證明與迴避目標取向（proving and proving goal orientations）（陳嵩、李佩芬，2006）及勤奮工作（陳嵩等人，2008）。

　　尚嚴領導與部屬效能，如部屬反應的心理賦能次向度中的意義度、效能感（competence）及影響力（周婉茹等人，2010），部屬態度的工作滿意（Chou et al., 2010）、義務性主管忠誠（鄭伯壎、周麗芳，2005），部屬行為的工作績效（Chen, 2011; Chiang et al., 2009）、助人行為（Chen, 2011）、創新行為（王磊、邢志傑，2019）、創新績效（Karakitapo lu-Aygün et al., 2020），以及努力行為（鄭昱宏等人，2019）具有正向效果；而對部屬的人際壓力（周麗芳等人，2011）則具有負向效果。

　　除了上述研究成果，康正男（2005）以其建構出的教練威權領導三成分模式，探討教練威權領導對職業與業餘棒球選手的影響效果。研究結果顯示，「紀律精神」有助於提升職棒球員的領導信任與各式滿意度（人際領導滿意度、專業領導滿意度、球隊滿意度及個人表現滿意度）；「教誨訓示」會降低職棒球員的領導信任、人際領導滿意度及專業領導滿意度；「要求服從」則對結果變項不具顯著預測效果（康正男，2006）。在業餘棒球隊部分，教練威權領導的影響效果與職棒相似。若將周婉茹等人（2010）的雙向度威權領導與康正男（2005）的教練威權領導三成分相對應，「專權領導」即為「要求服從」，「尚嚴領導」則包含「紀律精神」

與「教誨訓示」。但是，康正男（2006）的研究卻發現，代表「尚嚴領導」的「紀律精神」與「教誨訓示」在運動團隊的影響效果為一正一負，說明了威權領導的組成內涵，還有許多值得討論的空間。

（三）威權領導的作用機制

1. 威權領導的作用歷程

威權領導的機制，大致可以從部屬感受、自我概念、工作態度、工作動機、互動關係、情緒反應、行為反應及 HR 實務，這幾個方面來看。在部屬感受部分，威權領導會透過削弱心理安全（psychological safety）（王驚等人，2019；段錦云，2012；Duan et al., 2018; Wu et al., 2020）與心理所有權（psychological ownership）（李銳等人，2012），進而降低建言行為、增加沉默行為與強制性公民行為；透過增進心理集體性（psychological collectivism），進而提升領導效能[2]（黃國恩等人，2019）；透過產生員工的心理壓力（psychological stress），進而促使親組織非倫理行為（邵康華等人，2020）；透過增加知覺無能為力（perceived powerlessness），進而降低前瞻行為（Li et al., 2021）；透過增加角色知覺的角色衝突（role conflict）、角色模糊（role ambiguity）、角色負載（role overload），進而降低組織公民行為（Zhang & Xie, 2017）；透過增加心理契約違反（psychological contract violation）（Jiang et al., 2017）、削弱規則導向倫理氛圍（rule oriented ethical climate）與促進自利導向倫理氛圍（self-interest oriented ethical climate）（劉冰等人，2017），進而增加職場偏差行為；透過主管霸凌感受（mobbing），降低工作滿意與情感承諾、增加離職意圖與持續承諾（Ertureten et al., 2013）；透過削弱建設性改變責任感（felt responsibility for constructive change）與組織支持感（perceived organizational support），分別降低促進性建言與抑制性建

---

2 黃國恩等人發現（2019）威權領導與教練效能知覺之直接效果呈顯著負相關，只有透過心理集體性的中介歷程，才會間接對教練效能知覺具有正向作用。

言（馬貴梅等人，2014）；透過削弱互動公正（interactional justice），進而損害倫理氛圍知覺（Gumusluoglu et al., 2020）；並透過削弱程序公正（procedural justice），進而降低工作滿意與組織承諾（吳敏等人，2007）。

　　在自我概念部分，威權領導會透過削弱組織自尊（organization-base self-esteem），進而損害工作績效與組織公民行為（Chan et al., 2013）；透過損害自我效能（self-efficacy），進而增加強迫性公民行為（Shu et al., 2018）、降低建言行為（田在蘭、黃培倫，2014）；透過損害創新自我效能（creative self-efficacy），進而降低創新行為（王雙龍，2015；王雙龍、周海華，2013）；透過降低角色定義幅度自我效能（role breadth self-efficacy），進而損害彈性工作協商（idiosyncratic deals）（Luu & Djurkovic, 2019）；透過降低集體自我概念（collective self-concept），進而損害幸福感（He et al., 2019）；透過削弱地位判斷（status judgment），進而降低建言行為（Zhang et al., 2015）；透過削弱內部人身分地位感知（perceived insider status），進而降低工作績效、情感性組織承諾，並增加離職意圖（Schaubroeck et al., 2017）。

　　在工作態度部分，威權領導會透過損害主管忠誠，進而降低組織公民行為（鄭伯壎等人，2002）；透過削弱主管信任，進而損害工作績效與組織公民行為（Chen et al., 2014; Wu et al., 2012a; Wu et al., 2012b）、前瞻行為（李銳、田曉明，2014），以及工作滿意與組織承諾（吳宗祐，2008），並增加沉默行為（李宗波、王明輝，2018）；透過提升不信任主管，進而降低效忠主管、工作績效，並增加主管導向偏差行為（姜定宇等人，2012）；透過削弱關係認同（relational identification），進而損害工作績效與組織公民行為（Shen et al., 2019）；透過損害團隊認同，進而降低創造力（Gu et al., 2018）；透過削弱組織認同（organizational identification），進而損害彈性工作協商（Luu & Djurkovic, 2019）；或是透過促進組織認同，進而降低離職意圖（務凱等人，2018）；透過削弱情感承諾，進而降低員工利他行為（吳士健等人，2020）；透過提升組織犬儒主義（organizational cynicism），進而增加職場偏差行

為（Jiang et al., 2017）；透過增進學習目標導向，進而提升工作績效（Wang & Guan, 2018）。在恩威並濟的組合上，透過增加道德疏離（moral disengagement），進而提升親組織非倫理行為（Shaw et al., 2020）。

在工作動機部分，威權領導會透過削弱工作敬業，進而降低角色外顧客服務（Tuan, 2018）；透過削弱心理賦能，進而降低員工利他行為（吳士健等人，2020）；教師威權領導則會透過降低自主性動機（autonomy motivation），進而損害國中學生的體育課樂趣（黃翰強、許雅雯，2016）。

在互動關係部分，威權領導會透過上下關係品質（leader-member exchange）降低創造力（Gu et al., 2018）、建言主管（邱功英、龍立榮，2014）、隱性知識共享（張亞軍等人，2015）、創新行為（馬璐、張哲源，2018）、利他行為（吳士健等人，2020），並增加工作滿意、組織公民行為（李立良、張家銘，2014）及職涯高原（曾垂凱，2011）；或是透過削弱代表上下關係品質的信任與滿意，進而降低組織公民行為（許金田等人，2004）；透過削弱團隊關係品質（team-member exchange），進而降低建言同事（邱功英、龍立榮，2014）；透過增進關係品質差異（leader-member exchange differentiation），進而增加人際導向、主管導向及組織導向職場偏差行為（劉娜婷等人，2014）。

在情緒反應部分，威權領導會透過焦慮與憂鬱引發情緒耗竭、生理症狀、離職意圖，並降低工作滿意與工作績效（Pyc et al., 2017）；透過畏懼引發防衛性沉默（defensive silence），進而損害創造力（Guo et al., 2018）；透過壓力引發隱性偏差行為（王石磊等人，2013）；透過部屬的憤怒情緒感受與憤怒情緒克制損害其工作滿意（吳宗祐等人，2002）；透過情緒勞動（emotional labor）的表層演出（surface acting）引發情緒耗竭（許境頤、詹介云，2014）、損害學校承諾與學生承諾（Zheng et al., 2020），並透過深層演出（deep acting）降低工作敬業（許境頤、詹介云，2014）、增進學校承諾、學生承諾及專業承諾（Zheng et al., 2020）。

在行為反應部分，威權領導會透過削弱建言行為，進而降低創造力（Dedahanov et al., 2016）；透過提升防衛性沉默，進而損害創造力

（Guo et al., 2018）；透過增加工作焦點印象整飾（job-focused impression management），進而提升知覺部屬順從（許境頤、簡心潔，2015）。在 HR 實務（human resource management practice）部分，威權領導會透過增進戰略性培訓與薪酬管理，進而推動組織學習（于海波等人，2012）。

最後，在團隊單位的研究上，群體層次之平均威權領導會透過削弱團隊成員的主管信任，進而抑制團隊建言氛圍（李嘉、楊忠，2018）；透過削弱集體效能感（collective efficacy）與團體知識分享（knowledge sharing），進而降低團體創造力（Zhang et al., 2011）；透過促進情緒壓抑氛圍（emotion suppression climate），進而增加團隊情緒耗竭，最終損害團隊績效（Chiang et al., 2021）；透過削弱團隊效能感（team efficacy），進而降低團隊績效（高昂等人，2014）；透過增加利己主義倫理氛圍（ethical climate of egoism）與減低道德行善倫理氛圍（ethical climate of benevolence）來預測團隊認同（team identification）（Cheng & Wang, 2015）；透過增加團隊情緒衝突（affective team conflicts）與減低團隊認知衝突（cognitive team conflicts）來預測 TMT 的團隊決策效能（Chen et al., 2015）；透過損害 TMT 凝聚力（team cohesive），進而降低 TMT 效能（陳璐等人，2012）；透過增進團隊知識交流分享與知識整合合作化能力，進而提升團隊創新績效（晉琳琳等人，2016）。

2. 雙向度威權領導的作用歷程

在雙向度威權領導的作用機制上，專權領導會藉由削弱部屬的組織自尊，進而降低其工作滿意、增加情緒耗竭（Chou et al., 2010）；透過削弱部屬的權力感知（sense of power），進而降低其創新行為（王磊、邢志傑，2019）；透過損害部屬的心理資本（psychological capital），進而降低創新績效（Karakitapoğlu-Aygün et al., 2020）；透過削弱學習目標導向，進而傷害適應性銷售與勤奮工作；並透過提升迴避目標導向，進而降低勤奮工作（陳嵩等人，2008）。尚嚴領導則會藉由增進部屬的組織自尊，進而提升其工作滿意（Chou et al., 2010）；提升部屬的權力感知，進而增進其創新行為（王磊、邢志傑，2019）；增加部屬的心理資本，進而提升創

新績效（Karakitapoğlu-Aygün et al., 2020）；透過削弱學習目標導向，進而傷害適應性銷售與勤奮工作（陳嵩等人，2008）；透過角色澄清（role clarity）與認知信任（cognition-based trust），進而提升工作績效（Chen et al., 2017）。

（四）威權領導的適用條件

1. 威權領導的調節因子

在領導行為的互涉效果方面，根據 Farh 與 Cheng（2000）的概念模式，家長式領導三元素間具相依性，並可能有互涉效果。其中，「恩威並濟」（高仁慈、高威權）的領導作風具有最佳效果。換句話說，仁慈領導有助於緩減（buffer）威權領導的負向效果。許多實徵研究證實了這項論點，例如：仁慈與威權領導對部屬態度的主位忠誠（鄭伯壎等人，2003）、情感信任（Tian & Sanchez, 2017）及道德疏離（moral disengagement）（Shaw et al., 2020），部屬反應的認同效法、順從無違、感恩圖報（Cheng et al., 2004）、心理不確定感（psychological uncertainty）（侯楠等人，2019）及組織自尊（Chan et al., 2013）、知識學習的知識分享（Tian & Sanchez, 2017）、開發式學習與利用式學習（于海波等人，2009），部屬效能的工作績效與組織公民行為（Chan et al., 2013）及創新行為（Tian & Sanchez, 2017）具有正向互涉效果；但是，也有部分研究發現，仁慈與威權領導對工作敬業（Tuan, 2018）、領導公正與領導解釋（leader interpretation）（周浩、龍立榮，2007）、自利導向倫理氛圍（劉冰等人，2017）、主觀幸福感的工作滿意與積極情緒（侯楠等人，2019）具有負向互涉效果。此外，侯楠等人（2019）還進一步發現，組織公平感會緩和恩威並濟與員工心理不確定感的正向效果；並且當組織公平感低時，恩威並濟所引發的心理不確定感會無法得到有效管理，進而降低員工的主觀幸福感。還有研究指出，仁慈領導與資源依賴會共同調節威權領導與人際偏差（interpersonal deviance）的關係；當仁慈領導低、資源依賴高時，威權領導與人際偏差具有最強烈的負向關係

（Zheng et al., 2020）。至於「威德並施」（高德行、高威權）的領導作風，則具有負向互涉效果，並展現在部屬態度的客位忠誠、領導滿意、組織承諾（鄭伯壎等人，2003）及工作敬業（Tuan, 2018），部屬反應的認同效法、順從無違、感恩圖報（Cheng et al., 2004）及心理安全（段錦云，2012），組織公正的分配公正（distributive justice）與程序公正（procedural justice）（周浩、龍立榮，2007），以及工作行為的建言行為（段錦云，2012）、親組織非倫理行為（張永軍等人，2017）上。另有些研究，則是探討威權領導與其他領導行為的聯合作用。例如，Schuh 等人（2013）發現轉型領導會強化威權領導對工作績效與創新行為的負向效果；Li 等人（2021）發現不當督導會強化威權領導對知覺無能為力的正向效果，卻能減緩威權領導對前瞻行為與助人行為的負向效果。

在部屬特性方面，大致可概分為九大面向：能力與依賴、創新與學習、自我概念、工作動能、文化價值觀、人格特質、思維模式、工作態度及工作績效。

⑴在能力與依賴部分，吳宗祐（2008）選取情緒智力中的「評估他人情緒」與「調節自己情緒」來進行研究。研究結果顯示，僅有調節自己情緒能力對於威權領導與工作滿意度具有調節效果：當調節自己情緒能力愈高時，威權領導與工作滿意度的負向關係便愈強。He 等人（2019）發現個人與整體環境的最佳化適應力，即跨文化適應性（cross-cultural adaptability），會強化威權領導透過集體自我概念對幸福感的間接效果。由於華人領導者的威權乃肇因於部屬對領導者的依賴（Hamilton, 1990; Pye, 1981）。Chou 等人（2005）認為，部屬的工作依賴或情感依賴，應該都具有合理化與強化威權領導的效果。他們發現，在二維交互作用中，僅有情感依賴對威權領導與組織公民行為的關係具有正向的邊際調節效果（marginal moderating effect）。有趣的是，威權領導、工作依賴及情感依賴對部屬效能（主管忠誠、工作績效及組織公民行為）具有三維交互作用。Farh 等人（2006）亦發現，部屬依賴會正向調節威權領導與部屬畏懼反應的關係。

⑵在創新與學習部分，威權領導與利用式創新對新產品績效具有

正向交互作用，當兩者皆高時，有助於提升新產品績效（傅曉等人，2012）。威權領導與組織學習對服務創新具有負向交互作用，顯示組織學習會削弱威權領導對服務創新的正向效果（施濤等人，2018）。

⑶在自我概念部分，當部屬的角色定義幅度自我效能高時，威權領導透過內部人身分地位感知對工作績效與留任意願（intention to stay）的間接效果較強；反之，則較弱（Schaubroeck et al., 2017）。主管認同（leader identification）會強化次一級的主管仿效上級主管展現威權領導的學習效果，也會強化上級威權領導透過次級主管威權領導對建言行為的負向間接效果（Li & Sun, 2015）。根據 Brockner（1988）的行為塑造理論（behavioral plasticity theory），低組織自尊者缺乏自信，會有較高的贊同他人需求，並認為接受到的負向回饋皆有其道理。因此，對於外在的負面工作訊息特別敏感，而更易於受到這些線索的引導。在這項立論基礎下，Kiazad 等人（2010）發現部屬的組織自尊會調節（正向強化）威權領導與不當督導的正向關係。汪林等人（2010）則發現組織自尊會強化群體層次之平均威權領導對建言行為的負向效果。內外群體身分（in-group/out-group member）會調節威權領導與離職意圖的關係，相較於外群體成員，內群體成員面對威權領導的離職意圖更強烈（Wang et al., 2018）。

⑷在工作動能部分，認同調控（identified regulation）可以緩衝威權領導對生理健康（physical health）的傷害；整合調控（integrated regulation）則會加劇威權領導對工作滿意、心理健康（mental health）及生理健康的傷害（Chu, 2014）。部屬的工作動機內化程度會強化威權領導與工作焦點印象整飾的正向效果，也會強化威權領導透過工作焦點印象整飾對知覺部屬順從的間接效果（許境頤、簡心潔，2015）。主管互動公正知覺有助於緩衝威權領導與不當督導感受的正向效果（Aryee et al., 2007）。心理資本（psychological capital）可以緩和威權領導所引發的畏懼，並能減弱威權領導透過畏懼引發防衛性沉默，進而損害創造力的序列間接效果（serial indirect effect）（Guo et al., 2018）。

⑸在文化價值觀部分，權力距離（power distance）會緩衝威權領導與建言行為（Li & Sun, 2015）、心理賦能（陳璐等人，2013）、情感信

任（李宗波、王明輝，2018）、關係品質與團隊認同（Gu et al., 2018）的負向效果，以及其與主管導向偏差行為（劉娜婷等人，2014）的正向效果；同時，也會減弱威權領導透過情感信任（李宗波、王明輝，2018）、心理安全與組織自尊（Duan et al., 2018）對沉默行為的間接效果，以及透過關係品質差異對主管導向偏差行為的間接效果（劉娜婷等人，2014）。此外，權力距離還會強化威權領導與沉默行為（Duan et al., 2018）、學習目標導向（Wang & Guan, 2018）的正向效果，以及威權領導透過學習目標導向對工作績效的間接效果（Wang & Guan, 2018）。Cheng 等人（2004）發現，部屬傳統性（traditionality）中的遵從權威取向（respect for authority）在威權領導與部屬反應（認同效法、順從無違及感恩圖報）的關係上，具有正向交互作用。其中，威權領導只對高權威取向的部屬發揮正向效果，對低權威取向的部屬則無效果。李銳與田曉明（2014）也發現，遵從權威取向會削弱威權領導與主管信任、前瞻行為的負向效果，以及威權領導透過主管信任對前瞻行為的間接效果。其他研究則發現，部屬的傳統性會緩和威權領導與工作滿意（Farh et al., 2006）、創新行為（王雙龍，2015；王雙龍、周海華，2013）、隱性知識共享（張亞軍等人，2015）及深層演出（許境頤、詹介云，2014）的負向效果，並會增加威權領導與親組織非倫理行為（張永軍等人，2017）與表層演出（許境頤、詹介云，2014）的正向效果。此外，部屬的傳統性會強化威權領導透過表層演出而增加情緒耗竭的間接效果，以及弱化透過深層演出而增加工作敬業的間接效果（許境頤、詹介云，2014）；並且會減緩威權領導透過關係品質差異對組織導向、主管導向偏差行為的間接效果（劉娜婷等人，2014）。集體主義（collectivism）會強化威權領導與心理所有權（李銳等人，2012）與主管信任（李銳、田曉明，2014）的負向效果，但弱化威權領導與心理賦能的負向效果（陳璐等人，2013）。

⑹在人格特質部分，面對威權領導，高親合性（agreeableness）的員工因感受不到關愛而產生心理隔閡，不願意與主管產生工作外的聯繫，而難以建立類親情交換（kindred exchange）（譚春平等人，2019）。

⑺在思維模式部分，中庸思維會弱化威權領導與強制性公民行為的

正向效果（王驚等人，2019）。

⑻在工作態度部分，只有在員工具有高組織忠誠時，威權領導才會透過心理壓力，進而增加親組織非倫理行為（邵康華等人，2020）。

⑼工作績效會強化威權領導與建言行為的負向效果，顯示績效不彰的員工認為主管不信任自己的能力，既然人微言輕，在意見表達上更是要三思而後行（Li & Sun, 2015）。

在領導者特性方面，主管性別會調節威權領導與部屬效能間的關係；具體來說，相較於男性主管，威權領導對工作績效、創造力及助人行為的傷害在女性主管上更加鮮明（Wang et al., 2013）。主管創造力表現（leader's creativity）會正向調節威權領導與創造力的關係，當主管展現威權領導、本身又具有創造力表現時，員工的創造力會最高（潘靜洲等人，2013）。在領導者才能方面，樊景立與鄭伯壎（2000b）認為一位能幹的威權領導者較容易被部屬所接受，而無能的威權領導者則可能引起部屬的反感與對立。因此，能夠反映領導者在部屬心目中能幹形象的管理能力（managerial competence）與年資優勢（即上下間的年資差距），應是重要的調節變項。實徵研究結果顯示，領導者才能對威權領導與部屬效能（Chou et al., 2005）、組織績效（Lin et al., 2012）皆具有調節作用。在團隊單位的研究上，高昂等人（2014）也發現，高才能的威權領導者能夠提升團隊績效；反之，低才能的威權領導者則會損害團隊績效。此外，主管工作敬業會加劇威權領導對團隊成員主管信任的傷害，並進而損害團隊建言氛圍（李嘉、楊忠，2018）。

在工作環境方面，主管支持感（perceived supervisor support）會加劇威權領導與自我效能的負向關係；當部屬的政治技能（political skill）較差時，會更加惡化知覺主管支持加劇威權領導損害自我效能的強度（Shu et al., 2018）。組織支持感會弱化威權領導透過壓力而促進的隱性偏差行為，當知覺組織支持愈強，這段中介作用愈弱（王石磊等人，2013）；此外，組織支持感亦有助於減緩威權領導對建言行為的負向效果（田在蘭、黃培倫，2014）。管理幅度會強化威權領導透過壓力而促進的隱性偏差行為，當管理幅度愈大，這段中介作用愈強（王石磊等人，2013）。群

體層次的改變氛圍（change climate）對威權領導與助人行為的負向效果具有跨層次調節作用，當改變氛圍愈強烈，這段負向關係會更強（Du & Choi, 2013）。環境動態性（environmental dynamism）會加劇威權領導與探索式創新、利用式創新的負向關係（Hou et al., 2019）；換言之，當組織處於員工高度流動且內部權力結構震盪的環境，威權領導會更不利於創新。知覺工作流動性（perceived job mobility）會加劇威權領導對員工主動支持變革的負向效果（Du et al., 2020）。這是因為在組織變革期間，較少的工作選擇會增加不配合組織變革的機會成本；此時，現有的工作職位反而更加寶貴，對工作流動性低的員工而言，更有必要對組織變革表示支持，以保障自己在組織中生存。管理創新（management innovation）與威權領導的交互作用對組織效能具有負向效果；這意味著在威權領導的帶領下引進管理創新，反而會給部屬帶來壓力與挑戰，損害了管理效能（林春培、莊伯超，2014）。自選 HR 實務（discretionary HR practices）有助於減緩威權領導對工作敬業的負向效果（Tuan, 2018）；由於自選 HR 實務透露出組織對員工自主性與工作生活的參與，以及對員工績效與發展的投資，員工反而會去同理威權領導者基於家長關懷的過度控制，而產生了緩衝作用。在一項以臺灣大專運動團隊為對象的研究中，高三福與莊仲仁（2009）發現團隊社會化中的學長示範與歷史敘說會減弱威權領導對團隊文化價值觀的正向效果。

　　在互動關係方面，對主管的認知信任有助於緩和威權領導對員工主動支持變革的負向效果（Du et al., 2020）；當員工對主管抱有高度的認知信任時，他們相信主管會帶領他們邁向成功，並給予相應的獎勵，而願意承受主管一舉一動的傷害。強調私領域的上下私交關係（supervisor-subordinate guanxi）會加劇群體層次之平均威權領導對建言行為的跨層次負向效果（Wang et al., 2010），卻會弱化對偶威權領導對心理安全的負向效果（Wu et al., 2020）；至於著重公領域的上下關係品質則會強化威權領導對創造力的正向效果（潘靜洲等人，2013）。

　　在群體層次的調節變項上，權力距離氛圍（power distance climate）會弱化群體層次之威權領導對內部人身分地位感知的跨層次負向效果，

以及群體層次之威權領導透過內部人身分地位感知對工作績效、情感性組織承諾及離職意圖的間接效果（Schaubroeck et al., 2017）。團體傳統性（group traditionality）會弱化對偶層次威權領導對關係認同、組織公民行為的負向效果，以及對偶層次威權領導透過關係認同對工作績效、組織公民行為的間接效果（Shen et al., 2019）。

最後，在團隊單位的研究上，主管情緒壓抑（leaders' self emotion suppression）會強化威權領導與團隊情緒壓抑氛圍的正向效果，以及威權領導透過情緒壓抑氛圍、增進團隊情緒耗竭而損害團隊績效的序列式間接效果（sequential mediation）（Chiang et al., 2021）。平均德行領導對差序立威（即威權領導差序幅度）與客位組織公民行為、工作績效的關係具有負向調節效果；當平均德行領導低時，差序立威與客位組織公民行為、工作績效具有正向效果（郭均誠等人，2015）。團隊任務標準化對差序立威與團隊認同、團隊績效的關係，具有顯著的負向調節效果。具體而言，在團隊任務標準化高時，差序立威與團隊認同具有負向效果；而在團隊任務標準化低時，差序立威與團隊績效具有正向效果（周婉茹、鄭伯壎，2014）。

2. 雙向度威權領導的調節因子

在部屬特性上，面對高權力距離的部屬時，專權領導對組織承諾具有較強的負向效果，尚嚴領導對組織承諾、情感性主管忠誠則具有較強的正向效果（鄭伯壎、周麗芳，2005）；部屬的成長需求強度（growth need strength）會弱化專權領導與部屬組織自尊的負向效果，並強化尚嚴領導與部屬組織自尊的正向效果（Chou et al., 2010）；當選手擁有低證明表現目標導向時，專權領導才會損害選手的努力行為；而當選手擁有低逃避表現目標導向或低證明表現目標導向時，尚嚴領導才會提升選手的努力行為（鄭昱宏等人，2019）。在互動關係方面，上下關係品質會強化專權領導與權力感知、創新行為的負向效果，以及尚嚴領導與權力感知、創新行為的正向效果（王磊、邢志傑，2019）。在仁慈領導所扮演的調節角色上，可以發現恩威並濟的強化效果，主要展現在尚嚴與仁慈領導的交互作用

上，並顯見於意義度、自決感及影響力；而對專權領導與影響力的負向效果，則具有弱化作用（周婉茹等人，2010）。在領導者特性方面，當領導者才能不佳時，專權領導與尚嚴領導皆會與組織績效具有負向效果；當領導者才能優異時，專權領導與組織績效的負向效果會趨緩，而尚嚴領導會與組織績效具有正向效果（Chiang et al., 2009）。

（五）威權領導的整合性概念框架

根據前述研究現況的文獻回顧，可概略性地將威權領導的前因、後果、中介及調節因子加以歸納，繪製一整合性概念框架（如圖 25-2 至圖 25-4，並請搭配表 25-5、表 25-6），便於未來有志延續威權領導議題的學者，能夠快速掌握既有實徵研究之結果，而能進一步補充現有研究不足之處、進行理論整合或檢驗競爭模式。需要特別留意的是，此一概念框架的邏輯關係網僅為結果歸納的圖示，並不表示變項之間具有直接的必然關聯性，尚須搭配表 25-2 至表 25-4 的研究結果，方能掌握確切的概念關係。

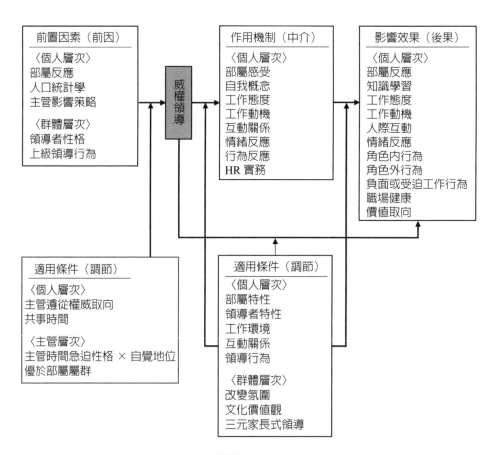

圖25-2 威權領導研究結果統整

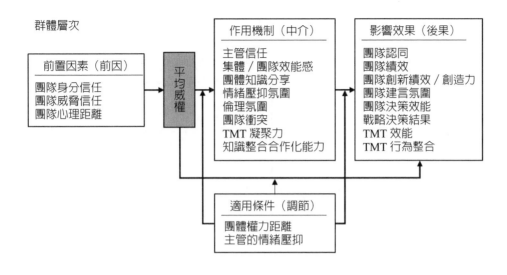

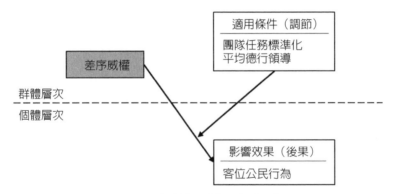

圖25-3　群體層次威權領導結果整理

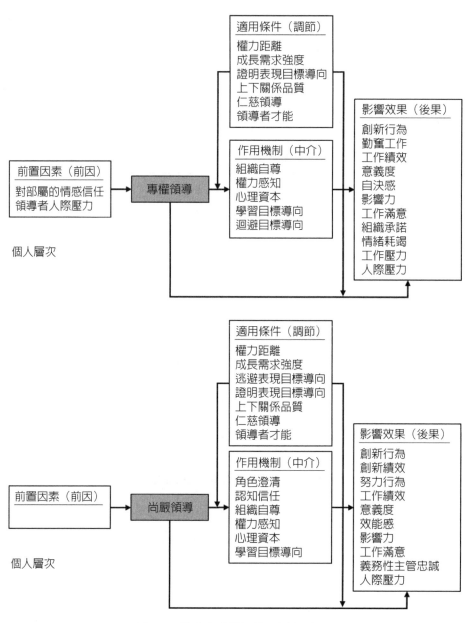

圖25-4 雙向度威權領導研究結果整理

表25-5　個人層次變項

前置因素	作用機制	影響效果	適用條件
部屬反應	部屬感受	部屬反應	部屬特性
部屬順從表現知覺 部屬畏懼表現知覺	心理安全 心理所有權 心理集體性 心理壓力 知覺無能為力 角色知覺 心理契約違反 主管霸凌 建設性改變責任感 組織支持感 組織公正 倫理氛圍	認同效法 順從無違 感恩圖報 義務感 工作疏離 職涯高原 運動自信心 不當督導感受	能力與依賴 創新與學習 自我概念 工作動能 文化價值觀 人格特質 思維模式 工作態度 工作績效
人口統計學	自我概念	知識學習	領導者特性
主管─部屬性別配對	自尊與自我效能 地位身分	組織學習 知識活動 知識分享	主管性別 主管創造力表現 領導者才能 主管工作敬業
主管影響策略	工作態度	工作態度	工作環境
強勢影響策略	忠誠信任 認同承諾 犬儒主義 目標導向 道德疏離	忠誠信任 滿意承諾 領導公正 離職意圖 主動支持變革	主管與組織支持 管理幅度 改變氛圍 環境動態性 知覺工作流動性 管理創新 自選 HR 實務 團隊社會化
	工作動機	工作動機	互動關係
	工作敬業 心理賦能 自主性動機	工作敬業	認知信任 上下私交關係 上下關係品質

前置因素	作用機制	影響效果	適用條件
	互動關係	**人際互動**	**領導行為**
	上下關係品質 團隊關係品質 關係品質差異	人際親和性 同儕互動關係 團隊合作 團隊凝聚力 知覺部屬順從	仁慈領導 德行領導 轉型領導 不當督導
	情緒反應	**情緒反應**	**前因調節**
	負面情緒 情緒勞動	正面情緒感受 負面情緒感受	主管遵從權威取向 共事時間 主管時間急迫性格 × 自覺地位優於部 屬群
	行為反應	**角色內行為**	
	建言沉默 印象整飾	工作績效 勤奮工作 適應性銷售	
	HR實務	**角色外行為**	
	戰略性培訓 薪酬管理	公民行為 主動創新 建言沉默	
		負面或受迫工作行為	
		不安全行為 偏差行為 親組織非倫理行為 強制性公民行為	
		職場健康	
		耗竭倦怠 身心健康 幸福感 壓力感受	
		價值取向	
		工作價值觀 團隊價值觀	

表25-6　群體層次變項

前置因素	作用機制	影響效果	適用條件
領導者性格 上級領導行為			改變氛圍 文化價值觀 三元家長式領導

四　前瞻：威權領導的未來展望

（一）威權領導內涵與效果的再澄清

從實徵證據的不一致，可以看出威權領導面臨了理論與概念上的挑戰（Chen & Farh, 2010）。針對威權領導的限制與混淆，不論是就概念模糊之處進行修正與調整，或是重新檢視其真實效果，都有助於威權領導理論的精煉與強化。以下提出三個可能的研究方向，作為後續研究的參考。

1. 雙構面模式

隨著現代化、科技化及全球化的進展，平權觀念逐漸興起，儒家思想中強調「順從權威」的傳統價值已不合乎近代華人社會的生活（Chen & Farh, 2010）。尤其是對年輕、高教育、中西文化交流經驗豐富的一代而言，權威觀念已有相當程度的削弱（樊景立、鄭伯壎，2000a）。在一項探討中西方思維如何影響領導實務的調查上，研究者發現在策略與關係議題方面，企業領導人會採取華人的管理哲學，但在任務操作方面，卻又擷取了西方觀點（Zhang et al., 2008）。另一項探討當代企業領導人之領導風格的研究（Tsui et al., 2004），也得到了類似的結果。顯示在華人領導由傳統走向現代的過程中，已相當程度的融合了傳統哲學與新進思想。此外，傳統價值觀在現代社會中會產生所謂的「創造性轉化」，即把傳統思想模式中的元素加以重組或改造，使改造過的價值觀與行為模式變成有利於現代化歷程的資源（林毓生，1989）。

有鑑於此，周婉茹等人（2010）認為威權領導已難再以其原貌而為華

人員工所接受，有需要進一步釐清其內涵中專權與尚嚴之成分，以適應現代華人的社會脈絡。根據現代化轉型理論的主張，符合時代潮流之威權領導的部分，會被保留或產生正向的結果；反之，不符合的部分則會被淘汰或產生負向效果。因此，威權領導應包含僅反映傳統價值觀的「專權」，以及能反映現代價值觀的「尚嚴」兩種成分（鄭伯壎等人，2006）。在展現形式上，前者採取的是權謀的控制手法，權威焦點較偏重個人；後者則重視紀律與教誨行為，權威焦點在於制度或規範。而在當代的華人社會，相較於權謀操控，面對規範或價值等不會戕害個人尊嚴的領導行為時，部屬應較能接受而不會對其產生抗拒之心。此外，隨著經濟的繁榮，在現代化的今日，年輕世代對於雇用關係已有不同的期待，他們更在乎自我成長（self-advancement），而不願意只是被動地接受層級結構下的權威關係（Liu, 2003）。同時，商業競爭的壓力也驅使組織或領導者更在乎部屬的表現與付出，以及達成組織目標的責任（Hempel & Chang, 2002）。由於尚嚴領導的內容，如任務監控、績效要求及規範型塑，十分符合現代化下的組織需求，也可能有利於組織的營運與成長，而更能反映華人現代化的價值觀。

　　考量到在現代化的社會變遷中，傳統價值觀弱化與現代價值觀增強的速度並非相同（鄭伯壎、周麗芳，2005）。因此，「專權」與「尚嚴」兩種威權領導初期應是分立共存，並以威權領導的雙構面模式呈現；但是隨著現代化腳步的逐漸開展，後期極有可能呈現「專權」式微與「尚嚴」獨秀的現象，此點有待未來研究持續考證。

　　觀察雙向度威權領導概念提出以後的研究可發現，「專權」與「尚嚴」的相關不僅偏低、甚至逐漸趨於零相關，例如周婉茹等人（2010）發現二者的相關為 0.11（$p < .05$）、Chou 與 Cheng（2014）發現二者的相關為 0.26（$p < .05$），鄭昱宏等人（2019）更發現二者的相關趨近於零（$r = .02$，$n.s.$），僅陳嵩等人（2018）發現二者的相關較高為 0.55（$p < .05$），初步支持分立共存的觀點。根據 Law 等人（1998）的觀點，由於「專權」與「尚嚴」的相關偏低，並不符合潛在因素模型（latent model）的特性，且二者的運作機制也不同，顯示以組合模型（profile model）來

探討雙向度威權領導，似乎較爲合適。不同於潛在因素模型是用各向度背後的共同因素，來表示整體構念；組合模型的整體構念則是每個向度所代表的特徵組合，當各個向度以不同的方式組合時，即可建構出具有不同特徵與獨特內涵的組合類型。

　　依循組合模型的觀點，當雙向度威權領導以專權與尙嚴的高低分數進行組合時，理論上應可組合成四種威權領導類型。然而，眞實生活中確實存在著理想的四個特徵組合嗎？本文借用周婉茹等人（2010）與鄭昱宏等人（2019）的研究資料，以潛在剖面分析法（latent profile analysis, LPA）進行企業與運動場域的類型初探。LPA 可估計類別化的潛在變數（latent construct），即將潛在變數視爲類別變數，透過觀察值在外顯變數（manifest variables）上的分數變動，進行潛在類別的分群。在分群模型的選擇上，當 AIC 與 BIC 的數值愈小，表示模型能夠解釋的變異愈多、適配度愈佳；而 Entropy 值介於 0 至 1，通常建議大於 0.90 較爲理想（Nylund et al., 2007）。

　　由表 25-7 的 AIC、BIC 及 Entropy 指標可知，無論是企業或運動場域的資料，皆顯示實際存在的潛在類別應爲三類，分別爲：高尙嚴／高專權、高尙嚴／低專權、低尙嚴／低專權。其中，高尙嚴／低專權類別在兩筆資料中的人數占比皆最高（分別爲 49% 與 42%；見表 25-8）；在向度分群的分數上，尙嚴向度在運動場域中的分群分數明顯更高。初探結果顯示，雙向度威權領導的組合類型爲三類，並且具有跨企業與運動場域的一致性；純粹的專權類型（低尙嚴／高專權）似乎不存在，這也呼應了在現代化的作用下，專權式微的現象。由於本文直接採用過去研究的資料進行初探，三類結構的穩定性仍有待學者們蒐集新場域的獨立樣本進行複驗，也期待後續研究仍在此一基礎上，進一步比較不同威權領導類型的效果差異。

表25-7　潛在剖面分析摘要表

類別數	周婉茹等人（2010）			鄭昱宏等人（2019）		
	AIC	BIC	Entropy	AIC	BIC	Entropy
2	42844.74	43099.72	0.95	19647.26	19859.23	0.89
3	41002.23	41345.29	0.96	18969.86	19254.92	0.90
4	40413.75	40844.89	0.92	18639.24	18997.50	0.93
5	39754.19	40273.42	0.91	18433.26	18864.70	0.90
6	39367.00	39974.30	0.91	18458.58	18963.33	0.93

表25-8　三類威權領導潛在組合類型

類型	周婉茹等人（2010）			鄭昱宏等人（2019）		
	尚嚴（平均數）	專權（平均數）	人數（百分比）	尚嚴（平均數）	專權（平均數）	人數（百分比）
1（H/H）	4.30	4.28	25%	5.13	4.22	22%
2（H/L）	4.70	2.54	49%	5.11	2.27	42%
3（L/L）	3.05	2.46	26%	3.76	3.08	36%

2. 概念再定義

　　Chen 與 Farh（2010）在其回顧文章中也明確點出，現有的威權領導概念確實還存有不少未能妥善處理的部分，而需要在概念與操作上進行修正。他們認為現有的威權領導概念中包含了一些領導者強調自我展現或自我表現（self-presentation）的負面元素，而這些元素並未真正反映出華人領導者強調家長權威的本土意涵，反而是連結了 X 理論對於人性疏懶的假設。事實上，在中文的詞彙中，威權或權威是一個較為中性的用詞，而不像西方獨裁領導帶有濃厚的負面意義。若仔細研讀早期的質性研究（Redding, 1990; Silin, 1976; Westwood, 1997），它們所描述之企業經營者或高階主管，不僅因所處職位而擁有權威，通常也同時具備了某種程度的專業或技能，而能適切地為部屬設定高目標，並監控部屬的行為與任務，而非只是專斷地要求服從。唯有當威權領導概念中的這些正面或較為

中性的元素能夠被充分掌握，其文化意涵與作用機制方得以彰顯，並成爲支撐威權領導效用的貼切理論框架。

　　事實上，對於早期威權領導模式（Farh & Cheng, 2000）的內涵中，哪些需更新、哪些可刪除、哪些宜增添，Farh 等人（2008）已做了相當具體的說明。他們認爲威權領導中有損於個人人格或尊嚴的行爲向度，亦即「貶抑部屬能力」（包含漠視建議與貶抑貢獻）應加以刪除，並將部分隱含負面效用的向度內涵予以修改。例如「專權作風」向度中的不願授權與下行溝通，可改爲「在關鍵決策上做出裁定」、獨享訊息可改寫成「嚴格捍衛重要資訊」；至於「教誨行爲」向度中的斥責低績效，則可修改成「無法忍受績效不佳」。此外，他們也建議增添幾項威權領導核心意涵的重要行爲，例如在「專權作風」向度中增加「期待服從」，並新增「嚴求紀律」的行爲向度。至於「形象整飾」向度的維護尊嚴、表現信心，以及「教誨行爲」向度的提供指導與高績效標準，則可保留下來或甚至更加強化。如此，便能剔除威權領導內涵中的負面元素，使其概念更加純淨。

　　除了概念內涵的修正之外，早期的研究將威權領導界定爲「領導者強調其權威是絕對而不容挑戰的，對部屬做嚴密控制，並要求部屬毫不保留地服從」（樊景立、鄭伯壎，2000a）。此定義偏向消極敘述、過於側重法家思維，且似乎隱含著獨裁領導的觀點，而未能突顯威權領導強調集體福祉的特性。因此，若想突破現有研究的瓶頸，僅將威權領導進行構念區分或向度內涵的微調，也許仍不足夠，而需要從根本做起，針對威權領導概念做更仔細的審視，並給出更貼切的定義，以彰顯其概念中強調社會和諧與秩序的部分，以及追求集體目標的意涵。

　　在此一問題的處理上，即便已有不少文章（如 Chen & Farh, 2010; Farh et al., 2008; Wu & Xu, 2012）提出了威權領導概念應如何調整的具體建議，但仍未將威權領導的重要功能，即角色規範的形塑作用與強調集體福祉的概念加以突顯，忽略了華人文化對威權領導發展的重要性。作者認爲受到泛家族主義的影響，家庭生活所發展出來的規範或形塑行爲的法則，會遷移到其他團體或組織生活上。因此，受到父母教養風格的影響，威權領導的內涵中應或多或少隱含著一些親子教養觀，而可借鏡親子教養

的相關文獻，作爲重新界定威權領導內涵的參考（如 Chen, 2011）。本節僅著重於以教養文獻作爲概念再定義的理論依據時，威權領導的概念內涵應包含哪些重要元素，至於父母的教養方式會如何影響子女的行爲展現，將於後面另闢一節獨立探討。

在親子教養的文獻中，特別強調「嚴教觀」，此一概念類似於威權領導的「教誨行爲」，而「嚴教觀」與「尊卑觀」二者息息相關。更準確的說，「尊卑觀」乃「嚴教觀」的基礎（林文瑛、王震武，1995）。唯有透過威嚴的建立，確立師長父兄的權威與地位，養成尊卑上下的倫常觀念，「長幼有序」的禮教方得以落實。當「尊卑觀」能在日常生活與教育中建立起來，使得子女與父母共同接受「尊長」與「卑幼」的不平等對待關係，家長只要透過「不苟言笑」的方式樹立威嚴形象，即可達到「不怒而威」的角色教化效果。此點與鄭伯壎對企業領導人的臨床觀察（見鄭伯壎，2005），相當契合。由此觀之，華人的教養觀部分已滲透至威權領導的實踐中，而這些行爲背後的目的，乃是爲了讓部屬透過社會化，學到其角色規範，並達到行爲矯治與社會控制的目標。若從儒家倫理的角度思考，倫常的建立與下位者順從的責任與義務，是維繫社會和諧的基礎。當領導者與部屬雙方都能扮演好各自的角色，則人際和諧與社會秩序就得以維持，威權領導也就能發揮作用。

從回顧一節的內容與上述論點可知，威權領導的權威與支配行爲，並非是一種完全獨裁式的領導風格，或是一種講求自利的行爲表現。尊卑階序的強調，是爲了建立倫常（角色教化）；紀律規範的要求，是爲了維持秩序（社會和諧）；教誨訓示的展現，是爲了行爲矯治（防微杜漸）；而設立高標，則是爲了激發潛能（雕琢磨練）。也就是說，威權領導可能同時蘊含著教化、防弊、訓育及興利的概念。這些概念都應該包含在威權領導的操作型定義上，作爲後續研究的依準。然而，現有文獻對這些強調達成集體目標的概念掌握尚不完備，並且除了上述提及的內容之外，在現今的時空背景下，是否還有其他被忽略的重要內涵未被指出？這些都是亟待解決的部分。

3. 非線性關係

　　除了再次澄清或界定威權領導的概念內涵之外，也可以重新檢視其真實效果。由於諸多的實徵研究發現，威權領導與部屬效能的關係並不一致，此結果暗示了威權領導的效果可能並非只有簡單的正、負向線性關係。也許，在一定的範圍之內，威權領導才會發揮其正向效果，但超過某一限度時，則會產生負向效果。換言之，威權領導效能具有程度上的差異。其實，這項假設並非天方夜譚。已有研究指出威權領導會被視為是一種工作壓力源，並會使員工產生壓力反應（趙安安、高尚仁，2005）。若將威權領導視為職場壓力源，並參考探討壓力效果的研究脈絡，威權領導效果呈現非線性的曲線關係也就不無可能了。有趣的是，有學者便採用了這項觀點，並發現威權領導與員工創造力的關係呈現倒 U 型曲線（Gu et al., 2020）；換言之，適度的展現威權領導，反而有利於員工的創造力表現。

（二）威權領導與西方領導的比較

　　如果威權領導是一種依附於華人社會的領導方式，則與西方領導相形之下，應能彰顯一定程度的獨特效果。此外，任何領導概念都可能包括跨國普遍性與本土特殊性兩類行為，前者可適用於異文化場域，後者則只適用於本土社群。因此，透過與西方領導概念的比較，排除跨文化普同性的領導效果之後，威權領導應具有額外的解釋力，並能展現出獨特的效果。根據此一論點，未來研究可以選擇本文提出的獨裁領導、不當督導及主動結構作為比較對象，以檢視威權領導的遞增效度（incremental validity）與區分效果。

（三）威權領導的形成條件

1. 親子教養與威權領導

　　由於企業運作是家庭關係的延伸，家也是組織生活的起點，家庭中的

親子互動，便提供了威權領導行為展現的參考。尤其是在泛家族主義的影響下，家庭關係中的互動法則與自家庭中習得的經驗，自然會類化至企業中的上下關係運作上。此時，企業領導人或主管就扮演著類似父親或長輩的角色，而部屬則扮演著類似子女或晚輩的角色。因此，親子教養與威權領導，應有著密不可分的關係。

在華人文化的薰陶下，從家庭教育乃至企業經營，皆講求階序格局與家長權威的尊尊法則。因此，在親子教養上，父母強調「嚴教」（strictness），而子女則須「聽話」（Chao, 1994）。所謂的「嚴教」，並不單指懲戒或責罵，透過威嚴的建立以確立權威、穩固尊嚴，養成尊卑上下的倫常觀念，從而落實「長幼有序」的禮教，才是根本精神（林文瑛、王震武，1995）。嚴教觀具有兩項重要特點，「防微杜漸」與「吃苦磨練」（林文瑛、王震武，1995），二者皆隱含著訓育的指導原則。Baumrind（1967, 1971）則將教養方式依父母對孩子的「支持」與「控制」兩個向度，區分成四種類型。其中，家長控制（parental control）即包含「威嚴」（authoritative）與「權威」（authoritarian）兩種子型。威嚴式教養的父母，對子女有高要求、行事果斷、會提供行為指導與規則說明，也要求子女行為合宜並遵守紀律。權威式教養的父母，則強調子女必須完全服從其指令，要求子女毫無異議地聽從父母的意見、價值觀及目標，並不對子女解釋背後的原因。Chao（1994）更進一步指出，在華人社會中，這種強調權威、控制及約束式的教養風格，有其正面意義。家長控制隱含著教育與訓練的意涵，其中心思想是「管」與「訓」。所謂的「管教」，是父母對子女愛護與關懷的表現，一方面避免或糾正子女的不當行為，另一方面也希望子女的行為能符合社會期待（Chao, 2000; Chao & Tseng, 2002）。此一管教的作用，來自於父母對子女的一種「為你設想鋪路」的愛的表現（李美枝，1998），除了透過「管」來反映權力之外，也在教導子女社會現實與倫理道德的界線。因此，建立在尊卑基礎上的嚴教觀，便孕育出威權式的教養風格。

從父母的管教方式，不難發現教養行為與威權領導間的高度雷同性。十九世紀時，心理分析學派即提出在子女社會化（socialization）的

過程中，父母的教養方式將會影響其日後的人格發展與行為模式。此一過程稱作「移情作用」（transference），也就是個體將家庭中對父母的情感連結無意識地轉移到職場中的權威對象（主管）身上。Maccoby（2004）也在《哈佛商業評論》（*Harvard Business Review*）中表示，有些傑出的領導者就是善於發揮此種移情作用的專家。社會學習理論（social learning theory）則從認知的角度切入，認為個體的學習與成長，會透過觀察與仿效而增強（Bandura & Walters, 1963）。因此，父母本身的行為（教養方式）會成為子女主要的學習內容，而影響其行為表現。

然而，威權式教養的方式各異其趣，就傳統家訓所顯示的內涵看來，華人的親子教化含有「嚴教觀」、「尊卑觀」、「磨練觀」、「打罵觀」及「懲戒取向」等特色（林文瑛、王震武，1995）。這些特色多少也顯現出華人威權領導中，所隱含的儒家與法家的色彩。由於儒家禮教中所強調的角色倫常觀念，往往是在家庭教化的互動過程之中慢慢發酵，而產生內化的作用。反之，法家傳統（法、術、勢）強調的是善用控制手法，以速效的方式換取聽話的乖巧反應，其優勢在於實務上的立即效果。前者的作用在於角色規範的塑造，後者則訴諸強有力的行為矯治。由此觀之，兩種方式都極有可能透過家庭教化的過程進行傳遞，只是力度的深淺差異罷了。

綜合上述，領導者的成長背景與親子互動方式，會對領導者的人格養成與行為表現具有潛移默化的作用。所以，在移情作用與觀察學習的機制下，領導者自幼所接受的教養方式應能有效預測其威權領導行為。換言之，華人領導者的威權領導風格，極有可能是對父母教養的移情作用或觀察學習的結果。值得注意的是，有鑑於海峽兩岸家庭結構的改變，作為教養信念基礎的社會制度與意識型態已有所更迭，這樣的落差也反映在教養行為的展現上，使得現代父母的教育理念雖具有傳統教養觀，但在行為上卻產生了變異（林文瑛，2003）。因此，新一代的華人領導者在威權領導的表現形式上，或多或少也會因接受之教養方式的變化，而有不同的風貌。譬如說，李美枝（1998）的敘說研究發現，今日父母對子女的教養行為不再只是強調諄諄誨之的儒教方式，而是一種「不嚴而威，不厲而莊，

不訓而化」中，帶有老莊式的「無為之為」的隱性教化。由此觀之，傳統「耳提面命」的嚴教作風，可能會由嘮叨、打罵的直接教誨，轉化為強調莊嚴與原則的提點教化。受到此一現代教養觀轉變的影響，威權領導在教誨行為的表現形式上，可能會少一點斥責，多一些點化。這些可能性，未來的研究可以再深入探討。

2. 部屬特性與領導者特性

為了更加了解領導者展現威權領導的原因，並補足過去研究多著重探討威權領導所造成的後果，卻較少關注其前置因素的研究缺口。將研究觸角延伸至過去文獻較少觸及之前置因子的議題，不僅可對現有理論有所增補，亦有利於實務界去思考如何針對威權領導的前因加以管理（吳宗祐等人，2008）。首先，根據人情與世故的觀點，華人在乎「別人如何看待自己」（余德慧，1990），也會依據他人的想法與訊息回饋作為自身行為表現的依據（王晴巧、孫蒨如，2007）。因此，部屬的行為反應或個人屬性，如部屬的合模行為（依賴、效忠及順服）與權力距離傾向（power distance orientation），應能有效預測領導者展現威權領導行為的頻率。其次，吳宗祐等人（2008）在探討威權領導的前置因子時，將「上下關係品質」與「知覺部屬能力」納入解釋機制，卻未實際檢測二者的效果，亦有待後續研究的補充。第三，華人是父系父權的社會，父母尊長的權威是不容懷疑與否認的，子女更要對父母敬孝。因此，在家族主義與孝道文化的基礎上，培養了華人的權威性格（陳明璋，1991）。在權威性格的主導下，領導者重視權力與地位、在乎階級及追求權勢（Sanford, 1956），而可能展現較多的威權領導。第四，有鑑於組織研究者建議將情緒（Ashforth & Humphrey, 1995; George, 2000）納入領導研究中，並檢視領導者情緒對其領導行為的預測效果，各種情緒感受對於領導者展現威權領導行為的作用，值得進一步的探究。例如：情緒智力（emotional intelligence）、情緒辨識（emotion recognition）及正負向情感等等，都是可能的切入點。

（四）威權領導與情緒

1. 部屬情緒反應

由經驗或早期的質性研究中可以發現，威權領導作風往往會透過憤怒情緒的表達來展現，例如開會時的訓話、盯業績時表現出的憤怒而嚴肅的神情等等（吳宗祐等人，2002）。因此，面對威權領導時，部屬很難沒有任何情緒波動或相應的情緒反應。在樊景立與鄭伯壎（2000a）所建構之家長式領導與部屬心理反應的初步模式中，即指出威權領導所引發的部屬反應，包含了「敬畏」與「羞愧」兩種情緒。過去的領導研究也發現領導者會透過情緒的力量，去影響部屬的內心世界，並透過部屬與領導者情緒互動後的感受，進而影響其後續的態度與行為（如 McColl-Kennedy & Anderson, 2002）。由此觀之，部屬情緒的作用確實扮演著關鍵的角色。然而，過去有關威權領導的相關研究，多偏重認知或行為層面的探討，例如主管信任、工作滿意、工作績效及組織公民行為等等，卻忽略了部屬情緒的作用。由於情緒是重要的動機因子，更是提供個人行動的線索（Seo et al., 2004），這種忽略將使得威權領導效果的作用機制顯得隱晦不明，而必須加以正視。目前，僅有吳宗祐等人（2002）做了初步的探討；但是，這項研究的範疇也只侷限在部屬的憤怒情緒感受，而未涉及其他情緒反應。因此，更多特定的正負向情緒，如羞愧（shame）、焦慮（anxiety）及專注（attentiveness），以及自我導向（self-directed）或他人導向（other-directed）情緒等等，將是未來研究可以持續探討的部分。

2. 領導者情緒展現策略

另一項值得關注的議題，則是威權領導者的情緒展現策略。如同前述，威權領導者會透過憤怒情緒的表達來與部屬互動，這是否意味著威權領導者會藉由對情緒的處理，作為操縱部屬的控制手段（情緒展現目的）？而此種情緒展現的方式，除了責備批評、嚴峻冷漠等表達方式之外，是否還有其他情緒互動方式？再者，領導者面對部屬時的情緒處理，究竟是透過淺層的偽裝、深層的偽裝所進行的情緒勞動，還是內在情緒的

自然表露？另外，在情緒互動的過程中，威權領導者是否會根據部屬的情緒表現來調整其後續的情緒表達（例如：收斂脾氣或繼續開罵）？這些情緒展現策略，對於部屬效能或團體氛圍的影響，還需要更多研究的投入，以提出較細緻的討論。也許威權領導的效果，正是領導者對情緒的偵測、衡鑑及管理後的結果。

（五）威權領導與形象整飾

在威權領導概念提出之際，形象整飾（或印象整飾）即是威權領導的重要內容之一；即「爲了維護嚴父的形象、強化清楚的上下關係，以及上位者的英明，領導者會透過形象整飾的行爲，創造與維護自身的形象，來贏得部屬的效忠與信任（鄭伯壎，2005，頁 56）」。華人社會的儒家倫理也要求每個人必須符合身分與規範，認爲上位者透過型塑自身形象便足以達到影響、約束下位者之目的。誠如《論語·顏淵》所述：「君君、臣臣、父父、子子」與「子率以正，孰敢不正？」即可看出華人傳統思想認爲，在向他人施展控制之前，須先管理自己呈現出來的形象，方能使目標對象以合乎角色規範的方式回應，而此展現出來的形象本身即具有影響力。究竟身爲一個主動行動者，威權領導者如何決定、創造及調整自己的形象？並藉由形象整飾發揮影響力，可在蔡宛蓁（2014）的研究基礎上，進行更多的探索。

（六）威權領導的育成環境

究竟在什麼樣的情境下，威權領導較能展現其效果？在組織因素部分，依循 Redding（1990）與 Westwood（1997）的研究，有些特徵提供了威權領導運作的適當情境。譬如說，當企業的經營環境簡單，且核心技術單純易懂時，企業不須依賴員工的主動性，即可成功。因此，企業主或管理者施行威權領導，反而能提升效能。Huang 等人（2012）也發現，企業主的威權領導在缺乏資源（不豐饒）的環境中，確實能促進組織效能。Chen 與 Farh（2010）更進一步指出，權威的性質（nature of authority）在不同的組織場域中是有落差的，而這項差異影響了部屬對於威權領導的反

應。舉例而言，在私人企業，管理者的權威來自企業主的充分授權；但在學校組織中，校長的權威卻會受到政府規定以及教師專業與自主地位的挑戰。正是這樣的差異，使得私人企業的員工比學校組織中的教師更能夠接受上級主管的威權領導。由此觀之，組織結構與環境因素扮演著攸關威權領導成敗的關鍵角色。

此外，過去研究大多是在企業組織中進行效果檢驗，由於企業組織的結構較為複雜，影響領導效能的因素較多，相對而言，運動團隊則單純許多。就領導結構而言，運動團隊中的教練與運動隊員間的關係，可類比為企業領導情境中的上下關係，但結構更為簡單，也更加清晰。事實上，在這種情境相對簡單的狀況下，運動團隊的研究成果也提供了不少啟示與思考。例如，奠基於鄭伯壎及其研究團隊的理論架構，有一些運動團隊的研究，即發現威權領導具有較為一致且正向的效果（見陳孟君，2010；顏肇廷等人，2008）。這似乎隱含著，在比賽張力十足、環境結構相對簡單的運動場域中，運動教練施展威權領導，反而能促使團隊凝聚力與運動競技活動的成效。綜合上述，究竟什麼樣的環境與條件，主宰了威權領導的效能？將是未來研究可以深入探討的重點。

（七）威權領導的層次議題

領導研究的探討，常存有兩個對立假設，即一視同仁的同質（homogeneous）觀點，以及因人而異的異質（heterogeneous）觀點。前者對領導行為的描述是採群體層次的分析方式，後者則採對偶層次（dyad level）的分析方式。在華人「人治主義」（personalism）的作用下，企業領導人習慣將部屬區分為圈內人與圈外人，並進行差別對待，其反映的是一種「領導異質論」。然而，不論領導者如何對待單一部屬，當領導者與部屬相處一段時日之後，將會逐漸展現出具有高度一致性的整體對待或平均式領導，並形塑出整體領導的情境氛圍（鄭伯壎等人，2010）。因此，便有研究者指出威權領導並非只是單純的異質對偶層次，或是同質群體層次，而是一種「群體中的個人層次」（individual within the group level），並在其研究中證實了這項論點（鄭伯壎等人，2010）。除此之

外，郭均誠等人（2015）更進一步將威權領導者的個別化對待方式，以「差序幅度」的概念放到群體層次進行探討。在操作面上，他們以歧異度（divergence）來檢驗威權領導在團體中差異程度的影響效果，並發現在軍事組織中，威權領導差序幅度對客位組織公民行為具有正向預測效果。有趣的是，現階段的研究指出，平均威權領導具有負向效果（Wang et al., 2010），而差序威權領導則具有正向效果（郭均誠等人，2015）。究竟在團體情境下，威權領導者對待團體成員，應該要一視同仁，還是差別對待，才能發揮其領導效果呢？另外，差序威權領導對個人層次的正向效果，是否在群體層次的結果變項上依然存在？這些問題，都值得未來研究深入探討。

此外，雖然已有許多研究以工作與運動團隊（如林子群、高三福，2012；蔡英美，2006；Cheng et al., 2002 等等）為研究對象，探討威權領導對團隊成員效能的影響效果與中介歷程。但是這些研究僅是以團隊為單位，並在團隊的情境之下，所進行的個人層次分析，也就是將研究焦點放在領導者對個別團隊成員的影響上，並未真正觸及群體層次的概念。若將團體動力（group dynamic）納入考量，這些研究得到的結果是否可類推至群體層次？以及領導者如何同時透過對團隊內的個別成員（individuals within the group）與整體團隊（group as a whole）的作用，而影響團體動力？也許是未來研究可以好好思考的部分。

（八）威權領導的跨文化研究

為了了解威權領導的應用範圍，選取對等樣本，進行跨地域、跨文化的比較研究，並提出統合性的解釋，也是勢所必然。由於威權領導深受家族主義與儒家倫理的影響，強調家長權威的父權制。因此，除了大中華地區（此指臺灣、中國及香港）之外，亦可檢視威權領導在其他隸屬於儒家文化圈或重視父權思維的類似文化群，例如：中東（土耳其、阿拉伯）、東亞與南亞（韓國、日本、越南、泰國及新加坡）及東歐（俄羅斯）等地，是否亦具有良好的類推效果。近期的一項比較研究發現，在中國場域，威權領導與部屬態度（組織承諾）具有正向關聯；而在日本場域，威權領導

與部屬行為（工作績效）具有負向關聯（Chou et al., 2011）。這項研究結果，顯示出威權領導的效果在相似文化群內也存在著變異，而需要更多的探索。

五　結語

　　威權領導主要建立在「支配—順從」的互補關係上，其概念內涵與強調獨立、自主的個體化社會價值相牴觸，而被拋棄，使得相關論述停留在六〇年代。及至七〇、八〇年代，隨著亞洲經濟（包括香港、新加坡、臺灣及許多東南亞國家）的快速竄起，華人企業組織中的管理哲學與實務，才逐漸受到研究者的重視。威權領導的探討，即是在這波潮流中再次湧現出的研究議題。正因為華人情境提供了豐饒的沃土，威權領導理論方得以發展、精進及深化。

　　綜觀威權領導研究的歷史沿革，父權主義下的家長權威價值，主導了威權領導的表現形式，也奠定了在上位者的權威基礎。然而，早期研究成果中，威權領導效果的紛歧與矛盾，使得其概念內涵受到質疑，而由單維走向雙維或由線性走向曲線關係。透過系統性的回顧與縱貫式的考察，本文從文化分析、概念萌發、乃至實徵研究，都做了詳實的討論。最後，為了使威權領導理論更加成熟，本文亦提出一些未來發展，期待這些議題能成為後續研究的骨幹，並能開枝散葉，滋長出豐碩的果實。

參考文獻

于少勇、盧曉春、侯鵬（2018）：〈球類集體項目教練員家長式領導行為與團隊信任的關係〉。《武漢體育學院學報》，*52*(8)，73-77。

于海波、鄭曉明（2012）：〈家長式領導推動組織學習的中介機制研究〉。《經濟管理》，*34*(10)，107-115。

于海波、鄭曉明、方俐洛、凌文輇、劉春萍（2008）：〈如何領導組織學習：家

長式領導與組織學習的關係〉。《科研管理》，*29*(5)，180-186。

于海波、鄭曉明、李永瑞（2009）：〈家長式領導對組織學習的作用——基於家
長式領導三元理論的觀點〉。《管理學報》，*6*(5)，664-670。

于海波、鄭曉明、李永瑞（2012）：〈家長式領導對利用式與開發式學習的平衡
作用〉。《科學學與科學技術管理》，*33*(10)，163-169。

王石磊、彭正龍、高源（2013）：〈中國式領導情境下的80後員工越軌行爲研
究〉。《管理評論》，*25*(8)，142-150。

王晴巧、孫蒨如（2007）：〈華人的自我呈現與自謙行爲：一項實驗研究〉。
《本土心理學研究》，27期，119-174。

王磊、邢志傑（2019）：〈權力感知視角下的雙元威權領導與員工創新行爲〉。
《管理學報》，*16*(7)，987-996。

王雙龍（2015）：〈華人企業的家長式領導對創新行爲的作用路徑研究〉。《科
研管理》，*36*(7)，105-112。

王雙龍、周海華（2013）：〈家長式領導對個人創新行爲的影響機理研究〉。
《軟科學》，*27*(12)，53-57。

王驚、陳明、于桂蘭（2019）：〈威權式領導對強制性公民行爲的影響研究——
一個跨層調節模型〉。《軟科學》，*33*(6)，111-116。

田在蘭、黃培倫（2014）：〈基於自我認知理論的家長式領導對建言的影響〉。
《科研管理》，*35*(10)，150-160。

余英時（1976）：《史學與傳統》。時報文化。

余德慧（1990）：《中國人的世間遊戲——人情與世故》。張老師文化。

吳士健、孫專專、劉新民、周忠寶（2020）：〈家長式領導有助於員工利他行爲
嗎？——基於中國情境的多重中介效應研究〉。《管理評論》，*32*(2)，205-
217。

吳宗祐（2008）：〈主管威權領導與部屬的工作滿意度與組織承諾：信任的中介
歷程與情緒智力的調節效果〉。《本土心理學研究》，*30*，3-63。

吳宗祐、周麗芳、鄭伯壎（2008）。〈主管的權威取向及其對部屬順從與畏懼的
知覺對威權領導的預測效果〉。《本土心理學研究》，*30*，65-115。

吳宗祐、徐瑋伶、鄭伯壎（2002）：〈怒不可遏？或忍氣吞聲？華人企業中主
管威權領導行爲與部屬憤怒情緒反應的關係〉。《本土心理學研究》，*18*，

3-49。

吳宗祐、廖紘億（2013）：〈華人威權領導總是導致部屬負面結果嗎？由「不確定管理理論」探討威權領導對分配不公平與程式不公平之交互作用與部屬工作滿意度之關係的調節效果〉。《中華心理學刊》，55(1)，1-22。

吳承瑾（2009）：〈《君主論》中的戰略思想〉。《新北大史學》，7，269-277。

吳敏、黃旭、徐玖平、閻洪、時勘（2007）：〈交易型領導、變革型領導與家長式領導行為的比較研究〉。《科研管理》，28(3)，168-176。

吳磊、周空（2016）：〈家長式領導風格下知識共用行為研究：主管信任的中介效應〉。《科技進步與對策》，33(13)，149-154。

李立良、張家銘（2014）：〈大學體育室主任家長式領導對教師工作滿意與組織公民行為影響關係：以領導者與部屬交換關係為中介變項〉。《臺灣體育運動管理學報》，14(1)，115-144。

李宗波、王明輝（2018）：〈威權領導對員工沉默行為的影響：一個有調節的中介效應模型〉。《心理與行為研究》，16(5)，713-719。

李美枝（1998）：〈中國人親子關係的內涵與功能：以大學生為例〉。《本土心理學研究》，9，3-52。

李庭閣、張珈進、黃少宇、嚴國晉（2016）：〈家長式領導與部屬工作績效之關係：探討情緒勞動演出的中介效果〉。《人力資源管理學報》，16(3)，93-129。

李琿、丁剛、李新建（2014）：〈基於家長式領導三元理論的領導方式對員工創新行為的影響〉。《管理學報》，11(7)，1005-1013。

李嘉、楊忠（2018）：〈威權領導對團隊建言氛圍的影響機制研究〉。《經濟管理》，6，53-68。

李銳、田曉明（2014）：〈主管威權領導與下屬前瞻行為：一個被中介的調節模型構建與檢驗〉。《心理學報》，46(11)，1719-1733。

李銳、凌文輇、柳士順（2012）：〈組織心理所有權的前因與後果：基於"人─境互動"的視角〉。《心理學報》，44(9)，1202-1216。

汪林、儲小平、黃嘉欣、陳戈（2010）：〈與高層領導的關係對經理人"諫言"的影響機制──來自本土家族企業的經驗證據〉。《管理世界》，5，108-117。

沈翔鷹、穆桂斌（2018）：〈家長式領導與員工建言行為：組織認同的中介作用〉。《心理與行為研究》，*16*(6)，841-846。

周浩、龍立榮（2007）：〈家長式領導與組織公正感的關係〉。《心理學報》，*39*(5)，909-917。

周婉茹、周麗芳、鄭伯壎、任金剛（2010）：〈專權與尚嚴之辨：再探威權領導的內涵與恩威並濟的效果〉。《本土心理學研究》，*34*，223-284。

周麗芳、周婉茹、嚴珮瑜（2011）。《威權領導的前因與後果：主管與部屬間的壓力移轉》。第七屆華人心理學家學術研討會宣讀論文。中央研究院，臺北。

周婉茹、鄭伯壎（2014）：〈團隊中的差別對待：角色分化下的分隔與激勵效果〉。《人力資源管理學報》，*14*(4)，1-29。

周婉茹、鄭伯壎、連玉輝（2014）。〈威權領導：概念源起、現況檢討及未來方向〉。《中華心理學刊》，*56*(2)，165-189。

林子群、高三福（2012）：〈教練家長式領導與選手同儕互動關係〉。《嘉大體育健康休閒期刊》，*11*(2)，25-33。

林文瑛（2003）：〈教養背後的人性觀——以能力觀為例〉。《本土心理學研究》，*20*，253-293。

林文瑛、王震武（1995）：〈中國父母的教養觀：嚴教觀或打罵觀？〉。《本土心理學研究》，*3*，2-92。

林安梧（1996）：《當代新儒家哲學史論》。明文書局。

林姿葶、鄭伯壎（2007）：〈性別與領導角色孰先孰後？主管－部屬性別配對、共事時間及家長式領導〉。《中華心理學刊》，*49*(4)，433-450。

林春培、莊伯超（2014）：〈家長式領導對管理創新的影響：一個整合模型〉。《科學學研究》，*32*(4)，622-630。

林毓生（1989）：《政治秩序與多元社會》。聯經出版公司。

林聲洙、楊百寅（2014）：〈中韓家長式領導與組織支持感及組織公民行為之間關係的比較研究〉。《管理世界》，*3*，182-183。

邱功英、龍立榮（2014）：〈威權領導與下屬建言的關係：一個跨層分析〉。《科研管理》，*35*(10)，86-93。

邵康華、廖紘億、陳沁悅（2020）：〈威權領導對員工親組織非倫理行為的影響——一個有調節的中介模型〉。《軟科學》，*34*(5)，76-81。

侯楠、彭堅（2019）：〈恩威並施、積極執行與工作績效──探索中國情境下雙元領導的有效性〉。《心理學報》，*51*(1)，117-127。

侯楠、彭堅、尹奎、楊皎平（2019）：〈領導者恩威並施的陰暗面及其治理機制──基於不確定性管理的視角〉。《南開管理評論》，*22*(6)，77-87。

姜定宇、丁捷、林伶瑾（2012）：〈家長式領導與部屬效能：信任主管與不信任主管的中介效果〉。《中華心理學刊》，*54*(3)，269-291。

施濤、苑雙杰、李憶（2018）：〈組織學習影響顧客滿意度──創新的中介與領導風格的調節作用〉。《軟科學》，*32*(10)，75-79。

段錦云（2012）：〈家長式領導對員工建言行為的影響：心理安全感的中介機制〉。《管理評論》，*24*(10)，109-116。

晉琳琳、陳宇、奚菁（2016）：〈家長式領導對科研團隊創新績效影響：一項跨層次研究〉。《科研管理》，*37*(7)，107-116。

馬貴梅、樊耘、門一、張克勤（2014）：〈權威領導影響下屬建言行為的雙元心理機制〉。《預測》，*33*(6)，1-7。

馬璐、張哲源（2018）：〈威權領導對員工創新行為的影響〉。《科技進步與對策》，*35*(17)，139-145。

高三福、莊仲仁（2009）：〈家長式領導、團隊社會化與團隊文化關係：以運動團隊為例〉。《應用心理研究》，*42*，187-213。

高昂、曲慶、楊百寅、趙小染（2014）：〈家長式領導對團隊工作績效的影響研究──領導才能的潛在調節作用〉。《科學學與科學技術管理》，*35*(1)，100-108。

務凱、李永鑫、劉霞（2016）：〈家長式領導與員工建言行為：領導─成員交換的中介作用〉。《心理與行為研究》，*14*(3)，384-389。

務凱、張再玄、李永鑫（2018）：〈家長式領導與員工離職意向：組織認同的中介作用〉。《心理與行為研究》，*16*(4)，557-562。

常濤、劉智強、景保峰（2016）：〈家長式領導與團隊創造力：基於三元理論的新發現〉。《研究與發展管理》，*28*(1)，62-72。

康正男（2005）：〈棒球運動教練領導行為之探討──概念建構與模式分析〉。《體育學報》，*38*(4)，53-68。

康正男（2006）：〈棒球總教練威權領導與球員效能之研究：職棒與業餘之比

較〉。《大專體育學刊》，*8*(1)，112-123。

張少峰、王肖宇、程德俊、黃慶（2020）：〈團隊信任對威權型領導湧現的作用機制——基於心理距離視角〉。《科技進步與對策》，*15*，89-96。

張永軍、張鵬程、趙君（2017）：〈家長式領導對員工親組織非倫理行爲的影響：基於傳統性的調節效應〉。《南開管理評論》，*20*(2)，169-179。

張亞軍、張金隆、張千帆、張軍偉（2015）：〈威權和授權領導對員工隱性知識共用的影響研究〉。《管理評論》，*27*(9)，130-139。

張新安、何惠、顧鋒（2009）：〈家長式領導行爲對團隊績效的影響：團隊衝突管理方式的中介作用〉。《管理世界》，*3*，121-133。

張鵬程、劉文興、衛武（2010）：〈家長式領導和組織價值觀對成員知識活動的影響機理〉。《管理科學》，*23*(2)，77-85。

許金田、胡秀華、凌孝慕、鄭伯壎、周麗芳（2004）：〈家長式領導與組織公民行爲的關係：上下關係品質之中介效果〉。《交大管理學報》，*24*(2)，119-149。

許境頤、詹介云（2014）：〈威權領導與情緒勞務之關聯研究〉。《人力資源管理學報》，*14*(4)，31-55。

許境頤、簡心潔（2015）：〈部屬印象整飾策略對威權領導與知覺部屬順從的關聯性之中介效果：併論動機內化的調節角色〉。《組織與管理》，*8*(2)，73-114。

郭均誠、林姿葶、周婉茹、鄭伯壎（2015）：〈領導者差序對待幅度與部屬效能：平均德行領導的調節效果〉。《本土心理學研究》，*43*，125-172。

陳孟君（2010）：〈華人家長式領導對運動教練的啟示〉。見林瑞興（主編），《第三屆運動科學暨休閒遊憩管理學術研討會論文集》。國立屏東教育大學。

陳明璋（1991）。〈家族文化與企業管理〉。見楊國樞、曾仕強（主編），《中國人的管理觀》。桂冠圖書公司。

陳惠馨（2006）：〈儒家、法家思想在中國傳統法制的融合過程〉。見高明士（主編），《傳統個人、家庭、婚姻與國家——中國法制史的研究與方法》。五南圖書出版公司。

陳皓怡、高尚仁、吳治富（2007）：〈家長式領導對多國籍部屬身心健康之影響：以華人外派主管爲例〉。《應用心理研究》，*36*，223-244。

陳順義、陳儷今、廖莉安、黃相瑋（2019）：〈家長式領導、競賽壓力因應策略
　　對高中羽球選手競技倦怠認知影響評估〉。《運動研究》，*28*(2)，29-47。

陳嵩、李佩芬（2006）：〈上司家長式領導風格對銷售人員目標取向之影響——
　　以壽險業爲例〉。《企業管理學報》，*71*，1-34。

陳嵩、李佩芬、陳光偉（2008）：〈上司家長式領導對銷售人員目標取向及績效
　　之影響——以銀行理財專員爲例〉。《企業管理學報》，*77*，1-46。

陳嵩、林伶瑾、楊素卿（2018）：〈上司信任部屬的前因及對領導行爲之影響：
　　上司信任傾向的調節角色〉。《人力資源管理學報》，*18*(1)，85-127。

陳嵩、陳光偉、李佩芬（2011）：〈垂直人際信任對部屬工作績效之影響：上司
　　家長式領導的角色〉。《管理學報》，*28*(1)，1-29。

陳龍弘、蔡英美（2005）：〈華人家長式領導、情緒感受與運動員競技倦怠〉。
　　《大專體育學刊》，*7*(2)，101-110。

陳龍弘、蔡英美、陳瓊茶（2005）：〈家長式領導、負面情緒感受、離隊意圖和
　　團隊滿意度之關係研究〉。《國立體育學院論叢》，*15*(2)，205-216。

陳璐、高昂、楊百寅、井潤田（2013）：〈家長式領導對高層管理團隊成員創造
　　力的作用機制研究〉。《管理學報》，*10*(6)，831-838。

陳璐、楊百寅、井潤田（2012）：〈家長式領導對高管團隊有效性的影響機制研
　　究：以團隊凝聚力爲中介變量〉。《管理工程學報》，*26*(1)，13-19。

陳璐、楊百寅、井潤田、王國鋒（2010）：〈家長式領導、衝突與高管團隊戰略
　　決策效果的關係研究〉。《南開管理評論》，*13*(5)，4-11。

傅曉、李憶、司有和（2012）：〈家長式領導對創新的影響：一個整合模型〉。
　　《南開管理評論》，*15*(2)，121-127。

曾垂凱（2011）：〈家長式領導與部屬職涯高原：領導—成員關係的中介作
　　用〉。《管理世界》，*5*，109-119。

湯慧娟、宋一夫（2004）：〈教練家長式領導、團隊文化價值觀對團隊承諾之影
　　響研究〉。《體育學報》，*36*，119-130。

湯慧娟、宋一夫（2010）：〈教練領導行爲、情緒感受與運動員領導信任〉。
　　《臺大體育學報》，*18*，45-55。

黃光國（1997）：《王者之道》。樂學書局。

黃柏勳（2003）：〈韓非領導觀的探究與啟示〉。《學校行政》，*26*，54-65。

黃國恩、郭建志、鄭志富（2019）：〈華人教練威權領導對教練效能知覺之影響：心理集體性中介效果的驗證〉。《體育學報》，*52*(1)，109-125。

黃義翔、聶喬齡（2015）：〈教練－選手關係在家長式領導行為與團隊凝聚力關係間的中介角色〉。《大專體育學刊》，*17*(2)，203-219。

黃翰強、許雅雯（2016）：〈家長式領導對國中學生體育課參與動機與樂趣之研究〉。《嘉大體育健康休閒期刊》，*15*(1)，51-63。

楊國樞（1993）：〈中國人的社會取向：社會互動的觀點〉。見楊國樞、余安邦（主編）：《中國人的心理與行為：理念與方法篇（一九九二）》。桂冠圖書公司。

楊國樞（1998）：〈家族化歷程、泛家族主義及組織管理〉。見鄭伯壎、黃國隆、郭建志（主編）：《海峽兩岸之組織與管理》，頁19-59。遠流出版公司。

趙文平、聶聚賓（2018）：〈家長式領導對跨學科團隊創新績效的影響──以交互記憶系統為中介變量〉。《科技進步與對策》，*35*(12)，125-130。

趙安安、高尚仁（2005）。〈臺灣地區華人企業家長式領導風格與員工壓力之關聯〉。《應用心理研究》，*27*，111-131。

劉冰、齊蕾、徐璐（2017）：〈棍棒之下出「孝子」嗎──員工職場偏差行為研究〉。《南開管理評論》，*20*(3)，182-192。

劉長城（2003）：《權力與榮耀──馬基維利政治思想之研究》（未出版碩士論文），國立政治大學。

劉娜婷、蔡秉毅、徐雅惠、吳肇展（2014）：〈威權領導與職場偏差行為之關係：主管與部屬交換關係差異與個人文化價值觀所扮演的角色〉。《組織與管理》，*7*(2)，1-50。

劉善仕、淩文輇（2004）：〈家長式領導與員工價值取向關係實證研究〉。《心理科學》，*27*(3)，674-676。

劉義傳、王清欉、黃崇儒（2013）：〈高中棒球選手心理堅韌性、教練威權領導與競技倦怠的關係〉。《臺灣運動教育學報》，*8*(1)，1-13。

樊景立、鄭伯壎（2000a）：〈華人組織的家長式領導：一項文化觀點的分析〉。《本土心理學研究》，*13*，126-180。

樊景立、鄭伯壎（2000b）：〈家長式領導：再一次思考〉。《本土心理學研

究》，*13*，219-226。

潘靜洲、婁雅婷、周文霞（2013）：〈龍生龍，鳳生鳳？領導創新性工作表現對下屬創造力的影響〉。《心理學報》，*45*(10)，1147-1162。

蔡宛蓁（2014）：《領導者對部屬的形象整飾歷程之探索》（未出版碩士論文），國立臺灣大學。

蔡忠道（2003）：〈秦漢之際思想析論〉。《人文藝術學報》，*2*，1-32。

蔡英美（2006）：〈家長式領導、情緒感受與團隊凝聚力之關係研究〉。《國立體育學院論叢》，*16*(2)，347-358。

鄭伯壎（1995）：〈家長權威與領導行為之關係：一個臺灣民營企業主持人的個案研究〉。《中央研究院民族學研究所集刊》，*79*，119-173。

鄭伯壎（2005）：《華人領導：理論與實際》。桂冠圖書公司。

鄭伯壎、周麗芳（2005）：《家長式領導三元模式：現代轉化及其影響機制──威權領導：法家概念的現代轉化》（計畫編號：NSC94-2413-H-002-003-PAE）。行政院國家科學委員會補助專題研究計畫成果報告，行政院國家科學委員會。

鄭伯壎、周麗芳、黃敏萍、樊景立、彭泗清（2003）：〈家長式領導的三元模式：中國大陸企業組織的證據〉。《本土心理學研究》，*20*，209-250。

鄭伯壎、周麗芳、樊景立（2000）：〈家長式領導量表：三元模式的建構與測量〉。《本土心理學研究》，*14*，3-64。

鄭伯壎、林姿葶、鄭弘岳、周麗芳、任金剛、樊景立（2010）：〈家長式領導與部屬效能：多層次分析觀點〉。《中華心理學刊》，*52*(1)，1-23。

鄭伯壎、樊景立、周麗芳（2006）：《家長式領導：模式與證據》。華泰文化。

鄭伯壎、謝佩鴛、周麗芳（2002）：〈校長領導作風、上下關係品質及教師角色外行為：轉型式與家長式領導的效果〉。《本土心理學研究》，*17*，105-161。

鄭昱宏、周婉茹、周德賢、鄭伯壎（2019）：〈教練威權領導一定不好嗎？一項權變概念的提出與驗證〉。《中華心理學刊》，*61*(2)，97 130。

龍立榮、毛盼盼、張勇、黃小冰（2014）：〈組織支援感中介作用下的家長式領導對員工工作疏離感的影響〉。《管理學報》，*11*(8)，1150-1157。

顏智淵、李朝裕（2014）：〈家長式領導對網球運動員自信心之預測～以高雄市

網球區域中心四級銜接選手為例〉。《高應科大體育》，*13*，226-237。

顏肇廷、曾冠堯、高三福（2008）：〈運動團隊家長式領導研究之探討〉。《中華體育季刊》，*22*(4)，96-102。

魏蕾、時勘（2010）：〈家長式領導與員工工作投入：心理授權的中介作用〉。《心理與行為研究》，*8*(2)，88-93。

譚春平、陳肖肖、安世民（2019）：〈人格特質、家長式領導對類親情交換會產生交互影響嗎？〉。《管理學刊》，*32*(6)，44-53。

蘇英芳、黃賀（2006）：〈魅力領導、家長式領導、德性領導與領導效應之研究〉。《中山管理評論》，*14*(4)，939-968。

Aryee, S., Chen, Z. X., Sun, L. Y., & Debrah, Y. A. (2007). Antecedents and outcomes of abusive supervision: Test of a trickle-down model. *Journal of Applied Psychology*, *92*(1), 191-201.

Ashforth, B. E., & Humphrey, R. H. (1995). Emotion in the workplace: A reappraisal. *Human Relations*, *48*(2), 97-125.

Bai, S., Lu, F., & Liu, D. (2019). Subordinates' responses to paternalistic leadership according to leader level. *Social Behavior and Personality: An International Journal*, *47*(11), e8430.

Bandura, A., & Walters, R. H. (1963). *Social learning and personality development.* Holt, Rinehart & Winson Inc.

Bass, B. M. (1990). *Bass and Stogdill's handbook of leadership: Theory, research and managerial applications.* Free Press.

Baumrind, D. (1967). Child care practices anteceding three patterns of preschool behavior. *Genetic Psychology Monographs*, *75*(1), 43-88.

Baumrind, D. (1971). Current patterns of parental authority. *Developmental Psychology Monographs*, *4*(1), 1-103.

Bellah, R. N. (1970). Father and son in Christianity and Confucianism. In R. N. Bellah (Ed.), *Beyond belief: Essays on religion in a post-traditional world* (pp. 76-99). Harper & Row.

Bodla, A. A., Tang, N., Van Dick, R., & Mir, U. (2019). Authoritarian leadership, organizational citizenship behavior, and organizational deviance Curvilinear relationships. *Leadership and Organization Development Journal, 40*(5), 583-599.

Briker, R., Walter, F., & Cole, M. S. (2021). Hurry up! The role of supervisors' time urgency and self-perceived status for autocratic leadership and subordinates' well-being. *Personnel Psychology, 74*(1), 55-76.

Brockner, J. (1988). *Self-esteem at work: research, theory, and practice.* Lexington Books.

Chan, S. C. H. (2014). Paternalistic leadership and employee voice: Does information sharing matter? *Human Relations, 67*(6), 667-693.

Chan, S. C. H., Huang, X., Snape, E., & Lam, C. K. (2013). The Janus face of paternalistic leaders: Authoritarianism, benevolence, subordinates' organization-based self-esteem, and performance. *Journal of Organizational Behavior, 34*(1), 108-128.

Chan, W. S. (1963). *A sourcebook in Chinese philosophy.* Princeton University Press.

Chao, R. K. (1994). Beyond parental control and authoritarian parenting style: Understanding Chinese parenting through the cultural notion of training. *Child Development, 65*(4), 1111-1119.

Chao, R. K. (2000). The parenting of immigrant Chinese and European American mothers: Relations between parenting style, socialization goal, and parental. *Journal of Applied Development Psychology, 21*(2), 233-248.

Chao, R. K., & Tseng, V. (2002). Parenting of Asians. In M. H. Bornstein (Ed.), *Handbook of parenting* (2nd ed., Vol. 4. Social conditions and applied parenting, pp. 59-93). Erlbaum.

Chen, C. C. (2013). How does paternalistic style leadership relate to team cohesiveness in soccer coaching? *Social Behavior and Personality, 41*(1), 83-94.

Chen, C. C., & Farh, J. L. (2010). Developments in understanding Chinese leadership: Paternalism and its elaborations, moderations, and alternatives. In M. Bond (Ed.), *Oxford handbook of Chinese psychology* (pp. 599-622). Oxford University Press.

Chen, H. Y., & Kao, H. S. R. (2009). Chinese paternalistic leadership and non-Chinese subordinates' psychological health. *The International Journal of Human Resource Management, 20*(12), 2533-2546.

Chen, L., Yang, B., & Jing, R. (2015). Paternalistic leadership, team conflict, and TMT decision effectiveness: Interactions in the Chinese context. *Management and Organization Review, 11*(4), 739-762.

Chen, T. T. (2011). *Structuring versus autocraticness: Exploring a comprehensive model of authoritarian leadership* [Unpublished doctoral dissertation]. City University of Hong Kong.

Chen, T. T., Li, F., & Leung, K. (2017). Whipping into shape: Construct definition, measurement, and validation of directive-achieving leadership in Chinese culture. *Asia Pacific Journal of Management, 34*(3), 537-563.

Chen, X. P., Eberly, M. B., Chiang, T. J., Farh, J. L., & Cheng, B. S. (2014). Affective trust in Chinese leaders: Linking paternalistic leadership to employee performance. *Journal of Management, 40*(3), 796-819.

Cheng, B. S., Chou, L. F., Wu, T. Y., Huang, M. P., & Farh, J. L. (2004). Paternalistic leadership and subordinate responses: Establishing a leadership model in Chinese organizations. *Asian Journal of Social Psychology, 7*(1), 89-117.

Cheng, B. S., Huang, M. P., & Chou, L. F. (2002). Paternalistic leadership and its effectiveness: Evidence from Chinese organization teams. *Journal of Psychology in Chinese Societies, 3*(1), 85-112.

Cheng, M. Y., & Wang, L. (2015). The mediating effect of ethical climate on the relationship between paternalistic leadership and team identification: A team-level analysis in the Chinese context. *Journal of Business Ethics, 129*(3), 639-654.

Chiang, J. T. J., Chen, X. P., Liu, H., Akutsu, S., & Wang, Z. (2021). We have emotions but can't show them! Authoritarian leadership, emotion suppression climate, and team performance. *Human Relations, 74*(7), 1082-1111.

Chiang, J. T. J., Wang, A. C., Chen, X. P., & Cheng, B. S. (2009). *CEO authoritarian leadership in China: Exploring its effects on employee and organizational performance.* Paper presented at the Annual Meeting of the Academy of Management, Chicago, IL.

Chong, M. P. M., Zhu, X., Fu, P., & Wong, L. Y. S. (2019). Influence strategies and work outcomes: Effects of attributions. *Chinese Management Studies, 13*(4), 967-984.

Chou, L. F., Cheng, B. S., & Jen, C. K. (2005). *The contingent model of paternalistic leadership: Subordinate dependence and leader competence.* Paper presented at the Annual Meeting of the Academy of Management, Honolulu, Hawaii.

Chou, W. J., & Cheng, B. S. (2014). Opening the black box: A two-dimensional model of authoritarian leadership and task performance. *Chinese Journal of Psychology, 56*(4), 397-414.

Chou, W. J., Boer, D., Chou, L. F., Tsai, C. Y., Sun, J. M., & Yoneyama, S. (2011). *Authoritarian leadership effectiveness: Cross-cultural differences in two East Asian countries.* Symposium paper presented at the regional conference of the International Association for Cross-Cultural Psychology, Istanbul, Turkey.

Chou, W. J., Chou, L. F., & Cheng, B. S. (2010). *Authoritarian leadership and subordinate well-being: How and when does leadership function?* Paper presented at the Annual Meeting of Academy of Management, Montréal, Canada.

Chowdhury, M. S. (2007). Enhancing motivation and work performance of the salespeople: The impact of supervisors' behavior. *African Journal of Business Management, 1*(9), 238-243.

Chu, L. C. (2014). The moderating role of authoritarian leadership on the relationship between the internalization of emotional regulation and the well-being of employees. *Leadership, 10*(3), 326-343.

Chu, T. S. (1961). *Law and society in traditional China.* Mouton.

De Cremer, D. (2006). Affective and motivational consequences of leader self-sacrifice: The moderating effect of autocratic leadership. *The Leadership Quarterly, 17*(1), 79-93.

Dedahanov, A. T., Lee, D. H., Rhee, J., & Yoon, J. (2016). Entrepreneur's paternalistic leadership style and creativity: The mediating role of employee voice. *Management Decision, 54*(9), 2310-2324.

Deyo, F. C. (1978). Local foremen in multinational enterprise: A comparative case study of supervisory role-tensions in Western and Chinese factories of Singapore. *Journal of Management Studies, 15*(3), 308-17.

Deyo, F. C. (1983). Chinese management practices and work commitment in comparative perspective. In L. A. P. Gosling & L. Y. C. Lim (Eds.), *The Chinese in Southeast Asia: Identity, culture and politics* (Vol. 2, pp. 215-230). Maruzen Asia.

Du, J., & Choi, J. N. (2013). Leadership effectiveness in China: The moderating role of change climate. *Social Behavior and Personality, 41*(9), 1571-1584.

Du, J., Li, N. N., Luo, Y. J. (2020). Authoritarian Leadership in Organizational Change and Employees' Active Reactions: Have-to and Willing-to Perspectives. *Frontiers in Psychology, 10*, Article 3076.

Duan, J., Bao, C., Huang, C., & Brinsfield, C. T. (2018). Authoritarian leadership and employee silence in China. *Journal of Management and Organization, 24*(1), 62-80.

Ertureten, A., Cemalcilar, Z., & Aycan, Z. (2013). The relationship of downward mobbing with leadership style and organizational attitudes. *Journal of Business Ethics, 116*(1), 205-216.

Farh, J. L., & Cheng, B. S. (2000). A cultural analysis of paternalistic leadership in Chinese organizations. In J. T. Li, A. S. Tsui & E. Weldon (Eds.), M*anagement and organizations in the Chinese context* (pp. 84-127). Macmillan.

Farh, J. L., Cheng, B. S., Chou, L. F., & Chu, X. P. (2006). Authority and benevolence: Employees' responses to paternalistic leadership in China. In A. S. Tsai, Y. Bian & L. Cheng (Eds.), *China's domestic private firms: Multidisciplinary perspectives on management and performance* (pp. 230-260). New York: Sharpe.

Farh, J. L., Liang, J., Chou, L. F., & Cheng, B. S. (2008). Paternalistic leadership in Chinese organizations: Research progress and future research directions. In C. C. Chen & Y. T. Lee (Eds.), *Leadership and management in China: Philosophies, theories, and practices*. Cambridge University Press.

Fleishman, E. A. (1973). Twenty years of consideration and structure. In E. A. Fleishman & J. G. Hunt (Eds.), *Current developments in the study of leadership* (pp. 1-40). Southern Illinois University Press.

French, J. R. P., Jr., & Raven, B. H. (1959). The bases of social power. In D. Cartwright (Ed.), *Studies in social power* (pp. 150-167). University of Michigan.

George, J. M. (2000). Emotions and leadership: The role of emotional intelligence. *Human Relations, 53*(8), 1027-1055.

Gu, J., Wang, G., Liu, H., Song, D., & He, C. (2018). Linking authoritarian leadership to employee creativity: The influences of leader-member exchange, team identification and power distance. *Chinese Management Studies*, *12*(2), 384-406.

Gu, Q., Hempel, P. S., & Yu, M. (2020). Tough love and creativity: How authoritarian leadership tempered by benevolence or morality influences employee creativity. *British Journal of Management*, *31*(2), 305-324.

Gumusluoglu, L., Karakitapo lu-Aygün, Z., & Hu, C. (2020). Angels and devils? : How do benevolent and authoritarian leaders differ in shaping ethical climate via justice perceptions across cultures? *Business Ethics: A European Review*, *29*(2), 388-402.

Guo, L., Decoster, S., Babalola, M. T., De Schutter, L., Garba, O. A., & Riisla, K. (2018). Authoritarian leadership and employee creativity: The moderating role of psychological capital and the mediating role of fear and defensive silence. *Journal of Business Research*, *92*, 219-230.

Hamilton, G. G. (1990). Patriarchy, patrimonialism, and filial piety: A comparison of China and Western Europe. *British Journal of Sociology*, *41*(1), 77-104.

He, G., An, R., & Hewlin, P. F. (2019). Paternalistic leadership and employee well-being: A moderated mediation model. *Chinese Management Studies*, *13*(3), 645-663.

Hempel, P. S., & Chang, C. D. (2002). Reconciling traditional Chinese management with high-tech Taiwan. *Human Resource Management Journal*, *12*(1), 77-95.

Hofstede, G. (1980). *Culture's consequences: International differences in work-related value.* Sage.

Hofstede, G., & Bond, M. H. (1988). The Confucius connection: From cultural roots to economic growth. *Organizational Dynamics*, *16*(4), 4-21.

Hou, B., Hong, J., Zhu, K., & Zhou, Y. (2019). Paternalistic leadership and innovation: The moderating effect of environmental dynamism. *European Journal of Innovation Management*, *22*(3), 562-582.

House, R. J., Hanges, P. J., Ruiz-Quintanilla, S. A., Dorfman, P. W., Javidan, M., & Dickson, M. et al. (1999). Cultural influence on leadership and organizations: Project GLOBE. In W. H. Mobley, M. J. Gessner, & V. Arnold (Eds.), *Advances in global leadership* (pp.171-233). JAI Press.

Huang, X., Chiu, W., Xu, E., Lam, C. K., & Farh, J. L. (2012). *When authoritarian leaders outperform transformational leaders: Firm performance in a harsh economic environment.* Paper presented at the 32nd Annual International Conference of Strategic Management Society, Prague, CZ.

Hwang, K. K. (2000). Chinese relationalism: Theoretical construction and methodological considerations. *Journal for the Theory of Social Behaviour, 30*(2), 155-178.

Hwang, K. K. (2008). Han Fei's theory of leadership and its function in Confucian society. In C. C. Chen & Y. T. Lee (Eds.), *Chinese leadership philosophies and practices: Indigenous perspectives* (pp.108-142). Cambridge University Press.

Jiang, H., Chen, Y., Sun, P., & Li, C. (2019). Authoritarian leadership and employees' unsafe behaviors: The mediating roles of organizational cynicism and work alienation. *Current Psychology, 38*(6), 1668-1678.

Jiang, H., Chen, Y., Sun, P., & Yang, J. (2017). The relationship between authoritarian leadership and employees' deviant workplace behaviors: The mediating effects of psychological contract violation and organizational cynicism. *Frontiers in Psychology, 8*, Article 732.

Karakitapoğlu-Aygün, Z., Gumusluoglu, L., & Scandura, T. A. (2020). How do different faces of paternalistic leaders facilitate or impair task and innovative performance? Opening the black box. *Journal of Leadership and Organizational Studies, 27*(2), 138-152.

Kiazad, K., Restubog, S. L. D., Zagenczyk, T. J., Kiewitz, C., & Tang, R. L. (2010). In pursuit of power: The role of authoritarian leadership in the relationship between supervisors' Machiavellianism and subordinates' perceptions of abusive supervisory behavior. *Journal of Research in Personality, 44*(4), 512-519.

Kim, U. M. (1994). Significance of paternalism and communalism in the occupational welfare system of Korean firms. In U. Kim, H. C. Triandis, C. Kagitcibasi, S. Choi, & G. Yoon (Eds.), *Individualism and collectivism: Theory, method and applications* (Vol. 18, pp. 251-266). Sage.

Lau, W. K., Li, Z., & Okpara, J. (2019). An examination of three-way interactions of paternalistic leadership in China. *Asia Pacific Business Review, 26*(1), 32-49.

Law, K. S., Wong, C. S., & Mobley, W. H. (1998). Toward a taxonomy of multidimensional constructs. *Academy of Management Review, 23*(4), 741-755.

Li, R., Chen, Z., Zhang, H., & Luo, J. (2021). How do authoritarian leadership and abusive supervision jointly thwart follower proactivity? A social control perspective. *Journal of Management, 47*(4), 930-956.

Li, Y., & Sun, J. M. (2015). Traditional Chinese leadership and employee voice behavior: A cross-level examination. *The Leadership Quarterly, 26*(2), 172-189.

Likert, R. (1961). *New patterns of management: Its management and value.* McGraw-Hill.

Likert, R. (1967). *The human organization.* McGraw-Hill.

Lin, T. T., Cheng, B. S., Chou, L. F., & Chen, C. H. (2012). *Unpacking examining the relationship between CEO leadership style and performance: Does competence matter?* Paper presented at the Annual Meeting of Academy of Management, Boston, MA.

Ling, H., Chang, J., Hsieh, S., Lee, C., & Liao, M. (2011). Leadership behavior and subordinate effectiveness of Chinese hospitality: Mediating process of loyalty. *African Journal of Business Management, 5*(19), 9340-9347.

Liu, S. (2003). Culture within culture: Unity and diversity of two generation of employees in state-owned enterprise. *Human Relation, 56*(4), 387-417.

Luu, T. T., & Djurkovic, N. (2019). Paternalistic leadership and idiosyncratic deals in a healthcare context. *Management Decision, 57*(3), 621-648.

Maccoby, M. (2004). The power of transference. *Harvard Business Review, 82*(9), 76-85.

McColl-Kennedy, J. R., & Anderson, R. D. (2002). Impact of leadership style and emotions on subordinate performance. *The Leadership Quarterly, 13*(5), 545-559.

McGregor, D. (1960). *The human side of enterprise.* McGraw-Hill.

Muczyk, J. P., & Reimann, B. C. (1987). The case for directive leadership. *Academy of Management Executive, 1*(3), 301-311.

Nadler, D. A., & Tuchman, M. L. (1990). Beyond the charismatic leader: Leadership and organizational change. *California Management Review, 32*(2), 77-97.

Nylund, K. L., Asparouhov, T., & Muthén, B. O. (2007). Deciding on the number of classes in latent class analysis and growth mixture modeling: A Monte Carlo simulation study. *Structural Equation Modeling, 14*(4), 535-569.

Pyc, L. S., Meltzer, D. P., & Liu, C. (2017). Ineffective leadership and employees' negative outcomes: The mediating effect of anxiety and depression. *International Journal of Stress Management, 24*(2), 196-215.

Pye, L. W. (1981). *The dynamics of Chinese politics.* OG & H.

Pye, L. W. (1985). *Asia power and politics: The cultural dimensions of authority.* Harvard University Press.

Redding, S. G. (1990). *The spirit of Chinese capitalism.* Walter de Gruyter.

Redding, S. G., & Hsiao, M. (1990). An empirical study of overseas Chinese managerial ideology. *International Journal of Psychology, 25*(3-6), 629-641.

Sanford, N. (1956). The approach of authoritarian personality. In J. L. McCary (Ed.), *Psychology of personality: Six modern approaches* (pp. 253-319). Grove Press.

Schaubroeck, J. M., Shen, Y., & Chong, S. (2017). A dual-stage moderated mediation model linking authoritarian leadership to follower outcomes. *Journal of Applied Psychology, 102*(2), 203-214.

Schriesheim, C., House, R. J., & Kerr, S. (1976). Leader initiating structure: A reconciliation of discrepant research results and some empirical tests. *Organizational Behavior & Human Performance, 15*(2), 297-321.

Schuh, S. C., Zhang, X. A., & Tian, P. (2013). For the good or the bad? Interactive effects of transformational leadership with moral and authoritarian leadership behaviors. *Journal of Business Ethics, 116*(3), 629-640.

Seo, M., Barrett, L. F., & Bartunek, J. M. (2004). The role of affective experience in work motivation. *Academy of Management Review, 29*(3), 423-439.

Shaw, K. H., Tang, N., Liao, H. Y. (2020). Authoritarian-Benevolent Leadership, Moral Disengagement, and Follower Unethical Pro-organizational Behavior: An Investigation of the Effects of Ambidextrous Leadership. *Frontiers in Psychology,*

11, Article 590.

Shen, Y., Chou, W. J., & Schaubroeck, J. M. (2019). The roles of relational identification and workgroup cultural values in linking authoritarian leadership to employee performance. *European Journal of Work and Organizational Psychology*, *28*(4), 498-509.

Shu, C. Y., Chiang, Y. H., & Lu, C. H. (2018). Authoritarian leadership supervisor support and workers' compulsory citizenship behavior. *International Journal of Manpower*, *39*(3), 468-485.

Silin, R. H. (1976). *Leadership and value: The organization of large-scale Taiwan enterprises*. Harvard University Press.

Smith, R. J. (1994). *China's cultural heritage: The Qing dynasty, 1644-1912*. Westview Press.

Smither, R. D. (1991). The return of the authoritarian manager. *Training*, *28*(11), 40-44.

Sudha, K. S., & Shahnawaz, M. G. (2020). Narcissism personality trait and performance: task-oriented leadership and authoritarian styles as mediators. *Leadership and Organization Development Journal*, *41*(2), 280-293.

Tepper, B. J. (2000). Consequences of abusive supervision. *Academy of Management Journal*, *43*(2), 178-190.

Tian, Q., & Sanchez, J. I. (2017). Does paternalistic leadership promote innovative behavior? The interaction between authoritarianism and benevolence. *Journal of Applied Social Psychology*, *47*(5), 235-246.

Tsui, A. S., Wang, H., Xin, K. R., Zhang, L., & Fu, P. P. (2004). Let a thousand flowers bloom: Variation of leadership styles in Chinese firms. *Organization Dynamics*, *33*(1), 5-20.

Tuan, L. T. (2018). Driving employees to serve customers beyond their roles in the Vietnamese hospitality industry: The roles of paternalistic leadership and discretionary HR practices. *Tourism Management*, *69*, 132-144.

Wan, J., Le, Y., Wang, G., Xia, N., Liu, X. (2020). Carrot or stick? The impact of paternalistic leadership on the behavioral integration of top management teams in megaprojects. *International Journal of Managing Projects in Business*, *13*(5), 937-960.

Wang, A. C., Chiang, J. T. J., Tsai, C. Y., Lin, T. T., & Cheng, B. S. (2013). Gender makes the difference: The moderating role of leader gender on the relationship between leadership styles and subordinate performance. *Organizational Behavior and Human Decision Processes*, *122*(2), 101-113.

Wang, H., & Guan, B. (2018). The positive effect of authoritarian leadership on employee performance: The moderating role of power distance. *Frontiers in Psychology*, *9*, Article 357.

Wang, L., Cheng, M. Y., & Wang, S. (2018). Carrot or stick? The role of in-group/out-group on the multilevel relationship between authoritarian and differential leadership and employee turnover intention. *Journal of Business Ethics*, *152*(4), 1069-1084.

Wang, L., Huang, J., Chu, X., & Wang, X. (2010). A multilevel study on antecedents of manager voice in Chinese context. *Chinese Management Studies*, *4*(3), 212-230.

Weber, M. (1968). The types of legitimate domination. In G. Roth & C. Wittich (Eds.), *Economy and society* (Vol. 3, pp. 212-216). Bedminster.

Westwood, R. I. (1997). Harmony and patriarchy: The cultural basis for "paternalistic headship" among the overseas Chinese. *Organization Studies*, *18*(3), 445-480.

Whitley, R. (1992). *Business systems in East Asia: Firms, markets and societies*. Sage.

Wong, S. L. (1988). *Emigrant entrepreneurs: Shanghai industrialists in Hong Kong*. Oxford University Press.

Wu, M. (2012). Moral leadership and work performance: Testing the mediating and interaction effects in China. *Chinese Management Studies*, *6*(2), 284-299.

Wu, M., & Xu, E. (2012). Paternalistic leadership: From here to where? In X. Huang & M. H. Bond (Eds.), *Handbook of Chinese organizational behavior: Integrating theory, research and practice* (pp. 449-466). Edward Elgar.

Wu, M., Huang, X., & Chan, S. C. H. (2012a). The influencing mechanisms of paternalistic leadership in Mainland China. *Asia Pacific Business Review*, *18*(4), 631-648.

Wu, M., Huang, X., Li, C., & Liu, W. (2012b). Perceived interactional justice and trust-in-supervisor as mediators for paternalistic leadership. *Management and Organization Review*, *8*(1), 97-121.

Wu, T.-Y., Liu, Y.-F., Hua, C.-Y., Lo, H.-C., & Yeh, Y.-J. (2020). Too unsafe to voice? Authoritarian leadership and employee voice in Chinese organizations. *Asia Pacific Journal of Human Resources*, *58*(4), 527-554.

Zhang, A. Y., Tsui, A. S., & Wang, D. X. (2011). Leadership behaviors and group creativity in Chinese organizations: The role of group processes. *The Leadership Quarterly*, *22*(5), 851-862.

Zhang, Y., Huai, M. Y., & Xie, Y. H. (2015). Paternalistic leadership and employee voice in China: A dual process model. *The Leadership Quarterly*, *26*(1), 25-36.

Zhang, Y., & Xie, Y. H. (2017). Authoritarian leadership and extra-role behaviors: A role-perception perspective. *Management and Organization Review*, *13*(1), 147-166.

Zhang, Z. X, Chen, C. C., Liu, L. A., & Liu, X. F. (2008). Chinese traditions and Western theories: Influences on business leaders in China. In C. C. Chen & Y. T. Lee (Eds.), *Leadership and management in China: Philosophies, theories, and practices* (pp. 239-271). Cambridge: Cambridge University Press.

Zheng, X., Shi, X., & Liu, Y. (2020). Leading teachers' emotions like parents: Relationships between paternalistic leadership, emotional labor and teacher commitment in China. *Frontiers in Psychology*, *11*, Article 519.

Zheng, Y., Huang, X., Redman, T., Graham, L., & Hu, S. (2020). Deterrence effects: the role of authoritarian leadership in controlling employee workplace deviance. *Management and Organization Review*, *16*(2), 377-404.

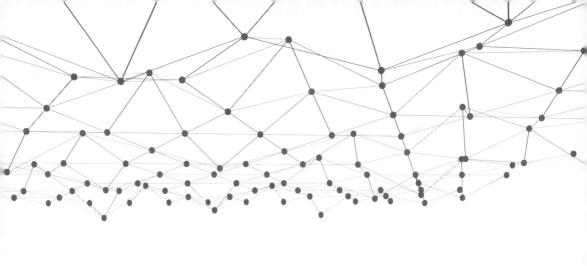

◆ 第八篇

組織行為與廣告說服

（鄭伯壎主編）

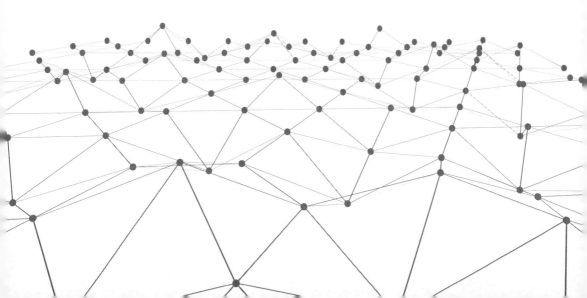

第二十六章

華人組織中的忠誠

姜定宇、鄭伯壎

在現代的華人組織中，忠誠是十分受到重視的概念，它不但是企業考核員工的重要標準，也是企業主持人拔擢部屬最重要的考慮因素（周逸衡，1984；鄭伯壎，1988；Silin, 1976）。事實上，在華人社會，針對忠誠的討論、分析及強調，是源遠流長的：早在西元二千年前，儒家與法家就對忠誠有極為詳盡的論述；至於對臣屬個人的忠誠教化，更是歷代王朝所十分著重的課題。自東漢時代以來，即有專書《忠經》討論忠誠的內涵、本質以及臣屬應有的角色規範。由於組織行為乃鑲嵌在社會文化之下，因此，傳統價值對當前組織行為具有影響效果，應是毫無疑義的（Redding，1980）。準此而言，做為華人傳統文化價值核心之一的忠誠，雖然經過數千年的演變，但對華人的組織行為，仍具有不可輕忽的影響力。

扼要來說，究竟忠誠是什麼？其內涵為何？對華人的組織行為與員工行為，會發揮何種作用？其作用機制為何？等等問題不但十分值得探討，而且對人事管理亦具有極大的涵義。然而，直到最近，上述議題才獲得華人組織研究者的重視，他們首先移值了西方組織忠誠的概念；至於本土化的探討，則更遲至九○年代以後，才開始獲得注意（如李慕華，1992；姜定宇，2000；張慧芳，1995；鄭伯壎，1995a；鄭紀瑩，1996）。

相較於華人研究者對忠誠的興趣，西方研究者的起步較早，在1970 年代即有忠誠及其相關概念的探討。他們首先注意到員工與組織間連結（employee-organization linkage）的議題，並對員工與組織

之間的互動本質進行討論（Mowday et al., 1982），進而提出組織承諾（organizational commitment, OC; Porter et al., 1974）、組織認同（organization identification, OI; Mael & Ashforth, 1992）、以及組織公民行為（organizational citizenship behavior, OCB; Organ, 1988）等類似組織忠誠的概念，並且取得了不錯的成果。

為了進行跨文化比較，或是基於技術引進等種種理由，上述概念也很理所當然地被移植到華人社會。於是，在八〇年代，組織承諾成為華人組織研究的流行議題，頗受華人組織行為研究者的關注。然而，這種舶來概念存有一些根本的問題，必須加以解決，否則就會發生曲解或削足適履的情形，引進之後不但未蒙其利，反而先受其害。這些問題包括：概念具有文化普同性嗎？能適用於華人社會嗎？相似的概念能夠類推於文化不同的社會嗎？針對上述跨文化研究適用性的問題，Tayeb（1994）曾經指出，至少有三個層面，值得研究者重視：第一，在文化價值觀與態度上，不同的社會間是有所差異的；第二，由於潛藏的價值觀和態度的歧異，使得不同文化的社群，即使在相似的環境下，也會有不同的行為表現；第三，文化在形塑工作組織和其他社會機構上，扮演著相當吃重的角色，而必須做更深入的探討。這說明為了解華人社會中的組織忠誠議題，我們除了要探討西方組織忠誠的相關概念在華人社會適用的情形之外，我們也需要採用本土化的觀點，對華人組織忠誠進行更深入的探討。

本文首先將針對西方組織忠誠概念、現有研究成果、應用在華人組織的情形、及其可能產生的問題進行討論；接著再以文化本位的觀點（emic perspective），說明華人組織忠誠的內涵，並對現有的實徵研究結果，提出檢討。最後，則點出華人社會組織忠誠研究的重要議題，以供後續研究之用；同時，亦將整合現有之中、西方研究，以指明組織忠誠議題的可能研究方向。

■ 一 西方的組織忠誠研究

七〇年代前期，西方研究者對於組織承諾的理解，頗受行為學派的

影響，主張從具體的員工行為，來了解員工的組織忠誠。因此，只要員工不離職，即代表該名員工對組織具有忠誠度。然而這樣的觀點，卻無法讓組織了解員工為何離職，也無從改善員工曠職的情形。於是，研究者乃從員工的心理層面著手，認為員工對組織的心理投入與認同、主動為組織做額外付出的意願，才是組織忠誠的主要內涵，而開啟了組織承諾的系列研究。另一方面，研究者也體會到，所謂組織忠誠的行為，並非只是不離職而已，而應該涵蓋更多的行為，包括盡職負責的角色內行為、以及助人等種種不在角色規範內的行為。此一思潮開啟了模範員工行為或組織公民行為的研究。目前，這兩類研究也都有長足的進展，並累積了極為可觀的成果。

以組織承諾而言，於 1980 年代，研究者進一步發現了員工在組織中，存有不同的承諾對象，包括專業、部門、主管、管理當局及組織，其中直屬主管更是一個最具影響力的承諾與效忠對象。相同地，組織公民行為的研究，也逐漸區分出對組織有利的直接組織公民行為，以及對主管或同事有利的間接組織公民行為。將承諾的對象區分出來的最大好處，是可以讓組織承諾與組織公民行為的概念，更為具體與準確；一方面使我們對組織忠誠的現象更為理解，並建構出更貼切的理論；另一方面，則可配合組織中的激勵系統，來留住人才，提升組織競爭力。

既然組織忠誠可以根據內容，區分為態度（如組織承諾）與行為（如組織公民行為）；並可以根據對象，區分為直接或間接的效忠對象，因此，我們可以依照內容與對象，逐一討論組織忠誠的概念、意義及研究結果。

（一）組織忠誠的內涵

在組織忠誠內涵的西方研究中，有些研究者將組織忠誠視為個人對組織的態度，強調忠誠的心理意涵，這方面的研究議題主要是組織承諾（organizational commitment）與組織認同（organizational identification）的研究（Meyer & Allen, 1991; Mael & Ashforth, 1989; Mowday et al., 1982；Withey & Cooper, 1989）。另外，也有一些研究者特別著重於組織

忠誠行為的探討，想要了解何種員工行為是有利於組織的運作與發展，但並不在制度、契約或是獎賞系統的要求之內，這就是組織公民行為，或組織內助人行為（prosocial organizational behavior）的研究（Podsakoff et al., 2000）。換言之，西方對組織忠誠內涵的研究，有兩條清楚的主軸，一為組織承諾，二為組織公民行為。

1. 組織承諾

最初，組織承諾研究者所關注的是行動承諾（commit to behavior），是指行動者為了解決行動與態度的不一致，而產生的合理化反應（Becker, 1960）。這種合理化反應可以用來維持行為的一致性，並由此界定員工與組織的關係。此一定義或可了解員工產生組織承諾的部分原因，但卻忽略了個人的內在歷程，就像行為學派無法解開心理黑箱之謎一樣。因此，Porter 等人（1974）另闢蹊徑，著重於組織心理歷程的探討，並將組織承諾界定為員工個人對組織認同與投入的程度。他們以三個層面來說明員工對組織的承諾：在態度層面上，相信且接受組織的目標、價值觀及經營理念；在行為意圖（behavior intention）上，願意為了達成組織目標而付出額外努力（extra effort）；在動機（motivation）上，想保有組織成員身分的強烈欲望。換言之，組織承諾可以視為一種員工與組織的連結關係（employee-organization linkage），這種連結關係的本質是個人對組織的心理依附（psychological attachment）（O'Reilly & Chatman, 1986）。在 Porter 等人的基礎上，組織承諾的研究廣受重視，並有了長足的進展。表 26-1 整理西方組織承諾的研究軌跡，由這些研究可以發現，西方組織承諾的內涵，是由整體概念轉為多元向度；對象則由單一對象轉為多元對象。

(1) 組織承諾的內涵

研究者早期對組織承諾的探討，是採整體、單一內容的界定，用以說明員工為何願意繼續留在組織之中。根據此項定義，Porter 等人（1974）編製了組織承諾量表（Organizational Commitment Questionnaire, OCQ），用來測量員工的組織承諾。此量表共有十五題，分別測量員工付出額外

努力的意願、認同、忠誠、順從、留職、內化、目標一致以及關心組織未來等（Mowday et al., 1982）。很明顯地，當我們仔細分析時，這些題目會反映出不同的內容組成，有些涉及情感層面，有些則與工具利益較有關聯。於是 O'Reilly 與 Chatman（1986）乃根據態度改變理論，將組織承諾分為三個層次，由淺而深分別為順從（compliance）、認同（identification）及內化（internalization）。隨後，Meyer 與 Allen（1991）將組織承諾歸納為三種組成，包括情感承諾（affective commitment）、持續承諾（continuance commitment）以及規範承諾（normative commitment）。根據這三種內容，我們可以將過去研究者對組織承諾所下的定義加以整理，如表 26-2 所示。

表26-1　組織承諾研究的演變

研究者	研究主題	研究方法	研究對象	主要結果
Porter et al., (1974)	組織承諾：概念建構	縱貫式調查	心理技師訓練中心員工	相對於工作滿意，員工的組織承諾，更能有效地預測員工的實際離職情形。
Mowday et al., (1982)	組織承諾：內容與測量	問卷調查	公營企業	從整體性組織的觀點來測量組織承諾（single base）。
Reichers (1985)	組織承諾：多重對象	文獻回顧	—	組織承諾的對象是多重的（multi-foci）：包括主管承諾（效忠主管）、最高當局承諾及其他對象的承諾。
O' Reilly & Chatman (1986)	組織承諾：多重基礎	問卷調查	大學組織行政人員與學生	組織承諾包括順從（compliance）、認同（identification）及內化（internalization）三要素（multi-bases）。
Meyer & Allen (1991)	組織承諾：多重基礎	文獻回顧	—	組織承諾涵蓋了情感、持續及規範承諾三種承諾基礎（multi-bases）。

研究者	研究主題	研究方法	研究對象	主要結果
Becker (1992)	組織承諾：多重對象、多重基礎	問卷調查	美國三十家公司 1305 位員工	相對於整體組織承諾觀點，多重對象（multi-foci）的組織承諾，更能解釋員工的組織行為（如：工作滿意、離職意願、及利組織行為）。
Becker et al., (1996)	主管承諾與組織承諾：多重對象多重基礎	問卷調查	參與追蹤調查之就業後大學畢業生	相對於組織承諾，主管承諾（效忠主管）與員工績效有更強的正相關。

來源：修改自鄭伯壎等人（1999）

表26-2　組織承諾的定義

情感承諾（affective commitment）
·對組織的一種態度或取向（orientation），使得個人認定（identity）能依附在組織認定上，或與組織認定發生連結（Sheldon, 1971）。
·組織的目標與個人的目標逐漸整合或趨於一致的過程（Hall et al., 1970）。
·個人投入組織與認同組織的程度（Mowday et al., 1982）。
·個人對組織的心理依附（psychological attachment），所謂心理依附是指連結個人與組織的心理連帶（O' Reilly & Chatman, 1986）。
·個人在情感上依附組織，包括組織的目標與價值、個人在目標與價值下的角色以及組織本身，而不僅僅因為是工具利益而依附組織（Buchanan, 1974）。
持續承諾（continuance commitment）
·個人知覺到留在組織有其可預期的利益，而離開必須付出代價，因此產生的合理化反應（Kanter, 1968）。
·當個人做了無法回頭的投資（making a side bet）後，為了合理化，將行動歸因於物質利益，承諾即由此產生（Becker, 1960）。
規範承諾（normative commitment）
·個人對規範的依附（Kanter, 1968）。
·承諾是社會所接受與讚賞的行為，同時，此行為也超乎承諾對象的預期（Wiener & Gechman, 1977）。
·承諾的員工會認為留在公司是一種合乎道德的行為，而不考慮個人的升遷或是否對公司覺得滿意（Marsh & Mannari, 1977）。
·完全內化的規範壓力，促使個人行為符合組織的目標與利益（Weiner, 1982）。

來源：修改自 Meyer & Allen（1997）

　　所謂情感承諾，是指成員對組織的情感依附，這種依附使得個人會對組織的目標產生認同，並內化組織的價值觀。當個人認同組織時，會以成爲組織成員爲榮，個人的價值觀也會與組織價值觀漸趨一致（O' Reilly & Chatman, 1986）。

　　持續承諾則源於行爲承諾（behavioral commitment）的概念，說明組織承諾的產生，是由於行動結果無法改變，所產生的態度變化（Becker, 1960; Hrebiniak & Alutto, 1972）。根據認知失調論的主張，當員工察覺到態度與行爲有落差、離開組織的代價大於利益時，會改變其態度。因此，外在的獎賞成爲維持此類承諾的關鍵。亦即，個人與組織之間聘雇關係的維持，是依靠物質利益而非情感因素。因此，此種承諾又可稱爲順從（compliance）或工具承諾（instrumental commitment）。

　　規範承諾則強調個人與組織關係中的義務層面，認爲組織成員經由組織或社會規範的內化，會產生一種接近個人義務或道德責任的承諾（Kanter, 1968; Weiner & Gechman, 1977; Marsh & Mannari, 1977; Wiener, 1982）。員工認爲留在組織、爲組織付出，是一種不可逃避的個人義務。雖然規範承諾強調個人的責任與義務層面，然而亦可視爲個人情感承諾的另一種展現。在實證研究中，兩種承諾的差異並不明顯。一般而言，規範承諾對員工行爲表現的影響，不如情感承諾來得強（Mathieu & Zajac, 1990; Meyer & Allen, 1997）。因此，規範承諾較少受到西方研究者的重視。然而，在華人社會，角色義務是個人重要的行爲準則（楊國樞，1992），也是華人社會結構中的核心，因此，在華人企業組織中，規範承諾是極爲重要的。

2. 組織公民行為（organizational citizenship behavior）

　　就組織忠誠的行爲方面而言，西方研究最多的是組織公民行爲。此概念淵源於 Katz（1964）之角色外行爲的想法。Katz 指出，爲了維持組織的順暢運作，員工在組織中，除了要完成組織要求的角色內工作之外，仍需要有超乎角色要求的創新與自主行爲。這種行爲可以界定爲：組織並無明確規定、也不受正式獎賞系統約束的利組織行爲（Smith et al., 1983）——就算是員工個人不表現角色外行為，也不會受到組織處罰（Organ, 1988）。與組織承諾的發展軌跡類似，西方組織公民行為的概念，亦由整體而趨向多元，如表 26-3 所示。

表26-3　組織公民行為的主要研究

研究者	研究主題	研究主題	研究對象	主要結果
Katz (1964)	角色外行為	文獻評論	－	區分工作必備行為與角色外行為。
Bateman & Organ (1983)	組織公民行為：綜合行為指標	縱貫式問卷調查	大學行政人員（N=82）	工作滿意與組織公民行為的關係，要大於工作滿意與工作績效的關係。
Smith et al., (1983)	組織公民行為：多重向度	問卷調查	二家銀行員工（N=422）	釐清組織公民行為涵蓋兩類主要向度：助人行為（altruism）與廣義順從（generalized compliance）。
Organ (1988)	組織公民行為：概念建構	文獻評論	－	除了助人與順從之外，組織公民行為還包含：禮節（courtesy）、運動精神（sportsmanship）及公民道德（civic virtue）三類向度。
Van Dyne et al., (1994)	組織公民行為：概念建構	問卷調查	民營企業員工（N=950）	組織承諾涵蓋了情感、持續及規範承諾三種承諾基礎（multi-bases）。
Podsakoff et al., (2000)	組織公民行為：概念整合	聚合分析（meta-analysis）	－	整理組織公民行為的研究，並提出組織公民行為有七個向度：助人行為（helping behavior）、運動精神（sportsmanship）、支持組織（organizational loyalty）、組織順從（organizational compliance）、自動自發（individual initiative）、公民道德（civic virtue）及自我成長（self development）。
Farh et al., (2002)	組織公民行為：文化比較	內容分析	中國公營、民營、及合資企業員工（N=166）	發現五類華人本土組織公民行為向度：自我學習、參與社會服務、保護公司資源、維護公司整潔、及維持和諧。

⑴**組織公民行為的內涵**

在角色外行為的概念提出之後，研究者開始探討何種員工行為是對組織有利，但卻未列在工作規範的要求當中，結果發現諸如協助同事解決工作問題、接受命令時不會推三阻四、以及適時提出建設性的意見等，都是重要的角色外行為，有些研究者並統稱這些行為是組織公民行為（Bateman & Organ, 1983; Smith et al., 1983）。表現出這樣行為的員工，就如同軍隊中的「優良戰士（good soldier）」般，能夠捍衛組織的利益（Organ, 1988）。

組織公民行為的內容，主要來自三方面：首先，是 Katz（1964）所稱的角色外行為，強調自動自發、合作、創新、尊重制度、自我訓練以及良好的儀態等。

第二，是來自 Smith 等人（1983）訪談組織基層管理人員，將獲得的行為事例進行因素分析之後，區辨出助人（altruism）與順從（compliance）兩個因素。助人行為包括了在工作上協助同事、主管或是工作團體；而順從則包括遵守工作規範與不做不利於組織的行為。在此項基礎上，Organ（1988）進一步指出組織公民行為還應該包括三個向度，即禮節（courtesy）：避免造成他人困擾的建設性行為；運動精神（sportsmanship）：能夠忍受暫時的不便，不會抱怨；公民道德（civic virtue）：真誠、負責地投入組織活動，並關心組織的發展。

第三、是來自於 Graham（1991）與 Van Dyne 等人（1994）的研究。透過哲學討論與現代政治理論的檢討，他們找出「積極公民特徵（active citizenship syndrome）」的信念與行為，包括三類重要的行為，一為組織服從（organizational obedience）：成員接受組織合理的規則、限制、工作標準以及人事政策等；其次為組織忠誠（organizational loyalty）：成員與組織一同面對威脅、維護組織聲譽以及為了公司整體利益而與其他人合作；第三為組織參與（organizational participation）：成員全心投入組織的各項活動，例如，參加非硬性規定出席的會議、與他人分享資訊或創新的想法以及提供他人不喜歡聽但卻正確的資訊。

這三大來源，建構出目前組織公民行為的主要內容範疇。表 26-4 是

依據 Podsakoff 等人（2000）的文獻回顧，對當前組織公民行爲內容向度
所進行的整理。其中，支持組織在組織公民行爲研究中，被稱之爲組織忠
誠（organizational loyalty）。然而，此一概念只是反映員工支持組織的行

表26-4　組織公民行為各向度意涵

向度內容	來源
助人行為（helping behavior）	
自願協助他人的行為。	Smith et al.（1983）；Organ（1988）；Moorman & Blakely（1995）
運動精神（sportsmanship）	
願意忍受一些不便，不抱怨工作上的一些不平。	Organ（1988）；Borman & Motowidlo（1993，1997）
支持組織（organizational loyalty）	
向外界推銷組織、保護組織不受威脅、以及與組織共體時艱。	Graham（1991）；Van Dyne et al.（1994）；Moorman & Blakely（1995）
組織順從（organizational compliance）	
遵從組織的規範與程序。	Smith et al.（1983）；Organ（1988）；Graham（1991）；Van Dyne et al.（1994）
自動自發（individual initiative）	
具有創造力、表現創新的行為，對工作擁有熱忱，並做持續的付出、自願承擔額外的責任、以及鼓勵他人也如此做。	Organ（1988）；Graham（1989）；Moorman & Blakely（1995）
公民道德（civic virtue）	
願意參與組織會議、注意組織的威脅與機會、並尋求組織的最大利益，即使因此付出極大的個人代價。	Organ（1988）；Graham（1991）；George & Brief（1992）；Van Dyne et al.（1994）；George & Jones（1997）
自我成長（self development）	
主動提升自己的知識、技術、以及能力，以提高個人的工作表現與組織效能。	George & Brief（1992）George & Jones（1997）
提出建言（voice）	
提出對公司有利的建議。	George & Brief（1992）；Van Dyne, et al.（1995）；George & Jones（1997）

來源：修改自 Podsakoff, et al.（2000）

為，而沒有我們所謂的忠誠意涵，與本篇所要討論的組織忠誠更是出入頗大。為避免混淆，在後面的論述中，將以支持組織表示。

（二）組織忠誠的對象

早期研究者並未刻意區分組織忠誠的對象，只認為組織忠誠的對象應該就是組織本身。然而組織只是一個籠統與整體的指稱，包括了許多不同的組成，例如管理當局、部門、主管及有形的組織等，在概念上，組織本身並非是無法區隔的（Reichers, 1985）。而且在本質上，忠誠也會因對象而異。因此，需要進一步區分出組織忠誠的對象，並探討組織忠誠在不同對象上的意涵（Morrow, 1983; Reichers, 1985）。

1. 組織承諾的多重對象

雖然組織承諾通常是指對組織的承諾，然而在結構上或任務上，組織仍存在著不同的部門或事業單位，因此，組織員工所需要承諾的對象，類別頗多，而必須加以細分。根據多元內容與多元對象的組織承諾概念，Meyer 與 Allen（1997）提出一個組織承諾的矩陣式架構。其中，在承諾內容上，可以區分為情感、持續以及規範；而在承諾對象上，則包括組織本身、最高主管、部門、部門經理、工作團體及團隊督導等類別。

組織承諾具有多重對象與多元內容的想法，也獲得了實徵研究的支持（Becker, 1992; Gregersen, 1993; Becker & Billings, 1993; Becker et al., 1996）。在 Becker 與 Billings（1993）的研究中，透過群聚分析（cluster analysis），以承諾剖面（profile）來界定承諾對象，而得出兩類重要的對象，即整體對象（global foci），包括對組織本身與最高管理人的承諾；與區域對象（local foci），包括對工作團體與直屬主管的承諾。這顯示了我們可以依照承諾對象與員工心理距離的遠近，區分出心理距離近的對象（如區域對象），與心理距離遠的對象（整體對象），此兩類承諾又以主管承諾與組織承諾最具代表性。通常，這兩類對象承諾對員工的工作行為或態度的影響，是極為不同的，而直屬主管承諾對員工的組織公民行為與工作績效上，比組織承諾具有更為顯著的影響力（Becker & Billing, 1993;

Gregersen, 1993; Becker et al., 1996; Cheng et al., 2003）。

2. 組織公民行為的多元對象

在組織忠誠的行為表現上，也是有對象上的不同。以組織公民行為而言，某些行為較強調對工作團體的協助，某些行為則直接與組織整體的利益有關；某些行為強調對同事的幫助，某些行為則涉及對工作的敬業。因此，組織忠誠的行為對象也是不同的，對組織效能的影響也深淺不一（Brief & Motowidlo, 1986）。

就現行的研究而言，研究者通常將忠誠的行為對象，區分為直接對組織有利的組織公民行為（OCB-O），與直接對某特定個人有利、間接對組織有利的組織公民行為（OCB-I）（Williams & Anderson, 1991）。前者指的是對組織聲譽的維護、組織資源的保護等直接對組織有利的行為；後者則指對直屬主管的配合與對同事的協助。當然，區分標準也不只是一種，除了上述標準之外，有的研究者將之區分為工作團體與組織，並由此有不同層級的組織公民行為內容。總之，從過去的研究可以發現，組織公民行為的內容，會因對象而有所不同。究竟如何不同？彼此間的關係為何？或是不同對象忠誠行為與其他效能指標的關係為何？都須做進一步的探討。

3. 小結

總結而言，西方組織忠誠的研究從組織承諾的態度概念切入，逐步發展出承諾內容與承諾對象的議題；並且在與角色理論掛鉤以後，發展出組織忠誠行為方面的研究，例如組織公民行為的探討。圖 26-1 簡述了西方組織忠誠的研究發展軌跡：從最初的行為學派觀點，以行為承諾解讀員工的組織忠誠，而後發展出著重員工心理層面的組織承諾概念。發展之初，雖然同時考慮態度、行為意圖以及動機等層面的意涵（Porter et al., 1974），但後續的研究，則僅聚焦於員工對組織的態度與行為，前者為組織承諾的研究，後者則為組織公民行為的研究。不論是組織承諾或是組織公民行為，也都發展出多重對象與多元內容的概念。另外，組織承諾中的

認同承諾也經由吸納社會認定論（social identity theory），而發展出組織認同的概念，並且逐漸成為近期研究者所重視的研究議題。

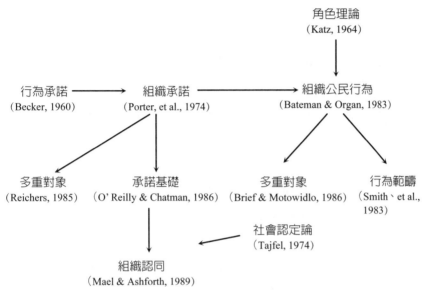

圖26-1 西方組織忠誠研究的軌跡

　　雖然西方研究者以態度與行為兩個成分，切割組織忠誠的概念（Organ, 1990）。但是這兩大主軸的研究路線，不但對話不多，而且似乎有老死不相往來的趨勢，並未加以統整，以致造成概念重複（redundancy）與混淆的情形（Pierce et al., 2001）。除此之外，如同Royce（1924）對忠誠所下的定義：個人為了某種原因（cause），願意全心全力地奉獻、付出以及實現忠誠對象的理想。因此，忠誠應該同時涵蓋意願與行為，而非做嚴格的分割。所以，我們不能僅從單方面的態度或行為，去了解組織忠誠，如此將會犧牲組織忠誠的整體意涵。第三、西方人重視個我主義，因此，強調工具面與情感面的組織忠誠態度與行為，是可以理解的。但在將此種西方人所強調的忠誠構念移植到華人社會時，將會忽略了對華人極為重要的義務面忠誠，而必須加以修正。總之，對西方研究的掌握，可以讓我們對組織忠誠有完整且系統地了解，透過此種了解，

在主位文化的觀點上，我們將可以進一步探討華人社會對組織忠誠的看法，並深化組織忠誠的概念與理論。

二 華人組織忠誠

為了掌握文化差異與組織忠誠的關係，並突顯華人文化下的組織忠誠觀點，我們將比較中西文化的差異。接著，再以本土化研究取徑，分析華人組織忠誠的文化根源，進而討論具本土意涵的忠誠內容與重要的忠誠對象。

（一）華人文化中的集體主義傾向

近年來，文化與組織行為的議題逐漸受到重視。理由之一是文化不僅包含著規範、價值、感受、思想、角色、規則、行為、信念、態度、期望及意義等，文化也型塑了個人對環境的知覺與行動（Rousseau, 1990; Hatch, 1993），因此，文化對組織行為具有重大的影響力。以華人社會而言，其與西方社會最主要的文化差異，即在於集體主義或關係主義與個我主義的分野（Triandis, 1994; Yang, 2002）。

所謂集體主義是指：「個人將自身視為某一個或多個集體（家庭、同事、種族或國家）中的一分子，彼此緊密相連。個人由於受到集體規範與賦予責任的驅使，願意將集體目標置於個人目標之上，而且也重視與集體其他成員間的連結關係。」而個我主義則強調：「個人認為自己乃獨立於集體之外，個人與集體的連結是微弱鬆散的。個人行動的驅力主要是來自個人自身的喜好、需求、權利及與他人所訂定的合約。個人在與他人相處時，強調對關係的理性利害分析，並將個人的目標置於他人的目標之上」（Triandis, 1995）。

在集體主義與個我主義的基礎上，楊國樞（1992）提出了社會取向的概念，認為中國人的集體主義，是一種以家族為中心的形式，經由家族化歷程，將家族的結構型態與運作原則、倫理關係或角色關係、以及家族生活中所學得的為人處事的觀念、態度及行為，類化到家族以外的團體或組

織之上。相對於西方集體主義所強調的個人與集體之間的水平連結，這種以家族為中心的思想、態度、價值觀及行為，所呈現的是一種垂直集體主義的特色（Yang, 2002），強調集體先於個人，並形成垂直的連結關係。在倫理與生存的意義上，個人都必須依附於家族、肩負起延續家族生命的任務，而體現了個人在家族生命史中的垂直變遷過程。所謂垂直的變遷，即指個人在家族中權力地位的向上變動。

也由於華人集體主義的特性，使得華人對權威等議題的知覺相當敏感，楊國樞（1992）稱此為權威取向。權威取向有三個主要特徵，即權威敏感、權威崇拜、及權威依賴，華人在人際互動中，習慣將對象以權威程度區分出個人合宜的對待方式，同時，會類化權威對象的能力，並在心理與行為上，高度依賴與服從權威對象。這種權威取向對華人組織行為的影響是相當顯著的，尤其是在組織領導與成員忠誠方面。

因此，在華人文化情境中的組織忠誠，不但與西方組織忠誠有著不同的面貌，而且內涵也更為豐富。然而，以臺灣為例，早期的組織忠誠研究，大多是以移植西方組織承諾的概念為要務，同時，也僅將組織承諾視為員工效能指標的一種，而進行各種組織行為變項與組織承諾關係的探討，這些變項包括員工公平知覺（林淑姬，1994；張瑞當等人，2001）、文化價值觀（丁虹等人，1988；黃正雄，1999；黃國隆，1995；黃國隆、陳惠芳，1998；鄭伯壎，1993，1995b）及領導行為（黃國隆、蔡啟通，1998）等等，不一而足。

然而，組織承諾由於立基於西方個我主義的文化背景之下，自有其屬於西方文化傳統的獨特意涵，是否能應用於文化背景不同的華人組織，不無疑義。有鑑於此，許多跨文化組織行為研究者都強調：直接將某一文化下的發現，套用於另一文化範疇的客位研究取徑（etic approach），雖然可以讓我們了解不同的文化間是否具有相同的構念，然而，屬於文化獨特性的構念，就會因此而被掩蓋。為了避免這種缺失，應該採用主位或局內人觀點（emic perspectives）的研究取徑，以當地的文化語彙、局內人的角度，建構出符合文化傳統的研究構念。此種研究取徑通常較能掌握本土現象的豐富性，並彰顯出重要的文化意涵。在對局內人的觀點有所領會之

後，再與客位研究觀點進行對話，才能對組織現象有較整體與寬廣的理解（Morris et al., 1999）。

上一節中，我們已經針對西方的組織忠誠概念，做了詳細地討論；接著我們將從文化本位的觀點，進一步了解在華人社會中，組織忠誠的意涵為何？最後，則統整主位與客位兩種研究取徑的觀點，提出組織忠誠的整合性架構。在討論華人組織忠誠的意涵時，必須先了解華人傳統文化下的忠誠觀，以掌握華人文化傳統下的組織忠誠概念；接著再呈現組織忠誠的本土化研究與發現。

1. 華人文化傳統下的忠誠觀

忠的概念始於春秋時代，起初是指個人內心的誠與敬，是個人處事的合宜態度。在這個概念下，忠誠並沒有特定的效忠對象，僅指個人所應具有的一種美德（手塚良道，1935；劉紀曜，1982）。這種美德表現在政治上，則為君主對人民或社稷之忠：

公曰：「何謂忠、貞？」對曰：「公家之利，知無不為，忠也；送往事居，耦俱無猜，貞也。」《左傳·僖公九年》

亦即，君主必須要忠於國家社稷以及人民，這可能是春秋時代的國家組織尚未完備，君主權威在極大的程度上，會受到民眾態度的影響。然而，當國家制度逐漸發展完全，忠誠的概念也從個人的道德層次，擴展到君臣之間的忠誠關係，並成為儒家思想中，五倫道德結構的一環：

父慈、子孝、兄良、弟悌、夫義、婦聽、長惠、幼順、君仁、臣忠。《禮記·禮運十義》

隨著國家組織的制度化，君主的個人權威或上位者的權威，也逐漸經由制度所確立，使得在春秋時代的上下互惠的忠誠關係，逐漸變成以下事上的單向效忠結構（劉紀曜，1982）。這種以下事上的單向忠誠結構，以

及忠誠在古代中國政治系統中的價值、意涵以及目的，在東漢馬融撰、鄭玄所注的《忠經》（西元 79-166 年），都有詳細的交待。雖然有關《忠經》的作者與成書的確切年代多有爭議，然而，《忠經》在中國社會流傳甚廣，對社會行為的影響也頗為深遠（王子今，1999）。即便到現代，這種影響也應該是存在的。因此，我們將從《忠經》的論述來了解華人文化下的忠誠觀，並讓我們對華人組織忠誠的文化淵源，有進一步的了解。

⑴**忠經**

在《忠經》的第一章〈天地神明章〉即指出，忠是一種合乎天地運行的道理，是一種連結的力量，因此，忠連結個人可以成為健全的人，連結家人可以成為家，連結眾人成為國，而連結君主與天地萬物，則可使廣土眾民能與天地共存。因此，忠始於連結個人內在，而終於連結國家與所存在的時空環境，聚結成為密實的整體：

……是故一於其身忠之始也，一於其家忠之中也，一於其國忠之終也。《忠經·天地神明章》

顯然地，這樣的連結力量，所反映的是中國人修身、齊家、治國、平天下的理念，而不只是西方組織承諾的連結關係（Mowday et al., 1982）而已；而且這樣的連結有其更高層次的目的性，由小我而大我，環環相扣，而非只是對組織的依附。

在《忠經》的論述中，不同位階的人，忠誠的內容與意涵是有所不同的：如〈盡忠章〉中所言：「君子盡忠則盡其心，小人盡忠則盡其力。盡力者則止其身，盡心者則洪於遠」。在此，君子和小人的差別，代表著個人能力稟賦差異。不論是上位者，如君主；或是下位者，如一般民眾，都有其各自對應的忠誠內容，如表 26-5 所示。表 26-5 簡述了君主、宰相、群臣、卑官及庶民應有的效忠內容。相對於現代的企業組織而言，君主就相當於企業主持人，宰相為高階經理人，群臣類似中階主管，卑官則對等於基層幹部，庶民則對應於一般員工。

表26-5　《忠經》之忠誠層級與對應之效忠內容

章名	忠誠主體	效忠對象	效忠內容
聖君章	君主 （企業主持人）	天 （組織使命） 宗廟 （組織傳統） 地 （組織使命）	人化之天下盡忠以奉上：上位者施政教化天下，使得事事都能合於天理地道。 光祖考：光耀祖先。 兢兢戒慎日增其明：個人德性須時時盡心砥礪。
家臣章	宰相 （高階經理）	君主 （企業主持人）	奉君忘身：全心協助君主。 徇國忘家：全心處理國家之事。 正色直辭：該說的直接說。 臨難死節：危難發生時，有氣節，不會臨危逃脫。
百工章	群臣 （中階主管）	上位者 （上級主管） 專才 （專業）	獻謀：以自己的專業，提出對國家有利的建言。 行政：做好身為管理者的工作。 思道：隨時反省要如何改進，才會對國家有利。 有儀：行為必須要符合制度規範。
守宰章	卑官 （基層幹部）	官位 （職責）	在官惟明：管理眾人清楚明確。 蒞事惟平：處理眾人之事公平無怨。 立身惟清：有操守，以身作則。
兆人章	庶民 （一般員工）	君主 （企業主持人） 自身 （工作）	祇承君之法度：順服國家政令。 行孝悌於其家：照顧好家族親屬。 服勤稼穡以供王賦：勤於農事，增產報國。

註：括號內為引申至現代組織中的相對意涵。

　　以界定君主的忠而言，君主的地位，是位於國家與自然環境、祖先神明的中繼點，所以君主的忠，在於「事天」、「事地」以及「事宗廟」，君主須遵從自然運行的道理，以慎選管理國家的官員，使民眾安居樂業，達到對天、地盡忠。而以眾人傳頌君主的德行（順天應人）和官員的賢能，達到對祖先神明盡忠。在今日的組織中，君主頗類似於企業主持人，必須因應環境變化，達成組織使命，以維繫組織於不墜。當然，對華人的

企業主持人而言，經營公司也同樣地背負著光宗耀祖的「天命」（余英時，1987；虞邦祥，1998）。

以宰相的忠而言，其最高的指導原則爲「事君忠」。宰相可以說是實際執行管理任務的最高官員，因此必須完整傳達君主的意識，而君主也必須完全信任宰相，才能讓宰相擁有執行政策的空間：

> 家臣於君可謂一體，下行而上信故能成其忠。《忠經·家臣章》

因此宰相的忠，要能全心輔助君主，把國家當成是自己所擁有的一樣來治理，而且要抱持著與國家共存亡的堅定態度。也由於責任大，宰相需要有較高的自我犧牲精神。就現代組織而言，宰相代表著高階經理人，如同公司中的總經理，其上層主管可能包括董事長（或董事會）、甚至是股票持有人。總經理的忠誠即在於執行董事長的政策與董事會的決議，以達成公司的經營目標，並創造更高的股東權益。

群臣的忠則是盡忠職守，對上位者與制度負責。在今日，群臣有如公司中的中階主管，各有其獨特的專業。除了做好職位內所要求的工作外，群臣的忠還要能從自己的專業觀點，提出對組織（國家）有利的建言，隨時思索有利於組織（國家）的種種改善措施，而且行爲處事也都要符合制度規範。能夠把這些事情做好，才能彰顯君主的恩德與教化，這是群臣表達忠誠的方式。

卑官的忠在處理眾人之事，卑官如同組織中的基層主管，其表達忠誠的方式，是要能完善地執行組織（國家）的政策與制度，有效的管理基層員工，提供基層員工穩定的工作環境，協助員工發展合宜的工作方法，使得一般員工都能恰如其分地完成工作任務。此外，卑官也得負起教化庶民之責：

> 篤之以仁義以固其心，導之以禮樂以和其氣，宣君德以弘大其化，明國法以至於無刑。《忠經·守宰章》

　　最後，庶民的忠，則表現在守法、持家以及勤勞工作上。比擬於現代組織，庶民就如一般員工，其表現忠誠的方式，是遵守公司的規定與制度，認眞盡職地做好自己的工作。

　　因此，就《忠經》的階層概念來說，國家內包含了眾民，位於天之下、地之上，而傳承於宗廟，君主爲其代表。君主須忠於天、地以及宗廟，代理人民與天地連結。相對於做決策的君主，實際管理眾民之首的宰相，則居於整個官僚體系執行長的地位，可說是君主的直接代理人，任用賢臣，照顧好國家內的所有事項，完成君主所賦予的使命，以全其忠。君主與宰相之間，具有上信下行的關係。至於官僚體系中的其他層級，則亦有其各自應完成的任務：群臣旨在行政，建立制度，以昭君德；卑官則負責教化眾民，以宣君德；萬民則需戮力工作，照顧家庭，以守君法。因此，上下各有其需遵守的規範，只要盡忠敬業、各如其份，則國能大治。圖 26-2 呈現了《忠經》中的效忠層級結構，由圖 26-2 可以了解，由宰相與群臣所組成的團隊，頗類似現代組織中的高階經營團隊，他們職司國家組織的經營管理之責，並向君主負責。

　　從《忠經》的論述中，可以歸納出華人忠誠的四種重要特性：

⑴忠誠是個人修身、家庭興盛及國家治理的重要基素。

⑵忠誠是連結上下關係的重要態度與行爲準則。

⑶在態度上，雖然忠誠有其不變的本質，但會隨著個人所處的地位與應負的責任，而有不同的表現方式。

⑷忠誠的最終目的，乃在於組織的整體利益。雖然組織中位於各個層級的成員，都有其各別目標，但此目標乃鑲嵌在組織的共同目標或最高目標之下，環環相扣。因此，個別目標的達成，是完成整體目標的基礎；也因此，此一體系能將整個組織緊密地連結起來，成爲擁有共同意識與集體行動的有機體。

　　由《忠經》我們亦可理解到在政府組織內，除了宰相與君主較爲對等之外，其餘層級的效忠對象均指向君主，而非國家社稷，因此，對君主個人的私忠，可能重於對國家社稷的公忠，或是至少有同等程度的重視。至於君主則需要事天、事地、事宗廟，表示對家族傳統、環境都應給予高

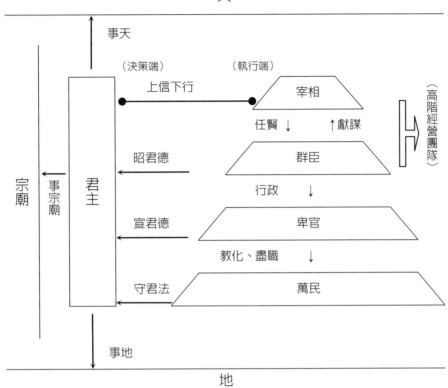

圖26-2　《忠經》之效忠層級結構

度的重視。換言之，在華人文化中，由於強調人際之間的垂直關係，於是組織成員最爲首要的效忠對象即爲其直屬主管或最高主管，爾後才能對組織本身效忠。這種同時效忠最高主管與直屬主管、或組織的雙軌式忠誠結構，不但能確保上下間的緊密結合，而且能確保所有連結都能擁有一致的目標。此種忠誠概念，與西方從組織整體角度出發，再分別探討依存於組織下的對象忠誠，有著完全相反的觀點。西方強調組織本身的優位，而輔以附屬對象忠誠；而華人則強調直屬與最高主管的優位，再兼顧對組織整體的效忠。簡言之，華人的組織忠誠，主要是透過主管忠誠或個人忠誠而完成組織整體的目標，而非直接效忠組織目標。

　　在了解華人忠誠的文化淵源之後，接著下來的問題是：此種文化傳統

對現代華人組織中的組織忠誠有何影響？華人組織忠誠的主要內容何在？私忠與公忠的關係與分際為何？這些問題也得經過縝密的分析之後，才能獲得正確的答案。

⒉ 華人組織忠誠的研究軌跡

由於華人組織強調對人的效忠可能先於組織，因此，對華人企業組織忠誠的研究軌跡是與西方有差異的：西方是先掌握組織忠誠的內容，再擴及組織忠誠的對象，而華人研究者則是先區分組織忠誠的對象，再擴及組織忠誠內容的探討，其研究軌跡如表 26-6 所示。

表26-6　華人組織忠誠態度相關研究

研究者	研究主題	研究方法	研究對象	主要結果
劉紀曜（1982）	忠的倫理	歷史研究（質化）	中國傳統政治組織	區分公忠與私忠的差異，並推論由於對鞏固政權的強調，中國政治制度中對忠誠的概念，由春秋的公忠逐漸轉變為後來的私忠。
周逸衡（1984）	管理行為	深度訪談（質化）	四十三家臺灣大型民營企業主持人	企業主將忠誠解釋為「忠於職守」、「把公司當成自己的事業來看」、「對工作盡心盡力」、「和老闆的觀念一致」等。
李慕華（1992）	組織忠誠	深度訪談（質化）	臺灣民營企業企業主與員工各 20 人	組織忠誠包括了「負責盡職」、「主動積極」、「與公司一體」、「穩定」以及「順從」。
鄭伯壎（1995a）	高階領導	臨床研究（質化）	二家臺灣民營企業企業主與相關人員	關係、忠誠及才能是華人領導者對部屬進行自己人或外人歸類的主要標準。
張慧芳（1995）	中階領導	問卷調查（量化）	五家臺灣民營企業職員與主管 173 人	與才能、關係比較起來，忠誠在上司對下屬的信任上，具有較高的解釋力。

研究者	研究主題	研究方法	研究對象	主要結果
鄭紀瑩（1996）	組織忠誠	個案研究（質化）	一家臺灣中型民營企業各階主管與職員10人	在華人的企業組織內，組織成員的效忠對象是多元的，其中對人的效忠十分重要；本質上，部屬對主管的效忠是一種社會交換關係。
陳鎮雄（Chen, 1997）	主管忠誠	問卷調查（量化）	中國廣洲、上海36家公營、民營、及合資公司員工333人	效忠主管包括五個因素，即奉獻、努力、跟隨主管、認同主管、內化價值等。相對於組織承諾，效忠主管對組織公民行為、角色內績效有更強的預測效果。
鄭伯壎等人（1999）	主管忠誠	問卷調查（量化）	一家臺灣中型民營電子企業員工660人	發展本土化主管忠誠量表，除了類似西方構念之認同內化之外，還包括犧牲奉獻、服從不貳、業務輔佐及主動配合等本土構念。與西方構念相較之下，對員工結果變項的預測，本土主管忠誠概念具有較佳之預測效果。
鄭伯壎、姜定宇（2000）	主管忠誠	問卷調查（量化）	六十家臺灣民營企業員工1198人	在控制組織承諾與西方主管忠誠的影響後，本土主管忠誠概念，仍能增加對員工組織行為與態度的解釋力。
鄭伯壎等人（2002）	組織忠誠	項目分析（質化）	臺灣民營企業員工68人	華人本土性組織忠誠，除了涵蓋西方組織承諾與部分組織公民行為概念向度之外，亦有屬於華人特有之忠誠向度。

　　回顧近期華人組織忠誠的研究中，劉紀曜（1982）的討論提供華人本土性組織忠誠研究相當豐富的概念基礎。他從歷史分析的角度，論述中國自春秋以降到漢代之忠誠意涵的轉變，並指出中國傳統政治環境一直存在著兩類忠誠概念，即是對國家社稷的忠誠，稱之為公忠；另一是對君主個人的忠誠，稱之為私忠。而且這兩種概念是隨著朝代與政治環境的更換，

而由春秋時代所強調的公忠，逐漸轉變成以私忠為主導的政治體制。

而在現代華人組織的研究中，周逸衡（1984）則以深度訪談的方式，分析臺灣九大行業四十三家大型企業組織的管理行為，發現企業主持人將忠誠解釋為忠於職守、把公司當成自己的事業、對工作能夠盡心盡力，以及與老闆有一致的想法。此外，他的研究也描繪出組織忠誠在華人企業管理中的重要性，並指出華人組織中的忠誠，大多是一種個人效忠的形式。

李慕華（1992）更深入探討了華人組織忠誠的內涵，她指出在性質、對象、規範、以及動機來源上，華人組織忠誠與西方組織承諾皆有不同的強調：在性質上，華人組織忠誠較強調情感面，而西方組織承諾則強調工具面；在對象上，華人是以對老闆或主管的效忠為主，而西方組織承諾是以組織為主要的承諾對象；在規範上，華人組織忠誠有較強烈的社會規範，西方組織承諾則否；在動機來源上，道德倫理是華人組織忠誠的重要來源，而西方組織承諾則受到酬賞所驅使。她接著分析了臺灣企業主持人與員工的訪談資料，並進一步指出華人的組織忠誠不僅涵蓋了西方組織承諾的概念，也包含了許多西方組織承諾所忽略的忠誠概念。

鄭伯壎（1995a）的研究則從領導行為做為出發點，探討華人的組織忠誠對員工歸類的影響。他以華人家族企業為研究對象，發現忠誠是企業主持人歸類部屬為自己人或外人的首要考量因素。他所提出來的員工歸類模式，說明了華人企業組織中的領導人，會依照部屬的親（關係深淺）、忠（效忠程度）、才（能力稟賦）三項標準，對部屬進行歸類；針對不同類別的員工，他也會表現出不同的對待。領導人通常會給予忠誠的部屬較多的照顧，而非具有才能的部屬。總之，鄭伯壎（1995a）將部屬忠誠視為主管歸類部屬的重要指標，相對於關係與才能，此一指標受到更大的強調（張慧芳，1995；Cheng et al., 2002）。

鄭紀瑩（1996）在整理與檢討過去的研究之後，指出探索華人組織忠誠的早期研究，均未能釐清忠誠的對象，例如，主管忠誠與組織忠誠混雜在一起，對人與對事的忠誠牽扯不清，因此，無法進一步了解不同對象忠誠間的關聯與衝突。有鑑於此，她以一家臺灣中型民營企業組織為個案，選擇不同級職的主管與職員，進行個案研究，發現組織成員能夠清楚區分

組織內不同對象的忠誠，而不同對象之忠誠所強調的忠誠內容亦有所差異。此外，對華人組織而言，雖然員工表現出對各種對象的忠誠，但對人（包括上司、高階主管、老闆）的忠誠仍然是最為重要的。

相較於鄭紀瑩以質性研究區分出華人組織忠誠的多元對象，陳鎮雄（Chen, 1997）則將西方主管承諾的概念，延伸至華人組織的主管忠誠上。為掌握華人主管忠誠的可能內容，他除了引進西方概念之外，也蒐集中國大陸企業員工描述主管忠誠的事例，並據此編製華人主管忠誠量表。他的主管忠誠問卷包括兩個主要部分：西方主管忠誠與華人主管忠誠。在隨後的量化研究中，他也發現了華人主管忠誠向度對員工組織效能的各項指標，均具有獨特的解釋力。

當然，測量華人主管忠誠的工具，並不只限於陳鎮雄的量表而已。鄭伯壎等人（1999）直接從華人組織忠誠的本土性研究中，萃取出華人主管忠誠的內容，並編製測量工具。相對於陳鎮雄的量表，此問卷在內容與語句陳述上，更貼近華人主管忠誠的概念。在後來的量化研究中，他們也區分出接近西方主管承諾概念之文化普同主管忠誠向度，以及屬於華人特有之本土主管忠誠向度；並發現本土主管忠誠向度對於某些員工或組織效能指標，均具有比西方主管忠誠向度更強的預測效果。

為了更深入探討西方主管忠誠與本土主管忠誠的異同，鄭伯壎與姜定宇（2000）以六十家臺灣民營 1198 位企業員工為對象，分析主管忠誠與員工效能間的關係。結果發現，在華人企業組織中，主管忠誠具有相當重要的影響效果，即使在控制組織承諾的影響後，主管忠誠在多項員工效能指標上，均具有相當顯著的預測效果。即使在排除西方主管忠誠的影響後，本土主管忠誠的預測效果仍然達到顯著。可見明華人主管忠誠不僅在概念上異於西方主管承諾，而且對員工與組織效能都具有獨特解釋力。

透過以上的回顧，可以了解華人組織忠誠的研究，主要著重於主管忠誠與組織忠誠等兩類忠誠的探討，而主管忠誠的探討則較組織忠誠為多，起步較早，累積的成果也較為豐碩。

3. 華人組織忠誠的內容

(1) 主管忠誠

在華人社會中，對主管忠誠內容的討論，已有相當久遠的歷史。在中國早期的政治體制中，指的是對君主個人的私忠。所謂私忠，意指臣民對君主個人沒有二心、專心一意以及毫無保留的服從。到了漢代，私忠的內容就擴充為事貴、致養、委身致命、伏節死難、揚君善、歸君德，再加上不貳等概念（劉紀曜，1982）。

在近期臺灣企業組織的研究中，則發現臺灣企業主或主管，所關心的部屬忠誠內涵，包括主動獻議、傾力服務、沉默是金與順從第一等（周逸衡，1982）；以及工作積極、達成主管要求和替主管分憂解勞等（鄭紀瑩，1996）。

在中國企業組織的研究方面，陳鎮雄（Chen, 1997）在其博士論文中，以中國六家公司的二十位員工為樣本，要求他們羅列主管忠誠的陳述句，並納入西方主管承諾的概念，編製了主管忠誠測量問卷，再以大樣本施測，經因素分析後，獲得五個效忠主管的因素，包括認同主管（identification with supervisor）、內化主管價值觀（internalization）、努力（effort）、跟隨（following supervisor）以及奉獻（dedication）。其中認同與內化兩個概念，與西方主管承諾的概念類似，而其餘三個向度為具華人本土特色的主管忠誠概念。

由於陳鎮雄的主管忠誠量表，乃延伸於西方組織承諾的研究，因此，姜定宇等人（2007）根據相關之質性研究結果（鄭伯壎，1995a；鄭紀瑩，1996），並參考張慧芳（1995）與陳鎮雄（Chen, 1997）的量化研究，整理出主管效忠的五個主要向度與十二個次級向度，五個主要向度包括認同、內化、奉獻、效勞及服從，而十二個次要向度則包括尊敬、服氣、價值共享、榮辱與共、犧牲、任怨、分憂、揚善、事貴、隱惡、服從及不貳等。接著再以一家臺灣企業組織的 660 位員工為對象，進行量表的校正，結果獲得五個主要向度，即認同內化、業務輔佐、主動配合、犧牲奉獻及服從不二。其中認同內化呼應了西方主管承諾的建構，而其他四個

向度則反映了華人本土的主管忠誠意涵。

　　此外，由於在華人文化下，主管與部屬之間的權力差異，可能會使得部屬所認為的效忠與主管所知覺的效忠，兩者之間存在著落差（鄭伯壎、姜定宇，2003）。於是姜定宇（2009）藉由關鍵事例蒐集，進行主管知覺部屬效忠的概念探索與發展，並且藉由蒐集量化資料所進行的探索性與確認性因素分析，最終獲得二十題五因素的測量工具，各向度分別命名為：謹守分際、虛心受教、貼心關懷、克盡職守以及管理輔佐。這些向度與王叢桂、羅國英（2005）所進行的訪談資料分析中所獲得的結果一致。另外，在姜定宇一文的分析並指出，部屬效忠與主管知覺效忠彼此雖然有著顯著正向關聯，但是兩者之間仍有不同的重視內容。

　　總結而言，雖然研究者探討華人主管忠誠的作法有所不同，有的採用歷史分析法、有的採用質性研究法、而有的則採量化研究，而且不同的研究者對不同的內容亦有不同的強調，但我們仍然可以根據姜定宇等人（2007）的架構，將所有研究者的觀點加以整理，而可以獲得某種程度的共識。各種主管忠誠內容向度的比較，如表 26-7 所示。

表26-7　主管忠誠向度比較

內容	劉紀曜 （1982）	周逸衡 （1984）	鄭紀瑩 （1996）	Chen （1997）	鄭伯壎等人 （1999）
認同 主管	尊敬、服氣、揚善		情感依附 在心態上有一體感、榮辱與共。	認同 對主管的價值觀與成就有高度的認同與尊敬。	認同、內化 與主管有相同的感受、相似的價值觀及尊敬佩服主管。
內化 價值		傾力服務 即使是占用自己的私人時間，也會幫主管處理私事。		內化 與主管的價值觀一致或高度的內化。	

內容	劉紀曜 （1982）	周逸衡 （1984）	鄭紀瑩 （1996）	Chen （1997）	鄭伯壎等人 （1999）
犧牲 奉獻	犧牲、任怨、分憂、隱惡	順從第一 聽老闆的話總是不會錯的。	分憂 主動為主管設想，而願意分擔主管的工作。	奉獻 願為主管犧牲自己，或是犧牲個人的利益，以換取或增進主管的福祉。	犧牲奉獻 主動考量主管的利益，而願將個人利益放在其次。
服從 不貳	服從、不貳	緘默是金 與主管意見不同時，最好不要公開表示出來。		追隨 對主管有強烈的依附，並希望能跟隨左右。	服從不貳 無條件遵從主管的命令。
業務 輔佐	事責、揚善、隱惡	主動獻議 積極提供構想或建議，以協助主管解決工作上的問題。	工作積極 工作認真、克盡職責及有效率。		業務輔佐 主動提供主管在業務執行上所需的訊息與協助。
主動 配合	分憂、事責		達成要求 努力完成主管交付的任務。	努力 為了主管，願意付出相當程度的努力。	主動配合 主動做好份內的工作，以配合主管的要求。

來源：修改自鄭伯壎、姜定宇（2000）

(2) 組織忠誠

　　雖然在華人企業當中，針對組織本身忠誠的研究，近期才逐漸受到研究者重視。但是組織忠誠的意涵，早在春秋時代就已經存在，所指稱的是一種個人對國家社稷竭誠無私地付出與犧牲。在劉紀曜（1982）的歷史分析中，指出這種針對國家整體的忠誠，特別反映在敢於提出諫言的行為。至於中國古籍中的《忠經》，則強調對國家社稷的忠誠包括忠心、侍奉、盡職、建言、守節及有儀等意涵。其中，忠心與侍奉為較偏向態度層面，而其他四類內容則屬於行為層面的意涵。

　　在近期華人企業組織的研究中，研究者以深度訪談，分析臺灣企業

雇主與員工各二十人，蒐集到八十九個組織忠誠事件。經由質性內容分析
程序，整理出組織忠誠包括了五種主要的意涵，分別為負責盡職、主動積
極、與公司一體、穩定以及順從（李慕華，1992）。另一項以臺灣一家中
型民營企業 10 位組織成員的深度訪談研究，則指出員工的組織忠誠包括
了情感依附、工作積極以及達成要求等（鄭紀瑩，1996）。

　　而在組織忠誠的行為層面，研究者則是以西方組織公民行為的概
念，分析臺灣企業組織的員工，結果顯示組織忠誠的行為範疇包括恪守
本分、認同公司、協助同事、維持和諧以及保護公司資源等（Farh et al.,
1997）。另有研究以相同的作法，分析中國大陸企業組織的員工，而界
定出十一類行為範疇，由自我層次推至社會層次，包括有自我層次的自我
學習、主動積極及保持環境清潔；團體層次的協助同事與維持和諧；組織
層次的保護公司資源、提出建言、參與團體活動；社會層次的提升公司形
象、遵守社會規範以及參與社會服務活動等（Farh et al., 2002）。

　　由於過去對華人組織忠誠的研究，都是採用質性方法，分別分析組織
忠誠態度與組織公民行為的意涵，缺乏較系統性的探討。有鑑於此，研究
者乃同時從態度與行為著手，蒐集了臺灣民營企業 68 位員工對組織忠誠
的陳述句，共有 519 條，再經由歸納法（inductive approach）界定出內容
向度（Hinkin, 1998）。結果共獲得十四類組織忠誠向度，分別為認同組
織、內化價值、義務責任、犧牲順從、維護公司、盡職負責、建議獻策、
共體時艱、遵守規範、主動積極、協助同事、維持和諧、維護公利以及自
我培養。其中，認同組織、內化價值、義務責任、犧牲順從及維護公司，
是屬於組織忠誠的態度，而其餘九類屬於組織忠誠的行為。這些向度也分
別反映了西方組織承諾（如認同組織、內化價值及義務責任），組織公民
行為（如主動積極、建議獻策、共體時艱、協助同事、遵守規範及自我培
養），及本土忠誠（如維護公司、犧牲順從、盡職負責、維持和諧及維護
公利）的概念（鄭伯壎等人，2002）。有關過去研究之組織忠誠向度的比
較，如表 26-8 所示。

　　隨後，姜定宇等人（2003）加以編製華人組織忠誠的問卷，並蒐集企
業員工樣本加以檢視，最後獲得二項文化共同性的向度：義務內化與認同

表26-8　組織忠誠內容的比較

來源／向度	《忠經》(79-166)	李慕華 (1992)	鄭紀瑩 (1996)	Farh et al., (1997)	Farh et al., (2002)	鄭伯壎等人 (2002)
態度層面						
情感依附	忠心	與公司一體 和公司有休戚與共的感覺。	情感依附 在心態上有一體感、榮辱與共。	—	—	認同組織 認同組織內化價值與義務責任 與西方組織承諾的概念相似。
犧牲順從	侍奉 奉君忘身、徇國忘家。	順從 順從公司的目標，而願意犧牲自己的想法。	—	—	—	犧牲順從 為了公司的目標，而願意犧牲自己的資源與目標。
維護公司	—	—	—	—	提升公司形象 願意向外界宣傳公司的優點。	維護公司 面對外界時，願意為公司承受責難。
行為層面						
盡職負責	盡職 在官惟明、涖事惟平。	—	—	—	—	服從不貳 無條件遵從主管的命令。
建議獻策	建言 正色直辭、匡謀、思道。	主動獻議 積極提供構想或建議，以協助主管解決工作上的問題。	工作積極 工作認真、克盡職責、反有效率。	—	—	業務輔佐 主動提供主管在業務執行上所需的訊息與協助。

來源 ＼ 向度	《忠經》(79-166)	李慕華 (1992)	鄭紀瑩 (1996)	Farh et al., (1997)	Farh et al., (2002)	鄭伯壎等人 (2002)
共體時艱	守節　臨難死節。	穩定　長期地為公司服務。	—	—	—	共體時艱　當公司遭遇困難時，願意共渡難關。
遵守規範	有義　有義、立身惟清，遵守君之法度。	—	—	恪守本分　遵守公司的規章與程序。	—	遵守規範　遵從公司的規章與程序。
主動積極	—	主動積極　主動、積極地投入工作，不僅是盡到個人的職責，還願意做出更多有益於工作、公司的事。	達成要求　努力完成公司或主管所交付的任務，而不僅盡義力而已。	—	主動積極　主動承擔額外的責任，與他人合作。	主動積極　主動、積極地投入工作。
協助同事	—	—	—	協助同事　幫助同事解決工作上的困難。	協助同事　幫助同事解決工作上的困難。	協助同事　幫助同事解決工作上的困難。
維持和諧	—	—	—	維持和諧　維持工作團體與公司內的和諧。	維持和諧　維持工作團體與公司內的和諧。	維持和諧　維持工作團體與公司內的和諧。
維護公利	—	—	—	保護公司資源　不浪費公家資源，不占用公家時間。	保護公司資源　不浪費公家資源，不占用公家時間。	維護公利　不浪費公家資源，不占用公家時間。
自我培養	—	—	—	—	自我學習　主動提升自己知識與能力。	自我培養　主動提升自己知識與能力。

組織，以及六項文化獨特性的向度，分別爲：犧牲爲公、建議獻策、協助同事、積極進取、維護公益以及配合順從。

三 西方與華人組織忠誠的統整

根據以上的分析，可以了解西方組織忠誠概念，涵蓋了組織承諾與組織公民行爲兩個範疇，有關這些議題的西方研究，已經有相當久遠的歷史。反觀華人本土性的組織忠誠研究，卻尚在起步階段，而且早期的研究，也多以直接套用西方概念爲能事，而漏失了省察華人獨特組織忠誠意涵的機會。幸好目前已有改善，透過本土研究取徑的探討，我們對華人組織忠誠的了解，已經比以往更爲深刻，並能與西方構念進行對話。根據楊國樞（Yang, 2000）的分析，任何社會行爲的概念都存有普世雷同（cross-cultural equivalence）或本土獨一（indigenous uniqueness）的特性。因此，就華人與西方構念的比較而言，組織忠誠的概念可以有三種不同的文化性質：即文化普同性、西方獨特性及華人獨特性等。在這裡，我們只針對華人與西方最常見的忠誠對象——主管與組織本身，以及忠誠內容的態度與行爲進行討論。

（一）主管忠誠

就態度層面而言，雖然西方主管忠誠衍生自組織承諾的概念，然而，西方研究者僅考量認同與內化兩類情感忠誠（Becker, 1992; Gregersen, 1993），此種忠誠亦可在華人主管忠誠的探討中發現，因此應爲一種普世雷同的忠誠概念。除此之外，華人主管忠誠還強調犧牲奉獻與服從不貳兩類義務性的忠誠內容。至於工具性態度的忠誠概念，則不論是西方或華人研究者均未深入探討。

就行爲層面而言，西方組織公民行爲研究雖試圖區分直接對組織有利的行爲，與間接對組織有利的行爲兩類，後者並涉及了某些主管忠誠的內涵，但對主管忠誠行爲，仍欠缺系統性的探討。但華人主管忠誠的研究，則發現了主動配合與業務輔佐兩類情感忠誠的行爲。有關主管忠誠內容的

中西比較，如表 26-9 所示。

表26-9　主管忠誠對象與內容：中西比較

內容向度	主管忠誠		性質
	西方	華人	
態度層面			
情感忠誠			
	認同承諾	認同主管	文化普同性
	內化承諾	內化價值	文化普同性
規範忠誠			
	－	犧牲奉獻	華人特殊性
	－	服從不貳	華人特殊性
行為層面			
情感忠誠			
	－	主動配合	華人特殊性
	－	業務輔佐	華人特殊性

　　在 2005 年，姜定宇等人做了一項極為有趣的研究，他們將在華人企業組織中的效忠主管量表，拿到美國企業員工進行檢視（姜定宇等人，2005）。他們認為即使是美國企業，可能也存在著效忠主管的概念，只是不被研究者所重視，因此，源自於華人文化下的概念，在美國文化中應該仍有其獨特的影響力。這項研究結果指出，美國企業組織中也存在著效忠主管的概念，同時，在美國樣本中，具華人特殊性的效忠主管向度對工作績效亦具有顯著的正向效果。

（二）組織忠誠

　　就態度層面而言，西方組織忠誠包括了工具忠誠（持續承諾）、情感忠誠（認同承諾與內化承諾）以及規範忠誠（義務承諾）三種概念，至於華人組織則強調情感忠誠（認同組織、內化價值以及維護公司）與規範忠誠（義務責任與犧牲順從），而缺乏對工具忠誠的探討。

就行為層面而言，西方和華人有著相當接近的組織忠誠概念，而涵蓋了情感、義務及工具三大忠誠行為。就情感忠誠行為而言，包括自動自發與主動積極、提出建言與建議獻策、支持組織與共體時艱等四項；就規範忠誠而言，則涉及了協助同事的行為；至於工具忠誠，則包括了組織順從與遵守規範以及自我培養等行為。雖然如此，華人組織忠誠還特別強調盡職負責的情感忠誠行為，而且對規範忠誠行為也有不同的強調，在西方強調運動精神與公民道德，而在華人則是強調維持和諧與維護公利。有關組織忠誠內容的中西比較，如表 26-10 所示。

表26-10　組織忠誠對象與內容：中西比較

內容向度	組織忠誠		性質
	西方	華人	
態度層面			
情感忠誠			
	認同承諾	認同組織	文化普同性
	內化承諾	內化價值	文化普同性
	－	維護公司	華人特殊性
規範忠誠			
	義務承諾	義務責任	文化普同性
	－	犧牲順從	華人特殊性
工具忠誠			
	持續承諾	－	西方特殊性
行為層面			
情感忠誠			
	自動自發	主動積極	文化普同性
	提出建言	建議獻策	文化普同性
	支持組織	共體時艱	文化普同性
	－	盡職負責	華人特殊性
規範忠誠			
	協助同事	協助同事	文化普同性

內容向度	組織忠誠		性質
	西方	華人	
	運動精神	－	西方特殊性
	公民道德	－	西方特殊性
	－	維持和諧	華人特殊性
	－	維護公利	華人特殊性
工具忠誠			
	組織順從	遵守規範	文化普同性
	自我培養	自我培養	文化普同性

資料來源：本研究整理

　　透過上述組織忠誠與主管忠誠之跨文化比較分析，可以發現雖然中西方都各有反映其文化的獨特忠誠內容，但也有共通的部分。例如，在細項上，雖然內容有細微之差異，但都涵蓋在情感忠誠、規範忠誠及工具忠誠等三個向度內（鄭紀瑩，1996；Meyer & Allen, 1991）。其次，強調的忠誠對象雖有所不同，但都指出不同對象的忠誠對員工的效能具有不同的影響；而且也都強調主管與組織本身是兩類相當重要的忠誠對象。第三，雖然西方研究者習慣將態度與行為做切分，而華人研究者則關注概念的整體意涵，而也都同時考量態度與行為兩個層面。

　　因此我們可以從忠誠對象、忠誠層面以及忠誠內容等三個標準，來整合現行的組織忠誠研究，並勾勒未來的研究方向（如圖 26-3 所示）。圖 26-3 呈現了忠誠對象（主管與組織）、忠誠層面（態度與行為）及忠誠內容（情感、規範、及工具）為主軸的立體結構，包括 12 種小立方體，分別代表各種可能的組織忠誠組合。在這裡，也要特別強調，在忠誠對象方面，當然不只是主管與組織而已，其他的效忠對象還至少包括工作、專業、團隊及企業主持人等等，亦值得探討，因此，研究者可以進一步擴大立體結構，加大組織忠誠的研究範疇。

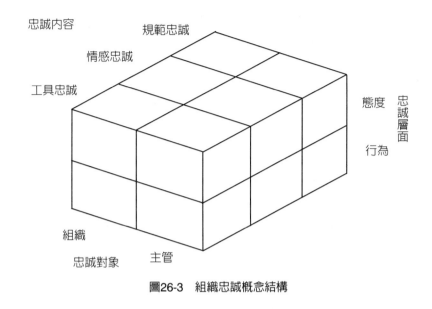

圖26-3　組織忠誠概念結構

四 近期忠誠研究發現

　　從 2003 年到 2019 年，近十五年的期間，有關忠誠相關的研究雖然有限，但是也有著一些積累。有研究嘗試檢驗 Cheng 等人（2003）所提出的文化假設，但是在以土耳其企業組織為樣本的研究中，並無法獲得支持（Wasti & Can, 2008）。同時，西方研究者亦採用縱貫研究的方式，檢驗三種承諾對象（對組織、對主管以及對工作團體）與工作表現之間的關聯性，發現對主管承諾具有最為顯著的直接效果（Vandenberghe et al., 2004）。同時，研究亦指出，對於新進員工來說，對組織與對主管的承諾，是影響員工適應的重要因素，而且兩項承諾對結果變項來說，是具有交互作用的效果（Lapointe et al., 2013）。上述研究進一步顯示即使是在西方企業組織，員工與其直屬主管之間的承諾，特別是情感性承諾，亦是影響員工組織表現與適應的重要變項。

　　在這十五年間，較特別的是相關理論的發展，尤其是針對承諾或忠誠現象的可能理論，發展出幾項不同的觀點。組織承諾的概念發展起初，

並沒有特別清楚論述其理論背景，而是較爲強調其在組織中的重要員工行動（Porter et al., 1982），而在之後 Meyer 與 Allen（1991）的論述中，則是認爲三項組織承諾，有著三個不同的理論意涵，像是強調經濟交換（economic exchange）的持續性承諾、重視規範義務的規範性承諾，以及帶著社會交換與個人認同意涵的情感性承諾。也由於組織承諾三項成分的理論意涵極爲不同，而近三十年的組織行爲研究對於理論要求愈加重視（Gioia & Pitre, 1990; Whetten, 1989）。因此，在近十五年的研究中，大多數的研究者傾向僅考量與承諾、忠誠概念較爲接近的情感性承諾此一組成，所以接下來將以情感性承諾或忠誠的相關理論進行說明。

（一）社會交換論（social exchange theory）

情感性承諾，不論是對組織或是對主管，有不少的研究是採用社會交換論的觀點（Blau, 1964），因此，會推論像是知覺組織支持（perceived organizational support）與知覺主管支持（perceived supervisor support），分別爲組織承諾與主管承諾的前置變項（Eisenberger et al., 1986; Kottke & Sharafinski, 1988; Panaccio & Vandenberghe, 2009）。在這項觀點中，員工對於組織與主管的正向社會情感反應，是來自於組織與主管對員工的支持與肯定，因此爲一種社會交換關係。在這項觀點中，主管承諾常會與領導者部屬交換（leader-member exchange, LMX）在概念上會有些重疊（Eisenberger et al., 2014; Maertz et al., 2007）。LMX 可以被視爲是一種理論觀點，也可以是指稱一種關係品質，是說明領導者與部屬之間的社會交換品質高低，能直接影響領導效能好壞的觀點（Scandura et al., 1986; Wayne et al., 1997）。Flint 等人（2013）指出，承諾是公平知覺與員工效能的關鍵中介變項。也由於情感性主管承諾的測量題項中，有一些題項是來自於對主管認同的概念，因此後來的研究者傾向採用 LMX 的概念，而非主管承諾的概念。而在主管忠誠的研究中，亦發現仁慈領導與主管忠誠有相當穩定的正向關聯（林家五等人，2012；林姿蓉等人，2014）。

Landry 與 Vandenberghe（2012）則是以此觀點，探討部屬對主管承諾與主管對部屬承諾的關聯性，結果顯示主管對部屬的情感性承諾與規範性

承諾，分別與部屬對主管的情感性承諾與規範性承諾有顯著地正向關聯。

1. 社會認定理論（social identity theory）

員工對組織的認同（identification）是可以使用社會認定理論來加以理解，這項理論指出個人會藉由連結與目標團體之間的價值，藉由認定的歷程，而讓個人產生對該目標團體的認同（Ashforth & Mael, 1989; Tajfel & Turner, 1986）。雖然採用社會認定理論可以解決情感情組織承諾的理論意涵不足的問題，不過在概念與測量上，是必須僅考量與理論相符合的部分，而不是完整的情感性承諾意涵（Shamir & Kark, 2004）。同時，此一理論難以清楚說明員工的情感性主管承諾，畢竟直屬主管並非是社會團體的概念。Cheng 等人（2015）做了一項有趣的研究，同時檢視在美國與臺灣企業組織中，主管正直、主管支持以及情感性主管承諾之間的關係，主管支持與情感性主管承諾之間的正相關，可以用社會交換理論來說明；主管正直與情感性主管承諾之間的關係則可以用社會認定理論來說明；不過，這項研究更進一步探討主管正直與主管支持在預測主管承諾上的交互作用效果。結果顯示，正直和支持，對臺灣的員工來說，都能有效提升主管承諾；然而，對美國員工來說，支持對承諾的正向效果，僅有在主管正直的條件下才發生。

2. 關係認同（relational identification）

Sluss 與 Ashforth 在 2007 年 *Academy of Management Review* 中所發表的一篇長文，提出一項極為創新的觀點，指出個人不僅會對社會團體產生認同，亦可能對某項關係產生認同，亦即會以這項關係中的特徵，來定義自我的概念（Sluss & Ashforth, 2007, 2008）。若是以此概念來說，員工會因為與其直屬主管的關係極佳，進而產生與主管的關係認同。Sluss 與 Ashforth 所提出的想法相當有趣，不過在測量上卻相當困難，也因此，後續的研究者雖然有人試圖編製問卷，不過仍有不少研究者是引述此一理論，而仍然採用情感性主管承諾或是認同主管的測量（Qu et al., 2015; Walumbwa & Hartnell, 2011）。同時，採用關係認同的觀點，論述轉型領

導與部屬對主管認同的正向效果（Qu et al., 2015; Walumbwa & Hartnell, 2011）。陳彥君與沈其泰（2015）的研究，則是採用 207 主管部屬對偶問卷，發現真誠領導（authentic leadership）與認同主管有正向關聯。Zhu 等人（2015）也發現道德領導（ethical leadership）與關係認同有顯著正相關，同時，關係認同亦是影響部屬建言（voice）行為的重要前因。

3. 相似吸引理論（similarity attraction theory）

對於為什麼部屬會對其直屬主管產生情感連結，另一項觀點則是認為因為兩者之間擁有相同的背景或價值觀，所以基於相似吸引理論，部屬會對其主管產生承諾感。這項觀點在本質上跟社會認同理論有些關聯，同時在操作上，像是有關個人環境適配（P-E Fit）的概念，而有著像是 P-O fit（員工與組織契合）與 P-S fit（員工與主管契合）的概念與測量（Turban & Jones, 1988; Van Vianen et al., 2011），也包含著像是社會認定與相似吸引理論的觀點（Cable & Edwards, 2004; Piasentin, & Chapman, 2007）。Huang 與 Iun（2006）的研究提出支持這項理論的觀點，指出當部屬知覺與其直屬主管有多方面的相似性時，部屬對主管的忠誠度就會提升。Van Vianen 等人（2011）的研究亦指出，員工與組織契合能夠提升組織承諾；而員工與主管契合則是能夠提升主管承諾。

4. 文化角色觀點

Cheng 等人（2003）採用的是一種文化角色觀點，指出在華人文化中，對於上司和下屬的關係，有其文化根源的界定，因此，身為下屬就應該把對主管效忠，視為其下屬的角色責任。換句話說，並非是社會交換或是經濟交換的概念，也與個人認同無關。Jiang 與 Cheng（2008）的研究支持這項觀點，指出臺灣企業組織中的員工，在與其直屬主管互動中所展現出的忠誠，其中基於角色義務的成分仍具有相當重要影響力，研究結果指出，相較於情感性忠誠，角色義務忠誠對於員工的角色外行為有更高的正向影響力。

5. 關係基模（relational schema）

　　姜定宇（2005）延伸華人文化觀點，指出部屬與主管之間的互動，可能有經濟的成分、社會情感的成分以及角色義務的成分，而成為個別的信念系統（belief system），而這種說明關係雙方該如何互動的劇本，則稱之為關係基模（Baldwin, 1992）。換句話說，由於華人文化的影響，所以華人企業組織的員工可能會有著重視角色義務的忠誠互動基模（蔡松純等人，2015）。Tsai 等人（2017）的研究則是探討情感性與工具性這兩類主管與部屬之間的關係基模，研究結果指出主管與部屬之間，若是彼此的情感性關係基模較一致時，LMX 的水準也會越高。基本上，關係基模的觀點，是源自於認知基模的內涵，是一種關注於個人自我概念發展的論述（Baldwin, 1992），而這項理論觀點則是從個人自我概念的建構上，說明環境與文化是如何形塑出人們與其他人之間的獨特互動樣貌。換句話說，華人的效忠意涵，源自於文化傳說、社會習俗以及家庭教養，而成為個人自我概念中，為人處世的重要互動劇本（Sanchez-Burks et al., 2000）。

6. 差序式領導

　　在鄭伯壎（1995）的文章中指出，在華人企業組織中，領導者會區分出自己人與外人部屬，並且有著不同的對待方式。而這種藉由差別對待方式而進行的領導行為展現，則稱之為差序式領導（姜定宇、張菀真，2010；姜定宇、鄭伯壎，2014），因此，在這樣的領導風格下，部屬藉由展示忠誠與效忠，是一種合理交換。這種合理交換並非是社會交換，而是基於家族主義文化下的信任（李新春，2002）。部屬對主管的忠誠，是影響主管歸類該名部屬為自己人部屬的重要成分（Hu et al., 2004），而偏私自己人部屬則被視為是較為公平公正的領導者（姜定宇、張菀真，2010）。Wu 等人（2012）的研究則指出，部屬效忠能有效預測領導者的仁慈領導行為。林姿葶與鄭伯壎（2012）的研究中，指發現主管知覺部屬忠誠與主管的生活照顧、工作照顧，都有顯著的正向效果。差序式領導的觀點，指出員工對主管的效忠，並不只是單一的概念存在，而必須從文化

與上下互動的關係，了解忠誠與偏私的上下互動，在華人文化中的獨特意涵與效用。

上述這些不同的理論觀點，有的是著重在主管承諾的某些部分內容，有的則是從文化或自我概念的角度理解，儘管不同理論之間不見得總是互斥，不過反映出有關承諾或是忠誠的概念，是一項內涵較為多元的組成，拆分成細部的成分，雖能助於理論的發展與檢視，不過卻容易失去完整概念的豐富性。

五 組織忠誠研究的啟示與未來研究方向

根據圖 26-3 的概念結構，我們可以進一步檢討過去、策勵未來；一方面檢視過去組織忠誠的研究成果，一方面掌握未來組織忠誠的研究議題。以過去的研究成果而言，我們了解西方之組織承諾研究偏向態度，而涵蓋了三類的忠誠內容；組織公民行為研究則偏向行為，同時指涉了組織與主管兩對象，內容則較偏向情感與規範；至於華人的組織忠誠研究，則在主管忠誠上著墨甚多，涵蓋了各類內容與層面的探討，至於組織忠誠則仍在起步階段，但將會涵蓋各種內容與層面的忠誠。

此外，從西方與華人組織忠誠概念的比較中，亦可以發現，不論是在忠誠的態度層面、或是行為層面，華人組織忠誠或主管忠誠均具有其獨一無二的部分，不但所強調的忠誠內容重點與西方有所差異——華人強調義務、西方則強調工具；而且兼顧了行為與態度層面，而非如西方之組織承諾與組織公民行為的完全分立。同時，華人忠誠的主要對象為主管與組織，甚至有主管忠誠重於組織忠誠，或私忠重於公忠的現象；但西方則相反，組織忠誠重於主管忠誠。

既然華人與西方對忠誠內容的強調點可能不同，則這些不同的忠誠內容對組織或成員的效能究竟有何影響呢？本土與西方忠誠構念對效能的相對影響力為何？的問題，就值得討論。因此，鄭伯壎與姜定宇（2000）採用鄭伯壎等人（1999）所發展出來的主管忠誠量表，檢視主管忠誠的西方建構與本土建構其員工效能的相對影響效果。結果發現，在排除組織承諾

與西方主管忠誠（指的是認同內化）的影響後，華人本土主管忠誠概念仍對員工的離職傾向、自評績效及主位組織公民行為[1]等員工態度與效能，具有獨特而顯著的預測效果；但對客位組織公民行為則不具獨特解釋效果。可見本土性的忠誠構念對本土性的組織公民行為可能具有較佳之預測力。這方面的關係，仍需要做更有系統的探討。

近期 Klein 等人（2012）重新針對工作中的承諾進行界定，指出過往的定義與測量，存在著不少的模糊與不一致之處，並且強調承諾的意涵之中，對於目標所產生的責任感，也是重要的內涵之一。由於目前臺灣的研究仍大多是採用傳統的組織承諾觀點，因此，未來的研究可以採用 Klein 等人的觀點，並加以探討此一創新概念的可能效用。

在未來的研究議題方面，由組織忠誠的結構圖中，亦可以指明未來的重要研究方向：首先，以組織本身為忠誠對象的組織忠誠研究，雖然已經有了初步的結果，然而，對於組織忠誠內容的討論，尤其是在行為層面上，仍缺乏系統性的探討。究竟哪些組織忠誠行為是屬於工具忠誠、情感忠誠、義務忠誠的範疇，抑或有其他類別的忠誠存在，都需做進一步的研究。同時，雖然華人文化讚許員工組織忠誠的重要價值，但是員工對組織的高度忠誠，可能有其負向效果需要留意。儘管在一系列的研究中，指出在華人企業組織中，員工對組織的忠誠是能夠協助員工抵抗工作壓力，或是減低壓力所產生的不良後果（Chang & Lu, 2007; Lu et al., 2010; Lu et al., 2011），但是楊豐華等人（2009）的研究卻指出，組織忠誠與工作倦怠有高度正向關係。

其次，就主管忠誠的研究而言，過去西方研究缺乏行為層面的考量，是否西方主管忠誠未涉及行為層面的意涵？抑或是西方研究者忽略了主管忠誠的行為表現？經由華人主管忠誠研究的啟發，也許可以提供西方研究者做進一步思考的基礎。反之，在華人主管忠誠的討論上，缺乏對工具忠誠的了解。是工具忠誠對華人組織成員不重要？抑或是受到研究者忽

---

[1] 主位組織公民行為的概念來自 Farh、Earley & Lin（1997）的研究，做為有別於西方組織公民行為（客位組織公民行為）的華人本土組織公民行為範疇。

視？都是值得討論的議題。如果西方的上下關係是由於成員和主管之間具有清楚的交換意識（exchange ideology），而逐漸發展出來的互動（Graen & Scandura, 1987）；則在華人社會文化的影響下，華人企業組織中成員和主管之間的上下關係，可能是基於彼此間的角色義務（role obligation）而建立起來（鄭伯壎，1995a；Jiang & Cheng, 2008）。換言之，是否華人與西方的主管忠誠所立基的機制是不同的，這也是值得探討的問題。

　　第三、組織忠誠與主管忠誠的關係，也值得做進一步的檢視。傳統政治組織預示了華人組織忠誠是一種具有雙重效忠的雙軌式忠誠，組織成員必須同時效忠組織與主管。這種雙重效忠的狀態，將導致華人組織中常見的效忠衝突與效忠困境，究竟要效忠組織或是效忠主管？人與組織孰重？效忠直屬主管抑是最高主管？效忠工作或專業（鄭紀瑩，1996）？雖然，Silin（1976）、Redding（1990）以及鄭伯壎（1995a）的研究都指出，在華人的家族企業中，一般企業主都認為員工對他的忠誠，即是對組織忠誠的展現。因此，在企業主持人等同於組織的狀況下，此種衝突將是微不足道的。但是當企業環境變得複雜、企業規模逐漸擴大，專業經理人並不等同於組織、組織目標也不見得與專業目標一致、直屬主管與最高主管也可能存有不同的目標時，此種衝突就會變得激烈。因此，對華人組織而言，組織忠誠與主管忠誠之間如何互相影響？是否存在著零合的關係？員工忠誠衝突的內涵為何？員工如何面對不同的忠誠衝突狀況？這些議題，都亟需做更多的研究，以逐步描繪出華人組織忠誠衝突的困境與本質，並提出解決之道。

　　針對組織承諾與主管承諾之間的關係，目前已有少數研究進行探討，以了解忠誠對象差異對員工與組織效能的影響效果（Becker & Billings, 1993; Hunt & Morgan, 1994; Becker et al., 1996）。研究者並提出接近假設（proximal hypothesis）與整體假設（global hypothesis）兩種對立看法來加以解釋。接近假設認為主管是員工直接互動的對象，因此與組織承諾相形之下，主管承諾應對員工效能有較大的影響；然而整體假設則認為員工與組織的關係，決定了員工的組織行為，因此組織承諾對於員工效能的影響較大。然而，這兩類假設都各有其預測不準之處，因此，鄭伯

壦等人（Cheng et al., 2003）提出相容假設（compatible hypothesis）的主張，認爲何種承諾較具效力，需視效能變項的性質而定：接近假設適用於解釋直接與主管有關的員工組織行爲與態度，而整體假設則適用於解釋與組織整體有關的態度和行爲。此外，他們亦提出文化差異假設（cultural difference hypothesis），認爲主管忠誠是否對組織整體或主管個人之態度與行爲兼具影響力，亦得視文化性質而定，對集體主義文化而言，主管忠誠的影響效果是較廣泛的，對主管或組織相關的員工效能都具有影響效果；但對個我主義文化而言，則較符合相容假設的原則，主管忠誠只有對主管相關的員工效能具影響效果。換言之，不同對象的忠誠，對員工效能可能具有不同程度的影響力，而且得視諸如文化等其他調節變項而定。

儘管從華人差序式領導的觀點，可以說明華人企業組織中忠誠的獨特效用與意涵，然而，這並不代表忠誠的影響力僅止於華人文化影響下的企業組織。從代理人理論的觀點中（Eisenhardt, 1989），忠誠行爲所意涵的承諾態度，是可以有效減低組織的管理成本，而受到管理者的認同與喜愛（李新春，2002）。換句話說，即使是在西方企業組織，可能亦存在著將忠誠視爲關鍵員工表現的現象。實際上，Whiting 等人（2008）的實驗室研究指出，在評量員工的工作表現時，員工所展現出的建言行爲與組織忠誠行爲，是對績效評定有顯著的正向影響力。

總之，本文分析了西方與華人的組織忠誠概念、發展軌跡及研究成果，並嘗試提出整合性的組織忠誠分析架構，期能爲未來的華人組織忠誠研究提供一項更堅實的基礎，並對普世雷同的組織忠誠探討做出貢獻。

參考文獻

丁虹、司徒達賢、吳靜吉（1988）：〈企業文化與組織承諾之關係研究〉。《管理評論》。173-197。

手塚良道（1935）：《儒教道德於君臣思想》。藤井書店。

王子今（1999）：《「忠」觀念研究：一種政治道德的文化源流與歷史演變》。

吉林教育出版社。

王叢桂、羅國英（2005）：〈影響臺籍主管與大陸籍部屬建立人際互信的因素〉。《本土心理學研究》，*23*，147-199。

余英時（1987）：《中國近世倫理與商人精神》。聯經出版公司。

李新春（2002）：〈信任、忠誠與家族主義困境〉。《管理世界》，2002年6月刊，87-156。

李慕華（1992）：《組織忠誠的內涵意義、影響因素與行為結果之探討：以臺灣中小企業為例》（碩士論文，輔仁大學）。

周逸衡（1984）：《國人價值觀體系與臺灣大型企業管理行為關係之研究》（博士論文，國立政治大學）。

林姿葶、姜定宇、蕭景鴻、鄭伯壎（2014）：〈家長式領導效能：後設分析研究〉。《本土心理學研究》，*42*，181-249。

林姿葶、鄭伯壎（2012）：〈華人領導者的噓寒問暖與提攜教育：仁慈領導之雙構面模式〉。《本土心理學研究》，*37*，253-302。

林家五、王悅縈、胡宛仙（2012）：〈真誠領導與仁慈領導對組織公民行為及主管忠誠之差異效果〉。《本土心理學研究》，*38*，205-256。

林淑姬（1994）：〈薪酬公平、程序公正與組織承諾、組織公民行為關係之研究〉。《管理評論》，*13*，87-107。

姜定宇（2000）：〈效忠主管、組織承諾及員工效能：五種模式的驗證〉（碩士論文），國立臺灣大學。

姜定宇（2005）：《華人部屬與主管關係、主管忠誠、及其後續結果：一項兩階段研究》（博士論文，國立臺灣大學）。

姜定宇（2009）：〈華人企業主管知覺部屬效忠〉。《中華心理學刊》，*51*(1)，101-120。

姜定宇、張菀眞（2010）：〈華人差序式領導與部屬效能〉。《本土心理學研究》，*33*，109-177。

姜定宇、鄭伯壎（2014）：〈華人差序式領導的本質與影響歷程〉。《本土心理學研究》，*42*，285-357。

姜定宇、鄭伯壎、任金剛、黃政瑋（2003）：〈組織忠誠：本土建構與測量〉。《本土心理學研究》，*19*，273-337。

姜定宇、鄭伯壎、任金剛、謝宜君（2005）：〈主管忠誠：華人本土構念的美國驗證〉。《中華心理學刊》，*47*(2)，139-156。

姜定宇、鄭伯壎、鄭紀瑩、周麗芳（2007）：〈華人效忠主管的概念分析與量表建構〉。《中華心理學刊》，*49*(4)，351-363。

張瑞當、徐漢祥、倪豐裕（2001）：〈公平性認知對組織成員工作滿意度與組織承諾影響之實證研究〉。《中山管理評論》，*9*，135-163。

張慧芳（1995）：《領導者與部屬間信任格局的決定要素與行為效果之探討》（碩士論文，國立臺灣大學）。

陳彥君、沈其泰（2015）：〈檢驗主管認同與權力距離傾向對於真誠領導與服務品質之關係的效果〉。《人力資源管理學報》，*15*(1)，1-25。

黃正雄（1999）：〈價值觀一致性與組織承諾、組織公民行為間關係之探討〉。《管理評論》，*18*，57-81。

黃國隆（1995）：〈臺灣與大陸企業員工工作價值觀之比較〉。《本土心理學研究》，*4*，92-147。

黃國隆、陳惠芳（1998）：〈資訊技術、組織價值觀與組織承諾之關係〉。《管理學報》，*5*，343-366。

黃國隆、蔡啟通（1998）：〈工作價值觀與領導行為對員工效能的影響〉。《臺大管理論叢》，*9*(1)，51-85。

楊國樞（1992）：〈中國人的社會取向：社會互動的觀點〉。見楊國樞、余安邦（主編），《中國人的心理與行為——理念及方法篇》。桂冠圖書公司。

楊豐華、陳建隆、吳能惠、楊雅棠（2009）：〈知覺組織支持、組織忠誠與工作倦怠關係之研究——以國內銀行業為例〉。《商學學報》，*17*，247-269。

虞邦祥（1999）：《臺灣電子公司的創業：一項階段論的觀點》（碩士論文，國立臺灣大學）。

劉紀曜（1982）：〈公與私——忠的倫理內涵〉。見黃俊傑（主編），《中國文化新論——思想篇二：天道與人道》。聯經出版公司。

蔡松純、鄭伯壎、周麗芳（2015）：〈領導者與部屬上下關係認定之理論模式建構〉。《中華心理學刊》，*57*(2)，121-144。

鄭伯壎（1988）：〈家族主義與領導行為〉。見高尚仁、楊中芳（主編）（1991），《中國人、中國心——人格與社會篇》。遠流出版公司。

鄭伯壎（1993）：〈組織價值觀與組織承諾、組織公民行為、工作績效的關係：不同加權模式與差距模式之比較〉。《中華心理學刊》，*35*，43-57。

鄭伯壎（1995a）：〈差序格局與華人組織行為〉。《本土心理學研究》，*3*，142-219。

鄭伯壎（1995b）：〈組織價值的上下契合度與組織成員個人效能〉。《中華心理學刊》，*37*，25-44。

鄭伯壎、任金剛、姜定宇（2002）：〈華人組織忠誠：概念建構與測量〉。華人本土心理學追求卓越計畫第二年結案報告，中華民國教育部。

鄭伯壎、姜定宇（2000）：〈華人組織中的主管忠誠：主位與客位概念對員工效能的效果〉。《本土心理學研究》，*14*，65-114。

鄭伯壎、鄭紀瑩、周麗芳（1999）：〈效忠主管：概念建構、測量及相關因素的探討〉。第三屆華人心理學家學術研討會，北京。

鄭紀瑩（1996）：《華人企業的組織忠誠：結構與歷程》（碩士論文，國立臺灣大學）。

Ashforth, B. E., & Mael, F. (1989). Social identity theory and the organization. *Academy of Management Review*, *14*(1), 20-39.

Baldwin, M. W. (1992). Relational schemas and the processing of social information. *Psychological Bulletin*, *112*(3), 461-484.

Bateman, T. S., & Organ, D. W. (1983). Job satisfaction and the good soldier: The relationship between affect and employee "citizenship". *Academy of Management Journal*, *26*(4), 587-595.

Becker, H. S. (1960). Notes on the concept of commitment. *American Journal of Sociology*, *66*, 32-42.

Becker, T. E. (1992). Foci and bases of commitment: Are they distinctions worth making? *Academy of Management Journal*, *35*(1), 232-244.

Becker, T. E., & Billings, R. S. (1993). Profiles of commitment: An empirical test. *Journal of Organizational Behavior*, *14*, 177-190.

Becker, T. E., Billings, R. S., Eveleth D. M., & Gilbert, N. L. (1996). Foci and bases of employee commitment: Implications for job performance. *Academy of Management Journal*, *39*(2), 464-482.

Blau, P. N. (1964). *Exchange and power in social life.* Wiley.

Borman, W. C., & Motowidlo, S. J. (1993). Expanding the criterion domain to include elements of contextual performance. In N. Schmitt & W. Borman (Eds.), *Personnel selection in organizations*, (pp. 71-98). New York: Jossey-Bass.

Borman, W. C., & Motowidlo, S. J. (1997). Task performance and contextual performance: The meaning for personnel selection research. *Human Performance, 10*, 99-109.

Brief, A. P., & Motowidlo, S. J. (1986). Prosocial organizational behaviors. *Academy of Management Review, 11*, 710-725.

Buchanan, B. (1974). Building organizational commitment: The socialization of managers in work organization. *Administrative Science Quarterly, 19*, 533-549.

Cable, D. M., & Edwards, J. R. (2004). Complementary and supplementary fit: A theoretical and empirical integration. *Journal of Applied Psychology, 89*(5), 822-834.

Chang, K. C., & Lu, L. (2007). Characteristics of organizational culture, stressors and well-being: The case of Taiwanese organizations. *Journal of Managerial Psychology, 22*, 549-568.

Chen, Z. X. (1997). *Loyalty to supervisor, organizational commitment, and employee outcomes: The Chinese case.* A doctoral dissertation. The Hong Kong University of Science and Technology.

Cheng, B. S., Farh, J. L., Chang, H. F., & Hsu, W. L. (2002). Guanxi, zhongcheng, competence and managerial behavior in Chinese context. *Journal of Chinese Psychology, 44*(2), 151-166.

Cheng, B. S., Jiang, D. Y., & Riley, J. (2003.). Organizational commitment, supervisory commitment, and employee outcomes in the Chinese context: Proximal hypothesis or global hypothesis? *Journal of Organizational Behavior, 24*, 313-334.

Cheng, C.-Y., Jiang, D.-Y., Cheng, B.-S., Riley, J. H., & Jen, C.-K. (2015). When do subordinates commit to their supervisors? Different effects of perceived supervisor integrity and support on Chinese and American employees. *The Leadership Quarterly, 26*, 81-97.

Eisenberger, R., Huntington, R., Hutchison, S., & Sowa, D. (1986). Perceived organizational support. *Journal of Applied Psychology*, *71*(3), 500-507.

Eisenberger, R., Shoss, M. K., Karagonlar, G., Gonzalez-Morales, G., Wickham, R. E., & Buffardi, L. C. (2014). The supervisor POS-LMX-subordinate POS chain: Moderation by reciprocation wariness and supervisor's organizational embodiment. *Journal of Organizational Behavior*, *35*, 635-656.

Eisenhardt, K. M. (1989). Agency theory: An assessment and review. *Academy of Management Review*, *14*(1), 57-74.

Farh, J. L., Earley, P. C., & Lin, S. C. (1997). Impetus for action: A cultural analysis of justice and organizational citizenship behavior in Chinese society. *Administrative Science Quarterly*, *42*, 421-444.

Farh, J. L., Zhong, C. B., & Organ, D. W. (2002). Organizational Citizenship Behavior in the People's Republic of China. (unpublished paper)

Flint, D., Haley, L. M., & McNally, J. J. (2013). Individual and organizational determinants of turnover intent. *Personnel Review*, *42*(5), 552-572.

George, J. M., & Jones, G. R. (1997). Organizational spontaneity in context. *Human Performance*, *10*, 153-170.

George, J. M., & Brief, A. P. (1992). Feeling good-doing good: A conceptual analysis of the mood at work-organizational spontaneity relationship. *Psychological Bulletin*, *112*, 310-329.

Gioia, D. A., & Pitre, E. (1990). Multiparadigm perspectives on theory building. *Academy of Management Review*, *15*(4), 584-620.

Graen, G. B., & Scandura, T. A. (1987). Toward a Psychology of dyadic organizing. *Research in Organizational Behavior*, *9*, 175-208.

Graham, J. W. (1991). An essay on organizational citizenship behavior. *Employee Responsibilities and Rights Journal*, *4*, 249-270.

Gregersen, B. (1993). Multiple commitments at work and extrarole behavior during three stages of organizational tenure. *Journal of Business Research*, *26*, 31-47.

Hall, D. T., Schneider, B., & Nygren, H. T. (1970). Personal factors in organizational identification. *Administrative Science Quarterly*, *15*, 176-190.

Hatch, M. J. (1993). The dynamics of organizational culture. *Academy of Management Review, 18(4)*, 657-693.

Hinkin, T. R. (1998). A brief tutorial on the development of measures for use in survey questionnaires. *Organizational Research Methods, 1*(1), 104-121.

Hrebiniak, L. G., & Alutto, J. A. (1972). Personal and role-related factors in the development of organizational commitment. *Administrative Science Quarterly, 17*, 555-573.

Hu, H. H., Hsu, W. L., & Cheng, B. S. (2004). The reward allocation decision of the Chinese manager: Influences of employee categorization and allocation situation. *Asian Journal of Social Psychology, 7*, 221-232.

Huang, X., & Iun, J. (2006), The impact of subordinate-supervisor similarity in growth need strength on work outcomes: the mediating role of perceived similarity. *Journal of Organizational. Behavior, 27*, 1121-1148.

Hunt, S. D., & Morgan, R. M. (1994). Organizational commitment: One of many commitments or key mediating construct? *Academy of Management Journal, 37(6)*, 1568-1587.

Jiang, D. Y., & Cheng, B. S. (2008). Affect-and role-based loyalty to supervisors in Chinese organizations. *Asian Journal of Social Psychology, 11*, 214-221.

Kanter, R. M. (1968). Commitment and social organization: A study of commitment mechanisms in utopian communities. *American Sociological Review, 33(4)*, 499-517.

Katz, D. (1964). The motivational basis of organizational behavior. *Behavioral Science, 9*, 131-146.

Klein, H. J., Molloy, J. C., & Brinsfield, C. (2012). Reconceptualizing workplace commitment to redress a stretched construct: Revisiting assumptions and removing confounds. *Academy of Management Review, 37*(1), 130-151.

Kottke, J. L., & Sharafinski, C. E. (1988). Measuring perceived supervisory and organizational support. *Educational and Psychological Measurement, 48*, 1075-1079.

Landry, G., & Vandenberghe, C. (2012). Relational commitments in employeesupervisor dyads and employee job performance. *The Leadership Quarterly*, *23*(3), 293-308. doi:10.1016/j.leaqua.2011.05.016

Lapointe, É., Vandenberghe, C., & Boudrias, J.-S. (2013). Psychological contract breach, affective commitment to organization and supervisor, and newcomer adjustment: A three-wave moderated mediation model. *Journal of Vocational Behavior*, *83*(3), 528-538,

Lu, L., Kao, S.-F., Siu, O.-L., & Lu, C.-Q. (2011). Work stress, Chinese work values, and work well-being in the Greater China. *The Journal of Social Psychology*, *151*(6), 767-783.

Lu, L., Siu, O. L., & Lu, C. Q. (2010). Does loyalty protect Chinese workers from stress? The role of affective organizational commitment in the Greater China region. *Stress & Health*, *26*, 161-168.

Mael, F. A., & Ashforth, B. E. (1989). Social identity theory and the organization. *Academy of Management Review*, *14*(1), 20-39.

Mael, F. A., & Ashforth, B. E. (1992). Alumni and their alma mater: A partial test of the reformulated model of organizational identification. *Journal of Organizational Behavior*, *13*, 103-123.

Maertz Jr, C. P., Griffeth, R. W., Campbell, N. S., & Allen, D. G. (2007). The effects of perceived organizational support and perceived supervisor support on employee turnover. *Journal of Organizational Behavior*, *28*(8), 1059-1075.

Marsh, R. M., & Mannari, H. (1977). Organizational commitment and turnover: A predictive study. *Administrative Science Quarterly*, *22*, 57-75.

Mathieu, J. E., & Zajac, D. M. (1990). A review and meta-analysis of the antecedents, correlates, and consequences of organizational commitment. *Psychological Bulletin*, *108*(2), 171-194.

Meyer, J. P., & Allen, N. J. (1991). A three-component conceptualization of organizational commitment. *Human Resource Management Review*, *1*(1), 61-89.

Meyer, J. P., & Allen, N. J. (1997). *Commitment in the workplace: Theory, research, and application.* Sage.

Moorman, R. H., & Blakely, G. L. (1995). Individualism-collectivism as an individual difference predictor of organizational citizenship behavior. *Journal of Organizational Behavior, 16,* 127-143.

Morris, M. W., Leung, K., Ames, D., & Lickel, B. (1999). Views from inside and outside: Integrating emic and etic insights about culture and justice judgment. *Academy of Management Review, 24*(4), 781-796.

Morrow, P. C. (1983). Concept redundancy in organizational research: The case of work commitment. *Academy of Management Review, 8,* 486-500.

Mowday, R. T., Porter, L. W., & Steers, R. M. (1982). *Employee-organization linkages: The psychology of commitment, absenteeism, and turnover.* Academic Press.

O'Reilly, C., & Chatman, J. (1986). Organizational commitment and psychological attachment: The effects of compliance, identification, and internalization on prosocial behavior. *Journal of Applied Psychology, 71*(3), 492-499.

Organ, D. W. (1988). *Organizational citizenship behavior: The good soldier syndrome.* Lexington Books.

Organ, D. W. (1990). The motivational basis of organizational citizenship behavior. In B. M. Staw & L. L. Cummings (Eds.), *Research in Organizational Behavior, 12,* 43-72.

Panaccio, A., & Vandenberghe, C. (2009). Perceived organizational support, organizational commitment and psychological well-being: A longitudinal study. *Journal of Vocational Behavior, 75*(2), 224-236.

Piasentin, K. A., & Chapman, D. S. (2007). Perceived similarity and complementarity as predictors of subjective person-organization fit. *Journal of Occupational & Organizational Psychology, 80,* 341-354.

Pierce, J. L., Kostova, T., & Dirks, K. T. (2001). Toward a theory of psychological ownership in organizations. *Academy of Management Review, 26*(2), 298-310.

Podsakoff, P. M., Mackenzie, S. B., Paine, J. B., Bachrach, D. G. (2000). Organizational citizenship behaviors: A critical review of the theoretical and empirical literature and suggestions for future research. *Journal of Management, 26,* 513-563.

Porter, L. W., Steers, R. M., Mowday, R. T., & Boulian, P. V. (1974). Organizational commitment, job satisfaction, and turnover among psychiatric technicians. *Journal of Applied Psychology, 59*(5), 603-609.

Qu, R., Janssen, O., & Shi, K. (2015). Transformational leadership and follower creativity: The mediating role of follower relational identification and the moderating role of leader creativity expectations. *The Leadership Quarterly, 26*(2), 286-299.

Redding, S. G. (1980). Cognition as an aspect of culture and its relation to management processes: An exploratory view of the Chinese case. *Journal of Management Studies, 17*. 127-148

Redding, S. G. (1990). *The Spirit of Chinese Capitalism*. New York: Walter de Gruyter.

Reichers, A. E. (1985). A review and reconceptualization of organizational commitment. *Academy of Management Review, 10*(3), 465-476.

Rousseau, D. M. (1990). Assessing organizational culture: The case for multiple methods. In B. Schneider (Ed.), *Organizational climate and culture*. Jossey-Bass.

Royce, J. (1924). *The philosophy of loyalty*. Macmillan.

Sanchez-Burks, J., Nisbett, R. E., & Ybarra, O. (2000). Cultural styles, relational schemas, and prejudice against out-groups. *Journal of Personality and Social Psychology, 79*(2), 174-189.

Scandura, T. A., Graen, G. B., & Michael, A. N. (1986). When managers decide not to decide autocratically: An investigation of leader-member exchange and decision influence. *Journal of Applied Psychology, 71*(4), 579-584.

Shamir, B., & Kark, R. (2004). A single item graphic scale for the measurement of organizational identification. *Journal of Occupational and Organizational Psychology, 77*, 115-123.

Sheldon, M. E. (1971). Investments and involvements as mechanisms producing commitment to the organization. *Administrative Science Quarterly, 16*, 142-150.

Silin, R. H. (1976). *Leadership and value: The organization of large-scale Taiwanese enterprises*. Harvard University. East Asian Research Center.

Sluss, D. M., & Ashforth, B. E. (2007). Relational identity and identification: defining ourselves through work relationships. *Academy of Management Review, 32*(1), 9-32.

Sluss, D. M., & Ashforth, B. E. (2008). How relational and organizational identification converge: Processes and conditions. *Organization Science, 19*(6), 807-823.

Smith, C. A., Organ, D. W., & Near, J. P. (1983). Organizational citizenship behavior: It's nature and antecedents. *Journal of Applied Psychology, 68*, 653-663.

Tajfel, H. (1974). Social identity and intergroup behavior. *Social Science Information, 13*, 65-93.

Tajfel, H., & Turner, J. C. (1986). The social identity of theory of intergroup behavior. In S. Worchel & W. G. Austin (Eds.), *Psychology of Intergroup Relations* (pp. 7-24). Nelson-Hal.

Tayeb, M. (1994). Organizations and national culture: Methodology considered. Organization Studies, *15*(3), 429-447.

Triandis, H. (1994). Cross-cultural industrial and organizational psychology. In H. C. Triandis, M. D. Dunnette, & L. M. Hough (Eds.), *Handbook of Industrial & Organizational Psychology, 4*, 103-172.

Triandis, H. C. (1995). *Individualism and collectivism.* Boulder, CA: Westview Press.

Tsai, C.-Y., Dionne, S. D., Wang, A.-C., Spain, S. M., Yammarino, F. J., & Cheng, B.-S. (2017). Effects of relational schema congruence on leader-member exchange. *The Leadership Quarterly, 28*(2), 268-284.

Turban, D. B., & Jones, A. P. (1988). Supervisor-subordinate similarity: Types, effects, and mechanisms. *Journal of Applied Psychology, 73*(2), 228-234.

Van Dyne, L., Graham, J. W., & Dienesch, R. M. (1994). Organizational citizenship behavior: construction redefinition, measurement, and validation. *Academy of Management Journal, 37*(4), 765-802.

Vandenberghe, C., Bentein, K., & Stinglhamber, F. (2004). Affective commitment to the organization, supervisor, and work group: Antecedents and outcomes. *Journal of Vocational Behavior, 64*, 47-71.

Van Vianen, A. E. M., Shen, C.-T., & Chuang, A. (2011). Person-organization and person-supervisor fits: Employee commitments in a Chinese context. *Journal of Organizational Behavior, 32*(6), 906-926.

Walumbwa, F. O., & Hartnell, C. A. (2011). Understanding transformational leadership-employee performance links: The role of relational identification and self-efficacy. *Journal of Occupational and Organizational Psychology*, *84*(1), 153-172.

Wasti, S. A., & Can, Ö. (2008). Affective and normative commitment to organization, supervisor, and coworkers: Do collectivist values matter? *Journal of Vocational Behavior*, *73*(3), 404-413.

Wayne, S. J., Shore, L. M., & Liden, R. C. (1997). Perceived organizational support and leader-member exchange: A social exchange perspective. *Academy of Management Journal*, *40*(1), 82-111.

Weiner, Y. (1982). Commitment in organizations: A behavior approach to job involvement. *Journal of Vocational Behavior*, *10*, 47-52.

Whetten, D. A., (1989). What constitutes a theoretical contribution? *Academy of Management Review*, *14*, 490-495.

Whiting, S. W., Podsakoff, P. M., & Pierce, J. R. (2008). Effects of task performance, helping, voice, and organizational loyalty on performance appraisal ratings. *Journal of Applied Psychology*, *93*(1), 125-139.

Wiener, Y., & Gechman, A. S. (1977). Commitment: A behavioral approach to job involvement. *Journal of Vocational Behavior*, *10*, 47-52.

Williams, L. J., & Anderson, S. E. (1991). Job satisfaction and organizational commitment as predictors of organizational citizenship and in-role behaviors. *Journal of Management*, *17*, 601-617.

Withey, M. J., & Cooper, W. H. (1989). Predicting exit, voice, loyalty and neglect. *Administrative Science Quarterly*, *34*, 521-539.

Wu, T. Y., Hu, C. Y., & Jiang, D. Y. (2012). Is subordinate's loyalty a precondition of supervisor's benevolent behavior? The moderating effects of supervisor's altruistic personality and perceived organizational support. *Asian Journal of Social Psychology*, *15*, 145-155.

Yang, K. S. (2000). Monocultural and cross-cultural indigenous approaches: The royal road to the development of a balanced global human psychology. *Asian Journal of Social Psychology*, *3*, 241-264.

Yang, K. S. (2002). Beyond Maslow's culture-bound, linear theory: A preliminary statement of the double-Y model of basic human needs. In V. Murphy-Berman and J. Berman, (Eds.), *Nebraska Symposium on Motivation* (Vol. 49): *Cross-culture differences in perspectives on the self.* University of Nebraska Press.

Zhu, W., He, H., Treviño, L. K., Chao, M. M., & Wang, W. (2015). Ethical leadership and follower voice and performance: The role of follower identifications and entity morality beliefs. *The Leadership Quarterly, 26*(5), 702-718.

第二十七章 華人組織中的時間觀[1]

林姿葶

> 人生天地之間，若白駒之過隙，忽然而已。
>
> 出自《莊子・外篇・智北游》

一 前言

「時間究竟是什麼？誰能輕易概括地說明它？誰對此有明確的概念？能用言語表達出來？可是在談話之中，有什麼比時間更常見，更熟悉呢？我們談到時間，一切了然於心，聽別人談到時間，我們也能領會、彼此心照不宣。但是，時間究竟是什麼呢？沒有人問我時，我很清楚，若有人問我，當我想說明時，卻又茫然不解了。」（譯自《懺悔錄》（*Confessions*），11 卷 14 章，奧古斯丁原著，周士良譯，1998；頁 254-255）。奧古斯丁之名著《懺悔錄》中的「時間之問」受到後世哲學家們的廣泛關注與高度評價，而這段出於其中之名言亦可反映出時間不論作為哲學問題，或是科學問題，長期以來帶給人們的巨大困惑。法國思想家伏爾泰便曾出過一個謎語：「世界上哪樣東西是最長又是最短的；最快又是最慢的；最能分割又是最廣大的；最不受重視又是最值得惋惜的；沒有它，什麼事情也做不成；它使一切渺小的東西歸於寂滅，又使一切偉大的東西

---

1 本文部分內容曾發表於《本土心理學研究》的〈組織中的時間與時間觀：回顧與展望〉（林姿葶、鄭伯壎，2013），與《中華心理學刊》的〈鑒往知來：領導研究中的時間議題〉（林姿葶、鄭伯壎，2014）。

生命不絕。」確實，在日常生活中，「時間」是再明確不過的東西，人們幾乎時刻都在使用它，但是，卻也沒有比「時間」更模糊的了。時至今日，時間已經成為科學與哲學共同關注的重要問題，甚至不同文化、宗教對於時間亦有其各自獨特的觀點。

班傑明・富蘭克林（Benjamin Franklin）曾說：「時間就是金錢」（remember that time is money）。但若依據古典經濟學的基本假設：「資源越是稀有，越是用途廣泛，其價值也就越大」，富蘭克林的見解便有待商議。雖然我們常用金錢來衡量時間成本，但和金錢不同，時間無法靠外力獲得，無法累積，也無法儲存，無論如何精明謹慎的運用，時間照樣會流逝。因此，時間乃是最最稀有的資源，其可貴遠遠超過金錢（Zimbardo & Boyd, 2008）。而時間的重要性還有另一個原因，便在於它的相對性。愛因斯坦[2] 曾舉例說明：「一個男人與美女對坐一小時，會覺得似乎只過了一分鐘；但如果讓他坐在熱火爐上一分鐘，會覺得似乎過了不只一小時，這就是時間的相對性。」（Mirsky, 2002）有別於物理觀點的客觀時間：依牛頓運動定律將時間視為具有絕對恆定屬性與有點數特性的物理參數，心理觀點的主觀時間強調時間的解讀、計算、知覺、感受以及影響，皆取決於個人主觀知覺到的「時間觀」。因此，時間在心理上是相對的，依個體的解讀而有所不同。

雖然「時間」一直都是哲學與社會學的重要議題，但長久以來，卻都沒有獲得組織行為理論家與研究者足夠的重視（Goodman et al., 2001）。Wright（1997）指出，時間在組織議題中往往扮演著可有可無的角色，相關議題的探討也常是屬於次級角色，例如被視為調節變項，抑或論文結論中的未來研究方向，而少有組織研究將時間議題當作主體進行探討。直到最近，組織研究學者開始體認到時間議題的重要性，不少主流管理期刊都以專題特刊的形式，探討時間在組織現象中扮演的角色，例如：*Academy*

---

2 關於美女和熱火爐的這段話，其實是愛因斯坦一則短篇實驗報告的摘要，該篇實驗報告發表於已停刊的《熱科學與技術學報》（*Journal of Exothermic Science and Technology*, Vol. 1, No. 9, 1938）（詳見 Mirsky, 2002）。

of Management Review, Vol. 26, No. 4, (2001)；*European Journal of Work and Organizational Psychology, Vol 21, No. 5*, (2012)；*Journal of Managerial Psychology, Vol 14, No. 3/4*, (1999); *Journal of Organizational Behavior, Vol 41, No. 3*, (2020)。

在過去二十年中，時間議題於組織文獻中的重要性與時日增（Claessens et al., 2007; Tang et al., 2020）。由於全球化競爭的快速擴張，及對於產品、服務之立即可獲取性的需求增加，工作情境中的時間向度更顯重要（Orlikowsky & Yates, 2002）。Barkema 等人（2002）在千禧年時對管理實務界提出的建議為：「新時代的管理挑戰在於管理時間（the management challenge in a new time is to manage time）（p. 917）」。雖然學者一直強調領導者將客觀時間視為有限資源之重要性（Claessens et al., 2007），並提倡領導者需進行時程規劃、時間分配來管理部屬與團隊的時間（Janicik & Bartel, 2003），然而，對現在的組織情境來說，受到「全球在地化」（glocalization）與「在地全球化」（logloblization）的多元文化影響，對領導者而言，重要的可能已經不再是「時間」本身，而是如何領導或型塑出組織成員對「時間」的個人感知與共享常模（Robertson, 1992；林姿葶、鄭伯壎，2013）。

當我們把主觀時間置於組織研究中，我們關注的不再只是活動的流程或措施（Ancona et al., 2001a），而會包括行動的速度（Eisenhardt, 1989; Huy, 2001）、時間軌跡（trajectory over time）（Albert, 1995; Lawrence et al., 2001）、循環週期（Ancona et al., 2001b; Gersick, 1994）以及歷史地位（Blount & Janicik, 2001; Clark, 1985）。個人特性也不只強調性格，而會重視個人主觀的時間急迫性與時間觀（Conte et al., 1995; Perlow, 1999; Waller et al., 2001），及其對過去、現在、未來的態度與看法（Zimbardo & Boyd, 1999）。從此觀點來看，工作設計不再只是為了符合作業的相依性，更是為了要提供「時間流」（flow）（Mainemelis, 2001），使團體與個人的時間觀能夠相互契合；時間議題也把領導帶到不同層次（Bluedorn & Jaussi, 2008），將團隊領導者原先強調的團隊需求（McGrath, 1962），轉向於對團隊的時間領導（Halbesleben et al., 2003），重視團隊合作

的時程、期限、步調等（McGrath & Kelly, 1986; McGrath & Rotchford, 1983）；而高階管理團隊的角色，也不侷限於策略制訂，還要凝聚組織成員共享的時間常模，塑造組織的時間觀文化（Ancona et al., 2001a）。

　　而主觀時間是社會的基本結構，在社會之間、之內都會有很大的差異（Bluedorn & Denhardt, 1988）。華人文化中對於「時間概念」更加多元且具想像力，致使華人組織成員對於客觀的「鐘錶時間」應有更多主觀的「時間觀點」之可能性，但可惜的是，相較於華人文化中對於「時間概念」的複雜性與多樣性，華人組織研究卻對於「時間」研究議題的探討相對較少。有鑑於此，本文系統性地爬梳過往有關組織中時間與時間觀的研究議題，並彰顯其中華人本土文化的重要意涵與影響。之後，進一步帶出組織行為與領導現象範疇中新興且關鍵的主觀時間研究議題，並提供一些具體的未來研究方向。簡言之，本文希望藉以呼籲在華人組織行為研究中將「時間」作為一種科學現象來進行探究的必要性，並能吸引更多研究者投入於領導研究中的時間議題。

■ 主觀時間觀的文化差異

　　人類學家 Hall（1959）從宏觀層次來比較不同文化間溝通的差異時，首先描述並探究了多元時間觀（polychronicity）的概念與行為。Hall（1983）據以提出兩種使用時間和空間作為組織活動框架的不同解決方案：多元時間觀（polychronic time, P-time）與單一時間觀（monochronic time, M-time）。其中，單一的時間使用是有形的（tangible），並強調時間規劃表的細分與及時性，多元時間使用方式則較於不依循或拘泥於時間間隔的狀態，並具備「有同時數件事件發生」的特性，而多元時間使用也強調人員的參與和完成活動目的，而非遵守預設的時間表（Hall, 1976）。Hall 一系列的研究中，不僅描述不同特定文化中對一次完成多項任務的重視程度，更提供了大量且豐富的質性文本資料。

　　然而，雖然 Hall 對多元時間與單一時間文化有豐富且細緻的描述紀錄，但較為可惜的是對於其構念之概念型與操作型定義卻未多作著墨

（Capdeferro et al., 2014）。其後，不少學者進一步用 Hall 所提出之多元時間觀概念，來描述個體對於主觀時間所抱持的信念系統與價值觀差異。其中，抱持單一時間觀的個體偏好一次完成一件事，這件事完成後才做下一件，是以一種線性、有順序的方式工作，即「一心一意」的專注當下的單一事件；而抱持多元時間觀的個體則偏好同段時間內同時進行多件事情，是以一種非線性、沒有順序的工作方式（Slocombe & Bluedorn, 1999），即俗稱的「一心多用」，同時同步進行多項活動。

Palmer 與 Schoorman（1999）依據 Hall 等人的研究成果，提出了文化層次的多元時間觀包含三種成分：時間使用偏好（time use preference）、時間有形性（time tangibility），以及情境（context）。「時間使用偏好」意指特定文化中人們更喜歡一次做一件事情或協調地做數件事情之程度；「時間有形性」意指在特定文化中能夠感知到的時間是可量化的程度（即時間是可被區隔的還是「流動」的），在多元時間觀的文化中，時間不斷「流動」，且不會嚴格地遵從鐘錶時間，或按照嚴格的時間規劃表來按表操課；而「情境」的定義相對複雜，於多元時間性文化中的溝通具有高情境（high context）的特性，意指訊息中必要的資訊與意義是鑲嵌於與該訊息相關情境或上下文中，而非該訊息本身。

此外，同樣立基於 Hall 與其團隊的研究成果，Bluedorn 等人（1999）於文化層次上將多元時間觀定義為：「特定文化中的人們更願意同時從事兩項或多項的任務或事件，並相信他們的偏好是做事的最佳方式之程度（頁207）。」其他學者也從文化層次提出相似的多元時間觀定義（Onken, 1999; Persing, 1999; Slocombe, 1999; Slocombe & Bluedorn, 1999），但大多都涵蓋於前二者之定義中，包含對多工作業的偏好，與相信應採用多工作業的信念（Poposki & Oswald, 2010）。而實徵研究結果也支持個體的文化社會化與文化價值觀對導致其對於多工作業之偏好程度（Adams & van Eerde, 2010; Brislin & Kim, 2003; Ting-Toomey, 1999），且多元時間觀在文化社群中具有一定程度的異同。

Levine（1997）的跨文化研究也顯示群體的時間觀會改變個體的行為。他將人對時間所持的態度稱為「生活步調」（pace of life），並以此

計算了全世界數十個城市，與美國 36 個城市的生活步調後，發現生活步
調因國家而異，也因城市而異，而其「匆忙」程度，會影響展現助人行為
的可能性，例如：生活步調排行第三的紐約市，助人排行居美國之末。事
實上，個體的每一個行動都是一種時間觀的產品（Fraisse, 1963）。無論
是有意識的，或是無意識的，個體的行為都無法單獨取決於當時當刻所處
的狀況，過去經歷的種種，以及對未來所懷的期望，也都具有影響力。因
此，西方研究多是以線性時間觀點，強調過去、未來、現在對當下時間觀
的影響（Block, 1990），而個體對於過去、未來、現在的概念與態度，便
會形成過去、未來、現在的時間觀，並進而會對人們的組織行為與態度產
生影響（Karniol & Ross, 1996）。總之，「時間觀」是指個體知覺、解讀
「時間」的方式或觀點，亦即個體對時間概念的哲學認識或科學認識，以
及所強調的價值觀。因此，時間觀具有個別差異，並會影響個體表現的態
度與行為。

三　西方哲學中的時間觀

　　西方哲學對於時間的探討較多，大致可分為兩大類別：存在於自然界
的物理時間與存在於心靈之中的心理時間。

　　物理時間的觀點在於從大自然的變遷中領悟時間的意涵，發端於亞里
斯多德的《物理學》（Physics）。他以物理的觀點分析時間，並認為時
間是由一連串的「現在」或剎那組合而成，前一刻與後一刻有所不同，但
都是「現在」，而每一個「現在」都是獨立且無法擴延的（Coope, 2005;
Hussey, 1983）。此外，亞里斯多德也由現象界的運動觀察時間。他明確
指出：「時間的物質因（material cause）是運動，是對運動的量。時間的
連續性與先後的相繼，建基於運動。」意思是說，時間的實質是對物體在
空間中的位移的計量，用自然科學的術語來說，時間是一種對物體運動速
度的量化。雖然「時間」與變動息息相關，卻不等同於變動本身；變動是
運動時幅度大小的變遷，時間則是運動的持續長度，但唯有透過變動才能
領會「時間」，變動的連續性，也成就了時間的先後排列次序。自亞里斯

多德之後的自然科學家或物理學家，諸如牛頓、伽利略等，皆奉行此一看法。而採取生物演化觀點的學者，諸如達爾文、華萊士等人，更提出「時間之矢」的看法，指出生物進化過程中，時間有確定的前進方向，與時間相關的生物進化過程是不可逆轉、不可重複的，因而確立了西方科學中對於時間觀的線性概念。

心理時間的觀點則是由人的心理所體認到對時間的認知，而思索時間的意義，肇始於奧古斯丁的《懺悔錄》（*Confessions*）。奧古斯丁以一種線性的心理時間來結構時間的本質，其對於時間的討論深深受到基督教義的影響：由於時間為上帝所創立，時間是為了記錄上帝每一個重要時刻，因而有清楚的「過去」、「現在」、「未來」的存在。奧古斯丁發覺人藉著「回憶」過去、「注視」現在及「期待」未來而掌握到時間，而回憶、注視及期待皆當下存在於靈魂的意識中，所以，時間是被靈魂所衡量；而由於過去與未來並不實際存在，是藉由靈魂的擴散能力，而使當下的一刻得以延展至過往與將來（彭涵梅，1997），因此，奧古斯丁認為：「時間是人心靈的擴張（time, a distention of men's soul）。」（關永中，1997，頁 170）。而康德的時間哲學則在某種程度上結合兩種時間概念，他認為人的時間觀念，與物理世界的時間秩序，不是經由經驗而來，也不是人的理性固有的天賦觀念，而是來於先驗，亦即必須在邏輯上預先設定的時間的直觀形式。換言之，時間必須先被確立，才能產生，若以基督教的說法，此一預設邏輯便始於上帝。

其後，海德格的《存有與時間》（*Being and Time*）接續心理時間的觀點，同樣認為人是有「時間性」（temporality/zeitlichkeit）的存在，並強調時間對人產生的影響，以及人應該如何過屬己的生活，是以存在觀點來探討時間。海德格認為：時間性有別於時間，是人存有的構成因素，是人存在對於已是（been/gewesenheit）、現前（present/gegenwart）及能是（future/zukunft）的三個焦點（余國良，1991），並分別透過憶存（retaining）、踐行（acting）及等待（awaiting）的經驗來知覺時間，而使各自的焦點脫穎而出（standing out）。也就是說，人並非透過外在來源而認識到過去、現在及將來，而是直接由個人存在結構的經驗中所得

知的觀點，透過人本身時間性的存在，而能夠領悟出時間的概念。在分析人如何由存在角度來意識時間之後，海德格認為，人面對時間的存在方式，依據能否掌握與選擇自己的可能性，分為「不屬己」（inauthentic mode/uneigentlichkeit）及「屬己」（authentic mode/eigentlichkeit）兩種不同形態模式（彭涵梅，1997）。不屬己模式是以「現前」為最基本：遺忘（forgetting）過往，視以往為不存在的事件，無視其對目前的影響，並以度日（making-present）的方式，不主動抉擇將來發展，只是慵懶的觀望（incurring）明日的到來；屬己模式則是以「能是」為最優先：在勇敢接受過去的同時並對將來做出抉擇，不斷重溫（repeating）往事，主動接受過去，把握現在每一剎那（moment），視為發展未來的可能踏腳石，對將來充滿期待（anticipating），主動制訂目標與未來計畫。

四 華人哲學中的時間觀

　　華人文化中的時間觀，除了受到佛教世道輪迴觀念的影響，同時，也受到儒、道兩家所推崇之古籍《易經》的影響。《易經》又稱《周易》，被儒家尊為五經之首，孔夫子便曾讀《易經》至「韋編三絕」，還希望「加我數年以學易」《論語‧述而篇》。《周易》是中國古代哲人對外在現象界變動的一套解釋，其思考核心就在「變動」，以致於歷代學者對《周易》的釋名雖有不同的詮釋，但卻總不脫離變異的本質。東漢鄭玄之《易論》中，指出「易」一字有三義：「易簡」、「變易」及「不易」，代表宇宙萬象雖然看起來不斷變動消長，其實質卻是平易簡單，且有著不變的法則貫穿其中，意即變動的持續性。南宋朱熹之《易本義序》特別強調其中之「變易」，將事物變易的法則歸諸於陰陽之道。「變易」就是運動、變化，而包含著時間的流程。這與西方觀點不謀而和，同樣認為「時間」的掌控離不開「變動」，但卻不等於「變動」，而是在「變動」的遷流中體會到「時間」。清毛奇齡之《仲氏易》則進一步細分《周易》的變異性質為：變易、交易、反易、對易、移易。變易表明宇宙萬物的變化運動，交易表明宇宙陰陽矛盾的交往、轉化，反易指陰陽矛盾的反覆變化，對易

指陰陽矛盾朝向對立方向的發展，移易是指陰陽矛盾的上下推移運動。至於「周」一字，學者也有不同的詮釋，「周」既可以指「周朝」之「周」，也可指「周流」之「周」。從「周流」出發，即表徵著事物與生活的變易是周流不已的。像「變易」一樣，「周流」中也蘊含著時間之流程，蘊含著時間周而復始的特點。

然而，《周易》的義理架構看似以物理觀點，來體認、把握時間的現象（彭涵梅，1997），實則仍強調人心靈主體所體認與衡量到的時間概念。南宋朱熹曾言：「易本卜筮之書」（見《朱子語類》）。作為卜算與預測記錄的卦、爻辭，其間包容了中國上古人士素樸而豐富的時間觀念，以及對於未來即將發生事件的關心。《周易》認為現象界的變動是以一定的法則進行，這種規律性表現在「時間」的流逝。自然物是以順而動的形式回應變動，被動的接受變動而反映在自身的空間或生存型態的更改，至於人則是在面對不同時的變動時，主動的表現出不同回應行為，並在變動中培養自身德行，等待適合行事的恰當而正確的時機，順時而行、與時偕行（時行）。而「時間」是由無數個變動的「當下」所構成，具有持續性與必然性，由於變動是主宰者意志的彰顯（天時），意謂著變動會持續朝向某個具有「時間性」的暫時結局，可能是未來某個預定的日期或即將發生的事件。這與佛家對時間的看法相似，同樣是一種線性螺旋式的時間概念；而佛家中對於「來世」的想法，也正對應於《易經》對於未來的重視程度，與週而復始的變易規律本質。藉由反省變動、掌握變動，人因而能定位自身所處情境，來確立安身立命之道。整體而言，彰顯出華人文化中生生不息，又不斷趨近完美的宇宙時間觀。

事實上，不同文化的時間觀往往與其盛行宗教的教義息息相關。以佛教與基督教為例，基督教認為時間是線性的，有開始的起點，上帝創世時才成立，直至時間終點的末日審判，時間是一條方向明確的單行線。其次，基督教肯定時間的價值，認為時間具有凌駕一切的重要性，如果沒有它，任何具有歷史意義的事情都變得不可能，上帝的權威與意義亦變得無法想像；同時，基督教的傳統強調內在的時間觀，它否認時間的真實性，認為時間是虛幻的，只存在於心中與生命過程之中。反之，佛教的時間觀

主要表現在三個方面：首先，佛教對時間最明確的主張便是「循環」概念，以生死輪迴爲主要表現，佛教的基本時間單位「劫」，本身就是一個循環概念；其次，佛教從根本上否認時間的價值，從不強調某一非常特別時刻，亦不認爲這一時刻和那一時刻有什麼不同，或有什麼不一樣的意義，時間永遠都是一樣的；最後，雖然佛教否認時間的價值，但卻承認時間的眞實性，以保證因果報應與修行的持續性，而且它也爲時間劃出界限，將時間限定在現象界，認爲在本體界是沒有時間的，是超越輪迴、超越因果、超越世間的一切，以實現涅槃。也就是說，佛教的時間觀不只認爲時間是循環的，同時，也是飛逝而不可回溯的，是一種刹那生滅的永恆現象，不會過去，也不是將來。亦即，佛教的時間觀是一種「線性螺旋式」概念，而非單純的迴圈型構念。由上述論述可知，佛教和基督教的時間觀非常不同，這種截然不同的觀點也深深地影響東西方文化對於時間的普遍認知。

　　雖然華人文化中對於時間觀的探討不少，但討論卻多僅止於哲學的思辯，只進行時間概念的推演，而少有實徵研究進行驗證。相較之下，西方學者似乎較爲積極，試著從各種角度來一窺時間的複雜面貌。同時，他們也試圖將時間以不同定義進行分類，以符合當下的各種需求。近年來，已有不少組織學者將前人的思想精華置於組織領域中，企圖透過釐清組織中的時間觀，進而塑造組織中的時間觀文化，以提升組織的整體適應能力。以下，將針對相關文獻做進一步的整理與論述。

五 組織中的時間與時間觀

　　在人類的思想中，「時間」是最具挑戰性也最難以捉摸的概念之一。大部分的人面對「什麼是時間？」的問題時，往往都會想到時鐘、手錶或是月曆所顯示的時間，這便是「時鐘時間（clock time）」，也就是絕對性的時間。時鐘時間的特色在於其同質性與可分割性、線性，且一致的流逝和可測量性。它是客觀且絕對的，存在一個且唯一正確的時間（Bluedorn & Denhardt, 1988; Clark, 1985; Lee & Liebenau, 1999; McGrath

& Rotchford, 1983; Wright, 1997）。然而，雖然時鐘時間的時間觀點有助於實務取向的目的，但卻侷限了在組織情境中對時間概念的全面性思考（Lee & Liebenau, 1999）。Das 認爲：「經由時鐘或月曆而定義的時間概念存在著無法檢驗的特性，而導致時間議題往往被忽略，或被排除於研究議題之外。」（Das, 1993, p. 269）同樣的想法也出現於其他針對時間的回顧性論文中，這些論文指出在理解組織現象時，時鐘時間的概念過於侷限與簡化，容易忽略其中的重要意涵。因此，Das（1993）建議時間應被理解爲主觀現象，而非客觀存在的事實。他強調組織與管理相關研究需要將時間問題化（problematized），以產出更豐碩的成果，其中，研究主觀時間的差異便是一重要的議題。主觀時間意味該時間概念是被某一主體或某一實體所擁有或共享，而這一主體或實體可以是任何組織與管理研究所感興趣之個體、群體或是組織對象（Lee & Liebenau, 1999）。過去研究多將這樣的主觀時間稱爲「社會時間（social time）」，也就是關係性的時間：相較於時鐘時間，社會時間包含較多的可變動性，也較適合用來探討複雜的組織行爲。在回顧相關文獻之後，Lee 與 Liebenau（1999）鼓勵研究者未來應基於社會時間的概念，進行更多的研究與探討。

但相較於概念層次的理論推演，例如：論述時間概念的多樣性（Bluedorn & Denhardt, 1988; Lee & Liebenau, 1999; McGrath & Rotchford, 1983），實際針對社會時間所進行的實徵研究論文卻相對較少。其中，多數研究將社會時間視爲依變項，探討不同組織變項對組織有關時間之結果變項的影響，例如：創新與科技對時間變項的影響（Failla & Bagnara, 1992; Kavanagh & Araujo, 1995; Lee, 1999）。少部分則將社會時間視爲獨變項，並可分爲兩類：一類將焦點置於組織策略的範疇，時間變項的差異被視爲影響策略規劃的因素，而會導致組織或個人行爲產生差異，例如：Ramaprasad 與 Stone（1992）、Hay 與 Usunier（1993）的跨文化研究。另一類爲研究時間概念的多樣性對組織行爲的影響，Clark（1985）比較時鐘時間與社會時間的差異，將其稱爲「一致性時間（even time）」與「事件性時間（event time）」，並以兩個案例研究呈現組織中如何經驗時間的差異性，和這些差異如何造成組織結構的不同，來強調事件性時間的重要

性；Gherardi 與 Strati（1988）則將社會時間稱爲並行於客觀、外在時間的
「組織時間（organizational time）」，並認爲其在組織內個人的決策過程
中扮演重要的角色，使該行動者得以知道應該如何表現行爲。整體而言，
雖然用語有字面上的差異，但過去研究者大多同意相較於客觀的鐘錶時
間，「主觀時間」（意即時間觀）於組織情境中擁有更爲重大的影響力。

　　由於時間的構念必須透過與他人互動才能獲得（Lauer, 1981），時間
亦可被視爲一種社會構念，組織因此可透過社會化歷程，來創造或塑造
個體或群體的時間觀文化。Schein（1992）認爲，時間研究（research on
time）應該將時間構念置於組織文化的情境中，他更進一步強調：「時間
在群體或是組織中如何被建構或是使用，可能是文化分析中最重要的研究
項目。時間會型塑出一種社會次序，規範如何將事情及時完成，並同時傳
達其狀態與意圖。於是，舉凡事件進行的速度、生活的節奏、完成事情的
程序、及事件持續的時間，都會成爲符號詮釋（symbolic interpretation）
研究的主題（Schein, 1992, p.114）」。他與其同事更指出：「時間如何
被分割、規劃及使用，不只對組織，同時對組織中的個體皆會產生戲劇化
且微妙的影響（Schriber & Gutek, 1987, p. 642）」；並發現，即使是同一
組織中的不同工作群體、不同專業群體，其組織文化的時間向度也會有所
差異，例如：組織內有關時間的常模或規範往往是有差異的。換言之，社
會時間概念應是組織文化的重要核心之一，應該受到更多的注意與探討
（Bluedorn, 2002）。

（一）組織成員的時間知覺

　　在組織情境中，成員間對時間與活動步調的共享知覺便是時間常模
（timing norm）。Roy（1959）的「香蕉時間」（banana time）觀察研究
是時間常模的經典案例，顯示出組織成員如何共同定義時間，並具以型
塑出以時間爲基礎的儀式活動。該案例是以一群機械操作員爲對象，他
們每個小時會有短暫的休息時間，便以進行的活動來命名：咖啡時間、
香蕉時間、午餐時間、可樂時間等等。這些互動型塑出他們每日的時間
常模，但當某日某個事件沒有在相對應的時間發生時，他們的時間經驗

便崩毀了，造成嚴重的負向結果。這個案例也顯示出清楚的連續性的、週期性的「事件時間」，是由組織成員經由社交互動所建構出的時間常模。除了組織成員間的社交互動，研究者也指出，組織系統面的制度化（institutionalization）、學習、適應力（adaptive force）、例行慣例都會促進時間常模的演化與建構（Blount & Janicik, 2001; Lawrence et al., 2001）。

　　早期研究便已發現時間對個人的作業工作與團隊合作有顯著的影響效果（Gersick, 1988; McGrath & Kelly, 1986; Waller et al., 1999），尤其是團隊互動歷程也與時間息息相關。其中，McGrath 與其研究團隊以一系列實驗室研究，探討工作步調與團隊績效間的關係（McGrath, 1988; Kelly et al., 1990; McGrath & Kelly, 1986），他們將團隊為了在作業期限前完成工作而發展出的工作步調，稱之為「協時性」（entrainment）（McGrath & Kelly, 1986），是為了要協調某一活動的步調或週期，使其與其他活動可以同步發生（Ancona & Chong, 1996），或與其他內部、外部的歷程或步調同步（Kelly et al., 1990）。McGrath（1991）回顧相關研究成果後，稱為團隊的「時間、互動及績效理論」（time, interaction and performance (TIP) theory），或稱之為「團隊複雜系統理論」（groups as complex systems (GCS) theory）（Arrow et al., 2000），後續研究者延續其觀點，探討時間對團隊績效的影響（Kozlowski et al., 1999），並因而建立「輸入—歷程—輸出」（input-process-outcome, IPO）模式（McGrath, 1964; Marks et al., 2001），成為探討團隊歷程或互動機制最重要的理論之一。但受到行為主義的影響，這類研究大多都在實驗室中進行，重視受測者的心智能力與環境控制（Ancona et al., 2001a），對真實情境的外推效度仍有待商榷。有鑑於此，Gersick（1989）以類實驗法觀察真實團隊的互動情形，其研究發現驗證了 McGrath 與其研究團隊的研究成果。

　　近年來，開始有研究者從組織層次探討時間議題，例如：Huy（2001）、Lawrence 等人（2001）便從時間的角度檢視組織變革的過程，彰顯變革期間的步調與連續性。然而，過去研究對組織變革之影響效果的看法卻不太一致，例如：有研究指出組織變革的正向助益對個人與團

體層次的績效都有顯著影響（MacDuffie, 1995）；也有研究認為組織變革可能發生在各個層次，但卻不必然需要對其他層次產生影響（Goodman, 2000）。而由於高階經營團隊對於組織變革功不可沒（Romanelli & Tushman, 1994; Rosenbloom, 2000; Tripsas & Gavetti, 2000），亦有研究者將焦點轉向高階經營團隊的時間領導（temporal leadership）。Ancona 等人（1999）指出，高階團隊的角色在於企業設計師（策略設計觀點）、權力運作與建立結黨者（政治觀點）以及意義創造者（文化觀點）。過去相關研究焦點在於高階團隊的人口統計變項、團隊過程及制訂策略能力等等（Bantel & Jackson, 1989; Hambrick, 1997; Peterson et al., 1998; Williams & O'Reilly, 1988），除了少數例外（Eisenhardt, 1989）大多都忽略時間在其中的重要性。事實上，以「時間視野」（temporal lens）來看，高階團隊使組織能夠駕馭其技術與競爭力週期的協時性、管理多重時間結構，並建構出組織的時間常模，甚至是進而塑造組織的時間願景、擬定策略步調等等（Ancona et al., 2001a）。此外，高階團隊的「動態能力」（dynamic capabilities）也十分重要，可幫助組織同時面對現在與未來的各種挑戰，尤其是組織創新與學習（Brown & Eisenhardt, 1998）。

（二）組織成員的主觀時間

由於時間在組織中的重要性，許多研究者開始探討組織成員看待時間的方式（Tang et al., 2020；林姿葶、鄭伯壎，2013）。個體看待時間的整體觀點便是「時間觀點」，或稱為「時間觀」（Zimbardo & Boyd, 1999）。Lewin 將「時間觀」定義為：「個人在某一特定時間點，對於心理未來與心理過去的整體觀點（the totality of the individual's views of his psychological future and psychological past existing at a given time）（Lewin, 1951, p.75）」。Ornstein（1975）在其著作《時間經驗》（On the Experience of Time）則把時間觀視為一個認知過程，同樣會受到認知錯覺的影響。而相似的概念也出現在其他學者的研究中，僅是以不同名字呈現。例如：美國心理學之父威廉・詹姆斯（William James）用「時間知覺」（time perception）的概念，來強調心理時間的重要性，及與時間

有關的經驗對行為產生的影響，並將時間觀定義為：對時間之流某些其他部分——包括過去或未來、近或遠——的認知，而這些認知又與我們對現在事物的認知密不可分（James, 1890）。

　　一般而言，「時間觀」是指個體知覺、解讀「時間」的方式或觀點，亦即個體對時間概念的哲學認識或科學認識，以及所強調的價值觀（林姿葶、鄭伯壎，2013）。時間概念往往艱深複雜，彼此間的區分又容易含糊不清，許多學者也持續探討時間觀議題，並界定出不同的時間觀構念（temporal constructs）。Shipp 等人（2009）在發展時間焦點概念時，曾試圖釐清其與相關時間概念間的異同（Shipp et al., 2009, pp. 3-4），立基於他們的成果上，林姿葶、鄭伯壎（2014）進一步將各種時間構念與概念之定義加以整理。其後，Tang 等人（2020）以與「主觀時間」有關的數個關鍵字，搜尋並檢驗組織科學中 14 個頂級期刊資料庫，整合過往組織研究中論及的主觀時間構念（Tang et al., 2020, pp. 214-224），本文據以將過往回顧中論及之重要主觀時間構念整合於表 27-1。

　　如表 27-1 所示，雖然各種「時間觀構念」的命名與定義有所不同，但實則都涵蓋了「過去」、「現在」、「未來」的時間取向觀點。而儘管不少研究仍因其研究主題，單獨探討某一時間觀取向的影響效果（El Sawy, 1983; Das, 1986, 1987），學者仍多同意時間觀應具有多重面向（Zimbardo & Boyd, 1999）。研究結果發現，對於過去、現在、未來的觀點會與當下的態度、決策及行為息息相關（Shipp et al., 2009; Zimbardo & Boyd, 2008），並會影響其目標設定、動機、工作表現（Bandura, 2001; Fried & Slowik, 2004; Nuttin, 1985）、釋意過程（sense-making）（Holman & Silver, 1998; Weick, 1979）、情感（Wilson & Ross, 2003）及決策選擇（Bird, 1988; Das, 1987; Hambrick & Mason, 1984）。

　　事實上，個體的每一個行動都是一種時間觀的產品（Fraisse, 1963）。無論是有意識的，或是無意識的，個體的行為都無法單獨取決於當時當刻所處的狀況，過去經歷的種種，以及對未來所懷的期望，也都具有影響力。因此，西方研究多是以線性時間觀點，強調過去、未來、現在對當下時間觀的影響（Block, 1990），而個體對於過去、未來、現在的概

表27-1　時間構念與概念的定義

構念／概念	定義	測量	認知／情感／行為
時間觀點 (Temporal perspective)	個體看待時間的整體觀點	無	認知、情感、行為的綜合
時間知覺 (Time perception)	個體對於時間之流中某個特定時間點或時段的認知	無	認知
時間焦點 (Temporal focus)	個體投入注意力至過去、現在、未來的程度	時間焦點量表 (Temporal Focus Scale; TFS) (Shipp et al., 2009)	認知
時間觀 (Time perspective)	個體對於過去、現在、未來之關心程度的時間取向，具有個別差異與穩定性	金巴多時間觀量表 (Zimbardo Time Perspective Inventory; ZTPI) (Zimbardo & Boyd, 1999)	認知、情感、行為的綜合
時間取向 (Temporal orientation)	個體對於過去、現在、未來的認知投入程度的優先順序	時間取向量表 (Temporal Orientation Scale; TOS) (Holman & Silver, 1998)	認知、情感、行為的綜合
時間深度 (Temporal depth)	個體或集體一般認為過去與未來的時間距離程度	時間深度量表 (Temporal Depth index; TDI)　(Bluedorn, 2002)	認知
時間態度 (Time attitude)	個體對於過去、現在、未來的正向與負向感受	時間態度量表 (Time Attitude Scale; TAS) (Nuttin, 1985)	情感
多元時間使用傾向 (Preferred polychronicity)	個體對於同一時間進行多項作業的喜好程度	多元時間觀量表 (Inventory of Polychronic Values; IPV) (Bluedorn, et al., 1999)	認知、行為

構念／概念	定義	測量	認知／情感／行為
步調風格 (Pacing style)	個體面對期限時，如何分配作業流程時間的一般情形	步調傾向量表 (Pacing preference scale) (Gevers et al., 2006; Gevers et al., 2008)	行為
倉促性 (Hurriedness)	個體一般認為時間急迫或做事倉促的程度	時間急迫性量表 (Time Urgency Scale; TUS) (Conte et al., 1998; Jansen & Kristof-Brown, 2005)	行為
時間控制感 (Perceived control of time, PCT)	個體對如何分配時間的掌控感	時間控制感量表 (Perceived Control of Time Scale, PCT Scale) (Macan, 1994)	認知
對未來結果的關心 (Consideration of future consequences, CFC)	個體根據其行為的直接結果與未來後果做出決策的程度	對未來結果的關心量表 (The Consideration of Future Consequences Scale, CFC Scale) (Strathman et al., 1994)	認知、行為

資料來源：本研究整合 Shipp 等人（2009）、Tang 等人（2020），及林姿亭、鄭伯壎（2014）的研究整理。

念與態度，便會形成過去、未來、現在的時間觀，並進而會對人們的組織行為與態度產生影響（Karniol & Ross, 1996）。換言之，「時間觀」是指個體知覺、解讀「時間」的方式或觀點，亦即個體對時間概念的哲學認識或科學認識，以及所強調的價值觀。因此，時間觀具有個別差異，並會影響個體表現的態度與行為。

研究者也指出人們看待過去、現在、未來的不同態度，便形成不同面向的時間觀（Zimbardo & Boyd, 1999）：過去負面型（past-negative）、過去正面型（past-positive）、現在宿命型（present-fatalistic）、現在享樂型（present-hedonistic）、未來型（future）以及超驗未來型（transcendental-future）。而針對人們對時間的態度，Zimbardo 與其研究團隊建構出「金巴多時間觀量表」（Zimbardo time perspective inventory, ZTPI）（Zimbardo & Boyd, 1999），來測量前五種時間觀面向，並據以進行一系列的實徵研究。此外，他們也強調超驗未來型的重要性，並單獨建構出「超驗未來型時間觀量表」（transcendental-future time perspective inventory, TFTPI）加以測量（Boyd & Zimbardo, 1997）。在美國、法國、西班牙、巴西、義大利、俄羅斯、立陶宛、非洲以及其他國家，這兩項量表都獲得了廣泛的採用與信任（Zimbardo & Boyd, 2008）。Zimbardo 與 Boyd（2008）認為時間觀可以反映出個體對時間所持的態度、看法及價值，譬如說注重的是過去、現在，還是未來。未來導向的人重視對未來成果定期且長期的投資，並為了達成將來的自我目標，而願意犧牲現在的快樂，因此，比較不願意將時間花在利他的追求上；相反地，以現在導向為主的人往往重視立即的回饋與當下的愉悅感受，也較願意助人，卻比較不願意或不能照顧自己；至於過去導向的人受制於過去記憶的影響，先前正面與負面的經驗，以及對其所抱持的不同態度，便會影響其日常生活的決策行為。

Keough 等人（1999）以三個子研究共 2,863 位參與者的大樣本實徵研究，探討時間觀與危險駕駛（risky driving）間的關係。研究結果顯示，時間觀為現在導向的人較容易有危險駕駛的行為，例如：尋求刺激、衝動及攻擊行為，而未來導向的人較不易有危險駕駛的行為。此外，他們也

發現相較於女性，男性較為現在導向，且會報告較多的危險駕駛行為。而為了確認現在時間觀與物質使用（substance use）間的關係，Keough 等人（1999）以後設分析研究 15 個獨立研究共 2,627 位參與者，發現自評的酒精、藥物、刺青行為與現在時間觀間具有中度正相關（$r = .34, p < .001$），與未來時間觀則是低度負相關（$r =-.16, p < .001$）；此外，他們也發現即使是控制了性格特質的影響，現在時間觀對物質使用仍具有額外的解釋力。Henson 等人（2006）則以 1,568 為大學生為對象，探討時間觀對風險行為（酒精、藥物、刺青）、保護行為（安全帶、避孕措施、規律運動）的影響。結果發現未來時間觀與保護行為間有正向關聯，與風險行為具有負向關聯；而現在享樂型則與兩者間皆具有正向關聯，現在宿命型則僅與保護行為間具有負向關聯；該研究也發現性別具有調節效果，相較於男性，現在享樂型的女性會展現較多的風險行為。整體而言，過去研究大多證實現在時間觀與風險行為有正向關聯，未來時間觀則與保護行為正向關聯。

　　跨文化研究也得到類似的結果。其中，Ashkanasy 等人（2004）發現現在時間觀的個人注重當前的壓力，冒較多風險，且偏好制訂短期計畫；相反地，未來時間觀的個人較為目標導向，偏好制訂長期計畫，且較容易考慮未來後果；而國家層級的分析也發現，未來傾向的國家具有較高的社經指標。Milfont 等人（2012）的後設分析研究，以來自澳洲、巴西、德國、墨西哥、紐西蘭、挪威及美國，共 19 個獨立研究，含括 6,301 位參與者，檢驗時間觀與親環境行為（pro-environmental behavior）間的關聯度。親環境行為是一切人類對自然環境有意識的保護行動，並能減少環境破壞的行為（Kollmuss & Agyeman, 2002）。分析結果發現，相較於過去與現在導向，未來導向的時間觀與親環境行為間有較強的正向關聯，他們較會強調未來導向的時間觀對環境保育的重要性。

六　華人組織中的時間觀文化

　　Schein（1992）將組織文化界定為一種「群體經驗的習得產物」

（learned product of group experience），他以認知與生態適應的觀點整合多元文化構念後，將組織文化定義爲：「組織在解決其外在適應與內部整合的問題時，所學習到的一組共享的基本假定。由於這個模式運作得很好且被視爲是有效的，因此，組織會將其傳授給新成員，作爲其遇到類似問題時，如何去知覺、思考及感覺的正確方法（頁 12）」。他提出基本假設、價值觀及人工製品的概念，建立組織文化三層級理論，其中。時間觀是重要的基本假設之一（Schein, 1992），包含組織成員對時間的基本概念、時間的定義與測量方式、時間的種類，以及時間於組織文化中的重要程度。Schein 認爲，組織運作的許多重要層面都會受到時間知覺的影響，當人們在時間觀上有差異時，很多溝通與人際關係的問題便會一再發生。例如：何謂「準時」？如何才算「遲到」？等等。雖然「鐘錶時間」能夠提供一個頗具參考性的客觀指標，然而不同的文化仍然會發展出對時間觀的獨特詮釋。也就是說，不同組織文化的公司，對時間的基本假設與時間觀也會有所不同（Schein, 1983）。由於時間觀會隨著組織文化的不同而有差異，可被視爲組織文化的特色之一，因此，我們可以透過對組織時間觀的了解，來窺探該組織的文化面貌。

　　然而，過去文獻對於時間觀的分類，大多是基於對現象的觀察，或是出於理論的推演，而極爲缺乏實徵的研究，其理由與測量時間觀的工具發展緩慢有關。過去大部分組織文化的相關研究大多使用質化研究（Schein, 1983; Wilkins & Ouchi, 1983），或是結構式、半結構式訪談來探討組織內的時間如何發揮影響效果（Marshall, 1982），因此，Schriber 與 Gutek（1987）以 Schriber 撰寫博士論文時所蒐集的資料爲基礎，以 15 個假設的時間向度，來編製工作時間問卷（Time-at-Work Questionnaire），來測量組織中的時間觀文化。參與對象包括美國加州、明尼蘇達州、北卡羅萊納州、俄亥俄州及威斯康辛州23個組織中51個工作群組的員工共529人；組織類型則包含了製造業與服務業。經由因素分析的結果，他們將組織中的時間觀文化分爲十六個向度，其中有三個向度未被命名，其餘十三個時間觀向度分別爲：

1. 時間排程或期限（schedules vs. deadline）：強調在期限內完成工作與依

照排程進行工作，以及「準時（on time）」的重要性。

2. 守時性（punctuality）：指遵循工作時間規範（例如：上下班時間、午休時間）的僵化程度。

3. 未來取向與品質或效率（future orientation and quality vs. speed）：強調組織對未來的規劃與投資，以及把事情做對比快速完成更為重要。

4. 時間分配（allocation of time）：指對於各種作業時間分配的適當性。

5. 工作與非工作界域（time boundaries between work and nonwork）：指工作時間與個人時間能否清楚區別。

6. 時間運用的覺知（awareness of time use）：指對時間運用的敏感度與重視程度，以及是否會去規劃、思考個人如何運用工作時間。

7. 工作步調（work pace）：組織成員能夠按照自我步調完成工作的程度。

8. 時間運用的自主性（autonomy of time use）：工作時間與排程的自由調控程度。

9. 同步與協調（synchronization and coordination of work with others through time）：強調能夠與他人同步工作並相互協調的重要性。

10. 變動性與例行性（variety vs. routine）：作業隨著時間的變化程度。

11. 組織內的時間界域（intraorganizational time boundaries）：工作團體與成員間工作時間的差異程度。

12. 緩衝時間（time buffer in workday）：工作中是否有時間提供組織成員緩衝、休息。

13. 作業的時間順序（sequencing of tasks through time）：組織成員需要依照作業排定順序來工作的程度。

　　Schriber 與 Gutek（1987）的研究結果對組織文化中的時間觀研究非常重要，他們以量化的方法，檢驗組織內的時間觀向度，雖然他們的研究並沒有對時間觀與組織績效間的關係作進一步的探討，但是，工作時間問卷卻提供後續進行跨組織或跨部門時間觀比較研究的測量基礎。

　　鄭伯壎（1998）在「海峽兩岸組織文化之比較實證研究」中，從地區、產業、及組織的層次，探討兩岸在社會文化、組織價值及時間觀上的異同。此研究以海峽兩岸電子、食品、及服務業類產業四十九家企業

組織或營運單位之員工共 2,213 人爲參與樣本，其中，時間觀量表便是參考 Schriber 與 Gutek（1987）的工作時間問卷，選擇已命名之十三個時間觀向度中因素負荷量較高的 45 題，要求參與者以 6 點量表來評定對個題項的同意程度，來進行資料蒐集。研究結果將時間觀分成四個有意義的向度：

1.「同步取向」：與工作期限、工作配合性、互相協調工作計畫有關，旨在描述組織成員在時間上的相互配合。

2.「例行取向」：強調工作時間的例行性、僵固性及時間運作缺乏自由的程度。

3.「緊湊取向」：與時間不足、時間緊湊及時間界線不清楚有關。

4.「自主取向」：測量工作步調的自主性、時間寬鬆等內容。

　　相較於 Schriber 與 Gutek（1987）的原量表，鄭伯壎（1998）的四向度時間取向問卷更能簡明反映組織之時間觀的重要類別。結果並指出，臺灣組織的同步與緊湊取向均高於中國組織，和 Levine（1997）對各國生活步調的調查結果一致。該調查中，臺灣排名第十四、中國排名第二十三位，顯示組織的時間觀文化可能會受到國家時間觀的影響，也就是說，國家成員所廣泛接受的時間觀點、時間規範及假設，可能會直接或間接影響組織成員所共享的時間觀。

七　華人組織時間觀與領導

　　領導者展現領導行爲與「時間」息息相關，領導者與部屬的關係需要「時間」演化，因而在考量領導風格或建構領導理論時，很難不考慮「時間」在其中的影響效果（Bluedorn & Jaussi, 2008）。然而，由於時間現象本身難以預測，本質上又十分複雜難懂，即使「時間」對於領導者與領導現象的重要性顯而易見，但「時間議題」在領導研究中卻始終不是顯學之一（林姿葶、鄭伯壎，2014）。過去雖曾有不少研究者論及貫時性設計在組織行爲研究中的重要性（Kimberly, 1976; Podsakoff et al., 2003; Zapf et al., 1996），特別是領導相關研究（Yammarino et al., 1993; Epitropaki &

Martin, 2005）中的間歇（time lag）問題（Mitchell & James, 2001）；然而，這些論文卻仍僅限於研究設計上的方法學討論，並未視時間本體（*per se*）為其主要研究對象（Lee & Liebenau, 1999），亦非實際探討與主觀時間有關的概念或議題，因此，需要研究者投入更多的時間關注。以下將分別論述與領導相關的時間觀議題。

（一）領導者的時間觀

有些學者曾嘗試重申「時間」在領導議題中的重要性，並從其感興趣的時間觀點（temporal perspective）來重新詮釋領導現象，例如，Thoms 與 Greenberg（1995）探討領導者發揮領導效能所需要的「時間校準」（temporal alignment）能力，Halbesleben 等人（2003）探討領導者引領創新時所需的時間知覺能力，Bluedorn 與 Jaussi（2008）則探討領導者與部屬間關係中多元的時間議題。而除了了解領導者如何知覺與覺察時間外，研究者也注意到領導者往往需要具備認知與處理時間的能力，並指出領導者知覺工作場域中不同時間向度的能力對領導歷程非常重要（Halbesleben et al., 2003）。Adam（1998）提出了「時間景觀」（timescape or temporal landscape）的概念，全面性的涵蓋組織中與經濟與社會有關的時間觀點（Harvey & Novicevic, 2001）。在 Adam（1998）的研究基礎上，Halbesleben 等人（2003）整合了領導者所需的時間知覺能力，並稱之為「時間複雜度知覺」（awareness of temporal complexity），包括了九種與時間有關的知覺：(1) 時間框架（timeframe）、(2) 節奏（tempo）、(3) 暫時性（temporality）、(4) 同步性（synchronization）、(5) 順序（sequence）、(6) 使同步發生的時間線索（simultaneity with zeitgeber）、(7) 預判間隔與間歇的出現（anticipated or emerging gaps and pauses）、(8) 時間性格（time personality）及 (9) 無時間感（timelessness）。他們建立了一個以能力為基礎的歷程模式，說明時間知覺能力對創新的影響歷程。亦即，領導者的時間複雜度知覺會影響其認知、社會及行為能力，進而影響其與自我、情境及願景有關的領導能力，進而影響組織創新與創造力。然而，縱然概念性論述文章有其理論貢獻，但要落實到實徵研究的進行仍

須不少努力，也有不小的差距需要彌補。

（二）領導者的時間特性

　　至於領導者時間特性部分，以多元時間使用傾向（preferred polychronicity）的研究成果最為豐碩（Bluedorn, 2002; Bluedorn et al., 1992; Cotte & Ratneshwar, 1999; Kaufman-Scarborough & Lindquist, 1999; Lindquist & Kaufman-Scarborough, 2007），意指個體對於同一時間進行多項作業的喜好程度（Bluedorn et al., 1999）。研究結果發現，組織成員的多元時間使用傾向有助於增進工作績效與銷售表現（Conte & Gintoft, 2005），並更容易適應不同的工作情境（Cotte & Ratneshwar, 1999），對當代的領導者而言別具重要性。然而，亦有研究者指出，由於領導者的多元時間使用傾向會影響其行事與領導風格，若是與部屬之傾向不一致時，便容易產生衝突或誤解，而降低其上下關係品質（Bluedorn, 1998）。其次，則是以倉促性（hurriedness）一或稱急迫性（urgency）一為對象的系列性研究（Conte et al, 1995; Landy et al., 1991），意指個體一般認為時間急迫或做事倉促的程度（Conte et al., 1998）；相關研究發現高階領導者在進行策略決策時，其倉促性有助於進行決策的速度，進而影響決策效能（Eisenhardt, 1989），但研究也發現，當領導者的倉促性高時，會要求部屬展現高度的立即回覆（immediacy of returns），因而容易戕害其上下關係品質（Sparrowe & Liden, 1997）。

　　除了單獨探討特定的領導者時間特性外，亦有研究者重新整合、區分出有關時間偏好的個別差異傾向，並統稱之為「時間性格」（time personality）（Francis-Smythe & Robertson, 1999），包含了時間覺察（time awareness）、守時（punctuality）、規劃性（planning）、多時性（polychronicity）及性急（impatience），其中，後四者的時間性格與工作較為相關。然而，該研究中僅著重於討論時間性格的向度內容，卻忽略了探討其與組織行為或結果變項間的關係，也缺乏後續實徵研究的支持，甚為可惜（Claessens et al., 2007）。

　　此外，近期學者也提出「時間智商」（temporal intelligence）（Doyle

& Francis-Smythe, 2009）的概念，來指稱領導者對於時間的整體覺知與
理解（Clemens & Dalrymple, 2005），及領導者對於部屬之「時間性格」
（time personality）（Francis-Smythe & Robertson, 1999）與「時間相關之
工作特性」（time-related job characteristics; Francis-Smythe & Robertson,
2003）的覺察程度（Doyle & Francis-Smythe, 2009）。覺察過程是領導
者是否能夠展現與協時性有關之行為的先決條件，尤其是協調部屬個人
的時間特性與工作本身的時間性要求（temporal demands），使二者達到
一致的符合程度（Bluedorn & Jaussi, 2008）。因此，研究者認為時間智
商如同情緒智商，一樣有助於領導者展現適切的領導行為，增強領導效
能，並能夠因此可區分出一般領導者與有效能的領導者，也就是「時間
管理者」（time manager）與「時間掌控者」（time master）（Clemens &
Dalrymple, 2005）。

（三）領導效能的時間性

　　早期學者便發現，領導者展現領導行為的「時機」（timing）非常
重要，尤其是當情境需求與領導者所提出的願景可相互呼應時（Bass,
1985）。例如，Weber（1968）指出，危機時期有助於魅力領導者的浮現
（emergence），因為此時人們容易感到害怕、焦慮及認定危機，而會產
生「魅力渴望」（charisma hungry）（Bass & Stogdill, 1990, p. 196），需
要有魅力的領導者來提供未來願景與可追隨的價值觀。Willner（1984）更
進一步闡述危機與魅力的關係中所需要具備的要件，包括：⑴ 危機情況；
⑵ 潛在追隨者身陷困境；⑶ 有抱負的領導者；⑷ 提出拯救的信條與政
策的承諾。後續許多實徵研究也證實此一觀點（House et al., 1991; Pillai,
1996; Pillai & Meindl, 1998），Bligh 等人（2004）更以 911 事件，探討美
國布希總統（George W. Bush）如何在此危機時期型塑出魅力領導者的形
象，亦即，他如何展現出與魅力領導有關的行為，及對民眾的領導效能知
覺之影響。

　　相關研究結果支持了權變觀點（Fiedler, 1971）的想法，當某個特定
時期中需要領導者展現出某種特定的領導行為時，則該種領導行為的出現

便會特別有效。學者指出，魅力領導不僅容易出現於危機時期，往往也會特別有效（Davis & Gardner, 2012），尤其是當企業處於動盪時期（Pawar & Eastman, 1997）。實徵研究結果也證實，當組織處於客觀環境不確定性較高，或是員工知覺環境不確定性較高時，會強化魅力領導與組織績效間的關聯性（Agle et al., 2006; Waldman et al., 2001）。此時，由於環境的不確定性，追隨者需要更多的指示與引導（Bass & Stogdill, 1990），渴望有人能出來引領變革，而使得魅力領導者的影響力大幅增加（Pawar & Eastman, 1997）。

除了領導者展現特定領導行為的「時機」外，研究者也發現，當領導者需要展現多種領導行為時，其展現的時間「順序」（ordering）與其間的「停頓」（temporality）對領導效能具有顯著的影響效果。例如，Casimir（2001）以作業取向與社會情緒取向之領導行為進行比較分析，發現該二者出現的時間順序會影響整體的領導效果，亦即，領導者在展現作業取向的領導行為之前，應該要先展現社會情緒取向之領導行為。研究結果也顯示，雖然員工對於順序的偏好大多普遍一致，但其性別與職業（藍領、白領階層）對於領導者展現不同領導行為間的停頓時間偏好具有顯著差異。舉例來說，男性員工偏好領導者給予工作指示後，立刻表示關懷與支持；女性白領員工則偏好兩者間能夠有時間區隔。他並做出結論，即使是兩個完全相同的領導者，展現出多種頻率與密度完全一致的特定領導行為，但若是以不同的方式組合出現，仍會成為不同的領導風格，而產生不同的作用與影響效果。

（四）領導理論的時間性

綜觀過去領導理論，雖然沒有理論特別針對時間來探討，但其中卻都隱含了「主觀時間」的概念，尤其是領導行為的「時間取向」（time orientation）。有些研究從歷史觀點強調「過去」的重要性（Calder, 1977），認為「過去」是「現在」領導者之所以能成功的基石，強調過去經驗的累積與傳承（Hersey & Blanchard, 1969）；有些研究注重的是領導者如何處理「現在」的作業與人際關係（Fleishman, 1973; Likert, 1967;

Stogdill, 1950）；有些研究則強調領導者制訂「未來」目標的能力（House, 1971），與對其「展望」（envision）未來的需求（Burns, 1978; Nanus, 1992）。然而，相關文獻對於何者時間取向才是最有效的領導方式仍舊未有定論（林姿葶、鄭伯壎，2013）。

Thoms 與 Greenberg（1995）分析了過去領導理論中的「時間取向」。他們將「過去時間取向」界定為領導者的過去經驗，及其與部屬間的過去關係，會型塑領導者目前展現出的行為；將「現在時間取向」界定為領導者對於當下面對之情境所產生的反應與回應，並期待能夠在（相對於當下的）短期內很快看到結果，而非長期成果；將「未來時間取向」界定為領導者展現出的行為對未來是有直接且有目的的關聯性。他們並據此檢析各領導理論可能隱含的時間取向（分析內容詳見 Thoms & Greenberg, 1995, pp. 273-275）。

他們發現，有些領導理論著重於單一的時間取向，有些領導理論則會同時涉及不同的時間取向。舉例來說，單獨強調過去取向的領導理論有二：Dansereau 等人（1975）著眼於領導者與部屬間的垂直關係，強調與特定部屬間的過去互動經驗會影響領導者與該部屬間的關係，及領導者的相應對待行為；而歸因理論（Calder, 1977）也強調領導者過去經驗的影響，且不限於領導者對特定部屬的親身觀察或相處經驗，亦會受到類似情境中其他員工或團隊的過去表現程度所影響。強調現在取向的領導理論則相對較多，包括俄亥俄州立大學（Stogdill, 1950）與密西根大學（Likert, 1967）的研究成果都著重於現在的有效領導行為，前者區分為主動結構與體恤行為，後者則區分為作業導向與員工導向行為，重視都是相對近期的領導效果，及領導者現在該如何在表現才能獲得成效；此外，領導替代論（Kerr & Jermier, 1978）從則不同觀點探討現在的領導行為，他們認為由於部屬已具有一定的能力與素質，工作本身與情境也提供了指示與導引，因此，許多現在的領導行為便不再被需要且可被替代。然而，雖然許多領導理論都隱含了對未來成效的追求，但直到現在，仍沒有一個理論僅單純探討領導行為與未來長期效果間的關係，大多都會涉及其他時間取向的共同影響。

　　大多數的領導理論同時涉及了兩個時間取向，例如，Mintzberg（1973）則是以時間取向來區分領導者所扮演的角色，他認為雖然領導者大部分的管理者角色都著重於現在職務的責任與處理，企業家角色卻著重於組織的未來，及與未來市場有關的決策制訂；而舉例來說，強調情境的權變領導理論（Fiedler, 1967; Hersey & Blanchard, 1969; Vroom & Jago, 1988）都有相似的特色，便是注重領導者對於過去與現在情境的審慎分析，就據以在當下展現出最適當的領導行為，因此，過去經驗與當下反應都同樣重要。較特別的是路徑－目標理論（House, 1971），同時注重於現在與未來時間取向，與其間的連結性，亦即，領導者會提供部屬所需要的資訊與背景，以幫助部屬了解其現在的行為與未來目標間的路徑與關係，換句話說，領導者現在的輔導、指導、支持及獎勵等領導行為，是為了滿足部屬對於未來目標的期望所展現的激勵手段。

　　此外，魅力領導（House, 1977）與轉型式領導（Bass, 1985）也注重領導者對於現在與未來的有效領導行為，他們尤其強調未來願景的塑造是領導者能否成功的關鍵。換句話說，領導者描繪願景的過程有助於員工感覺到更貼近願景中的未來，並使他們認為該未來會發生的可能性增加。雖然魅力領導與轉型式領導間的關聯與區辨一直是領導研究中的爭論議題，但 Bass 與其研究團隊（Bass & Avolio, 1990; Bass & Stogdill, 1990）明確指出轉型式領導包含兩個獨特的領導構面：個別體恤與啟迪智慧，而這兩個構面都涉及了領導者對部屬過去背景的了解，及其間過去的互動經驗，必須同時考慮過去與現在的影響，才能對未來產生影響。因此，在 Thoms 與 Greenberg（1995）的分析中，僅有轉型式領導同時涵蓋了三種時間取向，而屬於較為全面的領導理論。

　　在 Thoms 與 Greenberger（1995）的研究基礎上，林姿葶與鄭伯壎（2014）進一步檢視後續發展之領導理論的時間取向，並依其所關注之時間焦點，分為過去、現在、未來觀的領導理論（見表 27-2）。僕人式領導（Servant Leadership）自 Greenleaf（1977）提出以來，一直沒有受到學界顯著的重視。直到最近，Greenleaf 與 Spears（2002）才以專書《僕人式領導》開展了後續一系列的討論與研究。依據 Greenleaf（1977）的觀點，

僕人式領導者強調服務他人，會優先考量部屬的過去需求、現在利益及未來抱負（Sendjaya & Sarros, 2002），Bass（2000）則提到：僕人式領導「相似於轉型式領導，具有個別體恤與啟迪智慧的構成元素（頁 33）」，因此，領導者與部屬的過去互動經驗與關係，也會影響領導者如何服務部屬。換言之，與轉型式領導相似，僕人式領導同樣涵蓋了三種時間取向。然而，學者也指出，雖然兩個理論有許多相似處，其間最大的差異是在領導者的時間焦點（focus），轉型式領導者重視組織的未來目標，僕人式領導者重視的則是部屬個人的未來生涯發展（Stone et al., 2004）。

表27-2　領導理論的時間取向

領導理論	出處	過去	現在	未來
垂直對偶關聯理論（Vertical Dyad Linkage Theory）	Dansereau et al., (1975)	X		
管理者角色（Managerial Roles）	Mintzberg (1973)		X	
企業家角色（Entrepreneur Role）	Mintzberg (1973)			X
體恤與主動結構（Consideration and Initiating Structure）	Fleishman (1953); Stogdill (1950)		X	
參與式領導（Participative Leadership）	Likert (1967)		X	
路徑─目標理論（Path-Goal Theory）	House (1971)		X	X
情境領導理論（Situational Leadership Theory）	Hersey & Blanchard (1969)	X	X	
領導替代論（Leadership Substitutes Theory）	Kerr & Jermier (1978)		X	
領導者─參與模式（Vroom-Yetton-Jago Model）	Vroom & Jago (1988)		X	
權變領導理論（LPC Contingency Model）	Fiedler (1967)	X	X	
歸因理論（Attribution Theory）	Calder (1977)	X		
魅力領導（Charismatic Leadership Theory）	House (1977)	X	X	X
轉型式領導（Transformational Leadership）	Bass (1985)	X	X	X

領導理論	出處	過去	現在	未來
僕人式領導（Servant Leadership）	Greenleaf (1977)	X	X	X
願景領導（Visionary Leadership）	Nanus (1992)			X
家長式領導（Paternalistic Leadership）	樊景立與鄭伯壎（2000）	X	X	X
不當督導（Abusive Supervision）	Tepper (2000)	X	X	
倫理領導（Ethical Leadership）	Brown et al., (2005)	X	X	
真誠領導（Authentic Leadership）	Avolio & Gardner (2005)	X	X	

來源：整理自 Thoms 與 Greenberger（1995）與林姿葶、鄭伯壎（2014）之分析結果。

　　家長式領導（paternalistic leadership）包含三個重要向度，即威權、仁慈及德行領導。（鄭伯壎，1995；樊景立、鄭伯壎，2000），雖然近年來亦有不少研究單獨探討其各自獨特的內涵與影響效果，但大部分的研究仍是以三元領導構面的整合模型進行討論（林姿葶等人，2014）。家長式領導理論立基於華人文化與儒家思想上，強調領導者對於自身領導角色的責任與要求，並會盡力滿足所處情境中對上位者的期待（樊景立、鄭伯壎，2000），同時，家長式領導理論也強調領導者與部屬間的對偶關係，從互動論的觀點來探討領導者知覺部屬態度與反應對其現在領導行為的影響（林姿葶等人，2014），換言之，過去經驗與當下情境會影響家長式領導者如何對待部屬。此外，類似於轉型式領導中的個別體恤，家長式領導亦包含施恩於部屬的仁慈領導行為（鄭伯壎，1995），對部屬個人的福祉做個別、全面、而長久的關懷，家長式領導者的照顧行為是長期取向的，重視部屬未來的生涯照顧與職涯發展，並認為部屬的未來是自己責無旁貸的責任（林姿葶、鄭伯壎，2012）。簡言之，家長式領導者同時具有過去、現在及未來時間取向的特色。

　　不當督導（abusive supervision）（Tepper, 2000）則同時涉及了過去與現在的時間取向。有別於大部分領導理論多是以領導者自身出發，不當督導是從部屬知覺的角度，探討部屬對於領導者「現在」表現出不當督導行為多寡程度的主觀評估（吳宗祐，2008）。同時，有別於其他領導理論探討過去時間取向時，著重於領導者與部屬間的過去互動經驗，不當督導

理論認爲領導者與雇主間的過去經驗與感受，會影響其展現不當督導行爲的程度，亦即，當領導者知覺雇主有較低程度的程序公平（Tepper et al., 2006）與互動公平（Aryee et al., 2007），或是知覺雇主有心理契約違反（psychological contract breach）的情形（Hoobler & Brass, 2006）時，會對部屬表現出較多的不當督導行爲，顯示出過去經驗與現在所處情境對領導者的影響。

近期的新穎卻發展快速的領導理論有倫理領導（ethical leadership）（Brown et al., 2005）與眞誠領導（authentic leadership）（Gardner et al., 2005），兩者也都同時涉及了過去與現在的時間取向。Brown 等人（2005）將倫理領導定義爲「透過個人行動與人際互動來展現規範上合適的行爲，並透過雙向溝通、增強及決策等方式向部屬提倡這些行爲（頁120）」，換言之，倫理領導者是以社會學習的觀點，來推廣現在組織中合乎倫理的行爲；至於何者才是規範上合適的行爲則會受到所處情境與個人特性的影響（Brown & Treviño, 2006），也就是領導者過去經驗的影響。而眞誠領導者會深刻地察覺自己思考與行爲的方式，並對於「自身與部屬的正向行爲，展現出高度的自我覺察與自我調節，並因而促進正向的自我發展（Luthans & Avolio, 2003, p. 243）」，因此，眞誠領導強調領導者會對自己誠實，受到自身的信念所激勵，並依據個人觀點與價值觀來領導部屬（Shamir & Eilam, 2005），亦即，領導者的過去經驗與對現在情境的覺察便非常重要，會影響眞誠領導的展現。

八　華人組織中的時間觀領導

相較於西方研究的蓬勃發展，華人研究針對組織時間觀的研究仍然十分有限，且其研究焦點卻仍多強調於個人層次，或對個體自身之態度與行爲的影響，更少有研究置於群體層次探究組織時間觀可能的影響歷程與結果，或是連結至領導議題加以討論。有鑑於此，林姿葶（2014）透過回顧相關文獻，試圖了解組織情境中時間觀與領導間的關係，並提出「時間觀領導」的概念，及其對團體或個體效能的可能影響歷程；其次，使用歸納

研究取徑，來發展適用於組織情境的時間觀領導量表；之後，再使用新發展之時間觀領導量表，檢視可能的前置因素與後果變項，並據以建立其構念關聯網；最後，依據社會協時理論，探討時間觀領導對團體效能，如何透過團體協時效應的中介而產生影響。

　　基於重要事例法的歸納過程，林姿葶（2014）初步得到十個時間觀領導的概念向度，分別為：

1. 經驗學習：領導者強調從經驗中學習的重要性。
2. 依循往例：領導者強調依據先前作法行事的重要性。
3. 即時應變：領導者強調能即時回應，並快速處理突發狀況。
4. 彈性排程：領導者重視工作排程的彈性，以因應工作需要或環境變化。
5. 同步時程：領導者重視同仁間相互協調配合，來完成工作目標。
6. 提前準備：領導者重視工作的前置作業與事先規劃。
7. 長期規劃：領導者重視從長期的角度規劃目標與制訂策略。
8. 前瞻投資：領導者重視投入資源至具有前瞻性的目標與計畫。
9. 守時觀念：領導者強調遵守時刻表的重要性。
10. 時程規劃：領導者強調妥善運用時間與工作排程的重要性。

　　她發現所得到的概念向度具有明顯的時間取向，似乎可再聚合更高的構念層次，因此，以不同樣本再一次進行更高層次強迫分類程序，以確認各概念向度之時間取向。所歸納得到的各時間取向之領導行為定義如下：

1. 適應式領導（過去導向）：「強調對過去事件的關心；注重過去經驗與事後檢討，並要求成員依據舊有方式或流程進行工作」。
2. 反應式領導（現在導向）：「強調對現在事件的關心；強調面對突發狀況時能立刻處理或調整工作流程，重視工作排程的彈性與同仁間相互協調配合，以因應工作需要或環境變化」。
3. 預應式領導（未來導向）：「強調對未來事件的關心；注重從長期的角度規劃目標與制訂策略，投入資源至具有前瞻性的目標與計畫，並要求成員重視工作的前置作業與事先規劃。」

　　在過去相關研究基礎上，林姿葶（2014）認為應同時考慮不同時間觀點的意涵，將時間觀領導定義為：「領導者展現出著重過去、現在、未來

時間觀點的定調領導行為，以型塑團體成員對工作時間的知覺與認知」，並具以將時間觀領導分為三類領導行為：著重過去時間觀點的「適應式領導」、著重現在時間觀點的「反應式領導」，以及著重未來時間觀點的「預應式領導」。

　　整體而言，林姿葶（2014）的研究結果大致都符合理論預期，並驗證了團體時間觀領導效能的協時性中介歷程模式，亦即，時間觀領導會透過團體協時中介歷程，在群體層次能夠有效地促進團體的整體績效，在個體層次亦有助於增進團體成員的工作績效與態度。該研究成果不但突顯出時間觀領導行為在管理有效工作團體中的重要性，更提供了具有良好信效度的測量工具，可作為相關研究的礎石，以利團體領導與時間觀領導研究的未來發展。

九 華人組織中的時間觀未來研究方向

　　時間與時間觀之構念的艱深難懂，反而締造出該議題的迷人之處。近年來，越來越多的研究學者投入其中，不論是理論建構，或是文獻回顧，都為未來研究締定了良好的基礎與契機。本文建議未來研究者在進行與「時間」有關之研究前，必須先清楚定位自己的研究取向。林姿葶與鄭伯壎（2013）提出四個關鍵問題，有助於研究者事先釐清研究重點，是屬於「時間觀研究」抑或「時間相關研究」，而本文再加入兩個關鍵問題，探究「文化」於組織時間觀中的情境角色，關鍵問題如下：

1. 研究焦點為「時間」的本質抑或影響？
2. 對研究對象而言，「時間」是大同小異抑或因人而異？
3. 研究中的「時間」議題，為普世皆同抑或具備本土意涵？
4. 「時間」在研究中所扮演的角色：主要效果抑或調節效果？
5. 研究理論為靜態歷程抑或動態歷程？
6. 於華人組織情境中，研究該「時間」議題之獨特定位與影響力？

　　據此，本文提出一些可行的未來研究方向，請詳見表 27-3。本文建議未來有志研究者可針對所關注的時間變項，包括：時間概念（客觀／鐘

錶時間、社會建構時間、時間多元性等）、工作活動相關時間（速度、協時性、急迫性、效能／效率等），及行動者相關時間（時間知覺、時間性格、時間深度等），發展出具華人本土意涵之研究議題。

表27-3　華人組織中時間觀未來研究議題

時間變項	研究議題
時間概念 　客觀／鐘錶時間 　（Objective/clock time） 　　絕對年齡 　　相對年齡 　　年資 　社會建構時間 　（Socially constructed time） 　　工作／家庭時間 　　私人／大眾時間 　　進入／職離時間 時間多元性 （Temporal diversification） 時間匯口 （Temporal estuary） 時間中心主義 （Chronocentrism）	・過往傳統上以鐘錶時間探究織組織現象（例如接班或傳承），若以不同的社會建構時間或時間濾鏡重新探索，有何新穎或突破的發現？ ・有哪些因素會導致特定組織中社會建構時間的一致性與差異性？是否會有次團體的差異存在？ ・特定組織中各種社會建構時間的前置因素與後果變項為何？是否會受到外部環境（例如產業別、地理位置）或內部適應（例如組織文化、領導者自身時間觀）的影響？ ・領導者與組織成員如何擁有、控制及協商彼此間的鐘錶時間與／或社會建構時間？其間時間權力的位置或流動狀態為何？ ・領導者如何建構社會時間或共享時間觀？ ・有別於鐘錶時間，特定組織中的社會建構時間如何影響該組織成員的工作態度與行為？ ・如何有效建立特定組織中的時間多樣性？對組織效能或組織成員績效的利弊為何？ ・如何於特定組織中形塑不同的時間匯口？ ・特定組織或其組織領導人的時間中心主義對其組織效能或組織成員之態度與行為有何影響？
工作活動相關時間 　速度（Speed） 　多元性／單一性時間 　（Poly-/monochronic time） 　協時性（Entrainment） 　急迫性（Punctuality）	・特定組織中成員針對工作產出，進行不同工作活動或作業的節奏、次序及持續時間為何？又，與其組織時間觀文化或領導人時間觀有何關係？ ・隨著工作進程的不同，或工作時間「量」的減少，特定工作活動是否會產生「質」的變化？其中，「期限」與「急迫性」扮演的角色為何？

時間變項	研究議題
效能／效率 （Effectiveness/efficiency）	·特定組織中成員間的多元時間觀之一致性與差異性為何？又，對其決策制定、職涯發展、工作人際關係、工作態度與行為、績效表現等因素有何影響？ ·特定組織之發展歷程如何與其組織成員的生命週期或職涯歷程同步或互涉？又，如何同步或鑲嵌至所處產業、經濟體或科技發展之時間結構中？ ·特定組織中的次團體（例如單位或團隊）如何建構共享時間觀或時間常模？或達成整體協時狀態？ ·特定組織或其領導者如何利用社會建構時間增益組織成員之效能與效率？又，領導者的時間校準能力對其領導效能的影響為何？
行動者相關時間 　時間知覺 　（Temporal perception） 　　時間流逝／拖延 　　時間新穎性 　　時間反思 　時間性格 　（Temporal personality） 　　時間風格— 　　時鐘／有機／策略／痙攣 　　（spasmodic） 　　時間深度／取向— 　　過去、現在、未來	·特定組織中成員的時間知覺為何？與組織外部成員（例如經濟體、產業別、合作夥伴）有何異同？組織內部是否存在世代差異？或次團體差異？ ·特定組織中成員如何感知時間的流逝？當感知時間緩慢或快速移動時，對於其應對策略或行為有何影響？如何建構組織成員對時間知覺的穩定性？ ·特定組織中成員的時間知覺來自於由上而下的歷程（the top-down process）？抑或由下而上的歷程（the bottom-uo process）？ ·特定組織創辦人自身的時間性格對整體組織時間觀文化或常模的影響為何？又，對其組織內部之社會建構時間有何影響？而其時間性格在領導人傳承或接班中扮演何種角色？ ·特定組織中成員間的時間性格之一致性與差異性為何？又，對其決策制定、職涯發展、工作人際關係、工作態度與行為、績效表現等因素有何影響？ ·特定組織中成員間不同的時間性格對彼此合作、競爭型態有何影響？又，在團隊情境中，如何得到互利或增益效果？團隊領導人之時間性格的角色為何？

註：修改自 Ancona 等人（2001b）；Sharma 等人（2014)。

✚ 結語

　　總之，本文希望透過對相關議題的回顧釐清，描繪出華人組織中時間觀研究的「時間景觀」，並佐以提出具體的未來研究方向，來吸引有志者共同為時間研究開啟下一段研究歷程。在此基礎上，望能鼓勵學者鑑往知來，在過去累積的可貴成果上，於當下良好的研究契機，於未來華人組織研究中探究更深入的時間議題，而使「時間」與「時間觀」成為學界的共享知識。

參考文獻

余國良（1991）：《海德格基礎存有學的認識論意涵》（未發表之碩士論文），輔仁大學。

吳宗祐（2008）：〈主管威權領導與部屬的工作滿意度與組織承諾：信任的中介歷程與情緒智力的調節效果〉。《本土心理學研究》，*30*，3-63。

林姿葶（2014）：《組織中的時間觀領導：概念分析、協時歷程及效果驗證》（博士論文，國立臺灣大學）。

林姿葶、鄭伯壎（2012）：〈華人領導者的噓寒問暖與提攜教育：仁慈領導之雙構面模式〉。《本土心理學研究》，*37*，253-302。

林姿葶、鄭伯壎（2013）：〈組織中的時間與時間觀：回顧與展望。〉。《本土心理學研究》，*40*，143-195。

林姿葶、鄭伯壎（2014）：〈鑑往知來：領導研究中的時間議題〉。《中華心理學刊》，*56*，237-255。

林姿葶、鄭伯壎、周麗芳（2014）：〈家長式領導：回顧與前瞻〉。《本土心理學研究》，*41*，3-82。

彭涵梅（1997）：《周易時間觀》（未出版碩士論文），國立臺灣大學。

奧古斯丁（1998）：《懺悔錄（初版）》（周士良譯）。臺灣商務印書館。

樊景立、鄭伯壎（2000）：〈華人組織的家長式領導：一項文化觀點的分析〉。《本土心理學研究》，*13*，126-180。

鄭伯壎（1995）：〈家長權威與領導行爲之關係：一個臺灣民營企業主持人的個案研究〉。《中央研究院民族學研究所集刊》，79，119-173。

鄭伯壎（1998）：〈海峽兩岸組織文化之比較實證研究〉。鄭伯壎、黃國隆、郭建志（主編），《海峽兩岸之企業文化》，頁1-53。遠流出版公司。

關永中（1997）：《神話與時間》。臺灣書店。

Adam, B. (1998). *Timescapes of modernity: The environment and invisible hazards*. England: Routledge.

Adams, S. J., & van Eerde, W. (2010). Time use in Spain: is polychronicity a cultural phenomenon? *Journal of Managerial Psychology*, *25*, 764-776.

Agle, B. R., Nagarajan, N. J., Sonnenfeld, J. A., & Srinivasan, D. (2006). Does CEO charisma matter? An empirical analysis of the relationships among organizational performance, environmental uncertainty, and top management team perceptions of CEO charisma. *Academy of Management Journal*, *49*, 161-174.

Albert, S. (1995). Towards a theory of timing: An archival study of timing decisions in the Persian Gulf War. *Research in Organizational Behavior*, *17*, 1-70.

Ancona, D. G., & Chong, C.-L. (1996). Entrainment: Pace, cycle, and rhythm in organizational behavior. *Research in Organizational Behavior*, *18*, 251-284.

Ancona, D. G., Goodman, P. S., Lawrence, B. S., & Tushman, M. L. (2001a). Time: A new research lens. *Academy of Management Review*, *26*, 645-663.

Ancona, D. G., Kochan, T., Scully, M., van Maanen, J., & Westney, E. (1999). *Managing for the future: Organizational behavior and processes* (2nd ed.). South-Western Publishing.

Ancona, D. G., Okhuysen, G. A., & Perlow, L. (2001b). Taking time to integrate temporal research. *Academy of Management Review*, *26*, 512-529.

Arrow, H., McGrath, J. E., & Berdahl, J. L. (2000). *Small groups as complex systems: Formation, development, and adaptation*. Sage.

Aryee, S., Chen, Z. X., Sun, L. Y., & Debrah, Y. A. (2007). Antecedents and outcomes of abusive supervision: Test of a trickle-down model. *Journal of Applied Psychology*, *92*, 191-201.

Ashkanasy, N., Gupta, V., Mayfield, M., & Trevor-Roberts, E. (2004). Future orientation. In R. House, P. Hanges, M. Javidan, P. Dorfman & W. Gupta (Eds.), *Culture, leadership, and organizations: The GLOBE study of 62 societies* (pp. 282-342). Sage.

Avolio, B. J., & Gardner, W. L. (2005). Authentic leadership development: Getting to the root of positive forms of leadership. *The Leadership Quarterly, 16*, 315-338.

Bandura, A. (2001). Social cognitive theory: An agentic perspective. *Annual Review of Psychology, 52*, 1-26.

Bantel, K., & Jackson, S. (1989). Top management and innovations in banking: Does the composition of the top team make a difference? *Strategic Management Journal, 10*, 107-124.

Barkema, H. G., Baum, J. A. C., & Mannix, E. A. (2002). Management challenges in a new time. *Academy of Management Journal, 45*, 916-930.

Bass, B. M. (1985). *Leadership and performance beyond expectations*. Free Press.

Bass, B. M. (2000). The future of leadership in learning organizations. *Journal of Leadership and Organizational Studies, 7*(3), 18-40.

Bass, B. M., & Avolio, B. J. (1990). *Transformational leadership development: Manual for the multifactor leadership questionnaire*. Consulting Psychologists Press.

Bass, B. M., & Stogdill, R. M. (1990). *Bass and Stogdill's handbook of leadership: Theory, research, and managerial applications*. Free Press.

Bird, B. (1988). Implementing entrepreneurial ideas: The case for intention. *Academy of Management Review, 13*, 442-453.

Bligh, M. C., Kohles, J. C., & Meindl, J. R. (2004). Charisma under crisis: Presidential leadership, rhetoric, and media responses before and after the September 11th terrorist attacks. *The Leadership Quarterly, 15*, 211-239.

Block, R. A. (1990). Models of psychological time. In R. A. Block (Ed.), *Cognitive models of psychological time* (pp. 1-35). Erlbaum.

Blount, S., & Janicik, G. A. (2001). When plans change: Examining how people evaluate timing changes in work organizations. *Academy of Management Review, 26*, 566-585.

Bluedorn, A. C. (1998). An interview with anthropologist Edward T. Hall. *Journal of*

Management Inquiry, 7, 109-115.

Bluedorn, A. C. (Ed). (1999). *Journal of Managerial Psychology, 14*(3/4).

Bluedorn, A. C. (2002). *The Human Organization of Time: Temporal Realities and Experience*. Stanford University Press.

Bluedorn, A. C., & Denhardt, R. B. (1988). Time and Organizations. *Journal of Management, 14*, 299-320.

Bluedorn, A. C., & Jaussi, K. S. (2008). Leaders, followers, and time. *The Leadership Quarterly, 19*, 654-668.

Bluedorn, A. C., Kalliath, T. J., Strube, M. J. & Martin, G. D. (1999). Polychronicity and the Inventory of Polychronic Values (IPV): The Development of an Instrument to Measure a Fundamental Dimension of Organizational Culture. *Journal of Managerial Psychology, 14*, 205-230.

Bluedorn, A. C., Kaufman, C. F., & Lane, P. M. (1992). How many things do you like to do at once? An introduction to monochronic and polychronic time. *Academy of Management Executive, 6*, 17-26.

Boyd, J. N., & Zimbardo, P. G. (1997). Constructing time after death: The Transcendental-Future Time Perspective. *Time & Society, 6*, 35-54.

Brislin, R. W., & Kim, E. S. (2003). Cultural diversity in peoples understanding and uses of time. *Applied Psychology: An International Review, 52*, 363-382.

Brown, M. E., & Treviño, L. K. (2006). Ethical leadership: A review and future directions. *The Leadership Quarterly, 17*, 595-616.

Brown, M. E., Treviño, L. K., & Harrison, D. A. (2005). Ethical leadership: A social learning perspective for construct development and testing. *Organizational Behavior and Human Decision Processes, 97*, 117-134.

Brown, S. L., & Eisenhardt, K. M. (1998). *Competing on the edge: Strategy as structured chaos*. Harvard Business School Press.

Burns, J. M. (1978). *Leadership*. Harper & Row.

Calder, B. J. (1977). An attribution theory of leadership. In B. M. Staw & G. R. Salancik (Eds.), *New directions in organizational behavior*. St. Clair.

Capdeferro, N., Romero, M., & Barberà, E. (2014). Polychronicity: Review of the literature and a new configuration for the study of this hidden dimension of online learning. *Distance Education, 35*(3), 294-310.

Casimir, G. (2001). Combinative aspects of leadership style: The ordering and temporal spacing of leadership behaviors. *The Leadership Quarterly, 12*, 245-278.

Claessens, B. J. C., van Eerde, W., Rutte, C. G., & Roe, A. R. (2007). A review of the time management literature. *Personnel Review, 36*, 255-276.

Clark, P. A. (1985). A review of the theories of time and structure for organizational sociology. In S. B. Bacharach, & S. M. Mitchell (Eds.), *Research in the sociology of organizations.* (pp. 35-80). JAI.

Clemens, J., & Dalrymple, S. (2005). *Time mastery: How temporal intelligence will make you a stronger, more effective leader*. Amacom Books.

Conte, J. M., & Gintoft, J. N. (2005). Polychronicity, Big Five personality dimensions, and sales performance. *Human Performance, 18*, 427-444.

Conte, J. M., Landy, F. J., & Mathieu, J. E. (1995). Time urgency: Conceptual and construct development. *Journal of Applied Psychology, 80*, 178-185.

Conte, J. M., Mathieu, J. E., & Landy, F. J. (1998). The nomological and predictive validity of time urgency. *Journal of Organizational Behavior, 19*, 1-13.

Coope, U. (2005). *Time for Aristotle: Physics IV. 10-14*. Oxford University Press.

Cotte, J., & Ratneshwar, S. (1999). Juggling and hopping: What does it mean to work polychronically? *Journal of Managerial Psychology, 14*, 184-205.

Dansereau, F., Jr. , Graen, G., & Haga, W. J. (1975). A vertical dyad linkage approach to leadership within formal organizations: A longitudinal investigation of the role making process. *Organizational Behavior and Human Performance, 13*, 46-78.

Das, T. K. (1986). *The Subjective Side of Strategy Making: Future Orientations and Perceptions of Executives*. Praeger.

Das, T. K. (1987). Strategic planning and individual temporal orientation. *Strategic Management Journal, 8*, 203-209.

Das, T. K. (1993). Time in management and organization studies. *Time and Society, 2*, 267-274.

Davis, K. M., & Gardner, W. L. (2012). Charisma under crisis revisited: Presidential leadership, perceived leader effectiveness, and contextual influences. *The Leadership Quarterly, 23*, 918-933.

Doyle, A., & Francis-Smythe, J. (2009). *Temporal Intelligence in Leadership and Management.* Paper presented at the Research Focus One Day Conference Leadership & Management, University of Worcester, Worcester, UK.

Eisenhardt, K. M. (1989). Making fast strategic decisions in high-velocity environments. *Academy of Management Journal, 32*, 543-576.

El Sawy, O. A. (1983). *Temporal perspective and managerial attention: A study of chief executive strategic behavior.* (Dissertation). Stanford University.

Epitropaki, O., & Martin, R. (2005). From ideal to real: a longitudinal study of the role of implicit leadership theories on leader-member exchanges and employee outcomes. *Journal of Applied Psychology, 90*, 659-676.

Failla, A., & Bagnara, S. (1992). Information technology, decision, time. *Social Science Information, 31*, 669-681.

Fiedler, F. E. (1967). *A theory of leadership effectiveness.* McGraw-Hill.

Fiedler, F. E. (1971). Validation and extension of the contingency model of leadership effectiveness: A review of empirical findings. *Psychological Bulletin, 76*, 128-148.

Fleishman, E. A. (1953). The measurement of leadership attitudes in industry. *Journal of Applied Psychology, 37*(3), 153-158.

Fleishman, E. A. (1973). Twenty years of consideration and structure. In E. A. Fleishman & J. G. Hunt (Eds.), *Current developments in the study of leadership* (pp. 1-40). Southern Illinois University Press.

Fraisse, P. (1963). *The psychology of time.* Harper & Row.

Francis-Smythe, J. A., & Robertson, I. T. (1999). Time-related individual differences. *Time & Society, 8*, 273-292.

Francis-Smythe, J. A., & Robertson, I. T. (2003). The importance of time congruity in the organization. *Applied Psychology, 52*, 298-321.

Fried, Y., & Slowik, L. H. (2004). Enriching goal-setting theory with time: An integrated approach. *Academy of Management Review, 29*, 404-422.

Gardner, W. L., Avolio, B. J., & Walumbwa, F. O. (Eds.). (2005). *Authentic leadership theory and practice: Origins, effects and development*. Elsevier.

Gersick, C. J. G. (1988). Time and transition in work teams: Toward a new model of group development. *Academy of Management Journal, 31*, 9-41.

Gersick, C. J. G. (1989). Making time: Predictable transitions in task groups. *Academy of Management Journal, 32*, 274-309

Gersick, C. J. G. (1994). Pacing strategic change: The case of a new venture. *Academy of Management Journal, 37*, 9-45.

Gevers, J. M. P., Mohammed, S., Baytalskaya, N., & Beeftink, F. (2008). *The development and validation of a pacing preference scale.* Paper presented at the annual meeting of the Academy of Management, Anaheim, CA.

Gevers, J. M. P., Rutte, C. G., & van Eerde, W. (2006). Meeting deadlines in work groups: Implicit and explicit mechanisms. *Applied Psychology: An International Review, 55*, 52-72.

Gherardi, S., & Strati, A. (1988). The temporal dimension in organizational studies. *Organization Studies, 9*, 149-164.

Goodman, P. S. (2000). *Missing organizational linkages: Tools for cross-level research.* Sage.

Goodman, P. S., Lawrence, B. S., Ancona, D. G., & Tushman, M. L. (2001). Introduction to special topic forum on time and organizational research. *Academy of Management Review, 26*, 507-511.

Greenleaf, R. K. (1977). *Servant leadership: A journey into the nature of legitimate power and greatness*. Paulist Press.

Greenleaf, R. K., & Spears, L. C. (2002). *Servant leadership: A journey into the nature of legitimate power and greatness*. Paulist Press.

Halbesleben, J. R. B., Novicevic, M. M., Harvey, M. G., & Buckley, M. R. (2003). Awareness of temporal complexity in leadership of creativity and innovation: A competency-based model. *Leadership Quarterly, 14*, 433-454.

Hall, E. T. (1959). *The silent language*. Anchor Books.

Hall, E. T. (1976). *Beyond culture*. Doubleday.

Hall, E. T. (1983). *The dance of life*. Anchor Press.

Hambrick, D. (1997). Corporate coherence and the TMT. *Planning Review, 25*(5), 24-29.

Hambrick, D. C., & Mason, P. A. (1984). Upper echelons: The organization as a reflection of its top managers. *Academy of Management Review, 9*, 193-206.

Harvey, M., & Novicevic, M. M. (2001). The impact of hypercompetitive "timescapes" on the development of a global mindset. *Management Decision, 39*, 448-460.

Hay, M., & Usunier, J. C. (1993). Time and strategic action: A cross-cultural view. *Time & Society, 2*, 313-333.

Henson, J. M., Carey, M. P., Carey, K. B., & Maisto, S. A. (2006). Associations among health behaviors and time perspective in young adults: Model testing with boot-strapping replication. *Journal of Behavioral Medicine, 29*, 127-137.

Hersey, P., & Blanchard, K. H. (1969). Life cycle theory of leadership. *Training and Development Journal, 23*(2), 26-34.

Holman, E. A., & Silver, R. C. (1998). Getting" stuck" in the past: Temporal orientation and coping with trauma. *Journal of Personality and Social Psychology, 74*, 1146-1163.

Hoobler, J., & Brass, D. J. (2006). Abusive supervision and family undermining as displaced aggression. *Journal of Applied Psychology, 91*, 1125-1133.

House, R. J. (1971). A path-goal theory of leader effectiveness. *Administrative Science Quarterly, 16*, 321-339.

House, R. J. (1977). A 1976 theory of charismatic leadership. In J. G. Hunt & L. L. Larson (Eds.), *Leadership: The cutting edge* (pp. 189-207). Southern Illinois: University press.

House, R. J., Spangler, W. D., & Woycke, J. (1991). Personality and charisma in the US presidency: A psychological theory of leader effectiveness. *Administrative Science Quarterly, 36*, 364-396.

Hussey, E. (1983). *Aristotle's Physics, books III and IV*. Oxford University Press, USA.

Huy, Q. N. (2001). Time, temporal capability, and planned change. *Academy of Management Review, 26*, 601-623.

James, W. (1890). *The principles of psychology* (Vol. 1). Dover Press.

Janicik, G. A., & Bartel, C. A. (2003). Talking about time: Effects of temporal planning and time awareness norms on group coordination and performance. *Group Dynamics: Theory, Research, and Practice, 7*, 122-134.

Jansen, K. J., & Kristof-Brown, A. L. (2005). Marching to the beat of a different drummer: Examining the impact of pacing congruence. *Organizational Behavior and Human Decision Processes, 97*, 93-105.

Karniol , R., & Ross , M. (1996). The motivational impact of temporal focus: Thinking about the future and the past. *Annual Review of Psychology, 47*, 593-620.

Kaufman-Scarborough, C., & Lindquist, J. D. (1999). Time management and polychronicity: Comparisons, contrasts, and insights for the workplace. *Journal of Managerial Psychology, 14*(3/4), 288-312.

Kavanagh, D., & Araujo., L. (1995). Chronigami: Folding and unfolding time. *Accounting, Management and Information Technology, 5*, 103-121.

Kelly, J. R., Futoran, G. C., & McGrath, J. E. (1990). Capacity and capability: Seven studies of entrainment of task performance rates. *Small Group Research, 21*, 283-314.

Keough, K. A., Zimbardo, P. G., & Boyd, J. N. (1999). Who's smoking, drinking, and using drugs? Time perspective as a predictor of substance use. *Basic and Applied Social Psychology, 21*, 149-164.

Kerr, S., & Jermier, J. M. (1978). Substitutes for leadership: Their meaning and measurement. *Organizational Behavior and Human Performance, 22*, 375-403.

Kimberly, J. R. (1976). Issues in the design of longitudinal organizational research. *Sociological Methods & Research, 4*, 321-348.

Kollmuss , A., & Agyeman , J. (2002). Mind the gap: Why do people act environmentally and what are the barriers to pro-environmental behavior? *Environmental Education Research, 8*, 239-260.

Kozlowski, S. W. J., Gully, S. M., Nason, E. R., & Smith, E. M. (1999). Developing adaptive teams: A theory of compilation and performance across levels and time. In D. R. Ilgen & E. D. Pulakos (Eds). *The changing nature of performance: Implications for staffing, motivation, and development* (pp. 240-294). Jossey-Bass.

Landy, F., Rastegary, H., Thayer, J., & Colvin, C. (1991). Time urgency: The construct and its measurement. *Journal of Applied Psychology, 76*, 644-657.

Lauer, R. H. (1981). *Temporal Man: The Meaning and Uses of Social Time*. Praeger.

Lawrence, T. B., Winn, M. I., & Jennings, P. D. (2001). The temporal dynamics of institutionalization. *Academy of Management Review, 26*, 624-644.

Lee, H. (1999). Time and information technology: Monochronicity, polychronicity and temporal symmetry. *European Journal of Information Systems, 8*, 16-26.

Lee, H., & Liebenau, J. (1999). Time in organizational studies: Towards a new research direction. *Organization Studies, 20*, 1035-1058.

Levine, R. (1997). *A geography of time: The temporal misadventure of a social psychologist, or how every culture keeps time just a little bit differently*. Basic Books.

Lewin, K. (1951). *Field theory in social science. Selected theoretical papers*. In D. Cartwright (Ed.), Harper & Row.

Likert, R. (1967). *The human organization: Its management and value*. McGraw-Hill.

Lindquist, J. D., & Kaufman-Scarborough, C. (2007). The Polychronic-Monochronic Tendency Model PMTS scale development and validation. *Time & Society, 16*, 253-285.

Luthans, F., & Avolio, B. J. (2003). Authentic leadership: A positive developmental approach. In K. S. Cameron, J. E. Dutton, & R. E. Quinn (Eds.), *Positive organizational scholarship: Foundations of a new discipline* (pp. 241-261). Barrett-Koehler.

MacDuffie, J. P. (1995). Human resource bundles and manufacturing performance: Organizational logic and flexible production systems in the world auto industry. *Industrial and Labor Relations Review, 48*, 197-221.

Mainemelis, C. (2001). When the muse takes it all: A model for the experience of timelessness in organizations. *Academy of Management Review, 26*, 548-565.

Marks, M. A., Mathieu, J. E., & Zaccaro, S. J. (2001). A temporally based framework and taxonomy of team processes. *Academy of Management Review, 26*, 356-376.

Marshall, J. (1982). Organization culture: Elements in its portraiture and some implications for organization functioning. *Group & Organization Studies*, 7, 367-384.

McGrath, J. E. (1962). *Leadership behavior: Some requirements for leadership training.* U.S. Civil Service Commission

McGrath, J. E. (1964). *Social psychology: A brief introduction.* Holt, Rinehart and Winston.

McGrath, J. E. (1991). Time, interaction and performance (TIP): A theory of groups. *Small Group Research*, *22*,147-174.

McGrath, J. E., & Kelly, J. R. (1986). *Time and human interaction: Toward a social psychology of time.* Guilford Press.

McGrath, J. E., & Rotchford, N. L. (1983). Time and behavior in organizations. In B. Staw & L. Cummings (Eds.), *Research in organizational behavior* (pp. 57-101). JAI Press.

McGrath, J. E. (Ed.). (1988). *The Social Psychology of Time: New Perspectives.* Sage.

Milfont, T. L., Wilson, J., & Diniz, P. (2012). Time perspective and environmental engagement: A meta-analysis. *International Journal of Psychology*, *47*(5), 325-334.

Mintzberg, H. (1973). *The nature of managerial work.* Harper & Row.

Mirsky, S. (2002). Einstein's Hot Time. *Scientific American*, *287*(3), 102-102.

Mitchell, T. R., & James, L. R. (2001). Building better theory: Time and the specification of when things happen. *Academy of Management Review*, *26*, 530-547.

Nanus, B. (1992). *Visionary leadership: Creating a compelling sense of direction for your organization.* Jossey-Bass.

Nuttin, J. (1985). *Future time perspective and motivation.* Leuven University Press.

Onken, M. H. (1999). Temporal elements of organizational culture and impact on firm performance. *Journal of Managerial Psychology*, *14*, 231-243.

Orlikowsky, W. J., & Yates, J. (2002). It's about time: temporal structuring in organizations. *Organization Science*, *13*, 684-700.

Ornstein, R. (1975). *On the experience of time.* Penguin.

Palmer, D. K., & Schoorman, F. D. (1999). Unpackaging the multiple aspects of time in polychronicity. *Journal of Managerial Psychology*, *14*, 323-345.

Pawar, B. S., & Eastman, K. K. (1997). The nature and implications of contextual influences on transformational leadership: A conceptual examination. *Academy of Management Review*, *22*, 80-109.

Perlow, L. A. (1999). The time famine: Toward a sociology of work time. *Administrative Science Quarterly*, *44*, 57-81.

Persing, D. L. (1999). Managing in polychronic times: Exploring individual creativity and performance in intellectually intensive venues. *Journal of Managerial Psychology*, *14*, 358-373.

Peterson R. S., Owens, P. D., Tetlock, P. E., Fan, E. T., & Martorana, P. (1998). Group dynamics in top management teams: Groupthink, vigilance, and alternative models of organizational failure and success. *Organizational Behavior and Human Decision Processes*, *73*, 272-305.

Pillai, R. (1996). Crisis and the emergence of charismatic leadership in groups: An experimental investigation. *Journal of Applied Social Psychology*, *26*, 543-562.

Pillai, R., & Meindl, J. R. (1998). Context and charisma: A "meso" level examination of the relationship of organic structure, collectivism, and crisis to charismatic leadership. *Journal of Management*, *24*, 643-664.

Podsakoff, P. M., MacKenzie, S. B., Lee, J. Y., & Podsakoff, N. P. (2003). Common method biases in behavioral research: a critical review of the literature and recommended remedies. *Journal of Applied Psychology*, *88*, 879-903.

Poposki, E. M., & Oswald, F. L. (2010). The multitasking preference inventory: Toward an improved measure of individual differences in polychronicity. *Human Performance*, *23*, 247-264.

Ramaprasad, A., & Stone, W. G. (1992). The temporal dimension of strategy. *Time and Society*, *1*(3), 359-377.

Robertson, R. (1992). *Globalization: Social theory and global culture*. Sage.

Romanelli, E., & Tushman, M. (1994). Organization transformation as punctuated equilibrium. *Academy of Management Journal*, *37*, 1141-1166.

Rosenbloom, R. (2000). Leadership, capabilities, and techno-logical change. *Strategic Management Journal*, *21*, 1083-1103.

Roy, D. F. (1959). Banana time: Job satisfaction and informal interaction. *Human Organization, 18,* 158-168.

Schein, E. H. (1983) Organizational culture. *Organizational Dynamics, 12,* 13-28.

Schein, E. H. (1992). *Organizational culture and leadership* (2nd ed.). Jossey-Bass.

Schriber, J. B., & Gutek, B. A. (1987). Some time dimensions of work: Measurement of an underlying aspect of organization culture. *Journal of Applied Psychology; Journal of Applied Psychology, 72,* 642-650.

Sendjaya, S., & Sarros, J. C. (2002). Servant leadership: Its origin, development, and application in organizations. *Journal of Leadership & Organizational Studies, 9,* 57-64.

Shamir, B., & Eilam, G. (2005). "What's your story?": A life-stories approach to authentic leadership development. *The Leadership Quarterly, 16,* 395-417.

Sharma, P., Salvato, C., & Reay, T. (2014). Temporal dimensions of family enterprise research. *Family Business Review, 27,* 10-19.

Shipp, A. J., Edwards, J. R., & Lambert, L. S. (2009). Conceptualization and measurement of temporal focus: The subjective experience of the past, present, and future. *Organizational Behavior and Human Decision Processes, 110,* 1-22.

Slocombe, T. E. (1999). Applying the theory of reasoned action to the analysis of an individual's polychronicity. *Journal of Managerial Psychology, 14,* 313-322.

Slocombe, T. E., & Bluedorn, A. C. (1999). Organizational behavior implications of the congruence between preferred polychronicity and experienced work unit polychronicity. *Journal of Organizational Behavior, 20,* 75-99.

Sparrowe, R. T., & Liden, R. C. (1997). Process and structure in leader-member exchange. *Academy of management Review, 22,* 522-552.

Strathman, A., Gleicher, F., Boninger, D. S., & Edwards, C. S. (1994). The consideration of future consequences: weighing immediate and distant outcomes of behavior. *Journal of Personality and Social Psychology, 66,* 742-752.

Stogdill, R. M. (1950). Leadership, membership and organization. *Psychological Bulletin, 47,* 1-14.

Stone, A. G., Russell, R. F., & Patterson, K. (2004). Transformational versus servant leadership: a difference in leader focus. *Leadership & Organization Development Journal, 25*, 349-359.

Tang, S., Richter, A. W., & Nadkarni, S. (2020). Subjective time in organizations: Conceptual clarification, integration, and implications for future research. *Journal of Organizational Behavior, 41*, 210-234.

Tepper, B. J. (2000). Consequences of abusive supervision. *Academy of Management Journal, 43*, 178-190.

Tepper, B. J., Duffy, M. K., Henle, C. A., & Lambert, L. S. (2006). Procedural injustice, victim precipitation, and abusive supervision. *Personnel Psychology, 59*, 101-123.

Thoms, P., & Greenberger, D. B. (1995). The relationship between leadership and time orientation. *Journal of Management Inquiry, 4*, 272-292.

Ting-Toomey, S. (1999). *Communicating across cultures.* Guilford Press.

Tripsas, M., & Gavetti, G. (2000). Capabilities, cognition, and inertia: Evidence from digital imaging. *Strategic Management Journal, 21*, 1147-1161.

Vroom, V. H., & Jago, A. G. (1988). *The New Leadership: Managing participation in Organizations.* Prentice-Hall.

Waldman, D. A., Ramirez, G. G., House, R. J., & Puranam, P. (2001). Does Leadership Matter? CEO Leadership Attributes and Profitability under Conditions of Perceived Environmental Uncertainty. *Academy of Management Journal, 44*, 134-143.

Waller, M. J., Conte, J. M., Gibson, C. B., & Carpenter, M. A. (2001). The effect of individual perceptions of deadlines on team performance. *Academy of Management Review, 26*, 586-600.

Waller, M., Giambatista, R., & Zellmer-Bruhn, M. (1999). The effects of individual time urgency on group polychronicity. *Journal of Managerial Psychology, 14*, 244-256.

Weber, M. (1968). *On charisma and institution building.* University of Chicago Press.

Weick, K. E. (1979). *The social psychology of organizing* (2nd Ed.). McGraw-Hill.

Wilkins, A. L., & Ouchi, W. G. (1983). Efficient cultures: Exploring the relationship between culture and organizational performance. *Administrative Science Quarterly*,

28, 468-481.

Williams, K., & O'Reilly, C. (1998). Demography and diversity in organizations: A review of forty years of research. *Research in Organizational Behavior, 20*, 77-140.

Willner, A. R. (1984). *The spellbinders: Charismatic political leadership*. Yale University Press.

Wilson, A. E., & Ross, M. (2003). The identity function of autobiographical memory: Time is on our side. *Memory, 11*, 137-149.

Wright, T. A. (1997). Time revisited in organizational behavior. *Journal of Organizational Behavior, 18*, 201-204.

Yammarino, F. J., Spangler, W. D., & Bass, B. M. (1993). Transformational leadership and performance: A longitudinal investigation. *The Leadership Quarterly, 4*, 81-102.

Zapf, D., Dormann, C., & Frese, M. (1996). Longitudinal studies in organizational stress research: a review of the literature with reference to methodological issues. *Journal of Occupational Health Psychology, 1*, 145-169.

Zimbardo, P. G., & Boyd, J. (1999). Putting time in perspective: A valid, reliable individual-differences metric. *Journal of Personality and Social Psychology, 77*, 1271-1288.

Zimbardo, P. G., & Boyd, J. (2008). *The time paradox: The new psychology of time that will change your life*. Free Press.

第二十八章　從廣告效果看華人的說服理論

林升棟

一　前言

　　中西方說服方式的差異常常導致在對外傳播中，有理說不出，說了傳不開。由於我們自小生活在某一種文化中，對許多問題都有先入為主的判斷，跨文化對話常不自覺地將對方的話語置於本文化的背景下。這種斷章取義造就了很多文化怪獸。正是由於個人在成長過程中很難同時和同步受兩種文化薰陶，而是先接受了某種文化固有的價值取向，因此會不自覺地把自己熟稔的理解強加在另一種文化中看似平等或對等的概念上。這種主位（emic）與客位（etic）的視角差異，使得同一內容在不同文化中可能產生不同的意義。跨文化對話根本就是兩個概念群之間的對話，局部的剝離解讀只會造成溝通障礙，只有將這種對話語境放在各自的社會／歷史／文化脈絡當中，才能完整地把握其意義。

　　中國的學者需要在全球和當代的座標中重新表述本土的理論。照搬西方的方法和邏輯做文化間的比較，總會製造出一組組類似「集體主義—個人主義」二元對立的差異。這種局部的差異容易讓人「張冠李戴」，而且所建構的理論是一個以西方為中心的扇形結構。作者贊同法國漢學家朱利安（François Jullien，也譯弗朗索瓦‧于連）的觀點：「使中歐思想的『面對面』及其間距突顯出它們各自的特色、歷史深度及其所涵蓋的人文資源」；「『間距』使雙方可以互相反映以至於自我反思，並且『間距』所造成的『之間』能讓氣息和思考流通」；「世界眾多的人文都有其開展的道理，觀察出這些『理』並且加以開採與拓展，種種文化資源就會彼此

滋潤而互相豐富」（Jullien, 2012/2013）。差異發生在「我」與不在場的「他」之間，總要製造出二元對立；而間距則以「我」與「你」面對面的方式相互觀看和交談，超越了對立的範疇。作者一直從事廣告相關的教學和研究，就以廣告為素材，以「文化間距」的進路來闡釋華人的說服理論。朱利安借道中國反思歐洲，本文亦借道西方反思中國。

本文將從一個中國市場中真實並取得巨大成功的廣告案例出發，分析中西讀者對廣告內容的不同解讀，加以詳細的注釋，從而攤開兩個文化各自以「情」和「理」為中心的一組概念。對於中國人來說，情為何物？理又為何物？對西方人來說，情理是什麼意思？二者又如何決定了廣告在不同文化中的說服效果？接著本文試圖從兩個文化理所當然的比喻中，展開廣告心理學的跨文化實驗，進一步挖掘內隱的主客關係，尋找中西情理觀各自的邏輯起點。為了再一步夯實本文的論點，作者又從《工具論》和《墨辯》中尋找中西方早期說服的原型，並從《幾何原理》和《九章算術》中尋求純粹的數學推理，從油畫和水墨畫的審美中揭示深層的文化假設，進而邏輯自洽、觸類旁通。邏輯自洽，原是一個語言學原則，即一個理論在語言本身的表述上沒有矛盾或斷裂，達到了自我的完備。此處借用，有自圓其說之意。本文試圖將華人說服理論中那些晦暗不明，或者被張冠李戴的部分重新做一個表述，使之成為一個邏輯自洽的體系。

二 動之以情，曉之以理

汰漬，寶潔的一個洗衣粉品牌，在中國市場上堅持採用與其他同類品牌進行功能比較的理性訴求策略。在上個世紀九〇年代，它在中國洗衣粉市場的份額一度占到 23%。但到了 2002 年，雕牌，一個中國浙江本土品牌取得了 34% 的市場份額，而汰漬的份額暴跌至 3%。中國寶潔的市場調查發現，雕牌的廣告訴求和低價策略很成功地打動了消費者。[1] 這個幫助雕

---

[1] 雕牌案例來自 2006 年 5 月 21 日在廣州中國消費者行為年會上寶潔中國市場部高級經理何亞彬的報告。

牌取得市場奇蹟的廣告是《下崗女工篇》。廣告講述了一個下崗女工和她女兒的故事。當媽媽出外找工作時，懂事的小女兒用雕牌洗衣粉幫媽媽洗衣服，「只用一點點就可以洗好多好多的衣服」。在幫媽媽晾好洗乾淨的衣服後，小女孩累得睡著了，媽媽從外面回到家，看到小女孩留下的字條「媽媽，我可以幫你幹活了」，眼淚奪眶而出。最後打出雕牌洗衣粉和廣告語「只選對的，不買貴的」。很煽情，也很平常的一支廣告，卻成功打動了當時許多中國消費者。

那麼寶潔的廣告風格是怎樣的呢？我取一支汰漬的典型廣告來講。一個中年大叔一聲不吭來到畫面中間，突然往地上吐了口痰，還用皮鞋來回擦地面的痰，然後拿出兩塊白手帕，擦鞋底。擦完還展示給大家看，很髒很噁心。然後，他就拿出兩個杯子，一杯倒了水和汰漬洗衣粉，另一杯也倒了水和其他品牌的洗衣粉，把兩塊手帕各置於杯中。須臾取出，不用說，一定是汰漬洗衣粉洗滌最乾淨。舒膚佳的廣告喜歡讓小孩在外面玩得髒兮兮的，回家後媽媽用舒膚佳香皂和其他香皂給他洗浴，然後用放大鏡看皮膚上的細菌，其他品牌洗過還殘留著許多細菌，舒膚佳洗過就很少細菌了。還有佳潔士牙膏的雞蛋實驗廣告。這些都是典型的功能性訴求，就事論事的理性。

依據西方對理性和感性的定義，理性訴求源於傳統的資訊處理模型，認為消費者會做出邏輯和理性的決策，因此在廣告中訴諸品牌屬性和產品利益點，包括產品的品質、價格、價值和功能等。感性訴求則基於消費的情感體驗，在廣告中訴諸正面或負面的情緒來促進購買，其中正面情緒包括愛、幽默、自豪等，負面情緒包括恐懼、內疚、羞恥等（Albers-Miller & Stafford, 1999）。依據此種操作性定義，西方研究常常發現東亞廣告較傾向感性訴求，而西方廣告傾向理性訴求。這樣的案例介紹到西方，很容易強化中國消費者偏好情感訴求的刻版印象。九〇年代汰漬的市場占有率高，跟當時中國剛開始用洗衣粉產品，大眾處在崇洋消費階段，美國來的品牌比較受歡迎有關。當時中國許多國產品牌，像白貓、立白、活力 28 等，廣告風格也是跟著寶潔學，用功能訴求或者強調低價，製作也比較粗糙，給消費者低人一等的感覺。對於洗滌用品來說，雕牌的這支

廣告跳出了原來的框框。九○年代跨文化廣告比較早已顯示中國廣告情感訴求更多，但大量感性訴求的廣告並不能像雕牌那樣取得市場上的成功。

（一）概念釐清

按照英漢字典，東亞文化中的「理性」等同於英語「rational」（形容詞）或「rationality」（名詞），而「感性」等同於英語「emotional」（形容詞）或「emotionality」（名詞）。在不同文化間採用直接的語義翻譯，可能會喪失很多重要的文化涵義。研究中國文化的學者逐漸意識到，原先將傳統中國詞彙譯成西方文字時存在嚴重的語意流失（Wang, 2007）。中國文化常常被「基督化」，比如儒家追求天人合一的和諧，被譯成基督教中的「harmony」一詞，是因為英文中實在找不到其他的對應詞。所幸，西方哲學家開始採用「中心和場域語言」來解讀東方文化，試圖從東方文化脈絡中把握一個詞的意義。這種方法假定世界是由一個互動的「場域」構成，其間充滿各種過程和事件，沒有最終的元素，只有在現象域中不斷變換的「中心」，每一個中心都與一個整體的場域聯繫在一起（Ames & Hall, 2001）。這種將中心詞置於整體的文化脈絡下來把握其意義的方法，是一種回歸本土視角的方法。

與西方情理的涵義不同，在中文語境中，情是人情，理是事理（何友暉等人，2007）。從西方「客位」的視角來看，中國人講人情，就認為中國人的行為重視情感而輕視理智，是把「人情」與情感混為一談。在個人主義文化中，指向個體的情感（如自豪）訴求更具說服力；而集體主義文化中，指向他人的情感（如移情）訴求更具說服力（Aaker & Williams, 1998）。西方文化鼓勵個體將內心的情緒宣洩出來，是「真情流露」。因此西方關於情感的研究，常常集中在向度（正負）和喚起水準（高低）上。而中國文化中的情感卻是他人、關係導向的，過分情緒化的反應反而是不近人情。人情的本義源於情感，卻又超越了情感，含有理性的成分。在多數場合，人們所說的人情不是個人情感，而是「人之應有之情」，是一種社會文化的產物。此種應有之情，與中國人追求天人合一，與自然融為一體的世界觀相關，採用樸素的、直觀的比擬，如「虎毒不食子」，這種他

人導向的情感指向了一個人之所以爲「人」應當具備的道德。作爲一種行爲規範，人情具有控制人的力量。有時人們爲了照顧人情，甚至要壓抑、扭曲自己的眞實感情。由於個人發自內心的眞情，與合乎「禮」的應有之情未必相同，於是產生了眞假轉換的可能。

　　在中國哲學中，「理」是一個源遠流長的重要概念，在宋明形成了理學。梁漱溟認爲西式理性是一種認知方式，以注重邏輯推理、遵循科學方法爲特徵；而中式理性是一種生存方式，以明德格物、合乎情理、達致中和爲特徵（梁漱溟，2011）。寶潔的比較式廣告，就是典型的西式理性訴求。儘管也要「擺事實，講道理」，中國俗話「有理走遍天下，無理寸步難行」中的理，並不等同於西方的工具理性。與其眞情相應，西方人的理性是追求依其形式邏輯推演的客觀「眞理」，儘管這種眞理也是相對的。然而，中國的思想不會把目光全部集中在什麼是「眞」的問題上，其目的不是讓人知道，而是讓人「悟」；不是要尋求和證明，而是闡明一致性。中國人的整體觀認爲萬物都是相互聯繫的，如果我們想完全了解某個事物，就必須知道它與其他事物之間的關係（Peng & Nisbett, 1999）。「理」就是中國人用來組織萬物間關係的重要概念。它不僅是對世界秩序原則的描述，而且與「世界應當是怎樣的」聯繫在一起，這個理想世界將超越現存秩序中的失敗和不公（Berthrong, 2005）。因此，中國人的理是主客觀不分的。舉個例子來說，中國人老了想回故鄉，用的是「落葉歸根」的理。理的背後是人與自然和諧一致的世界觀，這種一致是要慢慢去「悟」的。理是可觀看的，是一種永恆完美的心靈建構（蔡錦昌，2000）。

　　在中國文化中，情理關係就是相融的，相輔相成的。西方的基本觀點是提倡以理智控制情感，情感作爲一種自動化的生理反應，被認爲是一種原始的力量，而社會的現代化就是將非理性行動納入理性的合理化過程。因此理智與情感的關係是二元的、對立的。然而，理性的定義是隨著文化不同而有差別的，並不是在所有文化中理性與感性都是對立的。與西方人講求「存在」的實體論不同，中國的原則將現實視爲一個過程。每個事物都不是靜態的，都在不斷發展變化。從一個過程的觀點來看，任何對

立，像好壞、強弱、新舊，都是可共存的。它們是兩種看不見的「氣」（能量），而不是有形的實體。因此，中國人說服中的「曉之以理，動之以情」，跟西方廣告中的情理結合訴求，根本就是兩回事。中國傳統哲學中，情的對立面是無情，而非理；理的對立面是欲，而非情。欲是指人過分的需求，而情是人的合理的、正常的需求和情感。理是情之中節，它節制欲，卻通達情（張岱年，2017）。這就是爲何我們在分析中國文化中情和理兩個概念時，發現二者糾纏不清，不可分離的緣故。情離開理，就走向縱欲，而理離開情，會走向無情。

　　情理觀的差異可能還跟不同文化中人性假設有關。西方社會認爲人性本惡，因此人們需要借助理性來判斷和消除惡念。當亞里斯多德討論美德的時候，總是將之歸於依據理性原則採取的行動。但中國的傳統思維則認爲人性本善，或應當是向善的。孟子說過，人性向善，就如同水總是向下流，因而美德來自人的「天性」。宋代的大儒朱熹甚至認爲，「理」就是天性（Berthrong, 2005）。無需以西方的工具理性爲仲介，中國文化中的情理在相互制衡中直接指向了道德和價值。因此，中國廣告中的情理訴求必然涉及道德和價值議題。情理的最高原則是「天人合一」，像詩句「月有陰晴圓缺，人有悲歡離合」，講述的就是人追隨自然的步伐，與自然和諧共振。上文提到的落葉與流水也都是這個道理。與西方解析主義跳脫具體的情境來抽象出普遍理論的做法不同，中式理性是非常直觀的。萬物相互聯繫的整體思維，使得理的呈現不能脫離當時的具體情境。因此，中國廣告中的情理訴求必須與當時整體的社會環境聯繫起來才能把握其深層的意義。儒家認爲，性相近，習相遠，意即人的天性都是一樣的，只有後天習得的行爲不同。這種天性是超越職業、年齡、性別、教育程度等人口統計變數的。因此，中國廣告中的情理訴求雖然借助具體的故事情節和鮮活的人物形象，其折射出來的天性，卻可以超越人與人之間的差異，感動人心。這種廣告對長期生活在儒家求同存異、合而不同文化薰陶下的中國消費者可能更有效。

（二）中美視角的不同解讀

1. 美國視角的解讀

2007 年 12 月我在給美國太平洋路德大學商學院來華訪問團做講座的時候，播放了雕牌下崗女工的廣告，用英語對廣告內容做了詳細的介紹，與 20 多位來訪美國大學生做一個開放式的討論。由於美國的大學生不是中國的消費者，也不了解這條廣告播放當時的社會背景，因此他們站在美國人的視角，純粹就廣告內容論廣告。從這些討論中，他們一致地認定這個廣告就是情感訴求廣告，而不是理性訴求的廣告：

「在美國沒有這樣的廣告，尤其是洗滌用品的廣告，通常是告訴消費者這種產品比起其他類似產品在功能上更佳。功能性訴求會取得更好的效果。」

「看完這個廣告，我不能確定它能否洗乾淨我的衣服。這是一個很大的問題。在美國你必須出示有形的證據告訴消費者產品優點在哪裡。」

站在美國消費者的角度，這樣的廣告是沒有說服力的：

「我喜歡那些商業化的，表達清楚的廣告。」（在他們看來，雕牌的廣告對利益點的表達不清楚）

「一個小女孩並不是洗衣粉產品的專家，看起來她好像是第一次在用這個產品幫媽媽洗衣服，她並不是一個可信的產品代言人。」

當問及美國有沒有類似的廣告時，一位學員提供了一條相似的廣告，廣告中一個美國的小孩幫父母做家務。進一步詢問這個美國廣告是否涉及道德的議題時，結果是與道德無關。在美國，很多小孩都會幫父母做家務，它跟孝道沒有關係，因為在美國父母通常會給幹活的子女勞務報酬。比如幫助父母帶弟妹，子女可以跟父母討價還價，如果覺得價錢太

低，甚至可以拒絕父母的要求。這跟中國很不相同，中國子女給父母幹家
務活通常都是義務的，至於帶弟妹幾乎可以用「義不容辭」來形容。因
此，表面相同的行為，在不同的文化背景下其實質內涵有時根本是風馬牛
不相及。脫離具體的社會文化環境，直接作行為的跨文化比較，有斷章取
義之嫌。

當我進一步詢問在美國是否有商業廣告宣揚社會道德議題時，回答
通常是企業的公益廣告，比如汽車的廣告勸說車主不要酒後駕車，或者企
業的慈善捐助，比如地震時企業給災民的捐款。透過實際的行為證據，企
業向社會展示其道德心和社會責任，從而強化消費者的好感，促進購買。
它仍是西方工具理性的體現。在一個商業廣告中，宣傳與產品無關的社會
道德，就像賣洗衣粉的廣告在訴求忠孝，在美國人看來，沒有邏輯上的聯
繫，這個廣告看起來不著邊際，在顧左右而言它。在他們看來，相關性很
重要，汽車的公益廣告勸人們不要酒後駕車或疲勞駕駛，這跟賣車密切相
關。有一個美國人還指出這個廣告在美國是違法的，因為父母不能單獨將
年幼的孩子放在家中。

2. 中國視角的解讀

2008 年 1 月我利用給廣州 4A 廣告公司組織做講座的機會，播放了雕
牌下崗女工廣告，與 30 多位廣告專業人士做一個開放式的討論。這些討
論中指向了中國廣告情理訴求的三個特徵：

⑴ 道德指向

「下崗的問題就太敏感了，幫媽媽解決問題，媽媽出去找工作，中國
傳統觀念，小孩自食其力，幫媽媽幹活，中國傳統觀念大家都認可。」

「我覺得這個廣告就是，比較吻合中國的價值觀。我覺得一個字，就
是孝，這是中國人的核心價值觀。這個廣告成功，是因為它們將中國這個
核心價值觀體現出來了。所以比較容易得到大家的認同。」

「剛才有同行講，這個孝。這個廣告達到了完美的境界，給人一種
『報得三春暉』的那樣一種感覺。」

(2) 情境依賴

「這個雕牌化解了當時的社會矛盾，其實就是下崗問題，中國的現實問題。這個廣告是英揚做的，它就是抓住中國的社會問題，化解社會問題。每家每戶都涉及這個問題，然後才會打動人。」（很巧，創作雕牌廣告的英揚廣告公司也有人來聽講座）

「因為改革遇到了問題，它（雕牌廣告）去化解這個問題。國家也認可，消費者也認可。」

「我們看的廣告都是好幾年前的，它有個歷史背景。大家應該認同中國那個歷史時期，改革開放到了這個時期，應該這是朱鎔基時代的。下崗問題，特別是北方，比較嚴重，南方還好一點。剛好有這支廣告出來，很多人覺得舒緩這種壓力，就是國家穩定了，大家穩定了，這個廣告真的是一石二鳥。」

(3) 人同此心，心同此理

「我是覺得它（雕牌廣告）是有一種人生的經歷在裡面，買洗衣粉的，很多是家庭主婦，可能在她的心裡，有過這種經歷，更受感動。」

「其實這個雕牌的下崗女工，有兩點很強大，第一點，就是下崗這個社會背景，第二點拋開下崗女工不說，中國人的養兒防老，其實這個是很強大的，你看這個小孩很有出息。」（這句話隱含的意思是，一個有出息的小孩是值得信任的）

「為何我不是下崗女工仍然會購買，其實是一個價值觀的認同。而不是從一個情節細節來看。」

除了雕牌的下崗女工廣告，近二十年成功的中國情感訴求廣告還包括麗珠得樂（胃藥）的「其實，男人更需要關懷」鐵路工人篇、演員篇等系列，百年潤發（洗髮水）的「青絲秀髮，緣繫百年」周潤發篇等。這些廣告無一例外，都指向了道德議題。雕牌廣告中女兒幫媽媽幹活，跟孝道有

關；麗珠得樂廣告宣導關愛自己的家人；百年潤發則講述了一段忠貞的愛情。這與許烺光的「情境中心主義」是一致的，他認爲美國是個人中心主義，而中國「情境中心的處世態度以一種持久的、把近親聯結在家庭和宗族之中的紐帶爲特徵。在這種基本的人類集團中，個人受制於尋求相互間的依賴。就是說，他之依賴於別人正如別人之依賴於他，並且他完全明白報答自己恩人的義務，無論這一還報在時間上要耽延多久。」（許烺光，1990）也因此，與西方理性訴求提供實體證據不同，中國消費者認爲一個有道德的人是值得信任的，他至少不會去傷害別人。即使雕牌廣告中的小女孩不是洗衣粉的專家，消費者仍被她的孝心打動。那麼，中國人又是如何來判斷一個廣告中的人物是否值得信賴呢？很重要的就是要看其是否「自然」，這其實是一個中式理性的過程：

「剛才大家說很多，創意啊，專業啊，我就從做人的角度，個人，在街上走的時候給乞丐錢，你會理性地判斷這個乞丐是真的假的。然而，有的時候我們會毫不猶豫地給錢，比如說幾種情況，我被乞丐感動了。一個是在深圳，看到一個乞丐在垃圾桶裡面拿出食物，馬上放到嘴裡，這是一種情況。第二種情況，兩個老頭老太，都是盲人，然後拉著二胡在街上，唱著什麼地方戲，當時我被感動了，給的錢，至少是五塊錢吧。」

基於性惡說，西方人傾向於相信實體的物；基於性善說，中國人傾向於相信有德之人。那麼，如何來判斷一個人有德？雕牌的廣告如果提前幾年或者推後幾年出來，也許不會取得好效果。2002 年前後大批國企倒閉，造成大量工人下崗，生活艱難。在這樣的時代背景下，雕牌廣告才顯得那樣「自然」，似乎是應運而生。寶潔公司常用的比較性廣告，可以在任何一個國家播放，是跨情境、跨文化的，全球通用的。然而，中國的情理訴求廣告則必須將廣告情節置於一個宏觀的社會環境下去理解，脫離了具體的社會環境，可能讓消費者覺得不自然，陷入縱欲濫情的境地。消費者判斷廣告是否「自然」的過程，就是一個中式理性的運作過程。一個好的情理訴求廣告，在消費者看來是「天性」流露，可以超越職業、階層、

性別、國籍等差異，感動消費者。在概念澄清部分提到，中式理性不完全
把目光放在什麼是「眞」上，這並不意味著這種理性是完全不看「事實」
的。有學員就認爲雕牌廣告其實有「理性」的成分：

> 「我是做創意的，我認爲雕牌是一個理性的廣告，但它的手法是一個
> 感性的包裝。中國人喜歡用比喻去做判斷，雕牌的廣告就是用一個經濟上
> 比較缺乏的人，所以她用最便宜的東西。並且給消費者心理上的滿足，我
> 用的是這個便宜的東西，但是我得到的是一個幸福的家庭。下崗女工最後
> 的『只選對的，不選貴的』，這是一個理性的訴求。包裝是一個感性的，
> 而且是結合事實的。」

因此，中式理性既有對人的道德的理性判斷，亦不排除事實證據。
相對於西方講求純粹的事實證據，中國消費者可能將對廣告中人物的道德
判斷置於更重要的位置。然而，中國的情理訴求，其勸說意圖如此隱晦，
看起來不像在賣產品，仿佛在娓娓訴說消費者日常生活中的一件小事，如
此自然，引起共鳴。「隨風潛入夜，潤物細無聲」，或許是這種訴求的最
佳寫照。或許在中國人看來，現實不正是這樣的嗎？我們生活中的很多事
件並不是按照環環相扣的邏輯來組織，它們常常是不經意、偶然發生的。
「自然」是中國人追求的目標，有時開門見山的工具理性反而讓人感到其
功利性，並不能很好地說服中國消費者。要讓消費者感到自然，不是件容
易的事。中國的理主客不分，二者如何相融，值得深究。

三　主客相融，物我兩忘

比喻在廣告中被大量使用，並對說服效果起重要的作用。一隻瘦小的
螞蟻能夠舉起比自己體重重許多倍的東西，一個簡單的比喻抵得上千言萬
語（Morgan & Reichart, 1999）。比喻作爲語言藝術的一種，也是文化的
體現。說服對象對比喻的理解很大程度上受到他們文化經驗的影響，反過
來，比喻本身有助於說服對象對現實世界的建構──世界觀。比喻與文化

密不可分（Kövecses, 2005）。人們經常使用的比喻當中，隱藏著文化價值觀和信仰。舉個例子來說，美國人經常使用運動和商業作比喻，如競選總統（run for president），run 在英文中就是跑步的意思，這反映了美國人將人生視為一種競爭性的遊戲和生意。相反，中國人常使用吃飯和家庭比喻，如鐵飯碗、混碗飯吃等，這反映中國人將人生視為和諧性的家庭生活。

　　下面將透過兩組廣告比喻案例展開主客相融的對話。第一組是富豪英文比喻廣告，有兩個廣告。第一個廣告透過一個別針比喻汽車底盤的堅固，展現出整輛車的高安全性能。根據汽車底盤的機械工程學原理，彈簧支撐長方形框架的力學原理，跟別針扣上的原理很相似。這裡別針的英文 safety pin 還一語雙關。第二個廣告則透過一個核桃巧妙表現了富豪汽車即使外部破裂，裡面仍然完好無損。汽車衝撞實驗中，減震器抑制彈簧吸震後反彈時的震盪及來自路面的衝擊，從而保護內部駕駛人員的原理，與核桃殼受力外部破裂時仍能通過減輕衝撞力的方式保護內部核肉完整的原理相似。這就是美式比喻中暗藏的「規則」，在直覺的感官通道上，汽車的安全性幾乎難以與別針和核桃聯繫起來。美式比喻對本體和喻體有著嚴謹的類別劃分和準確的定義，二者條理清晰，層次分明，相似性源於各自的運作「規則」。本文將這種比喻命名為「主客相分比喻」。

　　第二組是中國汰漬廣告，分別用和尚、尼姑和道士的心淨和遠離塵世來比喻洗衣粉的洗滌效果，同樣是一種「乾淨」的主觀感覺，從中國人所熟悉的宗教中的淨，一種心靈感覺，轉移到衣物的淨，一種視覺感覺上。至於心靈如何被「洗淨」，其內部運作規則／機制是否與衣服被洗淨一樣，並不是中國人運用和理解比喻時的關鍵。由於是用一種直覺感覺來說明另一種抽象感覺，這種直覺要很強烈，衝擊力強，通常又將之置於宏大的背景中，就像和尚的背後是遠山。東亞人傾向於依據新事物與腦中既存模型（exemplar）之間的相似性來歸類（Norenzayan et al., 2002）。舉個例子來說，中國人相信核桃有補腦的效果，因為核桃的形狀與人的大腦相似。這種邏輯是直覺的、基於天性的，從根本上說，反映了天人合一的世界觀。在西方的文獻中，與形式邏輯相對的，是非形式邏輯（informal logic）。他們常常籠統地將非西方正統的邏輯或推理歸入到非形式邏輯當中，這種歸類是以西方世界爲中心的，因此並不能準確反映出世界上其他文化中的「理」。本文將中國的這種比喻命名爲「主客相融比喻」。

（一）概念釐清

西方文獻中提到的概念比喻（conceptual metaphor）（Sunder, & Noseworthy, 2014），跟主客相分比喻是相同的。本文研究的焦點在主客關係，對之重新命名，並不是標新立異。西方文獻中的通感比喻（synesthetic metaphor）跟主客相融比喻就不是一回事。通感是用屬於乙感官範疇的事物印象去表達屬於甲感官範疇的事物印象（Preminger, 1974）。通感比喻就是用一種熟悉的主觀感受作爲喻體，來說明同一種抽象、陌生的主觀感受（Nelson & Hitchon, 1999）。舉例來說，香甜的氣味（sweet smell）將味覺和嗅覺聯繫起來，描述這種味道是多麼令人愉悅（Day, 1995）。曾有學者試圖將中國古典文學中使用的比喻用「通感比喻」來形容（Yu, 2003），筆者認爲，主客相融比喻未必涉及到不同感覺通道，也可能發生在同一個感覺通道內。西方還有「動覺比喻」（kinaesthetic metaphor），以一種主觀的意象在西方文學中呈現詩意的表達，給人一種身體運動的感覺（像心跳、脈動和呼吸）。舉例來說，我像一朵雲，孤獨地徘徊。但是中國的主客相融比喻又不僅僅只涉及到動覺，在西方找不到等同的概念。

就本體和喻體的關係而言，主客相分強調本體與喻體間存在相似的規則，儘管二者在物理狀態上迥異；主客相融並不強調這種規則的相似性，而是去尋找二者在感官範疇的共鳴。「天人合一」思想是東方整體思維模式的體現。這種主客相融的思想使得他們更重視主體的所感所想，登山則情滿於山，觀海則意溢於海，達到寓情於景、情景交融，將主體意識、個人情感與客體描寫融合爲一。對於中國人來說，自然是一個整體，不可分解，只可感覺、體驗、領悟。透過感覺、體驗、頓悟、意會從整體上把握和認識對象，即所謂「立象以盡意」。西方人的思維是分析式的，崇尚理性，重實驗實證，輕內心體驗，重理論分析，輕直覺領悟。這種排除主觀

性強調客觀性的理性，「見山是山，見水是水」，物我二分。受這種世界觀和思維方式的影響，西方廣告中的比喻也呈現出概念化的傾向，將客體的真實傳遞給受眾，重在對外在客觀世界的捕捉。因為「以目睹的具體實相融合於和諧整齊的形式，是他們的理想」（宗白華，1936）。他們運用形式邏輯推理來判斷本體與喻體在各自的客觀內部機制上是否有相似性。

（二）文化間實驗

　　分析思維是「將對象從背景中剝離出來，聚焦於對象的屬性並將之分門別類，使用分類的規則來解釋和預測對象的行為」（Nisbett, 2001）。而且，分析思維強的個體更傾向規則和形式邏輯（Buchtel & Norenzayan, 2008）。主客相分比喻採用形式推理，以（客觀）規則為基礎，強調以概念中必要和充分的客體特徵進行推理，感覺體驗如與之衝突則以（客觀）規則或邏輯為優先。美國人更傾向運用形式邏輯來處理資訊或分析問題。整體思維是「一種將對象與其背景整體對待的傾向，包括關注對象與背景之間的關係，並偏好用這種關係來解釋和預測對象的行為。」（Nisbett et al., 2001）中國人將世間萬物的關係視為互生、互聯，人們通常不會將一個孤立的對象作為考慮的出發點，背景相當重要。他們善於追蹤對象和背景、對象和對象之間的聯繫（Ji et al., 2000）。主客相融比喻以某一主觀感覺為出發點，通常宏觀事物帶來的強烈衝擊感為喻體，從而將一種直覺易感性強的感受轉移到另一種直覺易感性弱的感覺上。下面透過兩個研究來探測中美大學生對兩種比喻修辭的看法。研究預設：美國大學生對主客相分比喻的評價顯著高於主客相融比喻；中國大學生對主客相融比喻的評價顯著高於主客相分比喻。

1. 實驗一：文字比喻

　　研究材料。研究者閱讀大量的中美報紙廣告，尋找一些現實中用過的比喻。經過挑選和小組討論，選擇以下一對廣告作為兩種比喻推理的典型。主客相融比喻用洶湧澎湃的大海來比喻汽車行駛的強勁動力，發動機內燃油的燃燒效率，一種感官上很難表達並領悟的過程，轉化為一種直覺

易感性強的大海。但是大海的動力產生機制，則與發動機燃油燃燒產生的動力機制是兩碼事。大海的動力包括潮汐能、波浪能、海流及潮流能、海洋溫差能和海洋鹽度差能，來自太陽和月亮的引潮力作用、風力等。主客相分比喻則用一顆正在飛行的子彈來比喻汽車行駛的強勁動力。射擊子彈時，拉上槍栓，形成撞擊勢能，扣動扳機，撞針擊發第一顆子彈時產生的能量除了推動彈頭之外，還有彈殼的能量通過回氣管再將槍栓頂回去（《重機槍的子彈是怎樣連發？》，2010）。這與汽車發動時，進氣門打開活塞向下吸入汽油和空氣的混合物，活塞向上把氣體壓縮到 10 個大氣壓，火花塞高壓放電，使氣體猛烈燃燒，然後把活塞推下，使汽車滾動的原理是相似的（《活塞工作原理》，2017）。將上述比喻做成純文字的描述，廣告標題為「TSI 渦輪增壓汽油缸內發動機強勁動力」，廣告正文：燃油直接噴入燃燒室與空氣混合燃燒。優化了進氣混合效率，使燃燒更加充分，燃燒效率更高，從而使發動機持續輸出強勁動力，隨時挑戰下一個巔峰。接下來，告訴大學生如果用洶湧澎湃的大海或飛行的子彈來做比喻，詢問他們「合不合邏輯」、「恰不恰當」，在七點量尺上打分。並附上開放題，詢問他們為什麼這樣打分。

　　被試和測量。67 個廈門大學學生和 68 名路易斯安納州立大學學生參加了這一調查，他們被告知是對廣告設計進行評價。兩所大學的生源均來自全國。性別比例也比較均衡：中國男生 30 人，女生 37 人；美國男生 37 人，女生 31 人。中英文採用來回譯（back and forth translation），確保翻譯的準確性。為了避免兩個比喻之間的對比效應，67 名中國大學生隨機分成兩組：一組看大海的主客相融比喻；另一組看子彈的主客相分比喻。68 名美國大學生也被隨機分成兩組，讓他們獨立打分並填寫。所有問卷後面都加測了整體思維量表，該量表共十個問題，題目包括：「世界萬物都是以某種方式相互聯繫在一起」、「即使世界上任何一個元素發生很小的變化，都可能導致其他事物的大變化」等（Choi et al., 2003）。按照以往的研究，中國人的整體思維顯著高於美國人。

　　結果與討論。本體與喻體關係是否「合邏輯」、「恰當」，兩道測題的信度係數（Alpha）在 0.90 以上。將這兩個測題加總平均後，方差分析

顯示：文化對感知的本體和喻體關係的邏輯性／恰當性（因變數）有顯著的主效應，$F_{(1,131)} = 8.62$, $p < .01$，中國大學生（$M = 4.35$, $SD = 1.47$, $n = 67$）整體上比美國大學生（$M = 3.57$, $SD = 1.51$, $n = 68$）更偏愛兩種比喻；兩種比喻推理類型對因變數沒有顯著的主效應，$F_{(1,131)} = .62$, $p = .43$，主客相融比喻 $M = 3.83$, $SD = 1.48$, $n = 70$，主客相分比喻 $M = 4.09$, $SD = 1.47$, $n = 65$；但是，中美文化和比喻推理對因變數的影響有顯著的交互效應，$F_{(1,131)} = 4.09$, $p < 0.05$，ANOVA 分析的效應值（effect size）f 為 1.011，效應值 d 為 3.638。無論是主客相融比喻，還是主客相分比喻，中國大學生整體上比美國大學生更偏好比喻修辭，這跟東西方比喻在說服中的地位有關，西方只將比喻作為說服的輔助手段，而中國則將其看作說服中重要的一環。從兩種文化內部的比喻偏好來看，中國大學生更偏愛主客相融比喻（$M = 4.51$, $SD = 1.49$, $n = 32$），而不是主客相分比喻（$M = 4.20$, $SD = 1.46$, $n = 35$）；美國大學生更偏愛主客相分比喻（$M = 3.96$, $SD = 1.49$, $n = 30$），而不是主客相融比喻（$M = 3.25$, $SD = 1.46$, $n = 38$），這符合原先的預設。

　　對中美大學生施測的整體思維量表，信度係數在 .80 以上。中國大學生（$M = 5.39$, $SD = 0.75$）在整體思維量表上的得分顯著高於美國大學生（$M = 4.86$, $SD = 0.93$），p 值低於 .001。這個結果顯示，思維方式與比喻類型偏好之間可能存在關聯。一些美國大學生對開放題的填答顯示，他們對大海的比喻感到費解：發動機在燃燒，喻體卻用了可以滅火的海水，二者間存在什麼樣的相似點呢？中國大學生對飛翔的子彈沒有表現出不解。一對比喻只是一個孤證，這個結果可能還有很多偶然因素的影響，因此研究者嘗試第二對的比喻。下面的研究引入圖像比喻。

2. 實驗二：圖文並喻

　　研究材料。研究者從中美報紙廣告選出另一對廣告作為兩種比喻推理的典型。主客相融用群山的圖片來比喻汽車駕駛平穩，將駕駛過程中很小的振動感（一種觸覺），轉化為一種宏大的視覺呈現。在中國，一向有「穩如泰山」的說法，形容像泰山一樣穩固，不可動搖，也可形容人在緊

急情況下的從容態度，然而山的紋絲不動與車駕駛過程中的平穩在其內部
機制上是兩碼事。主客相分用一個放在球托上的高爾夫球來做比喻，一個
高爾夫球飛得是否平穩取決於轉向角速度、橫向加速度和偏航力矩，這與
車輛穩定性控制有異曲同工之妙。一位通美術的同學設計了兩張廣告，畫
面設計的品質是一致的（見圖 28-1 和 28-2）。廣告是豐田汽車的，在圖
片下方，使用一致的文案：無懼天氣和路況的變化，TOYOTA 汽車總能
令您保持正確軌跡，可靠的保障來自電控車身穩定行駛系統（ESPR）的
完美程式，即使您在暴風雨天氣或是雪地行駛，ESP 也能夠最大限度利用
發動機的驅動力矩，保證車輛在起動、加速和轉向過程中的穩定性。

| 圖28-1　群山比喻廣告 | 圖28-2　高爾夫球比喻廣告 |

被試和測量。48 個廈門大學生和 68 名路易斯安納州立大學學生參加
了這一調查，他們被告知是對廣告進行評價。性別比例較均衡：中國男生
21 人，女生 27 人；美國男生 37 人，女生 31 人。48 名中國大學生隨機
分成兩組：一組看群山比喻廣告；另一組看高爾夫球比喻廣告。68 名美
國大學生也被隨機分成兩組：一組看群山的主客相融比喻廣告；另一組看
高爾夫球的主客相分比喻廣告。中英文採用來回譯。原先的本體與喻體關
係測量只有「合不合邏輯」、「恰不恰當」兩道測題，本次研究加上「是
否匹配」和「是否有相同點」兩道。其餘程式與上文中第一對比喻的研究
是相同的，問卷末尾也加測了整體思維量表。因變數四道測題的信度係數
為 .87，整體思維量表的信度係數為 .77，均合規定標準。

結果與討論。將因變數四道測題加總平均後，方差分析顯示：中美文化沒有顯著的主效應，$F(1,140) = 2.682$, $p = .104$；兩種比喻類型的主效應也是不顯著的，$F(1,140) = .466$, $p = .496$；但是，文化和比喻之間有顯著的交互作用，$F(1,140) = 6.751$, $p < 0.05$，ANOVA 分析的效應值（effect size）f 為 1.002，效應值 d 為 3.607。最重要的結果是，中國大學生對主客相融的群山比喻（$M = 4.65$, $SD = 1.40$, $n = 24$）廣告評價高於主客相分的高爾夫球比喻（$M = 3.77$, $SD = 1.55$, $n = 24$）；美國大學生則相反，群山比喻評價（$M = 3.52$, $SD = 1.27$, $n = 31$）明顯低於高爾夫球比喻（$M = 4.03$, $SD = 1.44$, $n = 37$）。

中國大學生（$M = 5.35$, $SD = 0.60$）的整體思維得分與顯著高於美國大學生（$M = 4.81$, $SD = 0.77$）。在開放問題的回答中，許多中國大學生認為群山比高爾夫球更適合，高爾夫球站在上面的感覺反而很不穩，似乎風一吹就要掉下來。美國大學生則摸不透群山跟汽車駕駛的穩定性之間有什麼實質關聯。兩個研究都比較穩定地反映出中國大學生偏愛主客相融比喻，美國大學生偏愛主客相分比喻。由於比喻說服在兩種文化中的地位不相同，加之具體生活經驗有別，因此，這兩個研究都只是反映相對的間距。同一個文化內部對兩種比喻方式的偏愛比較更有意義。

3. 實驗三：思維啟動

要排除具體生活經驗的影響，可以採用在同一文化群體中啟動不同思維方式的辦法，來比較乾淨地檢視不同的比喻類型對說服效果的影響。

研究材料。沒有主客相融／相分的啟動，此處用較接近的整體／分析思維的啟動。整體思維的啟動，是給被試三張圖，讓其閱讀後，就每張圖寫一段 50 字的短文，以描述整張圖的內容。分析思維的啟動，也是給同樣的三張圖，然後給出裡面隱藏的小物件，讓其在圖中找出這些物件（Monga & John, 2008）。這個過程會涉及到物件與其背景的剝離，因而是分析思維的主要特徵之一。

實驗問卷分為三部分：第一部分為整體與分析思維啟動；第二部分給被試看廣告後，測試比喻廣告的效果；第三部分對啟動是否成功做操控性

檢測。啟動整體思維的被試讓他們看三幅圖，然後用五十個字描述每幅圖中的場景。啟動分析思維的被試讓他們看同樣的三幅圖，然後要求他們在圖中找出那些藏在背景中的小圖形。由於本部分都用中國大學生，第二部分的廣告材料做了更嚴格的控制與設計。為了進一步控制兩種比喻圖片的喜愛度、美感及熟悉度，研究者設計了四組廣告（8 則廣告）進行前測，將廣告資訊全部移除後，只保留背景圖。40 個大學生參加了前測。在測試過程中，每個被試只看一種比喻類型的圖片，看完後用七點量表對每幅圖片的「圖片喜愛度」、「畫面美感」及「圖片場景/物品熟悉度」三個指標進行打分。經嚴格的篩選和比較，有一對圖片大學生對其評價在上述三個指標方面均無顯著差異（$p > 0.20$）。本研究採用這一對比喻圖片（見圖 28-3 和 28-4）進行研究，汽車品牌為賽亞（只在北歐銷售的一款豐田旗下品牌，當時在中國沒有銷售），以此減少熟悉度對比喻效果的干擾。看完廣告材料後讓被試在七點量表上填答廣告態度、品牌態度與購買意願的測題，用以檢測具體的比喻說服效果。廣告態度測題包括「愉快─不愉快」、「沒有用─有用」、「不好玩─好玩」、「無聊─有趣」、「不喜歡─喜歡」（Ha, 1996）；品牌態度測題包括「不喜歡─喜歡」、「差─好」、「愚蠢─聰明」、「不愉快─愉快」、「低品質─高品質」；購買意願的測題包括「不可能買─可能買」、「沒希望─有希望」、「買的概率小─買的概率大」（Mackenzie et al., 1986）。第三部分測量了整體思維量表，用以檢測思維方式的啟動是否成功。

圖28-3　大海比喻廣告　　　　　　　圖28-4　子彈比喻廣告

　　被試和程式。研究者選取 120 名廈門大學生為實驗對象，其中男生 53 人，女生 67 人。實驗設計採用 2（啟動：整體思維／分析思維）×2（主客相融比喻／主客相分比喻）被試間設計。120 個被試被隨機分到 4 個組別當中。

　　結果和討論。本實驗中廣告態度、品牌態度和購買意願三個因變數測量的克倫巴赫信度係數分別為 0.941，0.970 和 0.948。整體思維量表的信度係數為 0.824. 所有的測量都有很高的信度。操控性檢測表明，思維方式啟動也是成功的（$t = 2.822, p < .01$），啟動整體思維方式的中國大學生在量表上得分更高（$M = 5.6069, SD = 0.79$），啟動分析思維方式的大學生在量表上得分偏低（$M = 5.1547, SD = 0.90$）。方差分析顯示，不同思維方式啟動對廣告態度有顯著的主效應，$F(1,116) = 4.724, p < 0.05$。有些意外的是，整體思維的啟動者（$M = 4.4133, SD = 1.17653$）對兩種比喻廣告的整體態度反而弱於分析思維的啟動者（$M = 4.8133, SD = 0.91679$）。研究者認為，這是西方學者對整體思維的啟動方式過於簡單導致的，後面將深入討論。不同比喻類型對廣告態度的主效應不顯著，$F(1,116) = 2.540, p = 0.114$。兩個變量對品牌態度和購買意願的主效應都是不顯著的：思維啟動對品牌態度的影響，$F(1,116) = 0.615, p = 0.434$；比喻類型對品牌態度的影響，$F(1,116) = 2.523, p = 0.115$；思維啟動對購買意願的影響，$F(1,116) = 3.478, p = 0.065$；比喻類型對購買意願的影響，$F(1,116) = 0.004, p = 0.949$。

　　雖然多數的主效應均不顯著，但是兩個變量對廣告態度、品牌態度和購買意願的影響均存在顯著的交互效應：廣告態度 $F(1,116) = 10.628, p < 0.01$；品牌態度 $F(1,116) = 5.263, p < 0.05$；購買意願 $F(1,116) = 6.981, p < 0.01$。啟動整體思維的大學生在閱讀主客相融的比喻廣告後，表現出更積極的廣告和品牌評價，並且表達出更強烈的購買意願。而啟動分析思維的大學生在閱讀主客相分的比喻廣告後，也表現出更積極的廣告和品牌評價，以及更強烈的購買意願。廣告態度的效應值 f 為 0.957，效應值 d 為 3.447。品牌態度的效應值 f 為 0.998，效應值 d 為 3.594。購買意願的效應值 f 為 1.033，效應值 d 為 3.719。均符合統計要求。具體描述性統計可

見表 28-1、28-2、28-3。

表28-1　廣告態度描述性統計

比喻類型	思維方式啟動	均值	標準差	樣本量
主客相融	整體思維	4.8600	1.16518	30
	分析思維	4.6600	1.00776	30
	小計	4.7600	1.08647	60
主客相分	整體思維	3.9667	1.02262	30
	分析思維	4.9667	0.80358	30
	小計	4.4667	1.8262	60

表28-2　品牌態度描述性統計

比喻類型	思維方式啟動	均值	標準差	樣本量
主客相融	整體思維	4.7167	1.00484	30
	分析思維	4.4600	0.93425	30
	小計	4.5884	0.96955	60
主客相分	整體思維	4.5967	0.87039	30
	分析思維	5.1200	0.90987	30
	小計	4.8584	0.89013	60

表28-3　購買意願描述性統計

比喻類型	思維方式啟動	均值	標準差	樣本量
主客相融	整體思維	4.3667	1.38572	30
	分析思維	4.1867	1.06601	30
	小計	4.2767	1.22587	60
主客相分	整體思維	3.8267	1.06445	30
	分析思維	4.7133	0.89394	30
	小計	4.27	0.97920	60

本研究驗證了思維方式啟動對不同比喻類型說服效果的預設。看起

來，分析思維的啟動要更成功些，整體思維的啟動效果較小。其原因有二：一是本研究採用中國大學生，整體思維是中國人的常態思維，啟動不啟動整體思維影響不大；二是借用西方學者的思維啟動方式，可以明顯地看到二元對立的痕跡，用寫短文的方式看似合理，實則對整體思維的了解流於表層。在本實驗中，從大圖中尋找隱藏的小物件，也可能激發趣味和頓悟，提升了分析思維啟動下被試領會本體和喻體間相似點的可能。在西方文化啟動的研究中，雙文化者（bicultural）即接觸過兩種文化的人，是比較容易被「啟動」的。這就好比中國留學生，到了國外就切換成外國模式，回到中國，一下飛機，又自動切換回中國模式。如何啟動主客相融思維，中國武術、美食、中醫針灸、推拿、建築、遊戲，還有羽毛球、桌球，或許都是很好的啟動材料，能夠比較深層次啟動起天人合一的思維。西方也有對應的西醫、拳擊等，或可作為主客相分的啟動材料。

四 邏輯自洽，道理相通

文化是一個邏輯自洽的體系。無論從歷史上說服原型的追溯，甚至從數學推理和繪畫審美中，中國文化都是從主客相融出發，追求情理交至。

（一）說服原型追溯

本部分擬從中西方早期的說服實踐切入，進一步追問中西方說服的最初樣貌。毫無疑問，中西文明在各自的童年期便都認識到了說服的重要性，並視之為個體的在世狀態，亦是治理邦國天下的「機樞所在」（胡百精，2014）。有鑑於此，若想一窺中西方說服的最初樣貌，必須努力回到「中西文明各自的童年期」這一歷史起點，起碼是要逼近這一起點，去找尋和確認說服發軔的原型。筆者意圖通過對說服的文化原型的考察，回溯到說服發軔的最初場景，進而勾勒出中西方說服的初始樣態，並借此了然中西方說服各自的「理」。

一個民族的歷史傳統和文化模式會通過社會化的過程決定著該民族的國民特性。中西方文化傳統的豐富性和複雜性，某種程度上維繫了各自的

一套文化體系，而各自文化孕育出來的說服的實踐自然其趣迥異。亞里斯多德在批判和總結了前人（包括智者學派）的說服理論和實踐的基礎上，寫出了西方傳播學史家公認的第一部系統、科學的說服學著作（龔文庠，1994）。而中國雖沒有類似的理論專著，卻也從不缺乏相關實踐，尤其是以墨家爲首的諸子百家進行了大量的遊說活動，墨子更是在其著作中有意識地展開了關於如何說服的探討。譚戒甫先生在研究墨辯時說，「夫推理原以同類之事物爲比勘，以期得一綜例，故凡同類之事物，必可取之以相推，《小取》謂『以類取，以類予』。即是此意；故曰以類行也者，立辭而不明於其類，則必困矣」（譚戒甫，1964）。此後，以汪奠基、劉培育和崔清田等爲代表的學者更是將《墨辯》作爲他們研究中國邏輯理論的綱領性文獻。由此，筆者將亞氏和墨子的思想著述分別作爲中西方說服研究的重要文化原型進行考察，並在裡面找到了一個都是說明不應攻打鄰國的例子：

古希臘案例：

第一部分：客觀視角和形式提煉

底比斯人同福申人戰爭是罪惡，

底比斯人同福申人戰爭是同鄰國戰爭，

所以，所有同鄰國的戰爭都是罪惡。

第二部分：形式的具體演繹

所有同鄰國的戰爭都是罪惡，

雅典人同底比斯人戰爭是同鄰國戰爭，

所以，雅典人同底比斯人戰爭是罪惡。（亞里斯多德，1984）

古中國案例：

背景說明：墨子在勸說楚王不要攻打宋國

墨子見王曰：「今有人於此，舍其文軒，鄰有敝輿欲竊之；舍其錦繡，鄰有短褐而欲竊之；舍其粱肉，鄰有糠糟而欲竊之，此爲何若人？」

王曰：「必爲竊疾耳。」（孫詒讓，2001）

上述二例分別出自亞氏和墨子，具有很好的代表性。主題都是論述戰爭是否合理的問題，因此也有可比性。當然，二者的說服對象不同，西方面向不知名的受眾，像在公眾場合的演講，上下關係不明，而中國面向楚王，說服對象明確，是宮廷場合下對上的勸諫。二者體裁和形式均有差異。

從亞氏一例中來看，亞氏首先通過「底比斯—福申」這一「個別」案例抽象出一個「形式」，即「同鄰國戰爭就是罪惡」，而「雅典—底比斯」符合同鄰國戰爭這一形式要求，進而推導出雅典人同底比斯人戰爭是罪惡。爲了方便說明，本文暫且將亞氏的整個說服邏輯概括爲「個別—一般—個別」的框架，而這種邏輯框架無法複製到墨子一例中，最爲核心的一點在於，即便勉強將「富人竊鄰」和「強國攻鄰」歸爲亞氏框架中一頭一尾的兩個「個別」，卻始終無法找到那個所謂的「一般」，即超越個體直覺體驗的形式存在。究其原因，墨子的論述中並沒有從主客相分中抽象出「形式」，或者說的更爲嚴謹些，起碼從說服的字面上是無法看到這一抽象後的「形式」，那麼，中式說服是如何合理地銜接這兩個「個別」經驗呢？中國說客們廣泛採用的一種說服方式是「類推」，即將「強國攻鄰」類推爲「富人竊鄰」，具體來說就是將楚國攻打宋國的行爲一連類推成了三種行爲，即「舍文軒竊敝輿」「舍錦繡竊短褐」「舍粱肉竊糠糟」，這種類推是從一種主觀體驗到另一種主觀體驗。由此可見，即便中西方都由「個別」開始，再由「個別」結束，但中西方的「個別」亦不是同一個概念。西方的「個別」是從客觀視角出發，被當作既定前提來接受，而中國的「個別」則是從主觀視角出發，是主客相融的產物。

西方說服所展現的邏輯是：從客觀視角出發，對「個別」進行歸納，進而抽象出一定之「形式」，再利用這一「形式」進行具體演繹。在西方，如何確立「底比斯人同福申人戰爭是罪惡」，不得而知，卻被作爲前提性的事實來接受。在這個既定前提下，亞氏展現了從個別（「底比斯人同福申人的戰爭」）抽象出一般（「所有同鄰國的戰爭」）的過程，這個

過程在中國人看來多少有點偷梁換柱。這種既定前提所帶來的直接後果就是「形式」的明晰和客觀，說服變得簡單明瞭：符合「形式」，即為罪惡，不應該去打戰；不符合「形式」，則未必為罪惡，可以選擇打戰。西方辯論的焦點就在於：既定前提是否正確，有什麼證據；建立「形式」的過程是否有問題。在明確「形式」後，只要套入其形式，即可做出對錯判斷了。

　　墨子沒有亞氏那種「個別——一般」的內在邏輯，換言之，中國說服不僅在說服情境和說服對象上，而且從邏輯的起點開始就和西方大不一樣。中國沒有西方那種既定前提，底比斯人同福申人戰爭是罪惡，很難說服中國人接受。假定齊國和楚國的戰爭是罪惡，齊楚是鄰國，現在楚國和宋國也是鄰國，所以楚國同宋國的戰爭也是罪惡，大概很難打動楚王。西方的這一套歸納邏輯在中國人看來，無疑是一種一刀切式的、泯滅了個別差異、剝離了具體情境的推理方式，而這種推理方式顯然和中國傳統文化語境是格格不入的，中國文化向來反對過於絕對的、脫離情境的、抽象靜止的判斷，而充分尊重事物的情境性，並認為一切事物都處在變化發展之中（梁漱溟，2010）。由此，也就不難理解為什麼中式說服中沒有「形式」，中式說服同個體的直覺經驗相連，置於具體的時空背景中，在「強國攻鄰」和「富人竊鄰」的類推中，卻帶著一致的「不恃強凌弱」的價值觀。

　　中式說服所展現出的邏輯是：從主觀視角出發，依據自己的直覺體驗展開說服，並將這一說服過程置於具體的時空情境之中。具體來說，墨子從自己的生活經驗出發，將「強國攻鄰」類推為「富人竊鄰」，這裡其實就已經暗含了一個不該「恃強凌弱」的價值觀，墨子試圖利用竊鄰情境把楚王帶入一個坑中。當楚王沉浸於「富人竊鄰」的具體情境之中時，自己做出了推斷「必為竊疾耳」，進而，楚王可能會反省自己攻打宋國的行為是不是也是一種「恃強凌弱」的不道德行為。這種試圖讓楚王反躬自省的迂迴策略，一方面是由說服中上下的地位決定的，另一方面，這種迂迴的方式，很容易讓被說服者跳出原先的思維框架，從另一個視角頓悟自己行為的錯誤所在。從某種意義上講，中式說服更貼近說服對象的心境，並且讓說服者自己在模糊的地帶中穿越，進入柳暗花明的另一村。

「形式」的建構往往獨立於主體經驗之外，相對客觀；而「直覺」的闡釋則無法擺脫具體的時空以及主體的參與，因而相對主觀。亞氏一例落腳在「雅典人同底比斯人戰爭是罪惡」，就戰爭說戰爭，就事論事，罪惡的「形式」是西方人用來說服的一套工具，他們的判斷完全是在這一框架約束下的一種工具理性判斷。而墨子一例則以「此爲何若人？」爲問題，拋開了戰爭轉而談論人，實際上是用「恃強凌弱」這一價值觀直接對人做情理判斷，人事不分。作爲兩種文化津津樂道的原型，它們充分揭示了中西文化初始對說服的想像和理想。

（二）數學推理相通

上述不攻鄰國的例子，根植於古希臘和古中國各自的社會／歷史／文化脈絡中，雖然在分析中加入很多相關的資訊，使之從「比較」轉向「對話」，但中間的分析可能比較主觀。從知識的發展來看，數學可以說是一種具有創造性的活動，它很好的接續了感性的經驗和純理性的邏輯，是一種理智建構的創造。更重要的是，數學最大化地分離出說服中內容和情境的影響，相對純粹地留下「形」的推理過程。由此觀之，在通達說服的內在理路的過程中，數學或數學思想是一個重要的紐帶，它可以在最初的、更偏向於從感性經驗生發的原型和高度抽象的邏輯架構之間發揮橋梁作用。本部分將以中西方古代數學中的推演過程作爲觀察中西方說服的內在理路的重要視角，並希望透過這一借鏡過程，爲接下來對中西方說服的理論建構奠定基礎。

《九章算數》和《幾何原本》是數學史上東西方輝映的兩本巨著，也是現代數學思想的兩大來源（吳文俊，1982）。兩書成書年代相近，《九章算數》的成書年代雖在學界有較多爭議，但基本都認可在西漢到東漢期間著成，而《幾何原本》大約成書於西元前 300 年左右（歐幾里德，2009）。因此，無論從代表性上，還是從成書年代而言，兩書都是比較適合的比較研究樣本。遍讀兩部著作後，筆者發現兩對合適的配對案例，一爲求高，二爲求圓。此處呈現求高，求圓類似。

中西求高方式的比較可以追溯到明代科學家徐光啟，他曾根據利瑪竇

的口述翻譯了《幾何原本》，他認爲此二例「其法略同，其義全異」（朱
維錚，2001），但遺憾的是，徐光啟並未具體解釋其「義」異在何處。

《九章算術》解法：

欲測甲乙之高，其全景（即物體的影子，筆者注）乙丙爲五丈，立表
（即測量的工具，筆者注）于戊爲丁戊，高一丈，表景戊丙爲一丈二尺五
寸，以表與全景相乘，得五萬寸爲實，以表景百二十五寸爲法，除之，得
甲乙高四丈。（朱維錚，2001）

《幾何原本》解法：

權線（即丁戊，筆者注）恒與物之高爲平行線。何者？兩線下至乙
丙，皆爲直角故。即丙丁戊角與甲角等，而乙與丁戊丙兩直角又等，則甲
乙丙、丁戊丙爲等角形（即相似三角形，筆者注）。是甲乙與丁戊之比
例，若乙丙與丙戊。（朱維錚，2001）

（注：考慮到方便兩者進行比較，對圖中角標進行了統一，相應的在
文中也進行了統一，見圖 28-5）

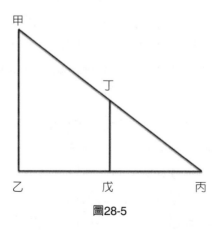

圖28-5

　　中國解法的核心要旨在於：首先，必須滿足甲乙和丁戊兩物體在有太陽光照射的同一時空之中；其次，要想求得物體甲乙的高度，必須借助另一物體丁戊。當物體甲乙的高度不可求或不可測時，借助另一較短或可測的物體丁戊來獲得物體甲乙的高度。而實現這種推理的關鍵就在於，在同一時空條件下，物體和影子的關係是確定的，進而甲乙和丁戊的關係也就隨之確定，如果換了一個時空條件，那麼兩物的關係也會隨之改變。

　　西方解法的重點在於「形式」。它需要借助這些被高度抽象的公理和定理來進行確證，滿足「形式」的要求即可得證，並推演至下一步驟。具體到這道題，涉及到兩條定理，首先透過兩個三角形是直角三角形，且滿足一銳角三角形，得證兩個三角形為相似三角形。進而推演到兩三角形邊長之間的關係，即相似三角形對應邊成比例，因此當已知其中三條邊的邊長，即丁戊、乙丙和丙戊，以及甲乙與丁戊，乙丙與丙戊之間的同比關係時，第四條邊甲乙的長度自然可求。

　　首先，我們必須承認二者在最終解法上殊途同歸，都是借助線段的比例關係進行求解。然而，對比兩者不難發現，《幾何原本》是透過「形式」來獲得了對兩個三角形的認知——當判定三角形為直角三角形時，有任一銳角相等，即為相似三角形，這一定理放之四海而皆準。它是高度抽象的結果，擺脫了具體時空情境的限制。相反，《九章算術》解法則來自於人們生產實踐中的樸素觀察（吳文俊，1990），同一時空條件下物體越高影子越長，這時物影的關係是確定的，因此可以從短物推理出長物的高度。如果兩個物體不在同一時空條件下，則無法求得正解。中國古人似乎對抽象的直角、銳角不感興趣，這種高度依賴情境的求解就體現出中國古人直覺型推理和實用主義取向。

　　西方數學推理重「形式」，這種完全標準化了的「形式」之所以得以提煉出來，並具有廣泛的適應性，主要在於它把握了所有特殊事物所共有的性質，它提煉出了可通約的本質。無疑，這是一種精緻的邏輯工具，這種確定性使得它無需考慮問題出現的情境。「確定」是西方思想家在構造一切理論時所秉持的動機，而這一點恰恰有別於中國。中國哪怕在數學推理中依然重「直覺」，這種「直覺」也是普適性的，因為它往往來源於

人們共有的生產實踐和生活經驗，但另一方面，它必須在一個具體的情境／時空中。西方的數學推理是先以「客觀」視角歸納，個體的直覺經驗被排除在外，通過「主客相分」提煉出超越個體直覺體驗的形式，然後就可以在一個個具體問題中演繹和應用。中國的數學推理則從個體的直覺經驗（心物相合）出發，與具體時空密切相連，從「主客相融」視角直接演繹，帶有一種天然的模糊性和流動性，尋找解決問題的方法和路徑，同樣也起到舉一反三的效果，成爲效仿的做法，就像《九章算術》中根據求高案例的解題邏輯，進而解決了求井深、求湖深等問題。

（三）繪畫審美暗合

西方油畫和中國水墨畫描繪和呈現世界的方式很不相同。油畫家使用鮮豔豐富的色彩，來描繪物件的眞實感（Law, 2011）。油畫的觀者應會經歷「主客相分」的體驗，即觀者主體與被描繪的客體之間是分離的。水墨畫輕形似而求神似，力求表達一種文人心態，一種感情（張法，2010）。水墨畫的觀者應會經歷「主客相融」的體驗，即觀者主體與被描繪的客體融爲一體，「我見青山多嫵媚，料青山見我應如是」。觀者在主體視角與客體視角間切換，以至於忘記主客之別。

水墨畫中自然光影的缺失以及留白造成時間與空間上的無限延伸。散點／多點透視法模糊了主客界限，催生物我渾融之境。這種境界，恰如莊周夢蝶之境。「昔者莊周夢爲蝴蝶，栩栩然蝴蝶也，自喻適志與，不知周也。俄然覺，則蘧蘧然周也。不知周之夢爲蝴蝶與，蝴蝶之夢爲周與？周與蝴蝶，則必有分矣。此之謂物化。」（《莊子‧齊物論》）水墨畫的審美體驗是觀者主體與被描繪的客體逐漸消融在一起。

通感（synesthesia）是一種神經心理學特質，意即啟動某種感官通道時會自動引發其他感官通道的活動，也稱聯覺。英國著名中國藝術史家蘇立文在評述《溪山行旅圖》時說：「當我們凝視瀑布時，甚至可以感受到身旁流水的聲音。」（蘇立文，2014）莊子物化爲蝴蝶，能感受到振動翅膀時生動眞切的聲音，觀看水墨畫瀑布時，觀者逐漸物化成瀑布，這是主客相分時即使主體再靠近客體也無法聽到的聲音。作者曾經和學生一起去

驗證這樣一個假設：觀看水墨畫瀑布時感知到的水流聲要比觀看相似的油畫瀑布時顯得眞切而宏大。

實驗材料及前期準備：我們選取張大千仿髡殘名作《仿石溪燕山圖》（見圖 28-6）和美國著名畫家湯瑪斯‧科爾的名畫《傑納西風景》（見圖 28-7）爲材料。兩幅畫均出自名家之手，畫中要素大體相同。爲了達到觀畫的逼眞感，筆者購買了高模擬作品，山水畫裝裱成卷軸，更具儀式感。5 位學生選取了一段瀑布的自然聲音，作爲畫作的聽覺配對。兩幅畫分別掛在兩個實驗室裡，畫前放了一張椅子和桌子。桌上放一臺電腦，一副音箱以及與一個之相連的方便調節音量的旋鈕式調節器。一個聲音測量儀放在音箱附近，該測量儀符合 ANSI S1.4 和 IEC 651 國際標準，測量範圍 30-130 dB，測量精度 +/-1.5 dB，解析度爲 0.1dB，取樣速率 2 次 / 秒。測量單位爲分貝，自動生成以秒爲單位的分貝曲線圖和 Excel 資料表格。

圖28-6　《仿石溪燕山圖》　　　　圖28-7　《傑納西風景》

正式實驗程式：採用被試內設計。21 名大學生參加了該實驗，年齡在 18-22 歲之間，矯正視力正常，完成實驗後獲得禮品作爲酬勞。一半被試先看油畫後看水墨，另一半則先看水墨再看油畫，以消除刺激呈現所帶來的順序效應。實驗室隔音效果良好。被試單獨進入到實驗室，實驗助理

引導其坐好，並學習使用音量調節器。在被試正式觀畫之前，音量固定在同一數值基線。指導語為：「我們很高興邀請您來欣賞眼前的這幅畫。整個賞畫過程為 5 分鐘。為了增強您的視覺體驗，我們準備了和畫面內容相關的一段瀑布聲音。我們會全程播放這個聲音。您可以根據您看畫時的體驗，隨時隨意調整瀑布音量大小，讓這個聲音更契合您的心境。」文獻表明，人們在博物館裡觀畫的平均時長少於 30 秒 / 幅（Rosenbloom，2014）。然而，如果要讓觀者進入到某種藝術中，通常要花費數分鐘甚至更長的時間。根據實驗前觀察，5 分鐘是比較合適的觀畫時長。我們把聲音測量儀設定為每秒取樣一次。考慮到被試處於進入和退出的觀賞狀態，前 30 秒和最後的 30 秒，不納入資料統計。

　　結果分析與討論：對 21 名被試的 240 秒音量資料，採用配對樣本 T 檢驗結果顯示，水墨畫組感知的瀑布聲音顯著高於油畫組，t (19)= -2.55，$p < 0.05$，Cohen's d = 1.39。實驗的聲音誘發操縱有效。具體情況見表 28-4。相對於瀏覽油畫，瀏覽水墨畫後人們執行需要進行認知控制的任務時，對注意和工作記憶有更高的需求（Wang et al., 2014）。從主客相融 / 相分的視角來看，觀者主體意識的削弱乃至消失，也為此提供了一個合理的解釋。

表28-4　21名大學生觀看水墨畫和油畫的240秒音量資料

項目	水墨畫		油畫		t
	M	SD	M	SD	
瀑布音量	73.58	2.43	70.21	2.42	-2.55*

注：**p＜0.01；*p＜0.05，下同。

　　鑒於水墨畫與油畫存在表現手法、風格以及圖形構成等方面的不同，實驗可能存在混淆變數。如果兩幅畫都採用焦點透視，就很容易排除可能影響音量感知的混淆變數，包括瀑布的高度（越高越大聲）、瀑布的水量（越大越大聲）、水流的速度（越快越大聲）以及觀者與瀑布間的距離感知（越近越大聲）。水墨畫中的瀑布是多層的，看起來比油畫中的瀑布高而遠。這種矛盾能夠透過量化的方式計算出整體的感覺嗎？油畫給人

的空間感是逼真，如照相機一樣符合科學的透視原理。「東方繪畫之基礎，在哲理；西方繪畫之基礎，在科學。」（潘天壽，1983）高居翰也說：「（中國畫）布局不按理性原則，更不按幾何程式而定，而這幾何程式正是西方線條透視法的基礎。於是在另一種風格中，中國山水畫家再一次成功地表達了道、儒二家世界觀中的有機宇宙。」（高居翰，2014）審美體驗是認知和超自然體驗的自由發揮，無法用概念來將之結構化（Battani, 2011）。極致的還原主義試圖將一個複雜的實體分解成部分之和，用來研究整體的體驗是不恰當的。朱光潛先生說：「一幅畫所表現的是一個完整的境界、它所以美也就是美在這完整的境界、其中各部分都因全體而得意義。……獨立的顏色、形體和光影是一回事，在圖畫中顏色、形體和光影又是一回事。全體和部分相勻稱、調和才能引起美感，把全體拆碎而只研究部分，則美已無形消失。」（朱光潛，1999）事實上，採用感知混淆變數的極致分解方式，恰恰可能與我們要探索的概念漸行漸遠。

賞畫會影響觀者的情緒（Vartanian, & Skov, 2014），進而影響到聲音的感知（Stefanucci et al., 2011）。具體而言，人們處於消極情緒狀態時，如恐懼和厭惡，聽到同樣的聲音會感覺更刺耳（Siegel & Stefanucci, 2011）。情緒是整體性的，因此我們進行一項後測來排除消極情緒的解釋。要求 60 名大學生觀看兩幅畫，然後在七點量表上對觀畫後的情緒（從消極到積極）、厭惡（從不喜歡到喜歡）和恐懼（從不同意到同意）進行打分。結果表明，兩畫觀後在這三種情緒上均無顯著差異，具體情況見表28-5。當然，本實驗選取的兩幅畫雖然有相近的內容，但在構圖細節上仍有差異，有可商榷之處。

表28-5　60名大學生觀看水墨畫和油畫的情緒、厭惡和恐懼打分情況及t檢驗結果

組別	水墨畫		油畫		t
	M	SD	M	SD	
情緒	4.87	1.30	4.90	1.41	0.142
厭惡	5.15	1.19	4.93	1.18	-1.25
恐懼	2.40	1.61	2.20	1.73	-0.79

　　爲了彌補這個缺陷，研究者選出一張實景圖片（圖 28-8），延請資深水墨畫家和油畫家根據實景圖作畫（圖 28-9 和圖 28-10），結果發現同樣的實景小瀑布，水墨畫中看起來確實比較高遠，而油畫則顯得比較矮近。而且水墨畫瀑布畫面底部就是霧氣騰騰的感覺，而油畫則是實景的水面。如果要像焦點透視那樣去操控出與觀者距離的遠近進行研究，無異於削足適履，用西方油畫的範式來肢解中國水墨畫的整體。

圖28-8　原畫

圖28-9　水墨畫

圖28-10　油畫

　　中西繪畫之差異，最明顯的是不同的透視法導致的不同的空間感。「中西繪畫裡一個頂觸目的差別，即是畫面上的空間表現。」（宗白華，1981）李澤厚先生認爲中國山水畫不採取透視法，不固定在一個視角，它不重視諸如光線明暗、陰影色彩的複雜多變之類，而重視具有一定穩定性的整體境界給人的情緒感染效果。這種效果的最高追求是「可遊可居」。

　　這個「可遊可居」的審美特徵與體驗，就是主客相融。中國哲學與文化基礎的理念「天人合一」，在此體現得淋漓盡致。宗炳《畫山水序》所言：「豎劃三寸，當千仞之高；橫墨數尺，體百里之迴。」（李澤厚，1981）尺幅之間，寥寥數筆，呈現的卻是天地至境，是中國自古以來追求的物我兩忘、渾然天成的境界。蘇立文認爲，「只有中國山水畫令我們的心靈遨遊於方寸之間」（蘇立文，2014）。所以宗炳才會把所遊歷的山川繪於壁上，以便老病之後「臥以遊之」。這個「遊」絕不是人作爲主體在畫中行走，而是人物化爲畫中的石頭、瀑布，乃至一草一木，而遊於畫中。

五 小結

上述研究是從我和團隊成員近幾年的研究積累，努力從西方二元主義的陷阱中掙脫出來，踐行法國漢學家朱利安提出的「文化間距」理念。本文主要從中國雕牌廣告的成功案例出發，藉由中美讀者的主客位解讀，重新表述華人說服中的「動之以情，曉之以理」。接著，從中美廣告中慣用的「比喻」說服手法，藉由中美兩國大學生對兩種比喻手法的偏好，進一步詮釋「主客相融，物我兩忘」。文化是一個邏輯自洽的體系，最後從歷史上說服原型追溯，再到不受內容和歷史背景影響的純粹數學推理，再到更為複雜的繪畫審美，都可以找到主客相融、情理交至的影子。從廣告效果來看華人的說服理論，其起點是主客相融，終點是情理交至。西方的說服理論，起點是主客相分，終點是工具理性。

筆者以圖 28-11 和圖 28-12 來說明客觀經驗主義（二元主義）的文化比較研究與詮釋經驗主義的文化間距研究之間的區別。圖 28-11 以深色圓圈和淺色圓圈代表兩種文化，兩種文化在表象上有相同的部分，即交疊部分（C'），也有不同的部分（A' 和 B'）。差異的研究認為理論形式與外在表象之間是一一對應的關係，C' 是由全球共有（universal）的理論形式導致的，而 A' 則由淺色文化的獨有理論形式 A 決定，B' 由深色文化的獨有理論形式 B 決定。A 和 B 就是集體主義／個人主義、高／低權力距離這樣的文化標籤。淺色文化與深色文化在表象上不重疊的部分，就是由它們在集體主義／個人主義程度上的差異決定的。這一邏輯從數學角度看無懈可擊，然而問題就在於，淺色文化的理論形式可以拆分成 A 和 C，深色文化可以拆分成 B 和 C 嗎？外在表象也可以拆分嗎？筆者認為，文化是一個不可拆分的整體。圖 28-12 提供了另一種更貼切的解讀方式，A 和 B 是不同的文化整體內在的兩種「理」。這兩種文化代表的「理」所投射出的表象，既有交疊的部分，也有相異的部分。不管表象相同還是相異，A' 和 C' 是不可分割的，都由 A 在驅動；B' 和 C' 也是不可分的，都由 B 在驅動。

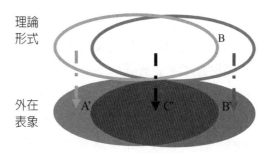

圖28-11　文化比較研究思路（客觀經驗主義）

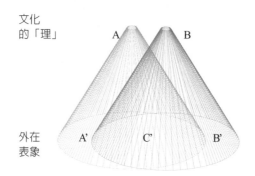

圖28-12　文化間距研究思路（詮釋經驗主義）

　　以「表」爲媒，去探究文化深層的「理」，正是本文的研究思路。藉由中西方文化「表」、「理」的探討，實現「間距」之中的中西文化對話。具體如表 28-6 所示。

表28-6　中西說服的「表」、「理」對話

文化對話方	表像	理路
中國	數學；繪畫；廣告……	情理交至；主客相融；情境中心……
西方	數學；繪畫；廣告……	以理束情；主客相分；個人中心……

　　在採用實證研究方法進入「文化間距」的時候，要警惕過度的還原主義。文化的精髓可能無法用一種看似合理的操作來完成，比如文中整體／分析思維的啓動，確實精巧，很有創意，操控性檢測似乎也能自圓其說，從程式上看很完美。但我們要始終保持適當的懷疑，它眞的啓動了那麼

複雜深奧的文化思維嗎？在水墨畫審美的研究中，研究者只能盡可能去控制無關變數的影響，因爲一旦深究所有的細節，比如顏色等等，那麼水墨畫和油畫都不再是它們自身了，也許「let be themselves」是文化研究的底線，否則再精巧的操作，也只是一種智力遊戲。本文中，作者所展示有些只是多年研究中的一個實驗或例子。水墨畫審美的研究，作者還用實驗驗證以下假設：描繪相同的眼前景觀，水墨畫家畫出來的景物也比油畫家的看起來更遠，聽起來更長；描繪相同的眼前景觀，水墨畫的景物比油畫更能帶來平靜的感覺；觀看水墨畫的觀者比起觀看同主題油畫的觀者，在觀後陳述中更少使用「我」這一主體詞。有興趣的讀者，可以再去讀讀。

　　上述研究的局限性是顯而易見的，它們缺乏西方實證研究的嚴謹性和對還原主義的極致追求。因此需要更多的證據來指向本文的結論。我們最近進入到中西醫對同樣病症是如何給出診斷，並開出不同的、具體的藥物方子，其藥理爲何，藉以繼續探索中西說服的差異，探討情理如何交至方能達到最佳的說服效果。此外，筆者一直關注的廣告傳播可以說是中西說服實踐的當代演繹，我們將繼續補充相關的廣告案例對以上結論加以進一步驗證。

後記

　　文中已經說明這是作者及其團隊多年來研究成果的匯總整理。廈門大學新聞傳播學院助理教授宣長春、閩南師範大學新聞傳播學院講師侯凡躍、美國芝加哥洛約拉大學傳媒學院教授程紅、廈門大學新聞學院碩士呂嬌燕、美國羅文大學助理教授劉霞均對本文有貢獻。

參考文獻

朱光潛（1999）：《文藝心理學》。安徽教育出版社。

朱維錚（主編）（2001）：《利瑪竇中文注譯集》。復旦大學出版社。

何友暉、彭泗清、趙志裕（2007）：《世道人心：對中國人心理的探索》。北京大學出版社。

吳文俊（1990）：〈關於研究數學在中國的歷史與現狀〉。《自然辯證法通訊》，4，37-39。

吳文俊（主編）（1982）：《〈九章算術〉與劉徽》。北京師範大學出版社。

李澤厚（1981）：《美的歷程》。文物出版社。

亞里斯多德（1984）：《工具論》（Organon）（李匡武譯）。廣東人民出版社。

宗白華（1936）：〈論中西畫法的淵源與基礎〉。原載《文藝叢刊》，1936年第1輯，轉載於http://sanwen.net/a/mskxvoo.html。

宗白華（1981）：《美學散步》。上海人民出版社。

胡百精（2014）：《說服與認同》。中國傳媒大學出版社。

《活塞工作原理》，http://www.huosai.net/news.asp?id=877，2017年3月19日。

《重機槍的子彈是怎樣連發？》，http://zhidao.wangchao.net.cn/hydetail_2487855.html，2010年2月22日。

孫詒讓（2001）：《墨子閒詁》（孫啟治點校）。中華書局。

高居翰（2014）：《圖說中國繪畫史》（Chinese painting: A pictorial history）（李渝譯）。生活‧讀書‧新知三聯。

張岱年（2017）：《中國哲學大綱》。商務印書館。

張法（2010）：〈水墨畫會成為中國美術的文化象徵嗎〉。《文藝爭鳴》，4，24-30。

梁漱溟（2010）：《東西方文化及其哲學》。商務印書館。

梁漱溟（2011）：《中國文化要義》。上海人民出版社。

許烺光（1990）：《宗族·種姓·俱樂部》，頁1-2。華夏出版社。

歐幾里德（2009）：《幾何原本》（Euclidis elementonnnI-ibriXV）（燕曉東譯）。人民日報出版社。

潘天壽（1983）：《中國繪畫史》。上海人民美術出版社。

蔡錦昌（2000）：〈二元與二氣之間：分類與思考方式的比較〉（口頭發表論文）。「社會科學構念：本土與西方」討論會，臺北。

譚戒甫（1964）：《墨辯發微》。中華書局。

蘇立文（2014）：《中國藝術史》（*The arts of China*）（徐堅譯）。上海人民出版社。

龔文庠（1994）：《說服學──攻心的學問》。東方出版社。

Aaker, J. L., & Williams, P. (1998). Empathy versus pride: The influence of emotional appeals across cultures. *Journal of Consumer Research*, *25*(3), 241-261.

Albers-Miller, N. D., & Stafford, M. R. (1999). An international analysis of emotional and rational appeals in services vs goods advertising. *Journal of Consumer Marketing*, *16*(1), 42-57.

Ames, R. T., & Hall, D. L. (2001). *Focusing the familiar: A translation and philosophical interpretation of the Zhongyong*. University of Hawai'I Press.

Battani, M. (2011). Aura, self, and aesthetic experience. *Contemporary Aesthetics*, *9*(1), 12.

Berthrong, J. H. (2005). Re-investigating the way: Zhu Xi's Daoxue. *Taiwan Journal of East Asian Studies*, *2*(1), 135-164.

Buchtel, E. E., & Norenzayan, A. (2008). Which should you use, intuition or logic? Cultural differences in injunctive norms about reasoning. *Asian Journal of Social Psychology*, *11*(4), 264-73.

Choi, I., Dalal, R., Chu, K. P., & Park, H. (2003). Culture and judgment of causal relevance. *Journal of Personality and Social Psychology*, *84*(1), 46-59.

Day, S. (1995). Synaesthesia and synaesthetic metaphors. *PSYCHE: An Interdisciplinary Journal of Research On Consciousness*, *2*, 1-16.

Ji, L. J., Peng, K. P., & Nisbett, R. E. (2000). Culture, control, and perception of relationships in the environment. *Journal of Personality and Social Psychology*, *78*(5), 943-55.

Jullien, F.（2013）：《間距與之間：論中國與歐洲思想之間的哲學策略》（L'écart et l'entre D'une stratégie philosophique, entre pensée chinoiseet européenne）（卓立、林志明譯）。五南圖書。（原著出版年：2012）

Kövecses, Z. (2005). *Metaphor in culture: Universality and variation*. Cambridge University Press.

Law, S. S. (2011). Being in Traditional Chinese Landscape Painting. *Journal of*

Intercultural Studies, 32(4), 369-382.

MacKenzie, S. B., Lutz, R. J., & Belch, G. E. (1986). The role of attitude toward the Ad as a mediator of Advertising effectiveness: A test of competing explanations. *Journal of Marketing Research, 23*(2), 130-143.

Morgan, S. E., & Reichart, T. (1999). The message is in the metaphor: Assessing the comprehension of metaphors in advertisement. *Journal of Advertising, 28*(4), 1-12.

Monga, A. B., & John, D. R. (2008). When does negative brand publicity hurt? The moderating influence of analytic versus holistic thinking. *Journal of Consumer Psychology, 18*(4), 320-32.

Ha, L. (1996). Advertising clutter in consumer magazines: Dimensions and effects. *Journal of Advertising Research, 36*(4), 76-84.

Nelson, M. R., & Hitchon, J. C. (1999). Loud tastes, colored fragrances, and scented sounds: How and when to mix the senses in persuasive communications. *Journalism & Mass Communication Quarterly, 76*(2), 354-72.

Nisbett, R. E., Peng, K. P., Choi, I., & Norenzayan, A. (2001). Culture and systems of thought: Holistic vs. analytic cognition. *Psychological Review, 108*(2), 291-310.

Norenzayan, A., Smith, E. E., Kim, B. J., & Nisbett, R. E. (2002). Cultural preferences for formal versus intuitive reasoning. *Cognitive Science, 26*(5), 653-684.

Peng, K. P., & Nisbett, R. E. (1999). Culture, dialectics, and reasoning about contradiction. *American Psychologist, 54*(9), 741-754.

Preminger, A. (1974). *Princeton encyclopedia of poetry and poetics*. Princeton University Press.

Rosenbloom, S. (2014). The art of slowing down in a museum. The New York Times (New York). 2014-10-09, www.nytimes.com/2014/10/12/travel/the-art-of-slowing-down-in-a-museum.htm.

Siegel, E. H., & Stefanucci, J. K. (2011). A little bit louder now: Negative affect increases perceived loudness. *Emotion, 11*(4), 1006-1011.

Stefanucci, J. K., Gagnon, K. T., & Lessard, D. A. (2011). Follow your heart: Emotion adaptively influences perception. *Social and Personality Psychology Compass, 5*(6), 296-308.

Sundar, A., & Noseworthy, T. J. (2014). Place the Logo high or low? Using conceptual metaphors of power in packaging design. *Journal of Marketing, 78*(5), 138-151.

Vartanian, O., & Skov, M. (2014). Neural correlates of viewing paintings: Evidence from a quantitative meta-analysis of functional magnetic resonance imaging data. *Brain and Cognition, 87*(6), 52-56.

Yu, N. (2003). Synesthetic metaphor: A cognitive perspective. *Journal of Literary Semantics, 32*(1), 19-34.

Wang, T. T., Mo, L., Vartanian, O., Cant, J. S., & Cupchik, G. (2014). An investigation of the neural substrates of mind wandering induced by viewing traditional Chinese landscape paintings. *Frontiers in Human Neuroscience, 8*(1), 10-18.

Wang, X. H. (2007). Cultural loss in Chinese-English translation. *Sino-US English Teaching, 4*(6), 75-81.

◆ 第九篇

人文臨床與倫理療癒本土化

（林耀盛主編）

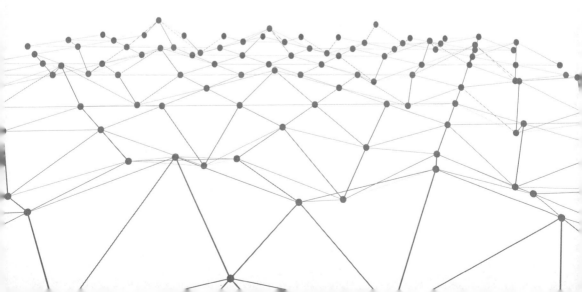

第二十九章

臨床心理學與倫理療癒本土化：詮釋現象學取徑的開展

林耀盛、劉宏信

　　本章旨在探討臨床心理學本土化意義，以達到親近文化主體的理解、受苦和療遇（healing encounter）的可能性。這不是眞理效果目的論，而是回到臨床心理的場域，當被視爲多重、異質拓樸空間，而非單一論述（尤其是醫療論述）所專擅。本章透過多重場域的概念，將長久以來被忽視的倫理性回歸臨床心理學，詮釋本土化歷程的現象意義及其開展。

　　爲達到此目的，本章分成三個部分。首先，探究現象學與心理學「異業複合」立論。其次，顯示華人宗教經驗與行爲探究，無論是傳統或現代宗教的任何形式，內涵上都是深層地逼近一種倫理關係。最後，回到存有論的角度，揭示華人心性與倫理複合法，深化人文臨床與倫理療遇的論體與踐行。

一　現象學與心理學的「異業複合」

　　探討本土心理學，不免與文化心理學具親和性關係，但並非附屬於文化心理學的分支。余德慧（1996）指出，文化心理學不能只是將文化課題加到當前主流的科學心理學了事，甚至它不屬於科學心理學的範疇，在現象學與詮釋學方法的指引之下，它必須揭露其自身的非再現（non-representational）、存有性與世界性的論述空間，因此，文化心理學在其起承轉合之起處，必須從解構做起，而不是在未經審查自己的基礎而立意建構什麼（相關討論亦可參見余德慧，1997；余德慧，2001）。余德慧（2002）進而透過外造結構的概念指出，無論文化心理學如何想將文化

個體化或內在化，其實都無法從個體的主觀意義原封不動地測量出來，而必須看個人的話語如何捲入社會的互動，透過人際間話語或行為間交互運動，才可能建構出任何社會的意涵。

因此，余德慧（2002）認為任何地域文化或歷史時段都以其自身的智能開發某些知識，也遮蔽某方面的知識。是故，本土心理學不是在獨特的密室自我揭密，而是在不同時空間，發展異質論述之間的開放，也意味著異文化融接（conflation）的重建。依此，文化心理學，可視為一開始就被標舉為主流心理學之外的「另類心理學」，如 Shweder 等人（1998）提出的「一種心理、多重心智」；李維倫（1995）認為本土心理學需超越實體論；Allwood（2018）討論的本土心理學、文化心理學和跨文化心理學的關聯度，為文化心理學與本土心理學，甚至與現象學心理學間連通，奠立基礎。

余德慧（2002）指出，現象學家與心理學家的「異業複合」重點，在於如何進駐現象場的論述空間，而不在於各自本位的固守。任何後現代的異業複合都面臨「異文化融接」的基本考量，而傳統心理學一直被視為以本位的實證功能論為主，這是科學的基本考量，但是這個本位卻被誤解為本質，以為心理學的基調需脫離感知經驗的羈絆，才是科學心理學的標準。固然，在傳統心理學本位的習性有此現象，但並不意味著心理學把握感官或在世認知經驗的方式，完全無法勾連到存在論層面的討論。問題在於，如何還原心理學在「科學化」前的原初多元性意涵。

林耀盛（2014）指出，心理學（psychology）的意涵，psycho 的字根是 psyche，這個字在希臘語是 psuchě，原意是靈魂（soul）。Kunz（2002）甚至將心理學的拼寫直接改名 psukhology。sukhe 的希臘語原始意義是指呼吸，生命、靈性或靈魂會自主呼吸，也會因為他人的到來而激發引動不同的呼吸狀態。心理學的定義不僅是探討個人心智與行為，也包含靈性，更是承擔為他人的責任。依此，心理學的意涵，同時是包含靈性、魂體、精神意志，以及一種內在存有的激活生命力等等意涵，而非今日心理學狹隘的心理邏輯（psycho-logic）的理性化約意義（林耀盛，2014）。

過往心理學作為自然科學的追隨者，忽視傳統哲學對心理過程的討

論，而鑽入生理系統、社會系統以及個體過程，或者心理學以實證知識爲進展方式的單一合法路徑。林耀盛（2016a）指出，回顧反思西方的思想史軌跡，基本上可說是「從柏拉圖到北約組織」（from Plato to NATO）的朝聖旅程。臺灣心理學在啓蒙發展階段，卻一腳跨入「美國化」的規格。實證主義的幽靈，在臺灣心理學發展的歷史制約效應，眞理標準的檢驗，是以實體符應論爲依據（林耀盛，2011）。到了「後實證」主義，對於本體論的預設，雖然仍預設有一實體性，但這樣的實體性不再可以全面地掌握，而是只能逼近地理解。但是，「後實證」仍然靠向自然科學設定，但若只是將實證科學與人文科學相對立，恐怕也會淪爲 Canguilhem（1958）早已指出的狀態，心理學家的研究給人的印象猶如是一門混雜了「不嚴謹的哲學」、「寬鬆的倫理學」以及「不受控制的醫學」的學科。因此，若只是去突顯「人文」的向度，而強調心理學是一門「人文科學」或「人文臨床科學」，這並不足以面對這樣的質疑。相反地，這只會讓心理學淪爲科學之下一個身分不明的附庸。

　　從過去的臺灣本土臨床心理學研究成果來看，李維倫、林耀盛（2019）回顧發表於《本土心理學研究》創刊 25 週年以來有關的臨床心理學論文，指出以理論概念的發展進程觀點分析，這 25 年來的臨床心理學本土化研究，可發現包括三階段，如圖 29-1 所示。從第一階段（1993-2000 年）主要是關於形而上知識論與實作面方法論的思辯。第二階段（2001-2010 年）提出倫理的關鍵詞，深入受苦的文化現場和現身情態，直抵存有論的深處。第三階段（2010 年之後），不但是本土臨床心理學成果的中介展現，更深刻反省到人文臨床心理學本土化研究的實踐之道。這是正在進行式，仍是未完成式的「之間」狀態。「之間」意味著不同領域可以互相結合、交織、接近、兼化，也相互獨立、鬆開、展開，標誌著過去沒有發現卻隱藏著的內在通道打開了。

　　回到科學哲學認識論的形上學主張，對實徵資料的知識是將「實徵內容」視爲極易變動的，而現象學心理學則避開可能的變動，試圖對心理對象的形成過程加以描述。但如何做到心理過程的如實描述，蔡錚雲（2000）認爲關鍵在於「正確使用現象學方法」，讓心理學家能夠做到

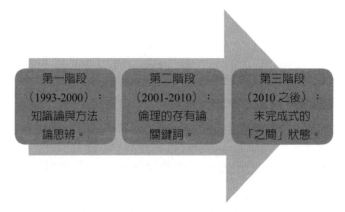

圖29-1　臨床心理學本土化研究進程

對事物的客觀有效的判斷。反過來看，如果文化心理學家善用現象學的還原，是否就可以在實徵資料的分析對資料的生成進行還原，顯露出現實資料的根據地（grounding）？從資料的實作層面而言，首先碰到的是詮釋學方法，然後才有現象學的問題。由於多數心理資料是語言資料，無論訪談、參與觀察，都涉及事實性的語言再現，研究者必須先將語言資料的說話者的「說出的話」（the said）如何設定的問題加以探討（余德慧、呂俐安，1992），讓語言資料出現脫離事實性的詮釋空間，這時，我們不僅無法論及存有，我們還需以存有者的事實性為對象，使得我們得以認清「被說出者」（the said）與「說出者」（the saying）之間的共構機制，亦即以語言形式出現的心理學理論是「被說出者」，或可稱為「言詮產物」，而生產出心理學術理論的說話存在活動則是「說出者」或可稱為「言說化成」。被說出者與說出者的共構關係，包括如何共構、共構的範疇如何釐清，以及存有者現在事實性處境的種種勾連。在澄清以及生成詮釋空間之後，我們才會以存有者的生存論來進行還原。

　　余德慧（2007）進而提出，以內容為主的實徵研究，一方面接受現象學的基本立場，但又需往非後設的層面發展，最後還需抵達現象學的論述空間，因此，論述策略先從文化心理學的研究出發，懸置心理學實質內容，慢慢脫離有關心理學內容的論述，而搭上現象學的論述。當現象學的

論述空間抵達之後，暫時停留，用現象學的語言討論文化心理學研究的形上學意義，但最終還是回到文化心理學的論述空間。這個詮釋弧的意義，在於避免心理學與現象學分離成一邊一國，各說各話，也避免兩個學科過度融合，造成知識層次的混淆，這也是「異業複合」的層次，不同學科維持「和而不同」的關係，互相交錯又不脫離知識論上的主張。

　　我們可從李維倫與林耀盛（2019）的討論，得知過去臺灣本土臨床心理學如何在現象學與心理學的異業複合取得成果。他們指出，以臨床心理學處境而言，主張回到受苦者所在的生活語言處，從而脫離心理學科學語言的支配。然而，本土臨床心理學的存在合法性，不在於回到「傳統文化」，而是來自於與人們「當下生活」的聯繫。在這樣的思考下，所謂「本土的」與「我們自己的」心理學就不一定要回到「傳統文化」；它也可以是朝向當下實際的生活處境與運作。以實徵資料來看，臺灣本土臨床心理學對於日常性研究的重視已有成果，如包括以「視框分析」（frame analysis）來研究親子離合的敘說（余德慧、蔡怡佳，1995）、親子的管教問題（余德慧、呂俐安，1992）、或者離婚夫妻之悲怨（余德慧、徐臨嘉，1993）。乃至採取了自我三重構的架構分析（余德慧，1996），從經驗史性處理親子倫理問題（余德慧、顧瑜君，2000；余德慧，2000）、人緣議題（余德慧、陳斐卿，1996）、文化與病理（余德慧，1998）、文學的無語（葉麗莉、余德慧，1996；余德慧，1997）、童年記憶的生命時光（李宗燁、余德慧，1996），以及慢性病的日常性與倫理性（林耀盛等人，2007；林耀盛、李弘毅，2016）。基本上，這些研究都以存有論為立基，逐漸朝世界發展的「文化生成」過程的研究。在此階段的成果，是以文化心理學的情感經驗優先性的存有開展。臺灣臨床心理學本土化的視角是直接進入情感經驗，不是以受苦做為客體的測量，而後予以寬解。換言之，受苦具意義生產性（production），而非壓力解除性（reduction）的單一性意義。這種相互交引、互相攀爬而不會產生何者宰制何者的現象，也可能是全球現象學心理學的走向，異業複合不僅是業界之間的合作，就研究者來說，自己也以複合的方式建立知識的典範，也是重要的關鍵。

二 華人宗教與行為

　　另一個與當下生活有關的研究，是宗教與行為的關係。劉宏信與余德慧（2005）指出，宗教經驗在人類的歷史中，一直占有非常重要的地位。不過如何在學術上適切地探討宗教經驗，一直是一個棘手問題，原因是宗教經驗一方面充滿神祕性與主觀性，另一方面不同的信仰傳統也分別以不一樣的語彙來描述與產生宗教經驗，因此各種不同的學科都面臨到客觀的科學研究與信仰者主觀經驗之間存有距離的問題。本文面對的問題是在心理學本土化的脈絡下，來討論如何研究本土社會與文化中的宗教經驗。在此我們先從對宗教經驗的基本認識開始討論，以下相關討論，主要是本書第一版內容章節的修訂。

　　本世紀初，心理學家 William James 與一些宗教現象學家都曾致力於探究宗教經驗的性質。James（1902/1961）注意到各種宗教傳統對宗教經驗的描述都不一樣，而且往往宗教傳統的創始人或是菁英人物，都是依靠其獨特的宗教經驗來開創其宗派與思想，其門徒與後來信仰者的宗教經驗都建立在創始人的經驗基礎上。因此 James 將宗教經驗分為「第一手」（firsthand）的宗教經驗與「第二手」（secondhand）的宗教經驗兩類，他認為一般宗教信仰者的宗教經驗都是集體性的暗示與模仿創始人而來的。因此，他對宗教經驗的分析就著重在少數宗教的創始人或菁英身上。基本上，James 認為宗教經驗中的一個重要現象是人與超自然力量的關係與互動，但是他認為宗教經驗的主要作用在於滿足人的精神、平安與美感的需求。雖然他對於超自然力量的性質保持中立的態度，不過他相信有一個看不見的秩序（unseen order）的存在，而人所追求的終極的「善」（goodness），是為了是自身與這個看不見的秩序和諧，宗教正是幫助人朝向這個目標；而宗教經驗就是經驗到與終極的「善」相融合，所表現出來的特徵是情感性的，James 稱之為「莊嚴的喜悅」（solemn joy）。James 的觀點表現出自然主義對於宗教功能的肯定，因此頗受歡迎。不過 James 只著重在對「第一手」的宗教經驗分析，這點受到許多批判，因為他並不能證實人在宗教組織裡頭沒有真正的宗教經驗（Bourgeois,

1990）。

　　早期宗教現象學家特別致力於探究宗教經驗與宗教情感中最純粹的部分，排除宗教組織或教義這些部分後，他們認為宗教經驗最基本的性質是人面對某種模糊又超越人本身的力量。Otto（1923）指出人會經驗到某種無以名之、高度異常而又極端令人印象深刻的力量，這種力量絕非來自內在，也不是來自所認識的一般世界中，而是一種「全然他者」（the wholly other）。Otto 將總總類似的經驗對象稱爲「那令人敬畏的」（Ominous）一種神祕、異常的、非人的某種力量，不可化約爲任何其他東西，他並指出這是人最早的一種原始經驗，人對這種超然力量有所畏懼或依賴正是宗教情感的源頭。後來的人們，在認識這種「那令人敬畏的」時候，逐漸將理性與道德成分加到裡面，而將「那令人敬畏的」轉化爲「至上」（the Holy，或譯爲「至善」）這個概念，使人們以道德性的形象來認識「全然的他者」。

　　Eliade（1958, 1959）爲了更清楚地說明宗教經驗的原始內涵，用「聖顯」（hierophany）這個概念來說明這種經驗的本質與內涵，意即「某種神聖的事物將其自身顯現給我們（something sacred shows itself to us）」。Eliade 認爲「聖顯」是一種宗教性神聖經驗，但同時也是歷史事件，人從中發現世界與人存在的意義。有的「聖顯」事件只具有區域性的價值，有的則具有普世性的影響。事實上，世界上幾乎所有的事物都可以成爲聖顯的事物，不過各時代的聖顯事物都不一樣，有著文化上的差別。Eliade 認爲事實上人類的歷史從未脫離聖顯經驗，即使在科學昌明的現代也是如此，我們仍然有許多的空間設置、儀式與象徵來表明各種神聖經驗。因此 Eliade 認爲藉著分析歷史上各種聖顯的事物與經驗，我們可以探索人類經驗的普遍基礎與各種特殊的發展。而要達到這個區分必需透過分析人存在的本體層次（ontological）與賦義層次（ontical）兩個面向的關係而達成；前者關注的焦點是人的意向性與行動、經驗的基本結構，後者關注的是人在具體的時空中產生各種變異的過程，而且必須以本體層次的認識來說明賦義層次的過程，才能比較清楚地呈現在一個時空脈絡下的宗教經驗的根本性質（Bourgeois, 1990）。

　　無論是宗教現象學或是 James 的宗教心理學，基本上都關心宗教經驗本身的性質。James 面對的問題是人如何在內在心理需求或存在結構的基礎上，面對超越的、看不見的力量或是某種秩序。而宗教現象學則說明了宗教經驗原來並不是某種純粹內在性的產物，也不是某種由外在環境所決定的過程。無論是 Otto 所談的對「全然的他者」的經驗，或是 Eliade 所談的「聖顯」經驗，都指出對經驗的「內在」與「外在」的區隔會對宗教經驗的基本形式產生扭曲，最根本的認識之道是先釐清本體與賦義兩個層次的內涵與關係。對這兩個層次的認識又會受到我們想探索的是存在（existence）的範疇或是經驗（experience）的範疇而有所不同，前者是一種一般性與根本性的認識，在宗教學與哲學中有許多討論；後者是在一個社會文化脈絡下來討論（Bourgeois, 1990）。

　　在人類學與社會學的研究中，關於臺灣民間信仰者的宗教依止已經有很多描述，不過對於華人宗教信仰歷程的研究則很少。這是由於過去的研究比較著重在宗教的集體性行為、儀式與宗教觀念的探索，而對於信仰者的心態與個人性的經驗歷程比較忽略所致。因此，對於本土的宗教現象，有不少研究課題值得心理學家進行探討。

　　首先，本文根據已有的相關文獻與田野觀察，提出一些臺灣民間信仰值得心理學家持續深入研究的課題（主要修改引自劉宏信與余德慧，2005 的討論）。其次，以臺灣「九二一」震災喪夫受創者的皈依為例，顯示民間信仰與基督宗教的心理層面的本土化意涵。

（一）民間信仰與醫療

1. 皈依與入信

　　早期西方對於皈依（conversion，或譯為「改宗」）的研究，受到基督宗教信仰的影響，以「自我的轉換（a transformation of self）」為其基本定義，認為有皈依經驗的人，其基本特徵上是受到外在的（神聖）力量的影響，而突然產生「獲得新生」的感受，個體並形成新的行動習慣模式。比較近期的研究，則比較強調個人內在的、認知上的追求，採取主動

而緩慢的改變，並且更多注意各種新興宗教的現象。因此基本上國外對於皈依研究的對象，從一開始就著重在某些已經設定好信仰內容與教團結構的制度性宗教，例如佛教與天主教。而意義相近的中文語彙無論是「皈依」或「改宗」，都意指人拋棄原來的信仰體系、價值觀念以及生活方式，接受一套價值體系完全不同的宗教信仰。國內這方面的研究已經有一些初步的開始。

　　國內的「皈依」/「改宗」歷程研究，主要是針對佛教徒與基督徒。例如彭昌義（1991）以半結構式的訪談方式，針對大學生佛教徒的皈依經驗進行研究，每位受訪者每次訪問一到兩個小時。他的研究概念架構是認為皈依歷程乃透過個人的宗教生命史，即學佛因緣、明師指引、信仰的生活實踐以及宗教情操或宗教經驗後，形成個體的自我意識、個人取向、世界觀與生涯發展等方面的重新結構。透過對訪問資料進行「分類分析」、「成分分析」以及每個受訪者的「學佛歷程大事紀」等分析，研究者指出與皈依歷程相關的五大因素是背景因素、接觸因素、醞釀因素（維持與發展的功能）、觸發因素（用來判斷內心真正皈依的臨界點）以及皈依之後的後續發展。彭昌義分析每位個案的情形，指出上述五個因素基本上可視為五個發展時期，但是每個時期的時間性，卻有很大的個別差異，有的個案的背景因素與醞釀期是合一的，有的接觸期和觸發皈依是幾乎同時發生的。此外，這個時期路徑的次序並不依循固定的模式，接觸期與醞釀期可能會多次出現。因此，研究者認為每個人的皈依歷程都是獨特的，採用心理計量的研究方法將無法呈現這種情形。為了保持現象的複雜性與多變性，研究者以一個動態系統性的觀點來描繪大學生皈依佛教的歷程，而不採取簡化、抽象的單一理論觀點來說明或解釋皈依歷程，也不企圖建立「普遍性法則」。彭昌義的研究花了很多功夫在資料的整理與分類上，比較缺乏與一般的皈依理論進行對話。此外，彭氏所歸納出來的皈依歷程是否適用於其他宗教信仰，這也是一個問題。

　　另一種皈依研究，是將資料來源，不侷限在一次或兩次的訪問資料，而以個案的傳記資料或長期晤談為研究資料。許惠芳（1993）以蘇雪林女士的自傳進行分析，Gendron（1997）則以與六位天主教修女的長

期晤談資料為分析素材。他們的研究對象都是天主教徒，研究的思考方式也很類似。他們都以 Lewis Rambo、Donald Gelpi 與 Walter Conn 三套歸於皈依歷程的描述性理論，透過與個案資料所呈現的皈依歷程進行印證。Rambo 認為皈依過程可分為七個階段，分別是 (1) 脈絡、(2) 危機、(3) 探問、(4) 會遇、(5) 互動、(6) 投身、(7) 結果，其中脈絡包含文化、社會、個人性格、歷史與宗教，而個體皈依的真正過程是第二階段到第六階段，皈依的結果則包含在道德、認知、情感以及對社會政治的態度上表現出改變。許惠芳與 Gendron 的研究，都列出 Rambo 認為七個階段的詳細內容。Gelpi 的皈依理論基本上是對皈依現象進行分類，他區別出五種皈依，分別是情感、智識、道德、社會政治以及宗教等五種形式，就各形式的皈依描述其內容，指出這五種形式的皈依很可能會互相影響。Conn 由發展的概念來描繪皈依歷程，他認為皈依的歷程是由道德皈依（強調價值勝過滿足需求）、情感皈依、批判式道德皈依（認知到個體對生命決定的不可逆性）到最後最高層次的宗教皈依，Conn 並將其理論與 R. Kegan 的自我發展理論、L. Kohlberg 的道德發展理論、E. Erikson 的社會心理發展理論、J. Piaget 的認知發展理論，以及 J. Fowler 的信仰發展理論做對照，指出宗教皈依是一個個體心理邁向成熟的過程。許惠芳與 Gendron 的研究都是依這三個理論的分類與內涵來分析個案的資料，基本上屬於理論的實際運用。

　　這樣作法當然可以在資料中確認出屬於皈依理論所界定的階段或內容，但是卻有一些缺陷。首先，兩位研究者都指出理論所描述的是理想性的發展，而實際個案的發展畢竟有許多限制、缺陷與不完美，無法按照理論的描寫而達到圓滿的發展。其中，無論是在發生的次序、程序圓滿與內涵的純粹性都有差距。其次，如何決定個案真的達到理論所界定的某一階段？研究者容易以一些例子來確認個案的發展的階段，但是如果沒有其他直接或間接的證據，顯示個案在生活上的各方面都表現出同樣一致的行為，真的就可以判斷個案所到達的發展層次嗎？第三，研究者所用的理論都認為說皈依宗教應該帶來的人格或道德的成熟發展，這恐怕是受到宗教本身的教義與理想所影響。如果一個宗教並不以道德與人格為其信仰內涵的要點時（例如有巫術特色的宗教），恐怕不適用這些理論。第四，套用

理論的研究方式，容易被理論限制分析資料或現象的角度。研究者容易發現理論與實際現象或資料有符合或不符合的情形，但若沒有提出理論的修正，則不能夠算是對於研究主題的深入的探討。

另一個例子，是陳振盛（1996）以 Alfred Schutz 的社會世界現象學為理論基礎，分析改變宗教信仰者的敘說資料。他認為「改宗」涉及人的「基本實在」的重塑，他藉著一個個案的深度訪談與個案周圍的重要人物的訪談資料，來展現個體的生命經驗與「經驗基模」之間的斷裂與轉折，並指出人透過這個過程對生命經驗賦予意義。陳振盛由個案資料將改宗過程，歸納出三個階段。第一個階段，改宗者原來處於在家生活的經驗基模，此時家庭生活與宗教信仰處於自然連結的狀態，個案以家庭原有的宗教信仰為行動與經驗的基模。第二個階段，改宗者由於生活世界出現改變與挑戰，個體產生自我懷疑並喪失自信心，因而陷入無意義感之中，此時個體尋求家以外的意義體系與精神安慰就成為改宗的開始。第三個階段，改宗者將社會位置與生活實踐的重心轉移到信仰，解構過去的生活與狀態，而肯定信仰所給與的新位置。不過在生活中仍會出現各種考驗，改宗者對於新的自我認定也很可能會起懷疑，這又形成經驗基模與日常生活實踐的裂隙，個人的基本實在感就會失效，在這種時刻，人會主動追求存在的秩序感，也就是新的解釋架構介入的契機。因此，改宗可視為個人追求或努力發現基本實在感的定位或存在的秩序，個人為了克服無秩序感或無意義感，解構過去的經驗並因以建構現在與未來。

上述這些研究自然有其價值，不過研究對象都限於制度性的宗教。制度性的宗教通常有其神學思想體系，對於信徒的信仰陶成強調對俗世生活進行「反思」，並改變自己朝向信仰的理想前進，因此具有比較強烈的教化性。這種教化特質也容易影響研究者的認識與思考。例如彭昌義強調觸發因素與佛教重視個體對生命與佛法的頓悟或領悟有異曲同工之妙，而許惠芳與 Gendron 的研究則將宗教皈依視為一種人格成熟與社會化的過程，這和他們採用基督宗教神學家的理論有關，近似於以基督信仰為文化內涵的西方社會所衍生的想法。這種研究者的理論架構受到所研究的宗教特色影響的現象，我們必須加以注意，如果要對華人民間信仰進行研究時，我

們必須思考可能的同樣情形。

　　一方面，過往人類學家與社會學家都指出民間信仰這種普化性宗教（diffused religion），在許多方面都與制度性宗教有所不同。臺灣或中國民間信仰的重要特色是信仰者比較重視倫理與巫術性的功能，而不關心信仰內容的範圍與界限，往往以功能區隔的方式，將各種原來不相同甚至互相矛盾的信仰放在一起（Yang, 1961）。民間信仰者也不需要像制度性宗教在接受並進入宗教的過程中，必須經歷一套特定的皈依儀式。因此對於民間信仰者在生活經驗中逐漸接受神明崇拜與各種儀式的過程，我們需要另外一種概念來進行描述與探索。我們認為以「入信」來指稱信眾接受民間信仰的基本理念與生活實踐的過程，比較合乎民間信仰的特徵。亦即，「民眾在傳統人鬼神的信仰體系，以及宗教社群的生活形態下，如何產生相信？」這個提問法，會比「皈依」或「改宗」更適合用來了解民間信仰者的信仰歷程。進一步的研究必需先釐清民間信仰在倫理關懷與巫術行為之間如何構成被接受的行事模式，使得信眾在其生活中採取其行事方式。

　　另一方面，在研究方法上，這些研究共同採用訪問的敘說資料，對於主體經驗本身的意義建構可謂有充分的了解，這也是訪談資料研究的長處與貢獻。但是在經驗與意義建構之間的關係，就會容易限於敘說者本身在敘說脈絡下的選擇與敘事觀點，如果研究者能夠對於敘說者在各階段所處的生活背景與社會脈絡進行多方的了解，在資料分析上比較能夠在敘說者的觀點之外，進行更廣泛的分析與詮釋工作。在建立通則性理論外，也比較能夠和其他具在地觀點或特殊性理論進行對話。

2. 信實、迷信與虔信

　　在西方的基督宗教傳統裡，「信實」（faith）被視為是信仰的核心，而且是解釋宗教經驗的重要元素。「信實」基本上強調的是發自內心對神的信心，而不依靠眼見的、實際的證據。因此，著名的神學家 Aquinas 強調「信實」不是一種知識或理念，而是一種生命態度的抉擇與投入（Hick, 1989），因為對基督信仰而言，神對人的要求就是如此。Smith（1979）進一步闡述「信實」對個人整體的影響，他認為「信實」要求人凡事依靠

神，但卻不是一種被動的行事方式，而是宗教傳統對人性的一種塑造，是一種建立對自我、他人以及宇宙的態度與反應方式，一種超越世俗的生活能力。因此「信實」並不是一種單純的、心理上的依賴，而是鼓勵人在神的啟示之下，在生活上超越一般世俗的期待。

Smith 對於「信實」的論述是在於把宗教的理想當作生活的基本態度來看，不過其「信實」的對象是神，信仰者必須先對神信實，藉著相信神而獲得力量，生活上的態度與能力的塑造則是信仰所結的果實。而像民間信仰這種普化性的宗教，卻是把對神的信仰與生活態度的塑造之間的順序關係顛倒過來，民間信仰者所優先關心的是生活上的倫理實踐與平安富裕，神的現身與對神的相信（所謂「誠則靈」）是為了幫助信眾善度生活。我們在此暫時把這樣的信仰態度稱為「虔信」，與西方基督宗教傳統所主張的對神「信實」有所區別。

對於信眾在信仰中追求滿足一般生活需求的現象，學者稱之為民間信仰的「功利」取向（瞿海源，1993），而對神明與數術的信仰則被稱為「迷信」。陳美燕（1980）在探討「俗民宗教信仰」的「迷信」問題時，指出這個語詞屬於系統性而抽象的語言建構，已經脫離了日常生活中直接經驗的脈絡。在她調查大學生認為哪些習俗屬於迷信時，就發現受訪者如何理解與使用「迷信」這個語詞，會影響受訪的結果，許多人寧願選擇「很難回答」，而不願以「迷信／不是迷信」來進行判斷。另一方面「迷信」這個語詞也消解了信仰者的宗教情感與經驗，未能真正觸及民俗信仰的實質意涵。陳美燕訪問了十八位大學生，關於他們在習俗與民間信仰方面的實際經驗，最後歸結出五種這些經驗的對象與性質，分別是(1)「無形之實有」（the reality of the unseen；是 William James 的概念）；(2)偉鉅的神祕物（mysterium tremendum；即 Rudolf Otto 的 the Ominus 這個概念）；(3)熟悉又害怕之物（the uncanny；是 Sigmund Freud 指稱人在年幼時所懼怕的事物被壓抑後又再出現的不可思議詭譎感受）；(4)美感經驗；以及(5)實用論，即這些經驗可以滿足人慰藉與彌補的需求。由這五類經驗內容得知宗教經驗並非用「妄覺」與「迷信」就能加以理解，而是有其文化與心理基礎。

　　宋文里（1992）的研究指出以「迷信」作為某些信仰行為的指稱或是問題，相當程度地會形成一種蒙蔽效應。他透過對「迷信」這個詞語意義的探討，指出「迷信」一詞包含「信仰操作」與「病態空虛」兩個部分，而「病態空虛」（或稱為「意義病理」）又包含「主體異化」（alienation）與「無意義感」（meaninglessness）兩個部分。他隨後以 23 種與宗教相關或對照的行為，測量大學生在這些行為上的過去經驗和未來意向，另外，以和「病態空虛」的兩個內涵相關的測量工具來進行測量，檢驗大學生在這些宗教行為的經驗與意向，所具有的意義病理的意涵。他的研究發現歸納如下：⑴ 由個人的經驗與意向來判斷一個人對於一些宗教行為是「信」或是「不信」，往往仍具有很高的不確定性，一個人有無某種經驗，與他將來願意嘗試之間沒有必然的關係；⑵ 用宗教行為參與者的病理屬性，來指明某些信仰或宗教事事項的迷信性質，並不是一個非常清晰的方法。一方面，有的宗教行為，例如收驚、風水、進香、擇日、求神與找靈媒等，其意義病理與過去經驗有關而與意向無關，因此可推論病理因子存在於參與者的歷史背景之中。另一方面，有的宗教行為，如禮拜、碟仙、氣功、血型、團契、抽籤等，其意義病理與參與者的意向有關，個人的抉擇是非常重要的因素，因此可推論這些行為是「空虛／補償」的論述與「迷信」之間的重要連結；⑶ 至於與宗教無關的行為，如「到外面亂逛以消除惡劣情緒」，其意義病理也與個人的意向有關而與經驗無關，這也說明了用意義病理作為迷信的指標是不當的。宋文里因此說明以「迷信」概念來設定問題，其籠統說辭或價值判斷都有待澄清。

　　陳美燕 (1980) 與宋文里 (1992) 的研究都指出「迷信」這個詞語的盲點，這個企圖是具有認識論上的意義。然而，他們的研究對象都是大學生的經驗，也仍然是與民間信仰者的世界有所距離，因為民間信仰者絕大部分並非大學生，因此雖然說明了民間信仰經驗絕非「迷信」一詞可以涵括其內涵，但尚未能指出這些宗教經驗之間的關係以及與信仰者的生活世界的關係。在接受「迷信」這樣的一個認識觀點的不當之後，可知當以「入信」與「虔信」這兩組概念，探討民間信仰者的信仰歷程，不僅需釐清前面已經討論的「入信」問題，更需思考「虔信」涉及的信仰實踐與深化的

過程。西方在基督宗教信仰的傳統下所談的「信實」這個概念，看起來似乎與「虔信」有點接近。不過那是在一個有清楚的教義傳統下，所得到的信仰精神指標，也就是當人決志依靠神之後，所產生的個人整體性的改變。這一個觀點與「虔信」並不同；民間信仰並無一套清楚定義的教義來指引人與神明的關係，「虔信」這個概念只是用來指稱信仰者如何維持與深入他的信仰。因此，應當避免以「信實」這個概念來說明華人的民間信仰中人與神的關係，或是作為一種價值判斷。而應對於信眾的生命經驗與生活結構，如何和民間信仰的文化詮釋與社會形態融合，這將是探討「虔信」更為重要的研究方向。

3. 民間信仰的民俗醫療

　　余德慧與林耀盛（2012）指出，許多依教奉行的人們在他們的實踐過程，並非只是安坐法筏，而是遭受許多苦難的過程，如親人驟逝、身罹重疾、事業破滅等人生重大事故。在臺灣民間宗教信徒普遍用「魔考」來重新理解自己遭受的厄運。「魔考」就是魔鬼的折磨，那是上天要人透過災難的折磨來消除業障，透過災難的考驗，若還能不退轉道心，那麼就能一步步地朝向圓滿的生命。過去我們對民間教徒的轉化認識，以為他們只是憑著一時的感覺或「靈感」、「夢啟」或「啟悟」而做諸多與仙佛有關的聯想、臆測的作為。

　　可是從近年來臺灣人類學研究，臺灣各地群聚的宗教小團體數量很大，典型的情況是，一群信徒跟著一個師父，一起修行。例如，臺灣新興宗教慈惠堂，一個總堂卻有兩千多個分堂，總堂與分堂沒有任何實質的關係，只是以母娘為依歸的精神歸屬。換言之，只要有人願意成立慈惠堂，或者是因為夢啟（母娘降臨夢境要求起建神壇）或是為在身邊信徒的要求。分堂堂主代替母娘，以降身附體的方式為信徒解厄消災，並形成一個療癒社群，信徒的受苦會受到堂主的指示，並獲得其他信徒的協助。余德慧與林耀盛（2012）指出，「啟悟」這個名詞在臺灣民間宗教或新興宗教常被用來說明某種信仰的轉化，但這只是外部的語言，真正的操作則是透過夢啟與神啟，前者是由夢思帶來領悟，後者則是透過神卜來指點迷津。

這兩種啟悟是在無端的情況之下發生的。與其說人們把夢啟與神卜當作理性的底線，不如說是把無端發生的事物當作感情的依歸。

由此，民間宗教涉及的受苦經驗，基本上是本體層次的必然經驗。民間信仰揉合道教的思想體系與部分佛教的觀念，形成一套獨特的身體與心理治療系統，包含草藥與符咒的運用、請神儀式以及算命風水等技術，這套治療體系與中醫、西醫並存於臺灣社會，而且是一般民眾的醫療選擇之一，三者在臺灣社會的存在各有其歷史背景（張珣，1983a），在其各自的信念體系下，也都提供了能夠讓病人心安的程序與場所。民眾選擇民俗醫療的現象與華人對於疾病的分類與解釋有關；如果懷疑致病的原因為「命」、「犯沖」或「作祟」，那麼除了看西醫或中醫之外，病人或其家屬也會求助於乩童（張珣，1983b；Lin, 1981）。至於民眾如何決定使用哪一種醫療方法，Kleinman（1980）指出十個因素：⑴症狀種類與嚴重度；⑵疾病發病過程；⑶疾病的種類；⑷對該疾病的病因觀；⑸對已做醫療的評價；⑹病人的生活背景結構；⑺家庭的社經地位，以及對醫療的經驗與態度；⑻城市或鄉村位置地點；⑼某一醫療的特別方便性；⑽病人的人際網路與意見團體。

Kleinman（1977, 1980）觀察臺灣民俗醫療者（算命師、乩童等）處理求助的信眾時，發現他們的處理方式有兩個重要特色，一方面，民俗醫療者處理問題的時候，不會只針對病人所表現出來的症狀進行技術上的治療，他們也會提供生活上的建議與情緒支持，同時他們也會指出病人的家庭與社會關係上的問題。另一方面，一般求助民俗醫療者都是女性，也往往是為家人來求助，在這種情況下，民俗醫療者通常是針對求助者的需要進行處理，也許病人本身並不領情，但求助者可以得到滿足。民俗醫療與其求助者之間的溝通建立在雙方共享的解釋模型（explanatory model）上，也就是對於疾病的原因、處理方式與痊癒判斷的標準，而西醫則無暇將精密專科的疾病與醫療理論與病人充分溝通。因此，比較起來，民俗醫療者容易得到求助者的了解與信任。

在民間信仰的民俗醫療的儀式中也會出現一些象徵（symbols），這些象徵具有文化認可的意義，用來說明疾病與治療。以象徵為治療方式，

稱爲文化治療（cultural healing）（Kleinman, 1980），這個治療的向度在西方的醫學傳統未被重視，但是由民俗醫療的研究卻顯示是一個重要的向度。象徵是社會與個人之間的中介，人會透過象徵體系來理解內在經驗的意義，也透過象徵在社會與文化的規範中建立個人的認同（identity），因此象徵體系會影響人的心理歷程，包括注意力、意識狀態、認知、情緒與動機等等（Kleinman, 1980）。而由於象徵的影響力及於個體的身體、心理與社會關係，所以民俗醫療的儀式所使用的象徵操作便具有某種療效。

　　民俗醫療可以說是華人宗教經驗的一個重要現場。宗教與醫療的結合，讓人在生病受苦當中經驗宗教的力量，這在研究華人民間信仰的入信與虔信過程是不可缺的現場。民俗醫療不僅僅是一種治療疾病的技術，對於人的生活處遇也有「社會決疑」的功能。民俗醫療、西醫與中醫並存現象剛好提供一個不同信念體系角力的現場，民眾以疾病醫療的效果爲判斷何者較佳的準則。但在很多的例子中，爲了生命福祉，民眾卻很可能是複合採用，如此存在著語言、信念上的矛盾，卻在生活實踐的世界共存，這是華人宗教經驗研究上必須注意的特色。

（二）失語與難寫的倫理行動

　　民俗信仰外，當代臺灣對於受苦的求助，也在現代化歷程中，基督信仰者也是重要的本土現象。如此顯示若說本土心理學以「中西有別」來反思西方的心理學知識是一項啟蒙，那麼以「當下生活」來反思「本土」的意涵就是本土心理學發展上的第二次啟蒙。李維倫與林耀盛（2019）認爲，以「傳統文化」來定義「本土」是以不同地域的文化差異爲基礎，涉及的是不同文化區域間認同的水平移動，故可稱之爲本土心理學的水平模式。但以「當下生活」做爲本土心理學理解的對象，其知識位置是移動於從上往下的垂直路徑之中，這也就可相對地稱之爲本土心理學的垂直模式。本土臨床心理學的存在合法性，不在於回到「傳統文化」，而是來自於與人們「當下生活」的本土化聯繫。

　　以精神分析的現象來看，信仰涉及的不是一種事實性，而是「眞實」（the real）。Lacan 認爲「眞實」這個最困難的概念相當於「在其原初未

區分中和未證實中之存在經驗」。在真實界欲望或欠缺不再起任何能動作用，由此產生的「欠缺之痛苦」不僅是純時間性存在本身的，而且伴隨著自知不可能實現的「返回自我」的永恆痛苦（李幼蒸，1998）。真實是純粹的、無差異真實域可以界定為對立兩極的直接重合點：每一極都直接進入其對立的一極，每一極本身都成了自己的對立面。這樣一種悖論性的特徵表現為：真實域既是堅硬的、難以滲透的內核，它抵抗象徵化；又是純粹的空幻的實體，它本身並不具有本體論的一致性。真實域是一個並不存在，然而卻擁有一系列屬性的實體的和抵制象徵化的力量或效果。因此，處於創傷核心的正是某種真實的經驗。

面對傷口，只有承認「未被現實化」的「實在界」，面對人類無法擺脫的、與生俱來的困境。李幼蒸（1998）指出，按照 Lacan 的治療理論，治療目的在於消除代替他者的父名和因此使父喻失效，這是通過在無意識的他者（筆者認為傷口性即在於此）製造障礙來產生的。李幼蒸（1998）引用 Muller 的話，治療「不在於給病人帶來幸福或幫助他理解自身，而在於使病人對分析師說話，使其自由說話，這就是目的。」亦即，使病人在痛苦焦灼中不停地說（或沉默）。其目的不在於呈現真理，而在於呈現「不可言說者的具體的、動力性的掙扎情態」，進而喚起分析者的自我表達欲望。

林耀盛與龔卓軍（2009）指出，受創是一種「傷口先於人類存在」體驗實現，傷口的現在性是一種器官的身體疆域化之前的非差異性「流變」狀態，這樣的混沌非異性卻因為人類的生活體驗習慣透過紀念碑式的建立過程，將凝視向過往開放，卻關閉附向未來的耳朵；主體將受苦的永恆重複性與異質性，交付給凝固的、定向的、閾限的病徵平面。換言之，傷口裂解作為一種元素質點的事件，正逐步喚起了另一個尚未來到的、未定的、未知的元素，不同質點的異質元素間的不斷地生產與接熔迴路，完成了一種「非倫理」的要求。以下，以林耀盛（2018）提出的「九二一」震災案例報告，加以討論說明。

1. 宗教的皈依案例

一位震災中家園全倒，其先生也不幸罹難的女個案，當時年約 40 歲，遺有一男二女獨立撫養，災後半年，個案受洗為基督徒，虔誠禮拜，也積極參與教會事務。一年後，子女也都受洗。就在 2005 年，個案原地重建的新居竣工。一進新家大廳的正面牆壁，鑲上一塊匾額「基督是我家之主」，隱然是一種新家長的替代作用。但進一步看，匾額左上方開了一個小窗口。她說地震前這面牆的正後方就是樓梯，那一夜先生要上樓搶救子女時，不幸爬到一半被壓死。當時，她先生罹難的位置就是現在牆上的那扇窗口。如果在象徵界的層次就能夠完全轉化受創意義，在「基督」作為「父親的名字」隱喻秩序下，上帝作為一種大對體反向個案的失落處境，似乎就足以使個案漸次寬解苦難，因為個案曾說「人世間有苦難，神裡面有平安」。

但個案曾多次自我表白，就算聆聽再多的福音和詩歌，每次一凝望到那扇窗口，還是會不自主地流淚。當語言失去重量，不足於描繪心境時，眼淚有時就重於言詞。眼淚是一種追思、懷念的沉默話語。由此，「以父之名」的隱喻詮釋失效之際，正是個案的創傷傷口開始說話之時。先生罹難位置的一扇窗口的存在，就像是大對體的欲望凝視，只要在家中，凝視的眼睛就無所不在。就拉岡的精神分析而言，自我的欲望無非就是他者的欲望，在互為凝視中，欲望的不可抵達或指認，卻讓個案體驗到「真實界」錯身而過的創傷性經驗，如果不是深刻影響我們生命的事件總是發生得太早；就是我們對其影響效應的了解，總是來得太遲。我們是被這些事件所圈定或選擇。治療師透過「非知」立場的欲望位置，等於是讓被治療者有機會重新經驗到一種異質的、獨特的倫理關係，重新理解到一種不同的心理態度、重新考慮到一種不同生活方式的抉擇。

如今，「九二一」已經過了二十二年，這名個案篤信基督，每週都做禮拜，勤當志工，以天父的旨意，生活向前。由此，所謂的「缺」不能僅是意義的問題（如圓滿意義的意識充斥），而是有關「移位」的問題。曾經活著的人如何以「缺」又使我們緬懷？他們的物質性的「不在」，強迫

著我們走入內在，形體的消亡強迫我們去挖掘存在的非實體存在，隱含著「缺口規定著我的存在」。

2. 心理經驗轉化

透過此案例分析，帶出兩個可能性運動。

其一的運動，將我們對於「不在」逐漸擴大的存在肯認，也就是說，不在的你無論如何，我都要將你緊緊捉住，對你永生的記憶，將你濃縮成我最濃郁的感情焦點，深深地刻畫於我心；然而，這種將他者納入我的內在記憶，注定失敗。其二的運動，是你那「不在」的容顏遠飄，我逐漸以異化的方式在你之外，我站著的世界，已然無法說給你聽，我亦無復能撫摸你的容顏，如果這只是一個平面的異化，那麼你早被驅逐出這個意義平面，你沒有我的現在與未來，我也沒你的現在與未來。但是，你是異質空間的他者，你移位到異質位置，你在一個世界平面無法望見的地方，但我卻有了不同的聽聞，這乃歸於「失敗的成功」。

終究，一切失敗要囊括所有的成功，內在化勢必要流產，我們許給「不在」的將來必須幻滅，他者依然在我們之外，與死亡為伍。內在化的流產意味著記憶的時間不斷流逝，沒有刻度，只有比年老還要古老的亙古記憶、無始的記憶，時間的返回自身運動一刻也未曾歇息。

由此，脫離關係脈絡的自我論悲傷抒解理論並不能直指悲傷，而是西方社會（尤其是美國）的文化意識型態，在我們社會是錯誤意識。東方思維並不採用自我俱足最為抒解悲哀的文化意識，而是完全承認關係的轉化，如圖 29-2 所示。

從圖 29-2，我們可以假定失親者與亡者有兩種關係：一是錯覺關係，一是轉換關係。所謂錯覺關係指的是，由於親人已經亡故，如果我還認為我與亡者還有關係存在，那麼這是喪親者的錯覺所致。若從西方的悲傷抒解模式來看，只承認失親者與亡者之間的錯覺關係，所以要矯正依附的錯覺，朝向適應論邏輯。然而，我們可以承認兩者都可以存在，尤其在東方思維，我們更看重後者。在我們的解讀，關係的錯覺必須是廣義的，人都死了，關係的性質必須被改變，但是如何改變？那就是關係的象徵轉換，

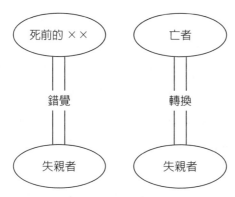

圖29-2 失親者與亡者的兩種關係

也就是我們為失親者與亡者之間至少有象徵的關係（如牌位），不僅在於慎終追遠的緲思，更涉及照顧時的關係延續體感經驗。西方悲傷理論低估了失親者與亡者之間的象徵轉換的效用，從而忽略了關係的存續是可以不必透過「斷然獨立」，一樣可以抒解悲傷。

於是，東方的哀傷有其文化自成一格地導向某個方向，而在那個方向，我們看到東方文化的親亡關係並不是把與亡者的「真實」關係當作錯覺，而是否認關係的真實只有一個面向；朝向象徵關係的面向並非錯覺，而是真實的延續。由此，不是一種倫理修補術的意義，而是一種流變，傷口指向另一種傷口，尋覓主體的痕跡，這不是一種「圓滿意識」，而是不可能的真實域。真實域不可能被記錄下來，但我們可以記錄下這種不可能性，我們可以確定這種不可能性的位置：一個引發了一系列失敗的創傷性位置。這案例也詮釋任何的形式安慰話語，真實域不可能在想像域中被形象化，也不可能被象徵域所表徵；它是被徹底排斥的，真實域本質上什麼也不是，它只是一個空隙，是標誌著某種核心不可能性的象徵結構中的空無，「真實是不可能的」。

三 倫理與心性的複合療遇

透過現象學與心理學的異業複合討論，以及華人的宗教與行為探

究，本章指出臺灣本土臨床心理學面對當下生活的受苦災厄回應，是以療遇為方向。以往，healing 翻譯為「療癒」，是比「治療」更為古早的用語，但宋文里（2005）指出在其中選用的中文「癒」字卻翻譯過度了。療癒是「療之而癒」的意思，因為「癒」是指病除去了、苦過去了，所以這樣的語詞對任何療法的效果而言都會變得太一廂情願。宋文里（2005）認為，倫理放入療法的過程中，會產生的是「療遇」關係。林耀盛（2009）也認為，「臨場」性共行陪伴，基本上已經涵蘊「療遇」的深層特性，受苦性的殘酷領域，也就獲得減緩或抒解的可能。換言之，「會遇」關係的倫理行動，更能轉化自我心理生活經驗和人情倫理的對待關係。

　　林耀盛（2016b）指出，療遇倫理（ethics of healing encounter）是精神性的生產，它本身透過自我的技術不斷的在形成又放棄再形成，不斷的在錯誤中嘗試，體會差錯，尋求妥協；在這種情況下的療遇倫理涉及到整個個人生活的出發點，所經驗的一定要直接能碰觸到自己和自己的關係，這種碰觸本身會產生自我轉換的效果。病者、苦者和療者相遇，結合成並行者，而沒有預設的「病苦皆除」狀態。但是，如何在療遇生活裡碰觸自我，如何產生自我的轉化的動力，進而開展與他人相遇的關係，以建立非個體性的非病理語言，則是臨床尚待解決的問題，這是余德慧遺留給我們持續耕耘的深刻議題。

　　回到語言賦義層面，華人菁英文化的心學傳統提出心性修為的功夫，而普羅文化則提出尋求倫理的圓滿性。這樣的倫理與心性的二律背反，從來在傳統中國哲學史裡未見其衝突，反見其圓融（馮友蘭，1991；余德慧，2005）。於此可探問的是，難道中國的心性被世界收編，早已靠到世界這邊，失去心性本身的內在深度？但從陸九淵、王陽明的心學傳統，並沒有取消心性的超越性（余德慧，2001）。換言之，中國心性一直與倫理貼近，問題是「如果兩者的二律背反是成立的，那又如何貼近？」這個問題當然不能只是以邏輯來論斷，這裡涉及如果世界以空間優位，而內在性（心理深度）以時間優位，那麼我們如何解決朝死而生的空間往時間轉換？或者以本體的澄明言之，時間與空間的優位將如何轉換？目前臨終心理學研究，已有一些回應。我們曾經為臨終病人背立轉向之後的特

徵：⑴臨終者的語言卻是參照到他個人「語言疏鬆」的「內在環境」裡頭，而不參照到外界客觀的環境，更不含有世界的意義；⑵病人的話語能夠和世界有所對應的成分已經越來越少，甚至不抵達世界，這使得病人的語言不涉及到他在世界裡頭的行動，也沒有行動的必要性；⑶話語和世界之物之間的聯繫關係斷掉了，使得病人無法再指認出世界之物，語言與對象之間出現解離的現象；⑷伴隨解離現象而來的是病人語言的支離破碎；⑸歸返內在時間，此時的內在時間屬於「純粹時間」，那是「沒有辦法區分這個時間或那個時間，只有一連串連續的流動，一連串現在轉過去的流動」，這種時間的意識無法透過反思捕捉。倫理的意涵，在臨終處境是朝向末期病者與照顧者最遙遠的位置，是無法完全解除病者的死亡和照顧者的存活之距離，病者臣服在死亡之下回到生命底層；而照顧者的存有雖產生巨變，但在經歷時空和生活處境的變化、夙緣關係的清理，以及倫理事務的涉入，照顧者會不斷形成新自我並轉向面對未來採取新的倫理行動（余德慧、石世明等，2003；林耀盛、邱子芸，2015）。

　　過去的一些研究（余德慧，2005；余德慧，2001）也發現，倫理與心性雖然背反，卻不斷地被視為身心的泰然之道。於是我們的問題只要在於，何以背立的兩個道會牽扯在一起？如果將之歸諸於文化階級的分化，並不盡然，因為兩者並未造成文化衝突，而是以旋轉門的方式，遊走於俗世與超越。我們在分析民間宗教以及安寧照顧所涉及的心性倫理，發現倫理照顧的虛擬化或世俗化，卻可以構成心性修為的倫理行動（余德慧、李美好，2003；林耀盛，邱子芸，2015）；在臨終的具體倫理現象研究，我們也指出臨現作為原初倫理的場域（余德慧、石世明，2001；林耀盛、高舒，2019）。汪文聖（2001）直探倫理的原初性，指出海德格所提「原初照顧」的場域是「先行於自己」、「基於已經在……而存有」、「作為停留於……的存有」以對抗常人的籌畫、被拋與沉淪。據此，倫理的存有朝向屬己性運動，是孕育著 ethos，「人實居住在神的近處，惟居住在神近處的是深思的人」，這個場域又是當下的實踐，但同樣的，世界的結構化也面臨解構，人必須退出世界的結構化歷程，退回時間流，才可以謂之「心性」。

　　因此，倫理／心性的轉圜問題就必須是「讓空間融入時間」與「讓時間轉向空間」的雙向循流的問題，空間的結構消溶必須不完全，時間的空間結構也不能完全，而必須是此在當下開顯，這樣的主體不能是「同一性」的自我（self-identity），反而是諸多生成領域的集合體，它不能如自我認同那樣的結構，反而必須是開放待變的生發過程，不僅需包括未決的實踐、表達領域，也需包括他者性，因爲這個主體需要空間的距離來操作，並造就現實條件中主體的誕生，但它需要此在地揭露存有的時間性，歸返自身而非踰出。於是，我們終於抵達另一個探問：心性／倫理實則涉及主體的「出」生與「回」歸的出入問題，就「出」言之，這個「者」（the Who）作爲論述、行動、說話的整體爲世界提出自我連結性的主體視域，就「回」而言，這個「者」再度潛入無名性，想像的、詩意的空間將在這裡生產，是受苦修爲的生產。相關的論述、探討與反思，可見李維倫（2015）整理余德慧教授留下的柔適照顧重要議題。

　　我們認爲這個心性／倫理複合的領域，是時間與空間交織互補的場域，倫理朝向是「出」存有之地，而心性朝向是「回」到之初。若然，臨床心理學本土化終究走入一個現象學揭示的新領域，既是開放性的缺口，也是詮釋迴旋的另外一環。這是尚未完全抵達的時空，是超越啟蒙實證的領域，棲居「在……之間」的狀態，正是本土臨床心理學的倫理場。這是未定域，是一種「中間」狀態，是無窮獨異倫理開展的心靈療癒時刻的交會點，召喚著有志投入學術志業者的積極回應。

參考文獻

余德慧（1996）：〈文化心理學的詮釋之道〉。《本土心理學研究》，6，146-202。

余德慧（1997）：〈本土心理學的現代處境〉。《本土心理學研究》，8，241-283。

余德慧（1998）：〈生活受苦經驗的心理病理：本土文化的探索〉。《本土心理

學研究》，*10*，69-115。

余德慧（2000）：〈從心理學的面向探討後現代生命倫理的實踐〉。《本土心理學研究》，*14*，157-196。

余德慧（2001）：〈心學：中國本我心理學的開展〉。《本土心理學研究》，*15*，271-303。

余德慧（2002）：〈本土心理學的基礎問題探問〉。見葉啟政（主編），《從現代到本土——慶賀楊國樞教授七秩華誕論文集》。遠流出版公司。

余德慧（2005）。〈華人心性與倫理的複合式療法－華人文化心理治療的探原〉。《本土心理學研究》，*24*，7-48。

余德慧（2007）：〈現象學取徑的文化心理學：以「自我」爲論述核心的省思〉。《應用心理研究》，*34*，45-73。

余德慧、石世明（2001）：〈臨終處境所顯現的具體倫理現象〉。《哲學雜誌》，*37*，60-86。

余德慧、呂俐安（1992）：〈敘說資料的意義：生命視框的完成與進行〉。見楊國樞、余安邦（主編），《中國人的心理與行爲——理念與方法篇》。桂冠圖書公司。

余德慧、林耀盛（2012）：〈生死學在臺灣的文化沉思〉。見《朝往東亞的生死學》，頁47-63。東京大學。

余德慧、徐臨嘉（1993）：〈詮釋中國人的悲怨〉。《本土心理學研究》，*1*，301-328。

余德慧、陳斐卿（1996）：〈人緣：中國人舞臺生活的秩序〉。《本土心理學研究》，*5*，2-46。

余德慧、蔡怡佳（1995）：〈「離合」在青少年發展歷程的意義〉。《本土心理學研究》，*3*，93-140。

余德慧、劉美妤（2003，4月26日至27日）：〈從俗智的啟蒙到心性倫理〉（口頭發表論文）。東台灣宗教與醫療研討會。花蓮。

余德慧、顧瑜君（2000）：〈父母眼中的離合處境與現代倫理意涵〉。《應用心理研究》，*6*，173-211。

宋文里（1992）：〈「迷信」與「空虛」：關於大學生之超自然參與經驗之意義病理的研究〉。《民族學研究所集刊》，*73*，53-108。中央研究院民族學研究

所。

李幼蒸（1998）：《欲望倫理學》。南華管理學院。

李宗燁、余德慧（1996）：〈惦記的世界：回憶童年經驗的現象詮釋〉（口頭發表論文）。歷史心理學專題研討會—本土歷史心理學的開展：敘說、歷史與記憶，臺北。

李維倫（1995）：〈本土心理學必須超越「心理實體論」〉。《本土心理學研究》，4，367-379。

李維倫（2015）：〈柔適照顧的時間與空間：余德慧教授的最後追索〉。《本土心理學研究》。43，175-220。

李維倫、林耀盛（2019）：〈從文化心理學到人文臨床心理學：臨床心理學本土化論述與踐行〉。《本土心理學研究》，51，89-167。

汪文聖（2001）：〈醫護倫理之存有論基礎初探〉。《哲學雜誌》，37，4-34。

林耀盛 (2011)：〈本土化、西方化與全球化：本土臨床心理學的研發進程〉。《本土心理學研究》，35，145-188。

林耀盛（2014）：〈做為一種真實的虛擬實踐：變異思想的互為縐摺〉。見余德慧（著），《宗教療癒與生命超越經驗》，頁112-126。心靈工坊。

林耀盛（2016 a）：〈實證論陰影及其超越：迂迴或直面〉。《臺灣心理諮商季刊》，8(2)，36-43。

林耀盛（2016b）：〈行深：「臨床」、「臨終」、「治癒」和「療遇」交錯的人文徵候及其超越〉。《本土心理學研究》，46，195-237。

林耀盛（2018）。〈倫理的不及處？創傷與哀傷的透工／體驗〉（口頭發表論文）。言語、意義與行動：華人倫理實踐論壇，臺北。

林耀盛、李弘毅（2016）：〈朝向疾病的療癒：血液透析者心理經驗之詮釋〉。《本土心理學研究》，45，129-174。

林耀盛、李弘毅、余德慧（2007）：〈生病作為一種倫理事件：洗腎者病程經驗的現象詮釋〉。《本土心理學研究》，28，79-140.

林耀盛、邱子云（2015）：〈臨終處境的陪伴轉化：癌末病患及其照顧者心理經驗與存在現象探究〉。《中華心理衛生學刊》，28(2)，189-219。

林耀盛、高舒（2019）：〈「寓居於「家」：由關係脈絡探究癌症喪親者的悲悼心思及其流變〉。《中華心理衛生學刊》，32(3)，329-354。

林耀盛、龔卓軍（2009）：〈我的傷口先於我存在？從創傷的精神分析術到倫理現象學作爲本土心理治療的轉化〉。《應用心理研究》，*41*，185-234。

張珣（1983a）：〈臺灣民俗醫療研究〉。《綠杏》，*37*，75-83。1989年收入《疾病與文化》，頁83-99。稻香出版社。

張珣（1983b）：〈臺灣漢人的醫療體系與醫療行爲〉。《民族學研究所集刊》，*56*，29-58。中1989年收入《疾病與文化》，頁101-147。稻香出版社。

許惠芳（1993）：《皈依的過程：理論與個案分析》（碩士論文，輔仁大學）。

陳美燕（1990）：《「迷信」與俗民宗教信仰：一個言說現象的反省與批判》（碩士論文，國立清華大學）。

陳振盛（1996）：《詮釋自我生命經驗的斷裂與再生：以改變宗教信仰者爲例》（碩士論文，高雄醫學院）。

彭昌義（1991）：《大學生皈依佛教信仰之歷程研究：深度訪談分析》（碩士論文，輔仁大學）。

馮友蘭（1991）：《中國哲學史新編》。藍燈文化。

葉麗莉、余德慧（1996）：〈希世之聲：文學心理學的一種探索〉（口頭發表論文）。歷史心理學專題研討會─本土歷史心理學的開展：敘說、歷史與記憶，臺北。

劉宏信、余德慧（2005）：〈華人的宗教經驗與行爲〉。見楊國樞、黃光國、楊中芳（主編），《華人本土心理學》，頁941-969。遠流出版公司。

蔡錚雲（2000）：〈精神衛生學與現象學心理學〉（口頭發表論文）。第四屆人文社會科學哲學基礎研討會：哲學與科學方法，臺北。

瞿海源（1993）：〈術數、巫術與宗教行爲的變遷與變異〉。《國家科學委員會研究彙刊──人文及社會科學》，*3*(2)，125-143。1997年收於瞿海源《臺灣宗教變遷的社會政治分析》。桂冠圖書公司。

Allwood, C. M. (2018). *The nature and challenges of indigenous psychologies*. Cambridge University Press

Bourgeois, P. L. (1990). *The Religious within Experience and Existence*. Pittsburgh, Duquesne University Press.

Canguilhem, G. (1958). *What is Psychology*? Retrieved from http://r-t-groome.com/wp-content/uploads/2013/04/rtg-canguilhem.2010.pdf

Eliade, M. (1958). *Patterns in Comparative Religion.* Sheed & Ward, Inc.

Eliade, M. (1959). *The Sacred and the Profane.* Harcourt, Brace & World, Inc.

Gendron, Louis, S. J. (1997). *Six Conversion Stories: A look in depth.* Hsinchuang, Fu Jen University Press.

Hick, J. (1989). *An Interpretation of Religion.* Macmillan Press Ltd.

James, William (1902/1961). *The Varieties of Religious Experience.* Collier Books.

Kleinman, A. M. (1977). Depression, somatization and the new cross-cultural psychiatry. *Social Science & Medicine, 11*(1), 3-10.

Kleinman, A. M. (1980). *Patients and Healers in the Context of Culture.* University of California Press.

Kunz, G. (2002). Simplicity, humility, patience. In E. E. Gantt & R. N. Williams (Eds.), *Psychology for the other: Levinas, ethics and the practice of psychology.* Duquesne University Press.

Lin, Keh-Ming (1981). Traditional Chinese medical beliefs and their relevance for mental illness and psychiatry. In A. M. Kleinman and T.-Y. Lin (Eds.), *Normal and abnormal behavior in Chinese culture.* D. Reidel Publishing Company.

Otto, R. (1923). *The idea of the Holy.* Oxford University Press.

Shweder, R. A., Goodnow, J., Hatano, G., LeVine, R. A., Markus, H., & Miller, P. (1998). The cultural psychology of development: One mind, many mentalities. In W. Damon & R. M. Lerner (Eds.), *Handbook of child psychology: Theoretical models of human development* (pp. 865-937). John Wiley & Sons Inc.

Smith, W. C. (1979). *Faith and belief.* Princeton University Press.

Yang, C. K. (1961). *Religion in Chinese society.* University of California Press.

第三十章

從倫理療癒、柔適照顧到存在催眠治療
奠基於本土現象的一般性心理治療理論

李維倫

一 緒論

　　眞的有可能從臺灣本土文化中出現一種心理治療模式與理論嗎？這種心理治療會是像傳統解惑助人的收驚問卜或陰陽五行術數嗎？這種心理治療是不是只能適用於臺灣本土社會？它會被現代心理治療專業接受嗎？它可以跳脫「敝帚自珍」或「異國情調」的格局，成爲一套一般性的心理治療理論（a general theory of psychotherapy）嗎？可能很多人聽到「本土心理治療」一詞時心裡會出現這些疑問。的確，「本土的」（indigenous）一詞聽起來就像是「地區的」（local），是侷限一隅的邊陲（periphery）。尤其臺灣社會中除了主流的生物醫學，民間也有許多求神問卜與作法濟解的除厄解困儀式，這就讓「本土心理治療」非常容易被設想爲一種非專業的（non-professional）、民俗的（folk）以及文化特定的（culture-specific）心理工作。

　　不過本文要呈現的正是奠基於本土現象研究，而且可以跟當代心理治療專業接軌的一般性心理治療理論。這是說，本土心理治療雖然一開始是從傳統文化思維與在地生活實踐爲起點，但最終抵達的是對心理受苦及療癒出路的普遍性理解，以及能在當代專業機構內操作的心理治療形式。如此從「殊相」到「共相」的學理發展與實踐過程，借助的是⑴在心理治療視野中重新定義「本土」（being indigenous）爲「面對受苦者」（face-to-face encounter with the sufferers）並且視在地的除厄解困作爲是「人類存在之根本的本土展現」（indigenous manifestations of the originality of human ways of being）（Lee, 2016, p. 160）。如此一來，「本土」就不是自限於特殊性而是回到具體生活中去，並在個別的生活現象中獲得屬於人類存在的共同結構；⑵ 採用現象學取向（phenomenological approach）而非實證取向（positivist approach）的分析與思考（李維倫，2016；李維倫、林耀盛，2019）。現象學取向見於當代許多被歸類爲經驗取向治療（experiential therapies）學派，如完形治療（gestalt therapy）、案主中心心理治療（client-centered psychotherapy）、心理劇（psychodrama）以及情緒取向治療（emotionally focused therapy）的思考中，是心理治療領域常見的研究方法與發展路徑。正是這兩項方法上的選擇讓臺灣本土心理治療的發展跨出殊相的限制，抵達一般性的心理治療理論。

除了殊相與共相的疑問外，另一項對發展本土心理治療的質疑在於「實用性」。意即，心理治療爲一面對心理疾病的實務專業，本應採取「不論黑貓白貓，能捉老鼠的就是好貓」的實用主義態度，爲何還要分西方與本土呢？如果人民的心理痛苦能以西方發展出來的心理治療來協助而獲得消解，那有必要進行本土心理治療的發展嗎？反過來說，所謂的本土心理治療，眞的會在當代的臺灣社會中更具體可用嗎？如果說本土心理治療的發展最後眞的走到了人類心理的「共相」，那麼會不會跟既有的西方心理治療沒有分別呢？到最後會不會是同樣的東西？總的來說，以實用性的眼光來看，在心理治療上分西方與本土，有必要嗎？關於「共相是否就是同一」的問題，在本文第二節第（三）小節會以同體異形（homological difference）的概念來說明。底下先討論關於「實用性」的疑問。

首先，從事本土化路線的臺灣心理治療學者的確認爲當前在專業場域實行的心理治療形式無法接近大多數臺灣人的生活經驗，本文隨後的論述將顯現其理由。不過，本土心理治療研究的學者們同時也謹愼地不把「回歸傳統文化」視爲理所當然的解答，畢竟臺灣已經不是「傳統社會」。由於心理治療本就必須「面對受苦的人」，使得本土心理治療必須直接回到當代臺灣社會中的人民日常生活，直接面對生活中的心理苦痛經驗。「面對受苦的人」才是建構本土心理治療的「實用性」核心。其次，臺灣的學者也認識到發展本土心理治療必須照顧到另一個「實用性」：不可否認的

是，心理治療是當代醫學體制中的專業，其本土化有必要能在當代醫療建制實務場域上獲得效用。這是說，面對臺灣文化社會生活中各式各樣的心理受苦，本土心理治療仍然必須回到專業體制內實踐；它不能僅是本土心理學裡的一項學術運動。如果本土化道路無法與當代心理治療專業接軌，將成為無法在當代生活中立足的空談。

　　因此，本土心理治療的發展必須⑴從臺灣社會中的受苦療癒現象開始，並且⑵要有消解苦痛的實用性與專業形式上的可用性，這就要求著⑶不自限於特殊性視野而以一般性的心理治療理論為目標。這並不是一件容易達成的工作。除了前述的回到生活世界與現象學路徑的方法選擇外，也需要學者長年的投入。所幸早年任教於臺大心理系的臨床心理學教授余德慧（1951-2012）於學術生涯初始即注意到臺灣社會生活中的民俗心理療癒現象（余德慧，1985），更與楊國樞教授（1932-2018）在臺灣大學開設臺灣第一門生死學課程。「做為一位臺灣的臨床心理學家，余德慧對本土心理學關注的核心可說是從面對『在受苦中的人』出發，走向詮釋現象學與存在現象學的路，並據以回應他的老師楊國樞先生所推動的本土心理學志業。」（李維倫，2017）在余德慧的啟發與帶領之下，林耀盛、李維倫、彭榮邦、翁士恆等人先後取得臨床心理學相關博士學位，投入臨床心理學本土化的推動，並且提出不同於美國臨床心理師訓練模式的見解，以契合於本土意涵的心理師養成構念，倡議本土臨床心理學的專業可能性（李維倫，2011；林耀盛，2011；林耀盛、李維倫，2011）。在這超過三十年的歷程中，具備一般性心理學理論並抵達專業實踐場域的本土心理治療也就逐漸發展成形。

　　為了將此一本土心理治療的發展歷程與結果作完整的呈現，接續的章節將分成三部分。首先是余德慧等（2004）提出的「倫理療癒」作為發展本土臨床心理學的起點。「倫理療癒」是從臺灣本土現象中萃取出來的概念，同時也具有說明人類生活共同條件的普遍性。其次是由余德慧所發展出來的「心性與倫理的複合式療法」（余德慧，2005）以及貼近臨終過程的「柔適照顧」（余德慧，2007a）等兩種心理治療的思考與實踐。第三是李維倫以專業心理治療形式為目標，在「談話治療」（talk therapy）

的架構下，由「作爲倫理行動的心理治療」（李維倫，2004）到「存在催眠治療」的發展過程。建構出以本土現象爲起點的一般性心理治療理論是一個漫長的過程，中間經歷了不少的理論思考轉折。本文嘗試在兼顧扼要簡明與完整內涵的情況下，勾勒出這段理論與實踐形式發展所涉及的議題。本土心理治療的發展，可說是在楊國樞（1993，2005）先生推動的本土心理學運動裡，一項既回到本土又回到生活，既具備理論主體性又具備生活主體性之以「東西溝通」取代「東西之別」爲典範的成果（李維倫，2017）。

二 倫理療癒的提出與存在性雙重結構的照見

（一）追尋契合本土生活的心理療癒

在臺灣心理學本土化運動的初始，是以心理療癒（psychological healing）一詞來作爲尋求契合華人身心之心理療法的指引，這是因爲「療癒」一詞比「治療」（therapy）有更大的包容性來囊括臺灣社會中的種種助人消解受苦的作爲。在當代社會中，「契合本土生活的心理療癒」該如何來尋得呢？其意義又是如何？經過從 2000 年到 2004 年的「本土心理學研究追求卓越計畫第五分項計畫：文化、心理病理與治療」團隊探究後，余德慧等（2004）發現，如果沒有讓人們當下的生活世界現身，僅是懷古式地回到傳統文化的醫病修養之術或以儒道佛論述來直接統攝當代人們的身心作爲，不但無法讓本土心理療癒與建制化的心理治療專業一較長短，也忽略了「契合」之道。所謂的「契合本土生活」中人們的身心作爲，指的是必須從臺灣人生活中用來說明與談論種種身心狀態的語言出發（余德慧等，2004），也就是奠基於可以照亮本土社會中人們受苦與療癒經驗的喻明系統（simile system，余德慧，2005）。透過喻明系統接軌人間受苦與當代心理治療形式，才得以讓契合臺灣人身心的當代心理療癒工作有所指引。

我們先舉一例來作爲上述主張的參照。一位老祖母，年輕時守寡但

爲了撫養子女，再嫁給經常給予幫助的丈夫生前好友。由於這位繼父對繼子女相當疼愛，爲了圓滿這個恩情，老祖母就將子女過繼到繼父名下。長大後的兒子結婚生子，並因夫妻都在都市工作而請在老家的老祖母照顧孫子。當孫子到了入學年齡，兒子想將自己的孩子接到都市就學，老祖母卻不捨而要求將孫子留在身邊。然而不幸的事發生，孫子跟著祖母在老家的菜園種菜卻被蛇咬死。這時老祖母不但傷心，也爲自己把孫子留下來而悔恨不已。另一方面，兒子媳婦對媽媽的埋怨無從釋懷，每每想到自己早夭的孩子就難以諒解。更有甚者，鄰居好事者傳言，小孩死於非命是老祖母將子女改姓，斷了第一任丈夫的香火而遭受到的報應（余德慧、彭榮邦，2003）。

這個例子中牽涉到的人情義理在臺灣社會中並不罕見。然而原本孤兒寡母受人恩情以身回報的佳話，卻在多年後成爲老祖母痛徹心扉的報應折磨。如果把這位老祖母的痛苦放到主流心理治療的脈絡來，會得到什麼樣的說明呢？是潛意識中沒有表達的情結作祟？是認知信念的固著與僵化？是不適當的條件化學習結果？還是存在意義的失去？或許從某些角度下手可以由這些心理治療學派的理論來解釋老祖母的心理狀態，但顯而易見的是這些理論概念與老祖母的受苦不相契合。了解老祖母痛苦所在的人都明白，其中所牽涉到的臺灣人情義理底蘊並不見於西方心理治療學說之中。也就是說，從西方傳入臺灣的心理學欠缺照亮本土社會中人們受苦與療癒經驗的喻明系統。

回到老祖母的處境，其中令人痛心而無法排解的，可以說是「倫理的不堪」，意即，老祖母所受之苦並非來自個人心理狀態的干擾，而是她所身處之人情義理局面的陷落，使其置身於毫無出路的困頓之中。如果不訴諸心理治療專業，這樣的困局要如何解呢？老祖母後來前往一間頗負盛名的宮廟進行「牽亡」。這是一種在臺灣常見，由靈媒召喚已逝者現身來與在世家人相見的儀式。當被孫子「附身」的師姑開口呼喊「阿嬤」，「祖孫」相擁而泣，旁觀者莫不動容。老祖母訴說著自己的悔恨與不捨，「孫子」也表達了對老祖母的思念。在相互泣說之中，「孫子」說明，由於自己的前世因果，在劫難逃，看似死於非命但卻是了前世之債，因此請祖母

不要自責與掛心。就在這樣的民俗儀式過程中，老祖母與家人的種種難言苦楚得以化解（余德慧、彭榮邦，2003）。

這個例子呈現出的「牽亡」，是屬臺灣民間宗教解厄除困操作的一種，其他還包括了收驚問卜與乩童辦事等。這些民間宗教療癒活動所帶出的效用與文化契合性，雖讓同樣從事助人的心理治療學者對之懷有高度興趣，但其抵觸科學理性的前現代「行巫」內容卻不免阻擋了學者的腳步。畢竟現代精神醫學與心理治療事業正是從「邪魔附身」的手中搶救出為精神症狀所苦的患者。好在余德慧與彭榮邦（2003）採取了現象學的路徑，將宗教文化中行巫療癒還原到生活場景中，而非著重於巫術的概念內容或價值觀上，從而避免對巫術信仰取或不取的兩難處境。以牽亡為例，余德慧與彭榮邦（2003）指出其中「巫術」與「巫現象」的區別，前者為行巫的具體操作與相關的宗教形式，後者為行巫活動的蘊生機制。巫術不是心理治療學者感興趣的目標，巫現象才是需要進一步了解的對象。在該研究結果中，巫現象顯現為行事理性所照顧不到的受苦處境之救濟面，即受苦的倫理補償。「社會行事理性不及處」指的是，社會行事理性是大眾據以行動的大傳統，其價值是建立在公共領域的慈善與正義之上，而個體的處境就常被以群體為目標的行事理性所忽視。然而，「當社會在公共領域愈是伸張正義，並集體地減低社會殘酷，愈是不能考量個人獨特的境域與感受」（余德慧、彭榮邦，2003，頁115），此時原本的倫理之應然就可能成為對個人的壓迫。上例中「斷人香火將受報應」是民間行事倫理的應然，但卻無法照顧到老祖母當年孤兒寡母的處境。如此看來，牽亡現場所發生的，不僅是思親的撫慰，更重要的是倫理的救濟。

上例呈現了余德慧的本土療癒團隊的發現：臺灣人生活苦痛的核心在於「倫理的難處」；臺灣人的受苦總是倫理的受苦，即在人情事理中之苦（余德慧等，2004）。而且這樣的倫理受苦的關鍵不是在於規範倫理（normative ethics）的消逝或維護，「反而是當這些人倫社會文化形式規範無法施行，或甚至成為個人受苦結構一部分的時候，受苦者處於『倫理的難處』而需要一種心理救助來為其解除這些規範桎梏，並將之送往一個重構人與人之間關係秩序的再倫理化道路。」（李維倫，2008，頁208）

這就說明了余德慧等（2004）爲何主張以倫理療癒（ethical healing）做爲本土臨床心理學的起點與本土心理助人工作之核心的理由。

（二）民間宗教行巫療癒的身心接應歷程與結構

確立「社會行事理性不及處的倫理救濟」之巫現象本質後，我們就獲得了解析宗教療癒之巫術活動的視角：也就是，巫術操作本身正是倫理行動的展演。在行巫的現場，匯集了行巫者、求巫者、以及各自的人情處境，倫理的受苦與療癒得以經由儀式操作的過程而展開。底下呈現的是李維倫（2004）所觀察到的牽亡部分過程：

　　下午三點多，我與兩位同事在研究助理的帶領下，來到石壁部堂。天空陰沉，時而下點小雨。我們今天到此的目的是觀察牽亡儀式的進行。雖然來到石壁部堂的路很小，但石壁部堂卻是一座很宏偉的廟宇。其中寬闊的廟埕，我估算至少可以停入五輛遊覽車。

　　據助理的解說，一般牽亡的儀式是在下午三點開始，因爲陰魂無法在陽氣太盛的日間「出來」。但此時師姑，也就是牽亡儀式的主要執行者，卻尚未出現。只見供奉在廟右側的地藏王菩薩座前的廟門外，散坐著一些等待牽亡的家屬。門內地藏王菩薩的供桌上，排著一張張牽亡的「申請單」，上面寫著死者的姓名、生辰年月日、死亡時間以及生前住址等。今天看到的，全都是外地來的人。據助理說，每天都有來自全國各地的人到石壁部堂牽亡。

　　一位穿著青衣的佝僂老婦出現在廟埕上，在等待的家屬中有人指點著說，這就是著名的牽亡師姑某某。但師姑卻又坐上一部轎車離去，留下眾人焦急的等待。約莫二十分鐘後，師姑回到廟埕，逕自走到地藏王菩薩座前跪下，所有等待牽亡的人，包括我們一行四人，全都跟著進了廟門。

　　師姑點香祝禱，據助理說，是在祈請地藏王菩薩准許供在座前所請的亡魂能夠「出來」，而等一下就會「有」土地公帶著一干亡魂到廟門外等候牽亡。師姑先是一張張地拿起端詳她前面的「申請單」，一方面口中念念有詞，好似在與人對話。助理對我們補充說，師姑正在與土地公確認

是否有要牽的亡魂。當師姑拿起某一張單子時，就會有兩三個人特別往前靠，臉上的神色似乎說明他們正是這張單子所載死者的家屬，並且期待著師姑就此開始牽亡。但有好幾回師姑只是又將單子放回桌上，讓趨前的人只好黯然退下。原本單子的排列是依家屬到來的順序擺放，但顯然這並不是牽亡進行的順序。目前看來師姑會從那一張單子開始牽亡卻是未知數。

師姑突然提高聲量說：「某某人的家裡人有來麼？」立刻有兩女一男應答趨前。師姑要他們擲筊，請求地藏王菩薩准許亡魂「出來」見面。有了聖杯之後，師姑轉身面對眾人，坐在供桌前的跪墊上，那兩女一男也立刻跪了下來。師姑手上拿著這家人的單子，開始以臺語說出一些名字：「阿英，阿英是什麼人？」家屬面面相對，但似乎沒有想到誰是阿英，「沒呢，沒阿英呢。」師姑再說：「阿英或者是阿興？你講大聲一點，這裡太吵我聽不到！」師姑突兀地好像跟其他人在說話。助理解釋，因為亡魂不能進到廟裡，所以都在廟埕上等著，有一段距離，因此師姑有時會「聽」不清楚亡魂的話。這時其中一位婦女突然說：「是不是阿幸？我啦，我就是阿幸。」師姑說：「是阿幸喔，是啦，阿幸是什麼人？」「我是他的大姊啦。」就這樣，師姑繼續說出一些聽起來有時明確，有時模稜兩可的名字，來讓家屬確認。但這一次的確認過程似乎不太順利，接連幾次不是根本對不上，就是家屬很勉強地湊出人名來。其中一位家屬面對著地藏王菩薩就逕自跪拜起來，口中祈求著菩薩讓亡魂順利「出來」，焦急的心情溢於言表。然而此時師姑卻起身說：「不是他，我不能隨隨便便就牽，說不定是路過的孤魂野鬼想來冒領庫錢。你們到旁邊再去求地藏王菩薩讓他出來。」說完便又轉身，開始看下一張單子。原本以為可以開始牽亡的兩女一男，臉上的表情從被召喚時的期待，確認應答時的焦急，到現在落空的黯淡。兩位婦女忍不住哭了起來，但三人還是在一旁不斷地對菩薩跪拜磕頭，似乎還是不放棄牽亡的希望。

此時我也注意到，相較於來牽亡的家屬，我們四個「研究者」對師姑的專注是完全不同。我們四個人站在一旁，仔細注視著師姑與家屬的互動；不若其他人或站或跪，但都雙手合十，看起來是隨時準備跪拜下去。就我自己來說，雖然並不會簡單地否定眼前所發生的有它的道理，但也絕

對不是「相信」儀式中相關的「靈界」事實。我也注意到，在師姑的許多模糊的問話中，是家屬直接或間接地提供了許多訊息出來。

隨後又有一位亡魂的家屬被召喚趨前，可能因為有前一次的「示範」，這一次的家屬對於什麼時候跪，什麼時候拜，什麼時候擲筊都表現得比較熟練。這次的確認應答也比前一次順利，雖然還是一些語音模糊的名字，但都很快的獲得應對的對象。師姑得到確認後便說：「好，我們到外面去。」隨即起身逕自往廟埕走去。獲得確認的家屬臉上充滿欣慰的表情，也隨即跟上。眾人也隨著出了廟門。師姑與家屬走到廟埕一旁擺著香爐的辦公桌旁坐下。我們與其他幾位好奇者雖然想靠近觀察，但因覺得事涉人家的私事，只得在稍遠處停下來，隔著一段距離觀望。（李維倫，2004，頁 375-378）

這裡的觀察紀錄透露出了宗教行巫療癒的身心接應結構。首先，牽亡活動中出現了一個可稱之為靈界與俗界相混的空間。牽亡對許多人來說是匪夷所思的事，許多的人必會在「靈不靈」，也就是「是否為真」的焦點上打轉。在上述的紀錄中研究者的「理性眼光」對師姑舉動的關心是在於「審視」其是否合於大眾對一般事實的認定。這樣的眼光必然構成對行巫或行巫者的挑戰。然而這裡的田野觀察顯示，求巫者與行巫者之間卻不是玩巫術的真假遊戲。牽亡的家屬所表現出的，不但不是懷疑著師姑的舉止是否為真，反而期待著「這就是真的！」也就是說，包括了前世今生的靈俗相混界域之行巫療癒空間不屬於科學理性的管轄也不是現實的社會空間，而求巫者藉由種種儀式進入了如此的療癒空間而讓人情獲得調節轉圜，讓心思得以抒發通透。

其次，「亡者附身」的師姑，也就是行巫者，是運轉此一「聖俗摻雜」之療癒空間的關鍵。「附身」以及相應的儀式顯現的是行巫者有著「靈通之知」，也就是能夠與靈界溝通而傳達訊息。在牽亡儀式中行巫者並不是直接說明指點迷津，而是藉由「附身」而與求巫者產生一種擬似倫理關係的締結，如前例中的祖孫，並在此擬似倫理的基礎上來運轉求巫者的現實人情處境，轉化原本的困局，達到融通的效果。

　　第三，行巫者的「亡者附身」所開啟的倫理關係，是一條能夠迅速撥開種種人情糾結而直通家屬心底情感的道路，求巫者在此將經歷強烈的情感湧現不能自己。如此的接應除了是擬似倫理，其值得注意的特徵是感受性的情感經驗而非理智的掌握。進一步來看，余安邦（2003）有關宗教療癒的研究觀察指出，進入宮廟的個人通常以「問事」爲接觸的初始，而所問之事是個人的受苦經驗，但在這過程中某些人會發生「起靈」或「靈動」的經驗。這是一種莫名的身體感受或自發的動作現象，在宮廟場域中被稱之爲「原靈交會」，意謂著求助者與宮廟中的主神或其他神祇的直接接觸。如此的「原靈交會」經驗是非常私己的，有此經驗的個人不見得能完全清晰的描述，但都會表達確有其事的堅信。這是求巫者進入「聖俗摻雜」療癒空間的接引與證明。也就是說，情感或感受性身體經驗的湧現是宗教行巫療癒身心接應結構的一環，在身體感受衝擊中形成的是一種與神靈或其代理人靈媒的連結，求巫者緣此被攝入「聖俗摻雜」的療癒空間。

　　我們就此可在臺灣民間的受苦療癒現象中看到，個人由著種種的原因掉落在原本生活理路之外，成爲受苦者而出現在宗教行巫場域來尋求脫困解厄的依托。身體層面的直接感受如靈動或儀式中的衝擊是個人臣服於靈俗相混界域的重要關鍵。受苦的個人心思千迴百轉，生活中的說三道四紛紛擾擾，只有不言而喻的直接體驗得以迅速平息種種阻抗懷疑。臣服於靈俗相混界域等於進入另一種人情形式的空間，而「聖俗摻雜」使得此中人情形式具有比俗世生活更爲寬廣的操作空間。

（三）本土療癒現象中的一般性理論：存在性雙重結構

　　前面提過，臺灣本土心理治療的發展有著從殊相到共相的跨越，我們現在就來看看這是如何發展出來的。

　　上一小節論述牽亡作爲民俗宗教療癒的巫現象時，我們其實已經把眼光從個別個人的遭遇穿過而看到相對於「行事理性空間」的「行巫療癒空間」。這個看見也可以這樣表達：我們在臺灣本土療癒現象上發現了「行事理性空間」以及「行巫療癒空間」兩者相互交纏共同構成的存在性雙重結構（the duality structure of existence），圖示如下。

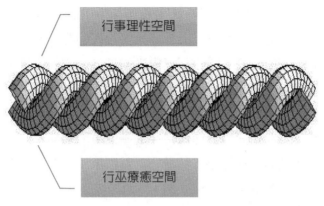

行事理性空間

行巫療癒空間

圖30-1　華人日常生活中的存在性雙重結構

　　如此的常民生活結構其實我們耳熟能詳。臺灣除了是一個教育普及、工商業發達的現代化社會外，街頭巷尾各式宮廟林立，各種宗教也都十分活躍。臺灣人面對生活中難解的病苦或衝突時，醫療與行政法律等的現代化社會機制以及傳統指點迷津的求神問卜都可以是求助的對象，而且兩者並行不悖。相應在個人的日常生活上，就體現出上述之存在性雙重結構，成為臺灣人待人處事的依據。

　　存在性雙重結構也顯現在余德慧所研究的臨終病人照顧場域，也就是他所稱之為「正面倫理秩序」與「無限性的域外」兩者（余德慧等，2004）。「正面倫理秩序」的顯現在於，人在重病時對個人倫理責任力有未殆的罪疚，如臨終的壯年病人面對父母時的自責不孝；或是對他人倫理責任的追討，如平時任勞任怨的婦女在重病時對丈夫與子女的怨恨。「正面倫理秩序」也正是「人情行事倫理之應然」的認定。另一方面，臨終重病不但讓人感到對死亡的不知所措，同樣顯著的是「正面倫理秩序」無以為繼的「倫理黑洞」經驗。「所謂倫理的黑洞指的是『正面倫理秩序所編織之殘餘』，亦即為倫理無法顧及的暗處，在倫理的黑洞裡，所有受苦經驗的語言表達都被取消，因為這些隙縫本身的經驗從未被登錄在語言領域，殊少從語言中獲得其完全的顯在性。」（余德慧等，2004，頁277）「倫理黑洞」是「人情倫理的應然界域之外」，人們也因如此「在界域之外」而痛苦。然而從臨床現象中余德慧發現，此一「應然界域外的黑洞」

卻也可能轉化成「無限性的域外」，人在其中由受苦進入療癒。此時人「不再是原來的自己」，不再汲汲於「人情倫理的應然」，從而進入「重新發現自己」的療癒時刻。關於「無限性的域外」的性質將於下一小節中闡明。

這裡要指出的是，雖在不同情境脈絡下有不同的命名，但臺灣本土療癒現象中有著一方面指向現實理性秩序之應然界域與另一方面指向深度感受之跳接轉化空間的存在性雙重結構。這就顯示了，本土心理療癒研究從不同的受苦療癒現象抵達了一種臺灣人生活形態的共相理解。我們可以進一步問，這日常生活的存在性雙重結構，只是「臺灣人的」嗎？它會不會也是一項對人類存在處境的一般性理解？如果要跟西方的理論對比才會知道它是不是人類心理生活的共相，又要如何避免兩者之間相互的化約？本土心理學可以從西方思想汲取養分嗎？的確，發展本土心理學的目的並不在於劃地自限，也不應就此不與西方學術界與實務界進行交流，然而兩者之間的互動對話應如何進行？

針對這個問題，我們可以用余德慧提出的「雙差異折射理論」（李維倫等，2007）來作爲方法指引。這個理論的大意是，文化中的研究者並不保證能看清自己文化的意涵結構，反而可能因爲太過黏附於其中而自我遮蔽，所以要經過一種偏移的視角或由外邊來看。這就是將自己的文化「陌生化」，以他文化的角度來看以求得更進一步的理解。然而在採用外來文化觀點時又必須注意掉進外來視野強加解釋本土現象的陷阱。在做法上，首先要在本身文化中分辨出內部的差異結構，如上述雙重結構中兩層界域的分別，這是文化內部解釋系統的運作邏輯。文化內部的差異邏輯是「雙差異折射理論」的第一重差異。其次，當兩個文化各自獲得其內部差異性結構後，再相互比較。此時兩者的相互參照並非求同也非存異，而是藉此去立體地環視文化內與文化間的差異意涵。「文化間對話邏輯的觀點在於：……，其差異強度與差異方向不應該只有「同一」（「華人文化也是如此差異著」）與「對立」（「華人文化則有相反的結論」）兩個範疇，而是去探討兩種同體異形的差異（homological difference）」（李維倫等人，2007，頁 21。此處文字爲余德慧撰述）。也就是說，兩個文化間的

比較對話並不是在於獲得「我們都一樣」或「我們完全不同」的結論，而是在於經由「同體異形」的指認來深化對自身與他者的理解，此為「雙差異折射理論」的第二重差異。經由雙差異的相互折射比較，共相的獲得就不是化約，而是提高對人類處境之理解的豐富度。

（四）無限性的域外與有限自我的轉化

　　如此，我們就可以理解，余德慧何以能夠藉著討論丹麥哲學家齊克果（Søren Kierkegaard）、法國哲學家巴塔耶（Georges Bataille）、列維納斯（Emmanuel Lévinas）、德勒茲（Gilles Deleuze）等對人存在的理解論述，來進行療癒現象的「殊相」到「共相」的跨越（余德慧等，2004）。余德慧指出，齊克果在討論人存在層次上的「絕望」（despair）時看到了人的自我有著有限（finite）與無限（infinite）的兩個層面（Kierkegaard, 1980），余德慧稱之為齊克果的「自我雙環理論」。而人的真正絕望在於其有限性與無限性的完全斷開；人在有限性中無法企及無限的存在，而脫離絕望狀態的關鍵就在於有限性的自我與無限性的自我之間的溝通。我們可以看到，齊克果的有限性與無限性層面辨認，結構上相仿於前面論述的存在性雙重結構。

　　然而有限性自我與無限性自我的溝通卻是相當困難，因為這牽涉到原本以為自足自主之有限性自我的毀壞消盡。余德慧以一位癌末婦女 JM 為例說明這樣的困難（余德慧等，2004）。JM 為家庭多年辛苦付出，到頭來卻是遭受疾病的痛苦折磨與丈夫的外遇背叛。這在有限性自我的夫妻恩報對等義理上實是令人無法接受的難堪與怨恨。即使人間大義站在 JM 這一邊來顯示丈夫的不是，但人間大義同時又映照出她的不堪。JM 又如何能放下這一口氣？任何人勸她放下這一口氣不就是摧毀人間大義的劊子手？這個例子顯現了有限性自我之改變的困難，也就顯現了有限性與無限性阻隔之絕望。

　　無限性自我的靠近甚至躍入，需要讓有限性自我消融。這縱使困難但也正是脫離絕望受苦之療癒轉化的必經過程，因為此時任何義正詞嚴的主張或問題解決的尋思都不是療癒的指引，也都將面臨無用的困窘。矛盾的

是，無可奈何、束手無策的虛弱卻是轉化的開始。余德慧指出「望斷」、「消盡」、與「邊緣」經驗等，正是有限性自我的恩義功能算計迴路崩塌的臨界（余德慧等，2004）。此時有限性的自我逐漸碎片化，失去其自足自主的假態，從而形成「空洞」，個人極度痛苦。但這裡的空洞（the void）並非虛無，而是無限性的涵納。

由於是從人間大義脫離，進入應然之外的「非」處，余德慧將這樣的經驗稱為「非關係」療癒。在「非關係」療癒的歷程中，人間的正負界定會遭到反轉。以 JM 為例，在出現了第三種癌症之後，她開始懺悔，不但向自己懺悔也向別人懺悔。她甚至向丈夫道歉，雖然丈夫並不領情，但她卻開始感到輕鬆安在。在這裡原本的應然大義轉變成為錯誤，而原本要排拒的不該不義者卻成為懺悔感恩的對象。這樣的正負反轉卻是倫理桎梏鬆脫的療癒現象，相應了民國初年在中國東北的「王善人」王鳳儀先生所說的「愚人爭自己有理，賢人認自己不是」的教訓（余德慧等，2004）。

於是，人之受苦療癒的路徑走出了「人情行事的應然」，走向了「無限性的域外」。這是一種在「非」處的消解受苦之道。由此余德慧指出，當代心治療必須認識這個「非」效果的治療：「治療室是『非』現實，但這個『非』不是否定意義的、『不在現實裡』的『非』，而是治療室作為『有別於現實的現實』，亦即現實線走到某種盡頭的『非處』（或他處），使現實被轉進『非』的空間——『非』的現實依舊是現實，只是逃脫了現在的現實，『非』的治療依舊是治療，只是在治療的盡處，方才形諸治療，即療癒。」（余德慧等，2004，頁 304）所謂的「非」空間，符應了先前討論「牽亡」的「行巫療癒空間」，因為在行巫療癒現象中，人們被運送到一個非科學理性所能企及的轉化地帶，於其中事物獲得了重新跳接的可能性，從而運轉了難解的死局。臺灣本土的「牽亡」儀式也正可以作為「非」處之療癒的例證。

於本土心理療癒現象中顯現出來的存在性雙重結構指出了「正面倫理秩序」與「無限性的域外」的存在與差異，而在與西方學者的存在論述交互參照下，突顯了療癒發生時所涉及了自我的轉化。也就是，進入「無限性的域外」的歷程也正是自我破裂的歷程。自我的破裂或喪失，在一般心

理學的看法裡是一種失能與創傷；同樣的看法也將生活應然秩序的無以爲
繼視爲妨礙健康的壓力源。也就是說，在我們深入臺灣社會中的受苦療癒
現象時，似乎有了與主流心理學不同的發現，但卻也看到「域外」與「非」
空間的指認相應了另一西方思想潮流所辨認出來的人之存在結構與療癒樣
貌。如此的理解將臺灣本土心理療癒所揭露出來的存在性雙重結構深化，
從而使其踏入受苦療癒的一般性理論的行列。

（五）邁向實踐形式的發展

　　以倫理療癒爲起點的本土心理療法發展，至今可梳分出兩個方向。一
個是余德慧（2005）的「心性與倫理的複合式療法」，一是李維倫（2004）
的「做爲倫理行動的心理治療」。前者延續進入華人「自我」的現象討論
（余德慧，2007b），繼而由民間宗教療癒與臨終過程中的自我狀態轉化
現象發展出「柔適照顧」（anima care）（余德慧，2007a；余德慧等人，
2008），成爲一項安寧照顧（palliative care）的實踐形式。後者則藉由對
心理治療現場的解析（Lee, 2009），將倫理療癒安置到當代的心理治療
操作形式之中，並透過療癒過程中意識變化經驗考察所得的「意識三重構
作」模型來與柔適照顧對比（李維倫，2015），發展出符合個別心理治療
型態的「存在催眠治療」（existential hypnotherapy）（Lee, 2011）。這兩
個路徑的發展如圖 30-2 所示。柔適照顧與存在催眠治療都不僅是本土臨
床心理學提出的學術知識，更是可以在臨床心理學專業場域中實踐的心理
療法。底下兩節分別說明。

三　從「心性與倫理的複合式療法」到「柔適照顧」

（一）社會的「世情倫理」與原初的「心性存養」

　　余德慧很早就注意到「倫理」與「心性」是探究本土社會生活中自我
發展所涉的兩大面向（余德慧，2000，2001）。在臺灣社會中的自我經驗
與心理學領域進行融接時，余德慧指出，關於「倫理」與「心性」的討論

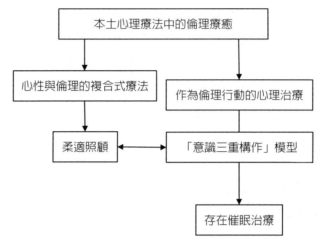

圖30-2　倫理療癒之實踐形式的發展

必須先區分出以「擁有」（having）為核心的「社會倫理」路線，以及以「存有」（being）為核心的「原初倫理」路線：

　　所謂「擁有」就是把活著當作一種「取得」某種東西的活著，例如取得食物、房屋等等，因為我們必須想辦法保有「東西」才能活下去。「存有」是指一種活著的滋味、一種心情。同樣做一樣事情，這兩種意思同時存在。例如，以前述的例子來說，乘客被救難的船員救起，乘客很感恩，這個感恩的瞬間，受救的人感到「他人的偉大」，但並不一定要指認「是誰救了我」，這是「存有」的恩。可是，在「擁有」的世界觀，我們由於感恩，就得指出某某人救我，於是攜帶禮物或感激的心情去謝謝他，這時候「恩」是人情世故的一個事情。我們因感恩而致謝或報答，這時候的「恩」就從「存有」轉變為「擁有」。如果「恩」是不能被報答，那麼「恩」就只能是一種無法報答的無盡心情，那是一種「無限的恩」；一旦「恩」是可以報答，報答之後就可以一了百了，心中的欠情就可以稍卸仔肩，因此「恩」就成為一種有限的東西：我可以只記得某人對我好，而不必老是記掛在心，不能自己。（余德慧，2000，頁168-169）

余德慧的「擁有」與「存有」的區分，即是「有限」與「無限」的區分，也是「世俗」與「原初」的區分，也就是存在的雙重性結構。他指出，世俗的社會倫理總是在問「什麼是善」的總攝性問題，目的即在於形成總攝一切的倫理觀：

> 就「總攝性倫理觀」來說，它的論述核心就在於權力與控制的調配，因此所有的論述都朝向如何系統化人間秩序；……就總攝性倫理觀的歷史效應來說，掌握倫理論述的是政治文化菁英，他們為整體的倫理設想了統治的對象，即是奴隸與下屬，他們為了鞏固政權而將整體的倫理絕對化與神聖化，進而使之成為無所不在的暴力（如「禮教吃人」）。（余德慧，2000，頁 158-159）

這樣的區分在這裡的要旨是，「倫理」是臺灣本土社會生活的核心，但使用「倫理」這樣的喻明詞彙卻需要避免踩入傳統中國帝王社會下的總攝性倫理觀，避免走上絕對化與神聖化的道路，才不致於重蹈「禮教吃人」覆轍。

同樣的，「心性」也不能取之為總攝性的，如「為天地立心，為生民立命」，因為把「心性」總攝化極有可能讓個人不受社會倫理的節制。余德慧藉著尼采的話語指出，「主體道德化來自漫無限制的傲慢主觀論」（余德慧，2000，頁 160）。這並不是說本土心理療癒否定了傳統文化遺產。余德慧的分辨反而使得他可以從中國心學取經，並深入其原初性而與後現代倫理接軌。

余德慧以孟子「見孺子入井而生惻隱之心」的寓例做了一個精彩的論述。一般人在苦難無望之際受恩，必然感覺到「他者」的偉大。而在「惻隱之心」的寓例中，他人與自我有了一個反轉，即指向了「見人之苦，我如何成為偉大」，此即「人如何成聖」的問題。如此一來，「這個『成聖』的本質卻來自我們自身的脆弱：我看到稚童將溺，無論如何也抵擋不住我所『眼見』的危險」（余德慧，2000，頁 167）。如此的惻隱之心是無限無盡的存有經驗，而「成聖」的端點與鍛鍊來自於面對他人之苦與我之脆

弱的原初倫理。

余德慧指出，正是因爲原初倫理被轉變成世俗的交換式社會規範倫理，中國心學家才需要挑起華人心靈的改造任務。宋代心學家陸九淵將惻隱之心的經驗往回推至人「未發之中」的本心，而「本心發微」就是把微光乍現的本心擴大，「也就是像孵小雞一樣，把惻隱之心『存養』起來」（余德慧，2000，頁 170）。中國心學做爲一種本我心理學，顯示出來的是，「心性」的鍛鍊是在「世情上磨工夫」（余德慧，2001）。在此，「世情」是社會規範倫理行事場域，而「磨工夫」就是返歸原初之存有時刻的本心經驗，不是交換式的行事計算。

回到以「自我」爲對象的當代心理學，余德慧（2007b）將「心性工夫」與「倫理世情」做了進一步的概念詮解。前述的「存有」與「擁有」的分別，區分出了原初倫理與總攝倫理，以及無限體驗的心性與有限交換的計算。這在個人的「自我」領域則表現爲兩層次的實在，即超越的心性存養以及世間的倫理圓滿。或有人會問，「心性」與「倫理」原是相倚相生的兩者，爲何在日常生活中是兩個不同層次的實在呢？原因如圖 30-3所示，華人在日常中熟悉的是各式各樣的規範倫理，但也追求著超越傾向的心性存養鍛鍊，如練功打坐。如此一來，華人自我領域中所出現的「倫理世情」與「心性工夫」在本質上是背反的，也就是「倫理世情中安身」與「心性工夫上立命」經常形成衝突。因此，在華人受苦處境中一再顯現的「心性」與「倫理」之間就需要一個轉圜空間（余德慧，2007b），以消解自我的困厄，這正是余德慧「心性與倫理的複合式療法」的基礎。

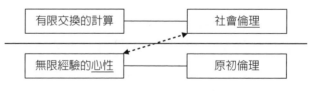

圖30-3 「心性」與「倫理」的層次差異

（二）心性與倫理的轉圜機制及「自我」的重新構念

　　而從民間宗教療癒與臨終自我轉化現象中，余德慧尋得了「心性」與「倫理」的轉圜機制，即「擬象空間」的出現（余德慧，2007b）。之所以名為「擬象空間」，因其是以圖象（imagery）經驗為主的存在狀態。在宗教療癒發生之時，人要進入如神臨在的擬象空間，原本如事實般堅硬難移的倫理要求獲得鬆動，人心感到神之瀕臨的滋養，從而進行人情事理的重新調配。在臨終時刻，病人無力參與世界之運轉，離脫人情脈絡且自我消解，但卻產生「與萬物深度締結的無分別感」（余德慧等人，2004，頁124）。「擬象空間」在此現身為「病者情感蘊生依存的生活空間」（頁121）。在此兩種處境中顯現出來的是，當有限卻強制的「倫理」消解，自我也不再同一而轉化成「開放待變的生發過程」（余德慧，2007b，頁66），「心性」與「倫理」的轉圜於焉發生。「這個領域必然是時間與空間交織互補的場域，倫理朝向存有之地，而心性朝向倫理之原初成形之處」（頁67）。

　　然而「擬象空間」的現象辨認構成了一項理論上的挑戰：如果「自我」的定義仍指向包括了動機、認知、情感與社會身分的個體性總合核心（Sedikides & Spencer, 2007），也就是「自我」仍就以「個體」的視角視之，那麼「擬象空間」及於其中的「自我消解」等經驗現象就很難與心理學之個體性（individuality）構念的「自我」連接起來。為了避免讓個體性的自我構念遮蔽了本土療癒現象上獲得的個人經驗處境內涵，余德慧（2007b）以受苦療癒的轉圜經驗現象為基礎，加入現象學對生活經驗的描述，提出以「場所／空間」與「流轉／時間」來重新設想「自我」。底下細論之。

　　首先，從前面的討論中我們看到，在臺灣社會的生活行事裡，個人是處於人情事理之中；人情事理中的行為者以此說明與了解自己，也獲得了身分。這就是我們的「自己」經驗。我們常說的「局」，其實就是人情事理的脈絡空間，而「當局者」就是在這脈絡空間中處於某一位置的行為者。「局」跟「者」的說法顯示了華語文中以「空間」來描述一個人經驗

處境的理解方式。

余德慧（2007b）進一步深化這個觀點指出，所謂的「自我」經驗，在於與行動相應的場所空間，因此可說「自我」即為「場所」。這是說，個人在某一目標行動裡，事物進入其周圍而獲得遭遇，如某人在野外臨時需要繩索固定東西，樹藤或一束長草就對他顯現為可滿足工作需求的物項。換句話說，在朝向完成目標的行動、尋思與觀察時，有著一個有限圈圍的局部意識，形成一個事物彼此相關與功能顯現的地帶，這就是「場所」。行動者於「場所」中獲得一個經驗位置，形成自我認識的內容，如：「『我』想搭一個帳篷」、「『我』找不到可用的材料」以及「『我』把它完成了」等等。如此的「自我」就不同於包括了動機、認知、情感與社會身分之個體的構念，而是事物聚集的場所。場所又可以被界定視為「被脈絡化的空間」（頁 54），而「空間中的位置」與「位置形成的空間」可說是同一個現象的不同表達；「空間」與「位置」互依而生。

在考慮文化與個人的關係時，將「自我」視為「場所」有特別的重要性。因為在把動機、認知、情緒等經驗視為自我心理內容的觀點下，容易把人在文化界域中的行為視為來自「文化性格」。「文化性格」接著被視之一種恆常存在的心理類型或機制，以作為產生文化行為的來源。然而這樣看法很難與生活上的現象一致，如以「文化性格」來解釋行巫療癒與臨終過程中的轉化現象顯然非常不貼切。相對地，如果將自我視為「場所／位置」，它可以是其他事物的相對原點與展開的空間，也可以是參與到以事物為原點之空間中的相對位置者。「這樣的文化心理學不再考量個體與文化的關係，而是透過地域、論述、境域與意識型態，將一個地域以『成為世界』的方式集結起來，在那裡，人們『與……熟悉』、『去寓居於…… 』，即海德格所謂『在之中』（being-in）」（余德慧，2007b，頁 53）。如此我們就非常容易理解，臺灣人生活中的「人情行事空間」也就是自我的伸展現身之地。在每日的生活實踐中，個人的行為不是重複腦中的「文化性格」設計，而是在場所的脈絡中面對不一而足的生活條件，落實出各式各樣的文化行為。

其次，余德慧（2007b）認為，「自我消解」的現象就是人情行事空

間的塌陷。而個人在經驗到「無地容身」的同時，也面臨著自我在社會性與空間性之外的另一特性，即內在性與時間性。由於自我的場所性的崩解，個人只能獨自經驗失序與失效用的話語、意念與動作，以及無限流轉的時間樣態。在如此的「流轉／時間」內在體驗的對比下，原本生活在場所空間中的自我所享受的時間樣態就可稱之為線性的時鐘時間或日曆時間。線性時間是人情行事空間中諸種事物的前因後果關係基礎。換句話說，自我的消解也就是場所的消解與線性時間的消解，留下的是無限時間流轉的內在狀態。

如此一來，自我的社會空間性與無限時間性呈顯出了「倫理」與「心性」本質上的背反，同時也讓足以轉圜兩者的「擬象空間」的性質與運作獲得進一步的說明。余德慧（2007b）指出：

> 倫理／心性的轉圜問題就必須是「讓空間融入時間」與「讓時間轉向空間」的雙向循流的問題，空間的結構消融必須不完全，時間的空間結構化也不能完全，而必須是此在當下開顯，那麼這樣的主體不能是「同一性」的自我（self-identity），反而是諸多生成領域的集合體，它不能如自我認同那樣的結構，反而必須是開放待變的生發過程，不僅需包括未決的實踐、表達領域，也需包括他者性，因為這個主體需要空間的距離來操作，並造就現實條件中主體的誕生，但它需要此在地揭露存有的時間性，歸返自身而非踰出。（頁 66）

也就是說，自我的場所空間性與流轉時間性兩者的背反在擬象空間中會出現雙向循流的現象。首先，前面提過的在宗教行巫療癒過程中，原本倫理不堪而動彈不得的「無地容身」，其無著無落的心思在擬象空間中獲得了「（流轉）時間轉向（脈絡）空間」的倫理秩序場再恢復。另一方面，在臨終過程（余德慧等人，2006）中的「（脈絡）空間融入（流轉）時間」變化，顯現在當病人無法再掛搭於人情行事的倫理空間時，語言不再與世界對應，甚至支離破碎，直至深度的內在流轉狀態。「此時的臨終者若還存著在世的殘餘，其空間的型態應是『擬象』的，亦即臨終者對『象』

（form）的捕捉虛擬化了」（余德慧，2007b，頁 65）。如此的空間與時間轉換也可稱之爲「神話思維空間（mytho-poetic space）（頁 60），其中事物與個人不需維持同一，異質可以跳接，從而可將受毀壞者塑出新態或形成新的秩序。

說明至此，我們可以看到存在性雙重結構以同體異形的方式也出現在華人追求「倫理圓滿」與「心性存養」的生命目標中。而更進一步的是，倫理療癒的發現進一步促發了對西方心理學中「自我」構念的反思，讓學者得以重新以「場所／空間」與「流轉／時間」來描述我們的「自己」經驗。擬象空間中所產生的療癒現象也獲得了進一步的理論性說明，意即：自我的場所空間性與流轉時間性的異質循流迴路正是療癒轉化的機制。

（三）臨終過程與柔適照顧

先前已多處提及的余德慧在臨終場域中的研究所得將於此進一步說明，並展示臨終過程中的存在性雙重結構與貼近自我轉化歷程的柔適照顧方法。在余德慧的臨終研究系列中，他提出了一個「臨終過程兩斷階論」，即人們臨終時並非是身心功能直接下降敗壞的線性過程，而是牽涉到一種心理質變，使病人臨終出現一種從相繼相續的心理狀態中斷，進入另一不同心理性質的情況（余德慧等人，2004；余德慧等人，2006）。余德慧首先將此斷裂的雙方稱之爲「健康人可以理解接應的『常觀世界』」與「常觀不易了解的『擬象世界』」（余德慧等人，2004，頁 121）。其中，前述的「自我消解」現象，在臨終過程中是伴隨著身體衰敗而來的經驗樣態。在生命最後階段的自我消解後，臨終病人會進入完全不一樣的存在狀態（mode of being）。此時的病人經常有著偶發不連續的話語，透露出碎片化的影像經驗，余德慧將之稱爲「擬象世界」。

在 2006 年的論文中，余德慧進一步描述了兩斷階論的具體內容（如圖 30-4 所示）。他提出臨終的心理質變，有「知病」與「死覺」兩種存在模式。知病模式（mode of sickness knowing）包括「社會期」、「轉落期」與「病沉期」。社會期時個人雖已生病，但仍是以如同往常的自我狀態來處理事務。余德慧將 Kübler-Ross（1969）的臨終五階段視爲社會期

的心理現象。隨著身體逐漸衰弱，不適感增加，「病人整個身心靈處在一個無所適從的狀況之下」形成轉落期的特色（余德慧等人，2006，頁77）。此時病人仍有往常心智意志但身體卻無法如常同步。到了病沉期已是自我消解的最後一站，病人只有眼前而不再有延伸的心智活動。若身體進一步往敗壞的方向變動則會有顯著掉落的「邊界經驗」。

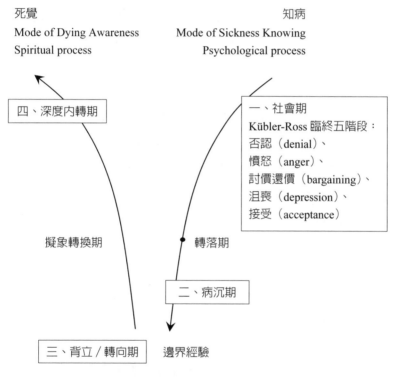

死覺
Mode of Dying Awareness
Spiritual process

知病
Mode of Sickness Knowing
Psychological process

四、深度內轉期

擬象轉換期

三、背立／轉向期　　邊界經驗

一、社會期
Kübler-Ross 臨終五階段：
否認（denial）、
憤怒（anger）、
討價還價（bargaining）、
沮喪（depression）、
接受（acceptance）

轉落期

二、病沉期

圖30-4　臨終兩斷階論圖示（取自余德慧等人，2006）

　　病人的邊界經驗有時會呈現為激烈的情緒反應，這是因為在自我意識底下的病人第一次明明白白感受到死亡的切近。從心智自我的角度來看，這是令人哀傷之事；不論病人或家人都將同感悲傷。然而余德慧也指出：「邊界經驗的發生如同病人躍入『死覺模式』（mode of dying awareness）的橋引。」（余德慧等人，2006，頁78）也就是說，邊界經驗是臨終斷階現象的具體表現。在此之後，病人離開了心智自我的知病模

式，進入包括「背立／轉向期」、「擬象轉換階段」與「深度內轉期」等的死覺模式。

在背立／轉向期病人不再迎向世界，不再有對外的明顯意識行動。在旁人的經驗中，病人不再「活在世界之中」，意即原本做為某人的世間角色或情感好惡已無法驅動其行為反應，顯現出特定身分認同之「我」的消解。病人在此並非沒有行動，但其行動不是對外在世界的反應而是內在浮現的經驗。余德慧稱此為擬象轉換階段：「病人看到我們看不到的東西，並待之如真實地擬象互動，彷彿進入魔幻現實的世界」、「病人世界的邏輯系統，也由原本的心智自我推理的邏輯系統轉變成『視覺邏輯系統』，也就是人理解事物的邏輯是用視覺、心象。」（余德慧等人，2006，頁80）也就是說，事物的意義不再以語言符碼來勾連，即不再由病人過去與旁人共處之世界來賦予，而是仰賴病人自發的內在影像經驗，如同做夢一般。如此，事物之間就喪失了語意邏輯的關係，以至旁人難以理解。

至於深度內轉期，臨床上病人多是處於昏迷的狀態，旁人已經無法從外表獲得明顯的資料來推論其內在經驗。而從心智自我的消解到擬象轉換的現象過程，余德慧對深度內轉期的理解描述是：

我們對深度內轉期的猜測傾向於：病人的整個意識狀態有可能就像水流一般，擬象內在空間之物，停留不住，也無法被語言所組織和捕捉，病人仿若進到一個萬物流轉的世界中。……病人整個內在的時間感，就如同流水一樣，時間如同當下的流動狀態，沒有過去，也沒有未來。嚴格意義來說，每個人進到深度內轉的時候，就算安全過世。……一直到深度內轉期的到來，可以說人和世界的關係已經解除殆盡，人回到一個萬物流轉的自然臨終狀態。（余德慧等人，2006，頁 81）

若如余德慧的描述，深度內轉期的時間經驗不是由過去、現在與未來等面向依序標定的，也就是說事物不再由線性時間組織起來。這與健康者在世生活的「過去—現在—未來」之線性時間常觀是完全不同的，因此我們似可同意，此時期的病人已是「離開世間」。

「臨終兩斷階論」其實也可以看作是存在性雙重結構的另一種展現方式。由於類似的自我斷階現象並不僅出現在生命末期，常人也有著如此的存在結構，只是多數時間處在將「自我」的人情事理空間認作爲唯一現實，李維倫（2015）將描述臨終過程的兩斷階現象修改爲顯示存在性雙重結構的圖 30-5。把臨終的兩斷階表示爲存在的雙重結構，好處是不以對立隔斷的方式來看常人世界與臨終世界，而是把兩者的存在經驗一同納入人類的存在結構。

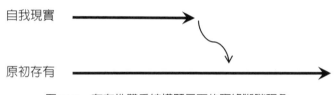

圖30-5　存在性雙重結構顯示下的臨終斷階現象

也就是說，原來日常生活中理所當然的自我現實在臨終過程中喪失了支配事物的效力，從而裸露出原初存有經驗層次。然而原初存有經驗層次並非僅是生命末期的現象，而是人早就身處其中的存在底層模式樣態。

不過，臨終的兩階斷模式的確清楚指出了臨終受苦的結構。對病人來說，在「知病模式」時會因其社會習性而身心痛苦，然而進入「死覺模式」卻得以寧靜下來。此時的受苦是自我現實的我感到自身的流逝。由於健康的病人家屬總是在自我現實層面，難以隨著病人自我的消解而解脫，因此不論病人在哪一階段，家屬都經常與病人咫尺天涯，難以相伴。究其實，不論是家屬還是病人，其受苦是人在臨終場域卻仍以人情行事的思考邏輯來規劃安排著種種事務，這樣也就拒斥了逐漸顯露的原初存有經驗地帶，並因此受苦。

在此了解下，余德慧提出無目的的塗鴉、無調性的頌缽，與輕柔的撫觸等活動，來取消日常行事邏輯中對目的、效能、效率的執著，反而形成一項照顧作爲。這些活動都有著「觸域」的特質，而少了建立意義的意志。這樣的特質，余德慧將之命名爲「柔適」：

柔適照顧來自老子的「人之生也柔弱，其死也堅強」……。柔適這個詞，英文翻譯我們就採用 Anima care 這個詞。阿尼瑪相當於我國所謂的「陰柔」，有別於陽剛，所謂「陰柔」除了意味著柔軟的力量，還含有更深不可測、不可思議的感覺，那是無法被表徵的。我們曾經研究過阿尼瑪的「負性邏輯」，裡頭充滿了隱晦，無法以概念來表示。阿尼瑪的哀傷就如同低泣無助的母親，深深而幽微，含有的成分無法以單純的喜怒哀樂來表達，一方面所有的情都以殘餘方式彼此交連重疊，一方面它的成分無一完全，全然半遮半現，希望與絕望並存，並且互相流轉，善惡、對錯皆可以相互辯證互換。（余德慧，2007a，頁 101）

柔適照顧的「柔適」之處，即在於其引動的不是社會世界中建造意義的操作，也不是對目標效能的追求，而是經由觸域的活躍得以進入柔軟幽微、無以言喻的感通。然而，這個經驗到底是什麼呢？又將是如何撫慰？底下是余德慧自身經歷的描述：

最近我因為背部貼青草藥片而長滿了疹子，密密麻麻的遍布整個背部。每天需貼二十小時，經常處於奇癢難當的苦境。整個生命的感覺陷入一種表面無事，卻非常容易騷動的刀片邊緣，非常容易產生懼怖感，例如看影集，只要有一絲暴力、髒、流血鏡頭、怪物臉孔，都會難以忍受，對於廁所髒、垃圾桶、不乾淨的人、滿頭亂髮的年輕人，都有噁心的反應。整個人陷入一種隨時動亂的狀態。週二下午到勝安宮，燃香二十二支，試圖投筊杯請母娘允許在大殿從事畫夢，連投數十餘次，每次的問筊皆是一拒、一笑、一應，三種可能輪流出現一次，可說是完全不理會我的請求。只好在殿旁休息，這時母娘的弟子們開始在大殿靈動，我注意到他們表情十分專注，對外界事物似乎恍若未聞，似乎形成一個我看不見的空間。我這才發現，我在問筊的時候，對外意識過熾，雖閉眼但內在空間匱乏，一直在擔心問筊的結果。於是，我再次回到母娘駕前，手護筊杯，閉眼，母娘臉孔浮現，我置之不理，繼續站立閉目冥想，一直到影像自動消失，僅剩光芒，其次我將聽覺調到聽空茫的聲音，效果慢慢出現，自己彷若在靜

寂之宇宙，輕微的滋滋聲音，如電磁波，此時我大約整個人進入另一種狀態，我緩緩地舉左手做接收母娘靈光的樣子，右手慢慢拿著筊杯，在胸前慢旋三圈，然後高舉過頭擲下，結果只問二次筊即獲得三個連續應杯。回家途中，忽然發現原先那種剃刀邊緣的感覺消失，隨之而來的是一片安寧。這種安寧大約持續一個小時才逐漸消失。（余德慧，2009）

　　在這段經驗中，余德慧發現，身體生理狀態與身體感受結果之間並非直接密合；其中有著某種空隙的可能，讓我們的「不適感」不完全是身體生理狀態的呈現。相對地，如上面的經驗描述所示，我們可以不透過外力或藥物的生物化學作用就可更動身體感受。這個看法並非重複「心理影響生理」或「生理影響心理」的論辯，因為一般所謂的「心理」與「生理」是未經反思鍛鍊而太過粗糙的概念，無法幫助我們解明這個細緻的現象。我們可以看到，余德慧提倡的柔適照顧其實正是以「擬象空間」為指引的受苦陪伴撫慰。相應於擬象經驗，他同時提出「身體人文空間」（humanistic space of the body）做為身體生理狀態與意義世界間的中介，並且指出這個空間是可操作的。

　　柔適照顧的撫慰，在經驗上是來自於經驗者藉由無目的的塗鴉、無調性的頌缽，與輕柔的撫觸等活動，進入以知覺感受為對象的體感作用地帶，打開身體的人文空間，調節其間的經驗形成結構，更動身體疼痛經驗。由於此一空間經驗是貼著知覺感受的流轉，它可說是流轉時間經驗突入日常的線性因果時間，造成空隙所掙出來的空間。此一非意義的空間中，意識緣物流轉，經驗者得以暫時脫除世間身分自我，形成了一種與周遭的另類締結。柔適照顧的作用可說是讓經驗者返回人與物交接的初始，其中的「對象／物」，如影像、聲音、氣味以及觸物等，給予經驗者輕柔幻化的滋味感受，帶領經驗者進入「空」處停憩。

　　余德慧汲取東方文化傳統中的身體技術如聽泉、頌缽、太極、靈氣等，並與論述種種人類存在經驗的眾多西方學者之學說對話，建立了柔適照顧的普遍性理論與操作形式。柔適照顧也就顯現為基於臺灣本土心理療癒現象所展出來的心理撫慰模式，可以應用於種種因身體病痛所帶來的生

理、心理與人際狀態的調節。它更是一種陪伴方式，讓受陪伴的病人脫離規劃與擔憂等心思的平靜，也讓陪伴者不再感到咫尺天涯，獲得貼觸到受苦病人而使其安適的共同存在經驗。

四 從「心理治療的倫理行動」到「存在催眠治療」

由本土現象與經驗所發展出來的心理療癒一方面要回到受苦者身旁，另一方面也要能夠接軌於當代心理治療專業。當代心理治療是一門建制化的心理助人專業，包括了個別治療、家庭治療及團體治療等形式，而目前在訓練與執行上仍是以一對一談話形式的個別治療為基礎。倫理療癒在當代社會中的展開也需要在如此的專業心理治療形式中獲得可行的道路，才能是心理治療實務工作上的一個選擇。

一對一的個別治療形式來自精神分析的發展。根據佛洛依德的記述，布瑞爾（Josef Breuer）醫師的病人安娜・歐（Anna O.）以「談話療法」（talking cure）來稱呼當時尚未成形的精神分析（Freud, 1910）。今日，談話治療（talk therapy）則用來指不同於藥物治療（medication therapy）的種種心理治療方式。談話治療，顧名思義，就是以談話作為處理病人行為與心理狀況的管道或方法。然而，談話是人們生活中的日常活動，治療則是一專業作為。當治療者與病人共處於治療室中進行交談，如何有別於日常談話？不同治療學派對於這個問題各自有其答案，以倫理療癒為基礎的心理治療也需要提出自己的理解與回答。

面對「倫理的受苦」的心理治療，其作為可稱之為倫理照顧（ethical care）。以談話治療來落實倫理照顧，必須有別於民間宗教的行巫療癒，並相容於現代心理治療的形式。要這樣做，學者與實務者面對的問題會是：心理治療中的言語互動如何成為「倫理照顧」的技術？相對於一般人的「勸說」以及助人專業的「症狀處理」，倫理照顧心理治療現場中的說話行動如何給出抑制或促發的人際運動？如果是促發，那麼說話的兩人之間，將呈現出什麼樣的接應狀況？如果是抑制，心理治療中語言行動的互動歷程又當如何？這些問題構成了以談話治療發展倫理照顧的指引，將此

一探究帶到「說話」與「說話現場」的普遍層次，而這也將進一步深化倫理照顧的普遍性意涵。

存在催眠治療（existential hypnotherapy）是本土心理療癒接軌現代心理治療專業形式之發展的一項成果。它可以被描述爲以臺灣本土心理療癒之倫理照顧爲起點，結合了存在現象學（existential phenomenology）的理論視野與催眠治療（hypnotherapy）的具體操作，經歷現象觀察、理論建構與具體實作而形成的心理治療方法。爲了完整說明此一發展內容，本節將以四部分組成：(1)倫理照顧的心理治療架構；(2)談話治療現場的雙重性結構；(3)倫理療癒過程的意識狀態及理論：意識的三重構作；以及(4)存在催眠治療的形成。

（一）倫理照顧的心理治療架構

爲了在心理治療的形式中思考倫理照顧的實踐，李維倫（2004）首先提出了這樣的問題：「面對受苦者，做爲心理治療者的我如何能夠有倫理性的作爲？」（頁361）。這也是將「如何療癒？」轉變爲「如何照顧？」的發問。如此一問，顯化的是心理治療中治療者與受苦者之間的遭逢（encounter），即「面對受苦之人」，而心理治療也就成了有關治療者如何與受苦者連繫起來的行動知識。同時，在理論思考上的重點就聚焦在治療者做爲行動者的治療照顧學，而非受助者心理狀態的病理學。以此問題爲視野，李維倫重新理解中國古代知識分子的心性鍛鍊作爲（余德慧，2001），民間宗教的受苦解厄施爲（余德慧、彭榮邦，2003），以及臨終照顧處境裡展現出來的新寡婦女人際特徵（余德慧等人，2003）等本土療癒示例，尋求能夠於一對一心理治療中實行的倫理照顧行動模式。本小節將依序說明中國士人的自我安置之道、民間宗教行巫療癒的接引之道以及新寡婦女「言談」與「關係」經驗中的自我置位，再綜合起來呈現倫理照顧的心理治療模式。

1. 迂迴於「心性存有」的自我安置之道

余德慧（2001）對中國心學的考察指出，中國心學可以說是知識分

子在其處境上「安身立命」的論述計畫。余德慧認爲，中國心學談的是如何在日常生活行事中獲致「本我的鍛鍊」以成「大人」的安身立命之學，其中包含了「社會倫理」以及「心性存有」兩個走向。心性存有講本心的經營，是把人處於世的困頓向上抒發，在濁世中獲致一片青天。社會倫理則是「在世情上磨工夫」，向紛擾的周遭再度投身，並視爲本我的鍛鍊。綜而言之，中國心學家面對個人的困頓受苦，一方面講本心感通的精神出路，但卻不因此而離世遁居，反而是重新面對所處之社會倫理困局，並將之視爲個人轉化「仁熟」的泉源。如此一來，則濁世也可成爲立命安身之所。在這裡，受苦療癒的動向可以表示爲：「濁世」→「本心發微」→「心性存有」→「社會倫理」。從本文討論的倫理受苦與存在性雙重結構來看，「濁世」可說是陷落，而「本心發微」與「心性存有」的修養則是域外的歷程，指向的是重回「社會倫理」地帶的安身。這透過「心性存有」鍛鍊的迂迴，是中國知識分子的自我安置之道。

2. 宗教行巫療癒的照顧結構

如此「心性存有」的迂迴相應著本文先前討論的民間宗教療癒動向，然不同之處在於中國心學是士人自身的修養鍛鍊，庶民生活中的宗教療癒則是由具「靈通之知」的行巫者接引求巫者出入擬象空間。從形式來看，行巫療癒有著幫助與受助兩方，更接近心理治療的基本結構。

從助人與受助來看，行巫助人可解析出 (1) 求巫者的「有所求」、(2) 行巫者的「行巫能力」以及 (3) 行巫的「所爲之事」等三部分的組成結構（李維倫，2004）。首先，如同前述，個人在現實生活中的受苦，主要是從行事理性空間掉落出來，原本理所當然的人情連結反而成爲痛苦的根源。在行事理性所建構的人情形式之外的置身，會生發相應之千迴百轉的心思空間，而來到神明面前的求巫者就懷著隔絕於他人的「掉落感」（sense of being expelled）但卻期待獲得疏通的心思。如此，行事理性所不及處，等待轉圜的人情與等待疏通的心思，構成了巫術接應之「有所求」的結構條件。

其次，在臺灣的民間宗教現象裡，成爲「神明」代理人的靈媒行巫者

並不是一項受歡迎的恩寵，多數時候反而是一種受苦，因為來自「神明」的接觸、訓練或訓化經常是透過身體不適或惱人的異常感知，使人無法維持正常生活。從異常的身體痛苦或感知出發，成巫的過程顯現出來的是獲知自己是「神明」挑選的對象，但卻心有不甘地跟「神明」討價還價，直到妥協臣服的「領旨」。這些經驗構成了「交往」行動，也讓「交往的對象」，也就是「神明」，在生活中「活靈活現」。如此，不管「神明」是否真的「存在」，更重要的是其在行巫者生活中的「臨在」（presence）。

因此我們可以獲得一個認識：行巫能力的靈通，其本質是與「奧祕的交往」。上述討論中的「神明」，在不同的脈絡會以「神」、「母娘」以及「高我」等名稱出現來作為行巫者與之互動的對象。這些名稱，究其本，皆指向一種人的智性邏輯未能掌握的面向，因此我們可以將之統稱為「奧祕」。我們也可以這樣說，「奧祕」藉由種種「神明」形象，顯現於行巫者之靈感知的「三世因果透視」或直接「附身」演出，構成了其於人的俗世生活中「臨在」。余德慧與劉美妤（2004）以榮格（C. C. Jung）的 Imago 概念來理解「奧祕」的形象化作用：「*Imago* 是 image 的原型。所謂『原型』就是透過一套想像系統直接與存有狀態產生勾聯的關係」（頁76）。如此的理解可以將 Imago 視為擬象空間的開啟，而靈通的行巫能力就可以被描述為進入擬象空間而與「奧祕」交往的作為。「奧祕」雖指向難以捉摸、難以把握的領域，但「交往」卻是具體的生活經驗與活動。

行巫療癒的第三構成環節是其「所為之事」，具體內容則是個人的照顧與倫理的調節。讓我們再回到之前提過的老祖母失孫的「牽亡」來例說。在行巫的現場首先出現的求巫者的「觸動」與「締結」（connectedness）。透過附身出現的孫子所連結到的是心思無法排解的悲傷祖母，由之構成心思「通透」的重要條件。如此的接應是行巫療癒的關鍵起點。其次，求巫者的「有所求」依附著行巫者「與奧祕交往」的能力進入擬象空間，而原本經歷的倫理不堪，或人情處境的無法轉圜，隨之得到更廣寬的視野與心思的安置，獲得重解（reframing）。前例中孫子的劫難之說，撫慰了老祖母的喪痛，也解除了她「報應」的指責。如此理解

的行巫療癒照顧結構沒有訴諸無法驗證的神靈存在但足以呈現求助者的狀態、助人者的依憑以及助人的工作內容，並突顯出其倫理照顧的意涵。

最後要說的是，「靈不靈」及「應驗與否」的結果論通常是一般人肯定或否定行巫療癒的依據，然而本文對於本土社會中的行巫療癒解析，不是建立在行巫療癒的「靈驗效能」之上，「不靈」或「不真」也不會推翻這裡的立論。事實上，所謂的「靈驗與否」指向的是行巫者給予的「你們當如何如何」之指示應驗與否。然而當「與奧祕的交往」展化成「應然的具體行事」，求巫者便被移置到現實處境的條件之中，所指示之事也必然在此條件裡盤算，或者必須與原本的行事局面相磨合。舉例來說，「神明指示」需修祖墳以增進家人的和睦，然而「修祖墳」牽涉到的金錢需求，便會落入實際的經濟狀況中考量。神明指示的奉行也就不是單一因素來決定的，甚至落入原有的爭端之中。在日常行事中，「神明的指示」只是一項條件，而不是奧祕空間中靈象徵的關照，也因此才有「靈不靈」的可能。如此看來，民間宗教行巫療癒的關鍵，在於奧祕空間的開啟與否，而非具體指示的靈驗與否。我們可以這樣說，行巫是與奧祕交往的開啟，而具體的指示卻是奧祕空間的結束。

3. 「言談」與「關係」經驗中的自我置位

中國士人「心性存有」的迂迴與民間宗教療癒「奧祕空間」的締結兩者共同呈現的受苦療癒動向是：陷落受苦的心思在原本的人情事理中受到阻隔，但卻經由一條不同質地的通道而獲得接應與抒發，從而可以返回現實生活，解開打了結的人情絞索。這裡的「阻隔」與「抒發」現象涉及的是個人與周遭人際間的互動經驗，透過新寡婦女處境的探究（余德慧等人，2003）可以進一步釐清其中的經驗結構。

臺灣社會的家庭倫理格局裡，面對丈夫即將過世或新逝的年輕婦女心中總有許多情緒感受，也有許多心思忖度，但在表達上經常會有難以啟齒或欲言又止的經驗。這個現象牽涉到與說話對象之間的關係：原本親緣連結強的對象，如婆家與娘家親人，不見得能夠讓新寡婦女對其暢所欲言；有時反而是沒有深厚關係的志工協助者能夠讓她們深入地吐露。這其中顯

示了在新寡婦女的經驗中，能與之言以及不能與之言的對象，並不與人情親疏一致；即「關係之深淺」與「言談之深淺」的對象並非一致，但有一種交互作用。

進一步來看，當我們把個人當成一位「作為者」（agent），其在人際界之言談與行為可被定義為「論述行動」（discourse act），即以言談來行動與作為。論述行動有其指向處（to-pole）也有其發端處（from-pole），後者即是作為者的置身之所，我們稱之為「作為者所在」（the locus of agency）。作為者所在雖然是論述行動結構之一端，然而當個人完全融入於人際活動時，此一部分並不會被個人經驗到。然而當人際關聯不再是個人活動的支持，而變成個人必須應付的人情形式，如原本自認為夫家一分子的新寡婦女驚覺公婆懷疑其將會改嫁的可能性，或是照顧癌末丈夫的太太開始思索未來與婆家的關係以及自己日後的出路，這時個人就顯著地經驗到自己千迴百轉的「心思空間」（pondering space），也就是充滿個人思量的「作為者所在」。有了心思空間，就有了內外的經驗之別。「外在」的親緣人情雖然仍在，但其性質不再理所當然，心裡所想的總是要在「內在」的心思空間中琢磨一番，總是要轉個彎才能說出來。

新寡婦女經驗中的「關係之深淺」與「言談之深淺」的不一致現象可以用「本心觸動－心思空間－人情形式」的結構來進一步說明。「本心觸動」指的是一個人在生活中尚未言明但卻已然覺察其置身周遭的種種。就新寡婦女來說，其因喪偶所帶來的倫理身分（媳婦與出嫁的女兒）改變不言而喻，但卻又不得不以原來人情形式中的倫理角色來生活。此時看似有實質親緣的人情事理成為個人要應付的對象，說話前必須琢磨一番，也就反身地經驗到自己的「心思空間」，並以此做為論述行動的發端。我們可以注意到這裡有一反身的作為者性（reflexive agency）所造就的，從群體關係中分隔開來的個別化自我（the individualized self）經驗，並讓本心觸動與人情形式之間有了宛若實在的心思空間相隔。然而在與無甚關係的志工協助者交往時，個人心思空間的自我思慮相對地薄弱起來，由本心觸動到人際關係中的言說歷程也就較為順暢，形成「交淺言深」的現象。此時人情形式不是說話者要處理或考慮的對象，言說行動的作為者所在顯現

於「本心觸動」之處。沒有反身的自我思慮，也就沒有心思空間的千迴百轉，形成通透的作為者性（the channelled agency）或本心自我的經驗。

這裡就清楚地顯示出，受阻的溝通發生在經驗中的心思空間與人情形式之間，個人的思慮千迴百轉，難以抒發。即使拐了個彎說了出來，卻也令人難以理解。事實上，這樣的阻絕（thwartedness）也可以在 Anna O. 的例子（Freud, 1910）上觀察到：Anna O. 對社交生活的嚮往阻絕在女兒對生病父親之人情倫理義務之外。因此，心理受苦指的即是當一個人的觸動經驗不再與其公共生活（人情倫理形式）聯結在一起。這就是「倫理的受苦」。由於在此倫理受苦處境中產生顯化的卻是個人心思空間，顯題化的自我思慮很自然地就被以個體自我為目標的心理治療作為處置目標。然而若承認了受苦是一種阻絕，心理治療的重點便不在自我的功能，而是在於心思空間與人情形式間的疏通或通透。

4. 心理治療中的倫理照顧行動模式

綜合中國士人、宗教行巫以及新寡婦經驗中的受苦與療癒動向，李維倫（2004）提出了心理治療作為倫理照顧的行動模式，如圖 30-6 所示：

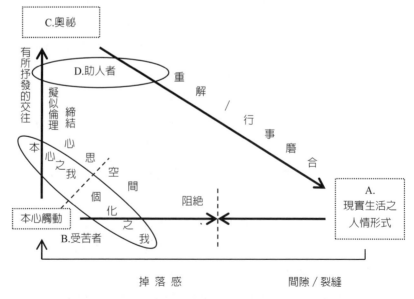

圖30-6　心理治療中的倫理療癒行動（摘自李維倫，2004）

這個治療行動架構顯示，治療者首先面對的是從日常人情應然裡掉落的受苦者，兩者之間因此形成一種阻絕的面對（B →← A）。這裡的要點是，心理治療的求助者總是從其原本的或期待的人情行事空間陷落而出（B ← A 動向），不再是原來的「我」，如自己或親人罹患惡疾、婦女新寡或中國士人為當道冷落，但卻求「再回到從前」（B → A 動向）而不得。治療者若踩在現實生活裡人情形式之應然處，就必然承繼了此一結構的受苦阻絕。

要脫離此一人際阻絕，治療者要出離於日常人情所在（A 位置）的應然思維，進占 D 位置，而與受苦者的本心觸動連繫（D─B），形成有所疏通的交往。也就是說，要與受苦者連結，治療者必須離開其所熟悉與認同的人情應然，否則將會以一般的人情道理來評判於 B 位置的受苦者，如同新寡婦女受到大眾以倫理角色來框限。然而此一「出離」卻會對治療者構成挑戰：治療者也將進入應然之外，甚至與之對立。此外，要注意的是「本心觸動的連繫」並不是把自己移至 B 位置來與受苦者同一（identification），後者將會是與受苦者一同陷溺而無能疏通。治療者與受苦者能夠形成 D─B 的連繫將使後者的「本心之我」顯化，即落身於常規人情形式之外的感受狀態顯化，如宗教行巫療癒中的締結。若能如此，求助者不再處於阻絕之中，此即治療者與受苦者的倫理關係的締結。

繼而，藉由治療者提供的倫理關係陪伴與中介，受苦者可離卻與世情的阻絕，以繞道的方式進行人事的重解，重新進入日常的人情形式之中（B → D → A），此即社會倫理的重解與磨合。也就是說，透過 B → D 的繞道（detour），受苦者經驗到與治療者連結以及本心之我的顯化，才得以從個化之我的阻絕中脫離出來。從前述的本土心理療癒示例來看，此一繞道即是避開行事理性之應然的空間並進入擬象空間。對社會倫理的重新理解是在擬象空間中孕育並於現實生活中實踐磨合。

與發源於西方的心理治療比較上，李維倫指出，倫理照顧心理治療面對的是「倫理性自我」（self-for-being-ethical），即尋求著與周遭之人有著適切關係，能夠安身立命的「我」（Lee, 2007），這是以人情倫理為場所的我。相對的，西方心理治療學派是以個體完整性（individual completeness）與運作效能（efficacy）為目標，瞄準的是「功能性自我」（self-for-functioning），也就是能理性地掌理事務的「我」。因此，契合華人身心的心理照顧是倫理性自我的契入與疏通（contacting and enacting self-for-being-ethical），而非西方心理治療所強調的，功能性自我的培養（fostering self-for-functioning）。如此一來，奠基於本土現象的心理治療獲得了倫理照顧的內涵，成為具體的操作指引，也可以在理論上與西方心理治療做出區別。

（二）談話治療現場的雙重性結構

「倫理性自我的契入與疏通」要如何以談話治療來達成呢？在圖 30-6 的動向指引裡，治療者要從 A 位置移動到 D 位置，並且與 B 位置的求助者連結，其中所涉及的空間結構在一對一的心理治療現場是如何展現？「言說」又將如何進行這個工作？本小節將以「心理治療現場」做為解析的目標，同時把倫理照顧的療癒動向重新概念化到心理治療現場裡的說話行動，這將讓倫理照顧獲得具體的操作指引。

本小節將以底下三個主題來論述：說話的現場空間（the locale of speech）、存在雙重性結構與反面置身（situated-in-negativity）以及反面置身的身體經驗。本小節的結論是，在倫理照顧的心理治療現場，治療者透過說話要抵達的並非社會性規範倫理的維持，而是無名且充滿力量的反面置身。因此，社會性規範倫理的反面置身不是倫理照顧所要取消的對象，反而是治療者與被治療者要一起進入且領受的地帶，也就是使其成為可以棲居（dwelling）的地帶，也就是新的生存形式的生成。

1. 說話的現場空間

心理治療是一個說話行動的現場。當人說話，帶出了什麼樣的「現場」？這個問題似乎十分抽象，但其實屬於我們日常具體經驗的範圍。底下一個幼兒學語的簡單例子就可以顯示其中作用。

我 1 歲 9 個月大的兒子寬寬指著月曆上的葡萄照片對我說：「一樣，

一樣。」同時也拉著他的褲子，讓我看到他的褲子上有著一個一串葡萄的
繡花圖案。寬寬重複著說：「這個一樣，一樣。」（李維倫，寬寬成長觀
察記錄，20041115）

　　上面這個例子是小孩在獲得語言的過程中常見的情形，然而當我們仔
細考察，這其中有著複雜的經驗結構。當幼兒寬寬指著身上衣服繡的葡萄
圖案與月曆上的葡萄相片說「一樣」時，他一方面進入語言指稱的領域，
但另一方面，現場所覺知到的不同，如質感、尺寸、與顏色，反而被推擠
開來了。也就是說，葡萄繡花圖案與月曆葡萄相片這兩件東西在知覺上是
有差異，但這「差異」在語言的指稱中被抹除。進一步言，相對於在場的
某些覺知的排拒，幼兒寬寬的「一樣」所指涉的那個東西，卻以不在場的
形式被帶入在場。

　　我們可以這樣說，幼兒寬寬的言說是一意義生成的過程，在此過程
中，他經歷了現場覺知。然而現場覺知是雜多的，這些多樣的經驗之間的
連結卻是尚未被決定。當他說出「一樣」時，發生了一個生成事件，經驗
中某些部分突現了而某些部分被排斥了。突現的部分立即生產了一個不在
場的在場，在這個例子中可能是與葡萄相關的事物，甚或他對吃葡萄的記
憶。這使他進入了語言的領域。勾連上了語言的強大力量，讓他在月曆相
片與繡花圖案的覺知之間獲得了一個突顯的連結方向，不再只是模糊複多
的經驗。另一方面，他離開了現場的模糊複多經驗，其中包括許多不同方
向的覺知。

　　更進一步來說，倘若有人對上述幼兒寬寬的「一樣」接話：「你說
的是葡萄嗎？」「你說的是紫色嗎？」或是「你喜歡吃葡萄嗎？」等，這
樣的談話就會將對話的焦點帶離現場更遠；現場複多的知覺經驗將遭到遺
留，也就有可能就此掩蓋下來。然而這被遺留下來的經驗領域卻同屬於話
語生成的根源。

　　從上述的例子與討論，我們可以對「現場」提出這樣的認識。第一，
現場有著以語言所規劃出來的一個突現的意義方向與理路。第二，語言指
涉了一個不在場的世界；將此一不在場帶入了現場。或者更常見的是，將

我們的眼光帶出現場，帶向不在場的指涉世界。以及第三，現場還包括了一個模糊的複多知覺經驗地帶，雖是言說的發端但卻在言說中隱沒。如此一來，言說的出現就產生了一個顯化的正面世界，是由語言所打開的。另一方面，模糊複多的流動經驗地帶，摻雜著知覺與體感，則構成了正面語言界域的反面經驗地帶，我們可以稱之為說話者在現場的反面置身。正面世界與反面置身也就形成言說所構成的現場空間結構。

以此來想像心理治療的現場：(1)治療的約定、轉介原因、治療方法、治療目標等實是以話語構成的正面世界，另外治療中說出的話語所鋪排的、充滿故事的意義平面，也屬於正面世界；(2)治療者與受助者的「在現場」也包括一個流動的、模糊的、閃爍的、複多的知覺經驗領域，其中可能包含了兩者的相互知覺與相互引動，以及其他種種心思的湧動；以及(3)治療者對受助者言說的接應就有兩個可能的動向，一是讓「在場的話語」指涉到「不在場的事實」，二是讓「在場的話語」連繫到「在場的反面置身」。也就是說，治療者對受助者言說之的回應，左右了語言是帶離現場的事實指認，或是指向回到現場的就地發生，如圖 30-7 所示。橫向的 E—F 指的是「在場──不在場」的連繫，兩者都處於正面；而縱向的 E—G 指的是「正面──反面」的連繫，兩者都在現場。現場正面語言的連繫指向決定了對話是滑向不在場的事實與經驗，還是讓在場之反面置身與語言生成之關係得以揭露。

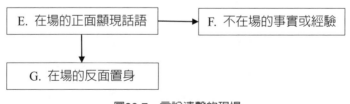

圖30-7　言說連繫的現場

以此來看，言說現場並非只是單純的事實性存在，而是有著生產與排斥的動態運動。我們可以說，生產是話語的生產，生產出智性邏輯運作的平面，讓我們得以居留其中。以克莉斯蒂娃（Kristeva, 2003）的賤斥

（abjection）作用來理解，這樣的生產也會是一種異化（alienation），讓我們遠離複多的經驗樣態，遠離我們的現場覺知。這種有所生成有所拒斥的作用，卻是「說話主體」（speaking subject）顯化形成的過程；相對於陽面主體的生產，必有那被賤斥的陰面。

　　談話心理治療因此可有兩個方向，一是貢獻於陽面或正面主體性的維持，而療癒就會被定義爲主體危機（陰面經驗，即複多經驗，如潛意識，或創傷）的解除，或是主體的確定或再確定（陽面經驗平面的穩固）。另一個療癒的方向則是，回到生成歷程，即去觸及反面置身。正面與反面之間的生成性療癒歷程不只是單方向的線性運動，而是來回穿梭；來回穿梭即是生成。此時，被賤斥者必須被靠近，而且不必然要被認爲是恐怖，因爲恐怖的認定是以陽面主體視野爲出發而讓陰面的靠近成爲焦慮的來源。

2. 心理治療現場的存在性雙重結構與反面置身

　　如此一來，我們看到，以同體異形的方式，在心理治療的現場有著先前提及之存在性雙重結構。心理治療也就不僅是「問題─解決」歷程，而是涉及到在兩個不同性質之經驗平面間的移動。第一個經驗平面是我們最熟悉的，人的智性邏輯所擅場的日常行事之應然領域。它也正是我們要經由教育傳遞給孩童的這個世界的秩序。如果它受到破壞或挑戰，它也是我們要修補維護的目標。這個平面的重要特點之一是，它是「有話可說的」，意即：透過一片一片的話語論述，人們得以投入與支持此一經驗平面，同時個人也獲得自己在正面世界的認同與位置。

　　而第二個經驗平面，即反面置身，即恰恰是智性邏輯與人情應然所不及處。如果說第一個經驗平面是講道理的、依據因果的以及可預測的，則第二個經驗平面就是被視爲斷裂的、不可預測的、模糊的、身體的以及難以說出或無話可說的。除了先前提過的例子外，受創於重大災難的生還者經常會顯現出一種對所遭遇之衝擊無法理解、無法說出、同時也是無法確定的經驗現象；他／她們進入了一般生活的反面。我們可以說，處於維持與推動生活平常之智性邏輯平面的是「正面世界」經驗，而離脫於此一經驗領域之外的即是「反面置身」的經驗。

雖然，反面置身是一種反常，甚至是破壞，是必須被加以排除或修補的，但在本文的論述中已指出，反面置身經驗是療癒轉化中具有超越性的部分。這其實不難理解，療癒本身即包括對「平常」的超越，這也就可能呈現爲對「平常」的背反。以另外的例子來說，一位音樂奇才的不出世作品可能會被認爲是對同時代之音樂規制的破壞。反面置身因此有著毀壞性與超越性的矛盾性質。

連結到圖 30-6 的心理治療倫理照顧動向，「現實生活之人情形式」即爲正面經驗領域，因爲它跟隨的是智性邏輯之行事應然的道理，而受苦者的 B 位置即是反面置身。因此，我們可以說，所有的心理受苦都是反面置身之苦。在反面置身底下，流動著種種感受與心思。「本心觸動」是一個反面置身的經驗，它雖是有所察覺，但卻「無話可說」。「個化之我」的作爲者位置，即是個人要離脫反面置身而向正面處境回返的努力。底下試以一例進一步說明。

SU 爲一 20 歲的女大學生，在一次嚴重的車禍中全身多處骨折，需要接受多次的手術治療與物理復健。在復原期間 SU 經常情緒激動，與家人照顧者之間有多次衝突。在車禍發生後的第 5 個月，SU 開始接受心理晤談。她表示，在與別人的互動上，她有著兩個困難。第一個是她感到自己不再能夠與朋友一起對某些事物感到興趣。在同學的聚會中別人會興高采烈，但她卻不再覺得有何可興奮之處，只會注視著正在說笑的友人，別人也就會說她變得冷漠。SU 也說，她知道以前的自己一定也會像別人一樣享受聚會的快樂，但如今的她卻已完全漠然。SU 第二個人際上的困難是，沒有人能夠了解她所經歷的，也沒有人懂她爲何有些堅持，即使是照顧她最多的母親也無法理解。因此她與心力交瘁的母親經常衝突。

SU 表示車禍後她覺得自己完全變了一個人，除了時常憤怒、焦躁、孤單、害怕外，她感到對自己的陌生。有一次，SU 幾乎是哀求著說：「我要回到像以前一樣。」但我告訴她：「妳是不可能再像以前一樣了。」SU 頓時沉默，眼淚潸然而下。除了直接指出她所謂的「回到過去」的不可能性，我也與 SU 的「陌生之處」經驗進行連繫，並指出此一新的

經驗平面對她雖是陌生，但卻絕非孤單之地；這些也是人類經驗的一部分。

　　隨著晤談的進展，SU 逐漸呈現出有力量處理生活中的事務，她說：「我現在不再在意過去覺得重要的事。過去我可能會擔心好朋友會離開我，現在我覺得即使如此我自己一個人也會過得不錯。此外，我覺得不管面對什麼樣的任務，我都可以做到。」SU 開始出現對某些課程與事務的熱切，以及對另一些課程與事務的不耐。在晤談開始後的兩個半月時，SU 甚至藉由一項課堂作業，主動決定訪問母親的受苦經驗。母女兩人在電話交談中痛哭失聲，了解了彼此的受苦與心意。SU 說：「我從未感受到與母親如此地靠近。」

　　SU 仍然擔心著接下來必須再度接受的手術治療，她甚至宣稱，她寧願醫生直接割開她的皮肉也不要接受全身麻醉，因為全身麻醉讓她感到就像車禍後昏迷時的無能為力、如同死去一般，SU 說：「那是一種完全沒有了的感覺。」而她無法確定她是否會再醒過來。（節錄整理自：李維倫，心理晤談記錄 SU20041004-SU20041213）

　　上面的例子在精神疾病的診斷系統中很明顯的會被歸類於創傷經驗，而這樣的創傷經驗會是處置介入的對象。也就是說，當定義為創傷經驗，SU 的種種情緒與體驗都會被認定為需要排除的對象。但以倫理照顧來思考，我們可以這樣說，車禍讓 SU 的生活之理所當然出現裂縫，而SU 隨之經驗到一個反面的置身處境，不但難以被他人所了解，連她自己都感到陌生。這是一種「只有我自己」的個別化（individualization）經驗。這時的個別化不見得是馬上形成個化之我，而是一種從熟悉之周遭中掉落出來的經驗。這個經驗顯現為無以名狀的情緒與感觸，但當她努力地想要「回到從前」，即融回周遭人情形式，回到正面的人情行事之應然，「咫尺天涯」的阻絕經驗就顯著起來，同時伴隨著另一層的挫折與怨怒感。這時個人感到自己成為「獨自一人」，此即是「個化之我」的經驗。反面置身經驗者同時會有一種哀傷而舔舐傷口的經驗，但這有時是個化之我的自我哀憐而非掉落時的本心觸動。不論挫折怨怒或自我哀憐，這些經驗都有

一種私己性，即與他人阻隔。

上述晤談紀錄中的治療者呈現出以接引「本心感觸」的方向來與 SU 交往，這同時也是對想否定反面置身之「個化之我」的挫折（「妳是不可能再像以前一樣了。」）在這個過程中，SU 呈現出在正面世界與反面置身間的反覆移動。當一方面 SU 能夠與母親和解，發展出一個新的關係樣態時（「我從未感受到與母親如此地靠近。」），另一方面在不同的脈絡還是會有無法確定的反面經驗發生（「那是一種完全沒有了的感覺。」）。

上例也顯示，如果能夠讓經驗者安身於存在雙重性結構之中，不是只想否定反面置身，也不是走向另一極端，否定正面世界，就是讓經驗者具備在雙重空間穿梭的能力，經驗者的受苦結構則會因而改變。也就是說，療癒的發生並非指在第一重空間中的事實（原本熟悉的世界中的裂縫）獲得改變，而是原本以為是唯一的平面變成二重中的一重。底下筆者將以輔仁大學教授蔡怡佳所提供的一個例子來具體化此一主張。

一位母親因兒子車禍變成如同植物人一般而憂心焦急不已。這位母親是虔誠的天主教徒，因此時常祈禱請求上帝顯示神蹟，讓兒子甦醒過來。有一時，母親所熟識的一位修女來病床前探望這對母子，並陪同母親一起禱告。突然間母親看到一幕景象，耶穌基督手握權杖來到病床前，以權杖點了兒子一下，兒子就坐了起來。就在這個時候修女也宣稱她看到了一幕景象，兩人協議由修女先說出她的經驗，修女說她看見耶穌基督手握權杖來到病床前，祂放下權杖，彎屈身體伸出雙手將病人抱到懷裡。此時母親流下眼淚，卻沒有把自己所到看的景象說出。事後母親道出這段經驗，並說當時她體會到一種更廣大的愛，也同時感受到自己的苦楚獲得釋放。（蔡怡佳，私人溝通）

此例中母親所經驗到的療癒不能說是負擔的解除，而是接觸到、或說顯化了另一經驗平面，即反面置身的存在。這裡所顯示的受苦療癒雖然與 SU 之例有很大部分的不同，但兩者都有雙重性結構經驗的發生：除了原本熟悉但已受破壞的世界之外，還接受了另一個經驗平面的存在。療癒可

以不是醫療技術或神蹟將傷害復原，也不是「回去」原來的生活，而是安身於雙重性的經驗之中。也就是說，反面置身也成爲可存在的經驗，甚至是領受而非拒絕的對象。

3. 反面置身的身體經驗

　　當我們考慮反面置身經驗時，無法忽略置身者的身體經驗（bodily experience）。前述 SU 的例子也提示出，異樣的身體感，包括無法消除的疼痛、麻醉劑的感受，以及後來的某種熱切，是反面置身的重要面向。爲了進一步考慮身體經驗與心理治療的議題，我們再此先轉換一下跑道，借助精神分析的古典案例來提供更多的線索。

　　回顧佛洛依德的古典案例朵拉（Freud, 1997），我們可以發現，在朵拉的生活中，最顯著也因爲顯著而不被看見的，其實是一種曖昧的氛圍：其家人與鄰人朋友之言語及意圖的多重意義。這種曖昧的氛圍在經驗上，即如同本文在討論 SU 案例時所指出的「咫尺天涯」：看得到卻得不到確定。如此，圖 30-6 中的掉落感經驗也就出現了。我們可以想像，朵拉身處於曖昧氛圍中，無法明確知道到底發生了什麼事，即使她努力注視眼前發生的事情，她還是難以對周遭人事有明確的認定。這種處於曖昧的複多經驗（the experience of ambiguity and multiplicity）但卻凝視著、尋求著事物確定意涵的姿態正是存在雙重性結構的經驗：她置身於反面，卻望著正面；她所注視的部分無法說明她所置身的部分。而當此一處境中的個人開始「認定」事情的意涵時，卻也從來無法抵達「肯定」或「確認」。因此，此一曖昧並未消散，而是繼續保持下來，個人處境也就成爲一個特別的姿態：身處反面但背向反面，無法置身於正面世界卻努力去尋求正面的置身。圖 30-8 中 1 號箭頭爲朵拉之反面置身位移；而 2 號箭頭運動，即是顯示此一樣態：箭頭的部分好像已置身正面世界，但其實仍在反面，她就會經驗到一種咫尺天涯的阻絕狀態。如此看來，正面／反面的雙重性經驗結構也可見於精神分析理論中，我們也就可以從中汲取相關現象來思考反面置身的身體經驗。

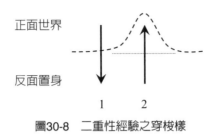

圖30-8　二重性經驗之穿梭樣

　　進一步來看朵拉案例中佛洛依德對身體經驗的認識方式。佛洛依德對朵拉的分析主要在於對其生理症狀（咳嗽、呼吸困難等）與種種性慾經驗（吸吮乳房、吸吮手指，吸吮陰莖等）之間的連結（Freud, 1997）。佛洛依德認為，身體性的激發感受是潛意識構成的重要基礎。而回到存在雙重性結構的思考上，佛洛依德在此可說是提出了一個關於反面置身之身體經驗的論述與邏輯，其對性慾及其種種作用的觀察也就顯現為：由於反面置身並非意義的擅場之地，因此經驗上極其容易充滿了身體性與感受性等的激動或流動。當個體無法安身於單一意義的運作平面時，他人的話語就容易散射出種種可能，甚至撩撥身體感受。因此，反面置身也包括著許多身體性激動或流動的曖昧複多經驗。

　　不過，反面置身經驗中的身體性激動或流動是否必然指向生物性慾，或是佛洛依德的論述方式是否為我們討論身體經驗所必然要採取的路徑，則有待商榷。從本文的討論可以看到，身體經驗根本上屬於語言意義之外的另一空間或平面，個人可以因陷落而為其充滿，也可以是曖昧複多的知覺狀態；它可以被基模化（schematization）也可以是尚未基模化（Merleau-Ponty, 1962）。當身體經驗還無法與世界搭出一個協商結構，還未能與世界組織起來，它是無以名狀（unpresentable），是無器官的身體（body without organs）（Deleuze & Guattari, 1983）。這種狀態或時刻，有著強烈的感受經驗，但無法以明確的模式來接應。這也是一個無法思考的自我失落的時刻，非理性時刻。若無器官的身體能夠被抵達而進行連繫，便有著機會開出種種不同的身體部署（body disposition）（龔卓軍，2006），也即是一種生存形式的重新生產。以此觀之，所謂的倫理照

顧，並不是進入正面世界的應然來要求或重複，而是在倫理的難處參與到受苦者的反面置身，去遭逢無器官的身體，進入生產的時刻，搭建起一個與世界聯繫起來的新的生存形式，也就是一個再倫理化的過程。

　　綜合以上討論，我們就獲得了以「說話」做為行動的心理治療倫理現場結構。心理治療以話語互動為主，然而人一說話，經驗就被切割出「被說出的」與「沒有被說出的」兩部分。「說出的」展現在人際互動之間，也就進入「正面」的公共地帶，而「沒有被說出的」就形成在「反面」的經驗，這就出現了「正面／反面」的雙重性結構。此外，「說出的」話語也經常被視為對不在場之事實或概念系統的指涉，因此「現場」也有著「在場／不在場」的另一對比結構。也就是說，「現場」有著以「正面／反面」與「在場／不在場」兩種對比所形構出來的空間樣態，如圖 30-9 所示。如此就清楚顯示出，以「說話」做為倫理行動，心理治療者的話語不是去指向不在場的事實或概念（E → F），也不是去形成受苦經驗的阻絕（E → G1，如同圖 30-6 的 A →◄― B 連結），而是去抵達受苦者置身於治療現場之反面的本心觸動（E → G2，如同圖 30-6 的 D―B 連結）。

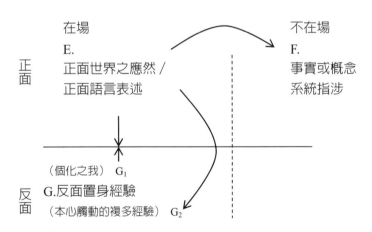

圖30-9　心理治療現場的雙重性結構（摘自Lee, 2009）

　　以現場的空間構成來描繪出說話做為心理治療倫理行動的指向，不但精細地具體化心理治療中的倫理性操作，也具體化了心理治療中常被強調

的此時此地（here and now）。這讓倫理療癒不再限於臺灣本土社會現象的特殊性，而成爲具備普遍意涵的心理治療理論。這樣的理論發展過程是由本土生活中的受苦療癒現象中還原出朝向「倫理性自我」的倫理照顧作爲，再從心理治療的倫理性互動中揭露經驗發生的現場結構，從而得到在地現象中的普世性內容。

（三）倫理療癒過程的意識狀態及理論：意識的三重構作

討論至此，存在的雙重性結構的性質內涵與特徵有了進一步的呈現：第一重是依賴著話語所組織與運作的人情行事理性空間，第二重包括了圖象與身體感經驗的流轉跳接空間；第一重是理性自我的場所，第二重是自我消盡的地帶。在談話形式的心理治療現場呈現出來的雙重性則是正面世界理路與反面置身感受，而治療者的言說行動是將治療互動移置到第二重平面的關鍵。圖 30-6 與圖 30-9 共同呈現了倫理照顧心理治療的運作行動架構。

雙重經驗空間的移置現象，如擬象空間的進出與抵達身體感受的言說，經常伴隨著恍惚或催眠狀態（hypnotic state）經驗。余德慧的柔適照顧也注意到施行時的意識狀態變化，同時也將催眠經驗與催眠治療作爲發展柔適照顧的理論與技術時所設想的操作方法之一（余德慧等人，2008）。催眠現象指的是，在他人的引導或自發的情況下一個人所產生的顯著知覺、說話與行爲的改變。「另態意識」（altered state of consciousness, ASC）通常用來描述此一顯著的變化狀態，意指著所謂的催眠實是關於「意識」的改變。早於 1968 年美國心理學會即成立「心理催眠」分組（Division 30 of APA, Psychological Hypnosis）並持續進行對催眠的科學性研究。學術界對催眠現象的興趣在於它是揭露人類意識組成與運作的重要管道。如同知名美國心理學者 Ernest Hilgard 所指出的：「如果研究催眠的專家成功了，他們可以告訴我們的應該不只是關於催眠，而是關於一般性的人類功能，因此也會有助於理解正常意識及其控制系統」（Hilgard, 1986, p. 138）。

綜合了一路走來在本土心理療癒現象上的發現，李維倫認爲倫理療

癒的存在性雙重空間移置現象正可以提供出一項意識理論，一方面說明倫理療癒過程中的意識經驗變化，另一方面貢獻到人類意識結構的一般說明（Lee, 2011）。從本文的說明可知，本土心理療癒現象中有著以話語構成的常規生活地帶，充滿圖像經驗的擬象地帶以及身體感受顯著的體感經驗地帶，而且這些經驗地帶之間的移轉伴隨著意識狀態的變化。爲了具體化與深化理解其中涉及的意識經驗面向，李維倫採用了塔特（C. T. Tart）的意識狀態研究、吉布森（J. J. Gibson）的可爲性（affordances）生態心理學觀點以及胡塞爾（Husserl）的意識意向性理論來交互考察，提出了包含語意意識、圖像意識及體感意識的「意識三重構作」模式（the threefold acts of consciousness, the TAC model）。

首先，根據塔特（Tart, 1975），意識可以描述爲一個一個可分別的狀態（discrete state of consciousness, d-SoC），而人可以經驗到不同意識狀態之間的差異。一般人的所謂的清醒狀態並不是睡眠之外的唯一意識樣態，而只是一種特別的 d-SoC，塔特稱之爲基礎意識狀態（baseline state of consciousness, b-SoC）。在 b-SoC 之外，有著種種可分別的另態意識（discrete altered state of consciousness, d-ASC）。恍惚出神（trance）或催眠狀態即屬可分別的另態意識。

其次，雖然一般人將意識設想爲內在的心理作用，但如果我們採用吉布森（Gibson, 1977, 1979）的生態觀點就會看到，意識不是人的內在心理裝置，而是包括了個體之外的種種環境條件的組織，意識的轉換就指向了個體與外在世界關聯起來之模式的改變。吉布森的「可爲性」（affordances）理論指出，動物，包括人類，對於世界的知覺不只是關於對象與空間，還包括了環境中行動可能性的知覺，即採取行動的可行性與可能路徑。也就是說，個體在環境中的知覺不是主觀也不是客觀，既非內在也非外在，而是與知覺者的行動能力連在一起的。這裡的重點是，人類的知覺包含了知覺者與其周遭環境的整體形態建構。結合了「可爲性」的觀點，Ellis 與 Newton（2000）對意識的描述爲：

意識來自於有目標與指向之有機體在環境條件中之行動可爲性。……

主體所感受到的意識經驗來自於，當我們活躍於環境中尋視著種種事物，透過情緒，包括好奇，促發預期圖像（motivate the forming of anticipatory imagery）的歷程。（p. xi）

這樣說來，意識是一種由人所經驗到的，將環境組織建構起來的現象，並且讓人感受到自己是一個「作為者」（agent）；意識活躍地組織起有機體的「活在環境脈絡中」，從而激發了相應的生理與心理活動。因此，意識不僅是生理或心理的事件，它更是屬於環境的事件。如同完形心理學所指出的，環境整體優先於個別知覺；個別感官知覺的生理活動是由早已在個體與環境互動中組織起來的刺激所激發的。如此，意識並非生理活動的副產品，而人的意識狀態正是人的存在狀態（existential state）。

第三，胡塞爾（Husserl, 1970, 1983）的現象學觀點下，意識總是關於某對象的意識（consciousness is always the consciousness of something）。意識的主體端稱之為「能意」（noesis），對象端稱之為「所意」（noema），「能意—所意」即是意識意向性（intentionality）的結構。從現象學的角度來看，不同的意識對象構成了不同的意識結構：了解話語言說運作的是語意意向性，觀看圖片運作的是圖像意向性，而對事物的感受或質地，活躍出來的是體感意向性。

綜合上述理解，有三項關於「意識」的特徵可以被指出來。第一，「意識」一詞所指涉的經驗是一個一個可分別的「意識狀態」。以「狀態」（state）來描述「意識」讓不同性質的意識可以在具體經驗中被指認出來。第二，意識狀態不是內在的心理機制，而是人置身於環境中的存在狀態，也就是說意識必然涉及環境與對象。第三，不同性質的意識對象，如語意對象（話語或文字）、圖像對象（圖畫或想像）及感受對象（體感或感官經驗），有不同的相應意識動作（conscious acts），意識狀態的轉換可視為不同意識動作的作用變化。如此一來，意識狀態即是人與周遭事物組織起來形成置身所在（stuatedness）之整體。此中的組織構作可以被區分出經由語意意識（significative conscious act）、圖像意識（imagery conscious act）以及體感意識（sensorial conscious act）的意識動作。我們

因此可以這樣描述，人存在之意識的組織建構歷程來自於包括語意意識、圖像意識，以及體感意識所構成之置身於環境中的行動可為性。

圖 30-10 展示的就是以「意識三重構作」來呈現環境脈絡中之經驗行動作為者的意識運作（the working consciousness of an experiencing-acting agent in context）模型。圖中的人形代表著如果我們討論意識，那麼我們討論的是一個人在經驗場中的意識經驗。不同的意識動作將相應形成不同的意識經驗地帶，語意意識形成語意意識地帶（significative realm, S-realm）、圖像意識形成圖像意識地帶（imagery realm, I-realm），以及體感意識形成體感意識地帶（sensorial realm, P-realm）。圖中標示的垂直方向箭頭是三者之間的綜合或轉移運動。語意意識、圖像意識以及體感意識三者，雖然共同構成了意識者的經驗組構歷程，它們之間也會因彈性程度、容納程度與處理速度等方面的不同，在它們的綜合中產生差異，並發展出不同的組構形態。三個意識動作地帶之間的連結可以是順暢的，也可能是阻絕的，甚至形成一種僵化的形式。這個意識模型提示了，不同的意識狀態經驗可能是來自於經驗場中多重層次歷程的綜合狀態不同。圖 30-10 也顯示，存在的雙重性結構也可由意識三重構作模型來表示：人情事理空間為語意意識地帶，而行巫療癒空間則是圖像意識與身體意識活躍

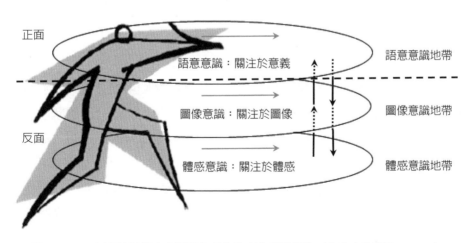

圖30-10　一個環境脈絡中之經驗行動作為者的意識運作（修改自李維倫，2015）

的地帶。此外意識三重構作模型也符合可以用於說明柔適照顧過程中的意識經驗變化（李維倫，2015），顯示其契合於倫理療癒的操作。

　　把意識三重構作結合談話治療的現場結構來看，治療者的說話行動可朝向聽者的語意意識地帶而引動語意意識作用，也可以是朝向圖像意識地帶或體感意識地帶，相應地引動圖像意識或體感意識的作用，如圖 30-11 所示。引動語意意識的言說會是如推理、說明、判斷與辯論等等，引動圖像意識的言說會是如回憶、想像、比喻與說故事等等，而引動體感意識的言說會是如一般導向身體感經驗的指導語，「注意到肩膀的放鬆」或「注意到空氣進入鼻腔的溫度」等。如此一來，心理治療的現場更加立體起來，治療師的言說也就有了更清楚的操作方向。舉例來說，圖 30-9 中的倫理照顧說話行動 E → G_2，指的就是治療師引動圖像意識或體感意識的話語作用。

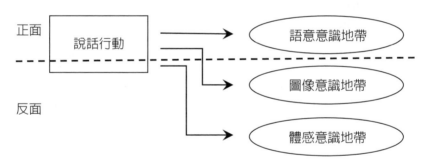

圖30-11　說話行動的意識作用指向

　　另一方面，不同的意識引動言說將在聽者的經驗中促發不同的意識狀態，也就是一般稱之為催眠的另態意識。如果一個人從一般清醒狀態接受如身體掃瞄（body scan）的催眠引導，再給予場景想像的指導語，最後回到體感意識的引導，並結束催眠過程而「清醒」過來，從「意識三構重作」模型來看，就會是「語意意識支配狀態──體感意識支配狀態──圖像意識支配狀態──體感意識支配狀態──語意意識支配狀態」的意識狀態變化歷程，可以圖示如圖 30-12。

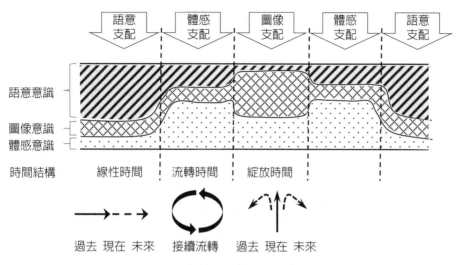

圖30-12　不同意識作用支配下的意識變化

　　在圖 30-12 顯示的意識變化歷程中，我們首先可以看到最左邊的一般清醒狀態，也就是塔特指的基礎意識狀態，其中顯著的是談話中的論說與理解，以及文字材料的閱讀，因此可說是語意意識支配的意識狀態。此時雖然也有圖像意識與體感意識的作用，但多是邊緣性的，不在意識者的意識活動中心。其次，所謂的「另態意識」其實有二，一是體感意識支配的，另一是圖象意識支配的。這兩種另態意識可以被經驗者所區別出來。此外，圖 30-12 也顯示，圖像意識的活躍支配不會完全邊緣化體感意識的作用。我們可以由引人入勝的說／聽故事為例來理解這種狀況。當一個人為故事吸引，好像進入故事之中，眼前浮現故事場景，並且產生如同故事中角色一樣的身體感受。這就顯示，圖像意識的內容將引動相應的體感意識活動。

　　沉浸於故事中之人渾然忘我，在故事結束時如大夢初醒，恍如隔世。這時我們看到一個人在圖像意識支配時的時間經驗狀況：從原本的生活時間線離開，以故事時間為時間。就如「黃粱一夢」般，夢中功成名就展開的一輩子時間，而醒來後所面對的卻是只過了一小段的炊煮黃粱米飯「現實時間」。這裡前者是圖像意識活躍時的時間經驗，後者則是一般意

識狀態，也就是語意意識作用時的線性時間經驗。而在體感經驗支配下也有其時間經驗模式：其中個人將感到感受流轉，雖有過程但沒有過去未來之分，只有當下。

也就是說，如圖 30-12 的標示，三種不同意識支配狀態下的時間經驗形式有所不同。首先，在語意意識為主的意識狀態下，人們行使語意理解、推論與判斷等等活動；事物必須在語言秩序下才得以被通達。也就是說，事物必須合於前因後果的「合理」秩序才具備可通達性（intelligibility），也因此顯示出線性因果時間（linear-causal temporality）是語意意識中事物組織運作的基礎。其次，當指示受試者以其身體感受為其注意的焦點時，如一連串的指導語像是「注意到空氣進入鼻腔的溫度」或「注意到手心的溫度」等等，體感成為受試者主要的意識對象，大部分的受試者會報告此時的經驗為「較為放鬆」、「感到身體沉沉的」、「不確定過了多少時間」等等。受試者有意識對象流轉變動的內容，但卻沒有關於時間長度的經驗，因此我們稱此時間經驗為「流轉時間」（flowing temporality）。此時即使受試者聽到不合理的指導語也呈現出相當被動的狀態，也就是說雖有判斷，但並不驅動作為，這是語意意識活動較為「稀薄」狀態。最後，當受試者被引導到視覺的圖像經驗或是有自發的圖像經驗時，在圖像中的事物或人物可以隨意地跳接，也不照因果秩序，形成一種事物可以往先前或往後來開展的狀態，從而自行構成事物間的線性時間關係。我們因此稱此時間經驗為「綻放時間」（ecstatic temporality）。

如此，倫理療癒的存在性雙重結構以及不同空間的移置現象提供出一項意識理論，一方面說明了倫理療癒過程中的意識經驗現象，另一方面貢獻到人類意識結構的一般說明。「意識三重構作」理論具備開啟意識狀態研究新視野的潛力，種種意識經驗現象議題有待學者進一步的探究。

（四）存在催眠治療的形成

發展至今，在心理治療領域可說已經出現了以臺灣本土文化與療癒現象為基礎的心理療法。首先，這個療法認為受苦總是倫理的受苦，因此

倫理的調節會是其治療目標。其次，種種「倫理不堪與難處」的轉圜策略則是奠基於存在雙重結構的理解，以及談話治療形式中的現場空間構成。最後，以「意識三重構作」及談話行動作為倫理行動為指引，治療者透過促發圖像意識與體感意識的活躍，讓受助者進入不同存在狀態的移置與穿梭，達成的是「倫理性自我的契入與疏通」。事實上，透過意識三重構作所揭露的意識變化，倫理照顧心理治療就呈現為一項涉及意識轉換之催眠現象的心理治療方法。為了收納其特徵，並作為進入心理治療實務領域發展的起點，此一療法被命名為「存在催眠治療」（臺灣存在催眠治療學會，2015）。

接續將進一步呈現兩項說明。首先是對話於西方心理治療的發展策略，這是受啟於余德慧提出之本土心理學理論發展的「雙差異折射理論」所做的工作設定，也是拓展存在催眠治療之意涵的一步。其次是回到倫理照顧心理治療的原初問題：「面對受苦者，做為心理治療者的我如何能夠有倫理性的作為？」之指引，呈現存在催眠治療的具體操作原則。

1. 「催眠」的意涵：對話於艾力克森催眠治療

以「存在催眠治療」為名的本土發展心理治療，其中的「存在」、「催眠」與「治療」意涵在本文中已多有闡明，但由於有許多人將坊間的催眠表演與催眠治療混為一談，或質疑「催眠」一詞的使用。因此本小節先以既有的催眠治療來作為對話對象，以澄清「催眠」的經驗意涵。

回顧晚近催眠治療的發展，最主要代表的人物，當屬美國精神科醫師艾力克森（Milton Erickson）。他不拘一格的治療手法，提供了另一種方式了解催眠治療，同時也影響了後續許多心理治療的發展。面對艾力克森的開創性做法，許多學者都嘗試給予理論性論述，但目前還是沒有一個說法可以涵蓋艾力克森的所有操作（Parke, 2000; Yapko, 2001），事實上，即便是艾力克森本人也沒有對自己所發展出來的心理治療給予完整理論性的說明。在這種情況下，存在催眠治療與艾力克森催眠治療（Ericksonian hypnotherapy）之間就可以有一種相互澄清的對話關係。

存在催眠治療的意識三重構作理論可作為理解艾力克森催眠治療的視

野。艾力克森催眠治療在理論說明上的困窘狀態，Parke（2000）認為，來自於一般學者沒有注意到語言使用在口語（orality）與書寫（literacy）上的不同。Parke 藉由 Ong（2002）的著作指出，口語與文字不同的是，前者的聲音不只傳達詞語意義，還有透過聲音所展現之表情與情感的傳達。我們可以說，口語是身體性的溝通（bodily communication）。此外，口語言說使用「故事」（narrative）來聚合人類行動的種種面向，而不是用分析性的概念範疇來掌握事物的邏輯。傳統上的吟唱詩人、說書人與巫師，是口語文化的代表，在他們的口語表達下，人們可以經驗到栩栩如生、歷歷在目的內在圖像經驗，宛若目擊了故事中的英雄旅程。Parke 認為艾力克森的催眠手法是口說語言文化的展現，要以書寫語言文化的思維來掌握就有困難。若以意識三重構作理論視之，口說語言的運作在聽者的一方動用到體感意識與圖像意識，而書寫語言的溝通表達則集中在語意意識的運作。以口語傳統與書寫傳統的差異來了解艾力克森催眠治療的運作機制，符合存在催眠治療強調促動體感意識與圖像意識及其意識變化歷程的見解。

再來看實際上的操作。舉例來說，Lankton 與 Lankton（1983）綜合了艾力克森催眠治療的特徵，提出了一個隱喻嵌入結構（embedded metaphor structure）模式來指導催眠治療指導語的寫作。簡言之，這是一個把求助者的困局與解決方案寫成一個故事，再於催眠狀態下說給求助者聽的過程。其指導語的結構為：「進入催眠狀態引導—隱喻故事—離開催眠狀態引導」三階段。其中的隱喻故事則另包括了受困處境、資源與力量以及解決方案三部分，而進出催眠狀態的引導則是一般以當下身體感為焦點的指導語。很顯然地，這個催眠治療過程符合口語文化的表達特性。接受如此催眠指導語的經驗者之報告也有著如圖 30-12 所顯現出來的的意識狀態變化過程。在被稱作為「催眠」的意識變化狀態下，隱喻故事的聆聽有著重解轉化求助者困局的力量。此例顯示，艾力克森催眠治療的實際操作也符合意識三重構作模型，因此會是存在催眠治療可以參考的的實作形式。

如此可以看出，存在催眠治療與艾力克森催眠治療中的「催眠」，是

一種口語溝通的現象，其中顯著的是圖像經驗與體感經驗的促發所引動的意識狀態變化。在本文的脈絡裡，催眠治療的意識變化也可以被理解為在不同存在狀態的穿梭進出。若再以倫理照顧心理治療來將「催眠」於心理治療中的作用重新概念化，則包含著底下所稱之「靠近、領受、生產」等三面向的歷程。

　　首先，催眠是一種溝通上的靠近，也是與受催眠者的連結。催眠其實是一個溝通過程。以最單純的催眠操作來說，催眠者向受催眠者說出一番話語，引導後者進入所謂的「出神」狀態。在這個狀態下，受催眠者顯現出對催眠者話語的高度依循。相對的，我們常說的溝通問題，其實是說溝通雙方之間不會依循對方的話語。因此，催眠是一種溝通上的靠近與連結。

　　催眠中所獲得的依循，一開始是來自於催眠者以受催眠者的體感狀態為依歸的言說。這就是說，催眠者去靠近受催眠者，到他／她所在的地方去。在催眠的操作中，「靠近」的具體作為在於「調頻」（attunement）。調頻是指催眠者所說的話是與聽話的人同頻同調，如對於呼吸節奏的同頻，或與身體經驗符應的話語。進一步來看，催眠者得以調頻的基礎在於觀察。透過觀察，我們才知道對方身處於何地，才能了解對方的情況。

　　其次，催眠治療是一種「退出意義指涉，恢復現場領受」的操作。以體感意識的促動來改變意識狀態，也就是讓語意意識不再活躍支配，不再進行意義判斷。另一方面，此時的受催眠者對於引導的話語能夠直接有相應的身體反應，如影像或體覺的產生。也就是，受催眠者進入一個高度領受的狀態，能夠泰然地任話語及身體感流動，領受其中的不同體驗。

　　以催眠治療的術語來說，受催眠者在此時具有高度的可暗示性（suggestibility）。不過，可暗示性卻不是一個適當的指稱，因為它似乎意指受催眠者是被動地接受催眠者的指令，但在實際的催眠現象中並非如此。我們時常觀察到，受催眠者不一定完全照催眠者的指令而反應。事實上，受催眠者會對引導的話語做反應，但其反應內容與方式卻是自發的。因此，受催眠者可說是受動而非被動，「領受後而動」。因此，催眠者的另一重要技術即在於隨時察覺受催眠者的受動反應，改變引導方向與內

容，猶如急流中駛船，順勢而爲。

最後，催眠治療是一種非預先設定的生產。受動反應現象也指向了催眠治療中的混成生產特徵。催眠者並非單方面強制地設定治療目標或治療結果，而是投石問路般，提供不同的引導話語，包括小故事及隱喻，來讓受催眠者進行一種受動的自發整合。即使催眠者精心設計了針對不同問題的催眠引導，但受催眠者會對哪一部分反應，會如何反應，總還是未知數。然而正是此種催眠者與受催眠者共同聽從條件的給出（條件指的是種種的意念、體感及其連繫方式），再加以琢磨，使其成形，呈現了一種混成生產。此一混成生產是一種抵達對週遭世界及個人領受的整合了解，其顯現不一定是在受催眠者的智性認知上，更重要的是在受催眠者的生活連繫活動上，也就是在其生活中之人事物上所展現的關係形式。混成生產猶如漂流木的雕刻，雕刻家體察材料的質地、紋理、肌理與枝展狀態，加以雕琢而使其成熟展現。雕刻家與受自然歷練之漂流木相互遭逢，使天成的材料成熟展現。如此，雕刻家也完成了「領受—生產」的任務。

2. 存在催眠治療的倫理行動

雖然存在催眠治療提供了意識變化在心理治療中之作用的理解，但其核心指引仍然是倫理療癒與倫理照顧。「面對受苦者，做爲心理治療者的我如何能夠有倫理性的作爲？」這個原初問題仍舊是存在催眠治療的起點。這也是說，與求助者的連結是存在催眠治療的第一步。通過本文的討論與說明，這個問題的答案，從倫理照顧的角度來看，是與受苦者之倫理難處的本心之我的連結；從治療現場結構來看，是抵達受苦者尚未進入話語的反面置身；從意識三重構作來看，是連結到受苦者的體感意識。這三種描述所指向的行動，皆可以由治療者的說話來完成，也都是朝向一般人情倫理應然平面之外的存在經驗，因此都是具備了原初倫理性的作爲。

與受倫理之苦的求助者連結有兩個管道。一是讓求助者的倫理置身（ethical situatedness）顯化，從而看到其所遭遇之倫理的難處。由於每一個置身都有著三重意識運作著，倫理置身的理解不在於聽從求助者話語說出的理由或問題（語意意識地帶），而是治療師聆聽話語，將其還原到

「經驗者的經驗」，並將自己置身其中，獲得求助者所面對的場景與身體感受（體感意識地帶），再以促動圖像意識的隱喻勾勒出此一置身（圖像意識地帶）。另一種連結的方式是跳過語意意識的應然論辯與判斷，直接抵達體感意識。這是一般的催眠引導語所做的，話語內容不指涉現實事物，主要是讓體感成為意識的主要對象，或以有節奏的聲音引動體感意識。此時求助者直接脫離語意意識的運作，在輕柔的話語中獲得被照顧的經驗。類比來說，透過聲音或輕觸給予有節奏的身體感受，正如同母親對幼兒的撫慰照顧。

　　在一般的見解中把與求助者的連結視為由同理心建立的治療關係，而存在催眠治療的概念化卻指出此中不可忽略的意識狀態，即存在狀態的改變。這是因為，一旦治療者透過體感意識的還原，讓求助者的倫理置身在治療室現身，治療室就幻化成倫理現場。舉例來說，一位抱怨妻子不是的男子，其倫理置身可能並非面對妻子的丈夫，而是由母親含辛茹苦養大的兒子。表面上看來是夫妻之間「應如何」的衝突與溝通，但「母親的兒子」是其中無法顯現的反面置身。當現身者從「求助者」、「丈夫」抵達「兒子」的倫理置身，治療室就成為兒子面對母親的倫理現場。然而這非故事的終點，符合親情倫理之母慈子孝的反面，卻也有著種種「不應該」的心思。當治療者觸及種種「不應該」的反面置身，求助者從阻隔的存在狀態獲得與治療者關係中的原初倫理經驗，此即「倫理性自我的契入與疏通」，心理治療也就成為倫理照顧的現場。這正是存在催眠治療作為倫理行動的深意。

　　如此的心理治療互動也就形成了一個擬像工作的療癒空間，或說促發了以圖像與體感為主的意識狀態，而原本難以轉圜的人情義理可以透過引動圖像意識的故事或隱喻來進行倫理的調節。接續前例來說，男子與母親、妻子及自己的關係，需要再倫理化的重構來獲得一個倫理的新局。這個新局要能夠涵納男孩、兒子及丈夫的倫理位置，但卻是以一個新的男性成人為主角的新倫理關係。這個新局無法由舊的理解與應然推論出來，而是要透過創造性的過程來產生，也就是由求助者與治療者共同領受種種條件的跳接混成而產生。

　　擬像空間的倫理調節工作在存在催眠治療中可以借用先前提過之
Lankton 與 Lankton（1983）的「隱喻嵌入結構」模式來進行。前例中以男
性成人爲主角來涵納男孩、兒子及丈夫角色的倫理新局，可以綜合構成一
個隱喻故事，讓求助者在催眠狀態下聆聽。求助者將獲得以豐富的圖像及
體感所構成之栩栩如生的宛若眞實經驗來將其遞送到新的倫理置身。

　　以上就顯示了存在催眠治療的兩項倫理行動治療步驟，首先是 ⑴ 與
求助者的連結，其次是 ⑵ 倫理的調節。這兩項相應了圖 30-6 中的「D－
B」連結以及「B－D－A」的動向。而圖 30-6 中的「D－C」（治療者－
奧祕）關聯，指出了存在催眠治療中的第三項倫理行動：治療者的自我奠
基工作。

　　前面在討論宗教行巫療癒時提到靈通的行巫能力的本質是進入擬像
空間而「與奧祕交往」的作爲。這裡再提「D－C」連繫並不是要去要求
治療者成爲通靈者，而是要能夠超脫人情事理思維的限制，在生命中開出
更寬廣的療癒轉化空間。「與奧祕交往」即是對未知的開放，對萬物可能
性的領受，如《易傳》上所言的「大人者與天地合其德，與日月合其明，
與四時合其序，與鬼神合其吉凶」。這也會是如余德慧所指出之中國心學
「心性存有」的路子，是個人安身立命的自我奠基。對存在催眠治療來
說，心理治療者不單只是精熟的療癒技巧操作員，其本身還必須對自己的
安身立命有本體的思考與體驗，在心性上下工夫，以涵攝所從事的治療活
動。

　　以存在催眠治療的理論視野來看，治療者的自我奠基是要能夠於存在
性的雙重結構中穿梭進出，以兩重平面經營自己的生活，才能不爲人情事
理規範所限，不爲陷落所衝擊。此外，這也是說治療者本身要熟悉以體感
意識及圖像意識爲主的存在狀態，能在其中流轉悠遊。如此一來，治療者
的開放性也就連接上了創造性，能承擔心理治療之「領受－生產」的創造
性任務。這是治療者在陪伴求助者探尋倫理新局時的關鍵能力。

　　與求助者的連結、倫理的調節以及治療者的自我奠基，三者構成了存
在催眠治療的倫理行動。

五 結語

　　本文從倫理療癒、柔適照顧到存在催眠治療的發展軸線勾勒出本土心理治療 20 年來的發展。藉由現象學的還原操作，筆者將種種具文化特性的療癒現象還原到經驗層次，以「同體異形」的概念將其整合，提出「存在性雙重結構」的見解，以說明心理療癒所涉及之存在狀態的移置與往復，如圖 30-13 所示。如此的理論論述不但可以回過頭去契合於臺灣社會中的種種療癒現象，同時也在西方的存在思潮中找到相應看法，並且可以說明談話治療言說現場的普遍性特徵。臺灣本土心理治療的發展可說是一個從文化特殊性現象出發而抵達一般性心理學理論的例證。

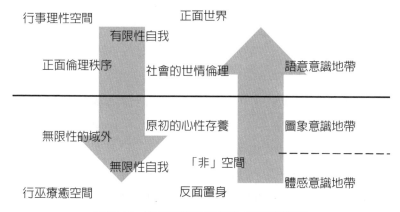

圖30-13　存在性雙重結構的同體異形變樣

　　由於心理治療學是一項必須於實踐中獲得效用的心理學次學門，本土心理治療模式的完整論述與實行就意謂著現象學取向的臺灣臨床心理學學者抵達了垂直模式本土心理學（the vertical model of indigenous psychology）的完成。垂直模式本土心理學指的是從學術領域回到生活經驗領域來做為「本土性」的內涵，相對的是主張「東西差異」而從西方思維回到東方思維來定義「本土化」方向的水平模式本土心理學（the horizontal model of indigenous psychology）（李維倫，2017）。當然這並非臺灣本土心理學運動的最終結論，而是一條心理學學術發展道路的確

立。這也是臺灣心理學提供給現象學心理學在全球發展的一個示例（Lee, 2016）。

柔適照顧與存在催眠治療未來將有機會以其自身所帶有的理論內容，進一步在發展心理學與心理病理學領域提供創新的研究方向。舉例來說，柔適照顧的臨終過程理論提供了新的概念化視野來思考「老化」的現象與歷程。同樣地，體感意識、圖象意識與語意意識的作用也可以作為觀察幼兒發展的概念化視野，並貢獻於理解幼兒心理現象。還有，各種心理症狀中是否可發現相應而可分辨的三重意識運作組型，值得新的研究來回答。奠基於本土現象的心理學理論逐漸擴散進入其他次學門，將會是本土心理學發展的新階段。

參考文獻

余安邦（計畫主持人）（2003）：《臺灣民間社會對哀傷療癒的援助網絡：以北縣新惠慈惠堂的靈媒系統為例》（報告編號：89-H-FA-01-2-4-5）。華人本土心理學研究追求卓越計畫成果報告。

余德慧（1985）：《臺灣民俗心理輔導》。張老師文化。

余德慧（2000）：〈從心理學的面向探討後現代生命倫理的實踐〉。《本土心理學研究》，*14*，157-196。

余德慧（2001）：〈心學：中國本我心理學的開展〉。《本土心理學研究》，*15*，271-303。

余德慧（2005）：〈華人心性與倫理的複合式療法－華人文化心理治療的探原〉。《本土心理學研究》，*24*，7-48。

余德慧（2007a）：〈柔適照顧典式的導言〉。《東海岸評論》，*210*，98-103。

余德慧（2007b）：〈現象學取徑的文化心理學：以「自我」為論述核心的省思〉。《應用心理研究》，*34*，45-73。

余德慧（計畫主持人）（2009）：《冥視空間的探討》（計畫編號：NSC98-2410-H-320-001）。國家科學委員會人文處專案計畫，行政院國家科學委員會。

余德慧、石世明、夏淑怡、王英偉（2006）：〈病床陪伴的心理機制：一個二元複合模式的提出〉。《應用心理研究》，29，71-100。

余德慧、李維倫、林蒔慧、夏淑怡（2008）：〈心靈療遇之非技術探討：貼近病人的柔適照顧配置研究〉。《生死學研究》，8，1-39。

余德慧、李維倫、林耀盛、余安邦、陳淑惠、許敏桃、謝碧玲、石世明（2004）：〈倫理療癒作爲建構臨床心理學本土化的起點〉。《本土心理學研究》，22，253-325。

余德慧、李維倫、許敏桃（計畫主持人）（2003）：《從家庭失親處境探討集體化的形成過程》（報告編號：89-H-FA-01-2-4-5）。華人本土心理學研究追求卓越計畫成果報告。

余德慧、彭榮邦（2003）：〈從巫現象考察牽亡的社會情懷〉。見余安邦（主編）《情、欲與文化》。中央研究院民族學研究所。

余德慧、劉美好（2004）：〈從俗智的啟蒙到心性與倫理的建構——以一個慈惠堂虔信徒網絡療癒爲例〉。《新世紀宗教研究》，2(4)，71-117。

余德慧、釋道興、夏淑怡（2004）。〈道在肉身——信徒於臨終前對其信仰之追求探微〉。《新世紀宗教研究》，2(4)，119-146。

李維倫（2004）：〈做爲倫理行動的心理治療〉。《本土心理學研究》，22，359-420。

李維倫（2008）：〈從「病理化」到「倫理化」：兒少性侵害受害者之研究的視野轉換〉。見余安邦（主編），《本土心理與文化療癒—倫理化的可能探問》論文集。中央研究院民族學研究所。

李維倫（2011）：〈反思臨床心理學訓練：探究美國「科學家—實務者」模式與專業能力學習的本質〉。《中華心理衛生學刊》，24(2)，173-207.

李維倫（2015）：〈柔適照顧的時間與空間：余德慧教授的最後追索〉。《本土心理學研究》。43，175-220。

李維倫（2016）：〈從實證心理學到實踐心理學：現象學心理學的本土化知識之道〉。《臺灣心理諮商季刊》。8(2)，1-15。

李維倫（2017）：〈華人本土心理學的文化主體策略〉。《本土心理學研究》（臺北）。47，3-79。

李維倫、林耀盛（2019）：〈從文化心理學到人文臨床心理學：臨床心理學本土

化論述與踐行〉。《本土心理學研究》。*51*，89-167。

李維倫、林耀盛、余德慧（2007）：〈文化的生成性與個人的生成性：一個非實體化的文化心理學論述〉。《應用心理研究》。*34*，145-194。

林耀盛（2011）：〈科學、人文與實務之間：析論臨床心理學的訓練和發展〉。《中華心理衛生學刊》，*24*(2)，279-310.

林耀盛、李維倫（2011）：〈專題導論：「不再是玫瑰：臨床心理學訓練與實踐的反思」〉。《中華心理衛生學刊》。*24*(2)，165-171。

楊國樞（1993）：〈我們為什麼要建立中國人的本土心理學？〉。《本土心理學研究》，*1*，75-120。

楊國樞（2005）：〈本土化心理學的意義與發展〉。見楊國樞、黃光國、楊中芳（主編），《華人本土心理學》。遠流出版公司。

龔卓軍（2006）：《身體部署》。心靈工坊。

Deleuze, G. & Guattari, F. (1983). *Anti-oedipus*. University of Minnesota Press.

Ellis, R. D. & Newton, N. (Eds.) (2000). *The caldron of consciousness: Motivation, affect and self-organization—An anthology*. John Benjamins Publishing.

Freud, S. (1910). *Five lectures on psychoanalysis*. SE, 11: 7-55.

Freud, S. (1997). *Dora: Fragment of an analysis of a case of hysteria*. Touchstone.

Gibson, J. J. (1977). The theory of affordances. In R. Shaw & J. Bransford (Eds.), *Perceiving, acting and knowing*. Erlbaum.

Gibson, J. J. (1979). *The Ecological approach to visual perception*. Houghton Mifflin.

Hilgard, E. R. (1986) Neodissociation theory of multiple cognitive control systems. In: Shapiro, G. E., Schwartz, D. (Eds.), *Consciousness and Self-regulation* (pp. 137-171). Plenum Press.

Husserl (1970), *Logical Investigations* (J. N. Findlay, Trans). Routledge & Kegan Paul.

Husserl, E. (1983). *Ideas pertaining to a pure phenomenology and to a phenomenological philosophy. First book* (F. Kersten, Trans.). Martinus Nijhoff. (Original work published 1913).

Kierkegaard, S. (1980). *The Sickness Unto Death* (H. V. Hong & E. H. Hong, Trans.). Princeton: Princeton University Press. (Original work published 1849).

Kristeva, J. (2003). *Pouvoirs de l'horreur.* (恐怖的力量，彭仁郁譯)。桂冠圖書公司。

Kübler-Ross, E. (1969). *On death and dying.* The Macmillan Company.

Lankton S. R. & Lankton, C. H. (1983). *The answer within: A clinical framework of Ericksonian Hypnotherapy.* Brunner/Mazel Inc.

Lee, W. L. (2007). Contacting and enacting "self for being ethical"：A model for psychotherapy practiced in Taiwan. In C. F. Cheung and C. C. Yu (Eds.). *Phenomenology 2005, Vol. I, Selected Essays from Asia.* Zeta Books. 477-495.

Lee, W. L. (2009). Psychotherapy as a locale for ethical care: The reaching into situated negativity. *Schutzian Research: A Yearbook of Worldly Phenomenology and Qualitative Social Science, 1*, 67-90.

Lee, W. L. (2011). A phenomenological approach to the acts of consciousness in hypnosis/hypnotherapy: A proposal. Paper accepted for the 30th International Human Science Research Conference, Oxford, UK.

Lee, W. L. (2016). Phenomenology as a method for indigenous psychology. In C. T. Fischer, L. Laubscher, and R. Brooke (Eds.), *The qualitative vision for psychology: An invitation to a human science approach* (pp. 156-172). Duquesne University Press.

Merleau-Ponty, M. (1962). *Phenomenology of perception.* (C. Smith, Trans.) Routledge & Kegan Paul.

Ong, W. J. (2002). *Orality and literacy.* Routledge.

Parke, J. S. (2000). *Milton H. Erickson M.D. and the art of the oral tradition.* (Doctoral dissertation). Ann Arbor.

Sedikides, C., & Spencer, S. J. (Eds.). (2007). *The self.* Psychology Press

Tart, C. T. (1975). *States of consciousness.* Dutton & Co.

Yapko, M. D. (2001). Revisiting the question: What is Ericksonian Hypnosis? In B. B. Geary & J. K. Zeig (Eds.), *The handbook of Ericksonian psychotherapy* (pp. 168-186). The Milton H. Erickson Foundation Press.

第三十一章　人文心理學的播種：我如何在大學教本土心理學

彭榮邦

一　教學：心理學本土化運動的盲點

　　如果以1980年12月在中央研究院民族學研究所舉辦的「社會及行為科學研究中國化」科際研討會做為一個指標性事件，所謂的「心理學本土化運動」（indigenization movement of psychology）在中文世界的發展與推動，也已經有了40年左右的歷史。從1980年代初期楊國樞先生最早倡議的「心理學研究中國化」（楊國樞，1982），到1990年代後以建立「中國人的本土心理學」為目標逐漸明晰的大方向（楊國樞，1993），一直到2000年後在「大學學術追求卓越發展計畫」的經費挹注下追求「國際化」的發展（黃光國，2004），「本土心理學」（indigenous psychology）做為臺灣心理學發展上的一個重要學術議題，已經有了相當的進展。晚近，在楊國樞、黃光國、葉光輝等人積極串連下，更是將「本土心理學」提升為心理學在全球發展的重要議題（Kim et al., 2006; Yeh, 2018）。具體而言，做為一個知識生產及傳播的學術社群，臺灣的心理學界不僅出版了不少以「本土心理學」為焦點的中英文專書，定期發行致力於推動本土心理學的刊物《本土心理學研究》，在歷年的研究發表及學術討論會上，「本土心理學」的相關議題都維持著一定熱度，也有不少學者及學子積極參與。

　　在這期間，心理學本土化運動的內部，也隱然出現了一些「可辨」的路線。李維倫教授在2017年的長文〈華人本土心理學的文化主體策略〉中就針對這些不同的路線進行了理路分梳，將它們視為心理學本土化運動中不同的「主體策略」，並將它們統整為強調對心理學知識「概念化與再

概念化」的兩種模式：第一種是以楊國樞、黃光國先生的論述爲代表的「水平模式」，它強調的是「理論主體性」，於其中「本土」是「由不同地域文化差異的『東西之別』來定義」，而其本土化目標在於「建立以地域文化爲架構的本土心理學理論知識，使得華人心理學具備有別於西方心理學的理論主體性」；第二種是以余德慧、宋文里先生的論述爲代表的「垂直模式」，它強調的是「生活主體性」，於其中「本土」指的是「回到說話者的當下存在處境」，其本土化目標是讓在地的生活經驗不再失語，而且有貼切而深刻的話語可說（李維倫，2017）。

從論述推進的角度而言，我們可以發現，關於「本土心理學」的討論與爭辯，在過去的這段期間已經促使臺灣的心理學界在學術思辨上的複雜度，有了相當不同於以往的風貌，如果對「本體論」、「知識論」、「方法論」、「實證主義」、「後實證主義」等以往被認爲是「哲學語彙」的概念，沒有一定程度的掌握和了解，已經很難參與到本土心理學論述中最具思辨性的討論之中。然而，從一個學術運動的角度來檢視，我們也不得不承認，心理學本土化運動在臺灣發展至今，還是存在著一定的盲點，而這其中最值得注意的，是本土心理學的「教學」。

會這麼說，自然不是沒有原因。首先，只要約略爬梳現有文獻，我們會發現，上述關於「本土心理學」的繁複思辨，在學術實踐上都還屬於「研究」的層次，並沒有太著墨在「教學」層次的思辨。確實，在華人本土心理研究基金會的支持之下，臺灣的遠流出版社在 2005 年出版過《華人本土心理學》上下兩冊（楊國樞等人，2005），做爲「本土心理學」相關課程的教科書，但這只是提供了本土心理學的「教材」，而且還是「研究所等級」的進階教材。[1] 然而，關於「本土心理學」該怎麼教，特別是怎麼在

---

[1] 在《華人本土心理學》的〈編者序言〉中，三位編者是這麼說的：「本書的編撰與出版有兩個目的，一是作爲心理學及相關學科研究者的參考書，二是提供心理學系（所）開設『華人本土心理學』、『本土心理學研究』或其他類似課程的教科書。……就後一目的來說，……授課教師可依學生程度的不同（如研究生班、研究生加大學高年級學生班），選擇適當章節，組成自己所需要的教材。」（楊國樞、黃光國與楊中芳，2005，頁 xiv-xv）

大學部的課程裡教授本土心理學，使大學生在一開始接觸心理學時，就能夠帶著「本土心理學的問題意識」，這是到目前為止在本土心理學論述中相當缺乏、但對心理學本土化運動的進展而言，卻相當重要的一個區塊。

　　做為在大學中教書的心理學學者，我們的主要工作除了做研究，教學也是相當重要的一環。往深刻處想，我們幾乎就是大學生在心理學知識上的「引路人」，他們所認識的心理學是什麼樣貌，和我們怎麼引導他們去認識心理學，這兩者之間有著密切的關聯性。如果他們在大學階段認識的「心理學」，到了研究所階段要被整個翻過一回，重新被指認為楊國樞先生所指稱的「西化心理學」（Westernized psychology）（楊國樞，2005），然後才開始學習什麼叫做「本土心理學」，那麼我們在做的，無非是在這些心理學的新鮮人身上重複了「西化心理學」曾經在我們身上造成的創傷，這是怎麼樣都說不過去的一件事情。從一個學術運動的角度觀之，這也意味著我們對「心理學本土化運動」在實踐上的思考還不徹底，缺了很大、很根本的一個面向。我想指出的是，本土心理學「如何教」，對於心理學本土化運動而言是一個重要議題，也是在現階段不可或缺的思考。我在這裡的分享，相當程度是野人獻曝，把我在大學部教授「本土心理學」的經驗呈現在大家面前。我不怕醜地這麼做，是希望能夠拋磚引玉，藉此激發大家對本土心理學的教與學，進行更為深刻的思考。

▣ 翻轉學習：少子化的衝擊與契機

　　我完成博士論文後的第一份工作，就是在慈濟大學的人類發展與心理學系任教（2013 年 8 月起聘）。在我接下教職後，當時的系主任陳堯峰老師就帶著相當的期許跟我說：「你要負責教授大學部一年級的『心理學導論』課程，而且你的任務就是讓這些大一新生們覺得心理學很有趣。」對於系主任交付的任務，老實說，我的感受很複雜。當初我從化學系轉到心理系時，「普通心理學」是我讀得滾瓜爛熟的科目，在美國攻讀博士學位期間，我也在大學部教過心理學的導論課程，因此教授「心理學導論」對我來說一點都不是問題。但是要讓學生們覺得這樣的心理學很有趣？系

主任的這個期許，讓我心裡出現了一些矛盾與掙扎。

　　首先，所謂的「導論」課程，是引學生入門的課程，我教的「心理學導論」課程當然也是如此。不過，從我自己的學習及教學經驗來說，導論課程並不好教，一不小心，就「謀殺」了同學對心理學的興趣及想像力，覺得心理學就是那些東西，和自己的生活也不見得有關。不僅如此，我對教科書中的所謂的「心理學知識」早就充滿疑問，認爲那是將心理學知識掐頭去尾、重新編排在一個去歷史、去脈絡的標準化框架下的一種「假知識」。不僅如此，我對本土心理學最初的嚮往，就是對這種「假知識」感到不滿足才萌生的。[2]因此，以這樣的教科書爲本，來引領學生入心理學的門，我有千百個不願意。不過在此同時，我也知道系主任爲什麼對我會有讓學生們「覺得心理學很有趣」的期許，因爲做爲一門學科的導論性課程，如果沒有辦法讓學生們覺得興致盎然，那他們後續的學習動力必然會受到影響，也會對自己爲什麼來就讀這個科系感到疑惑，甚至失去動力。

　　因此，我第一年教授「心理學導論」課程時，就想了一個折衷方案，既用教科書，又不違背我自己對心理學的認識。我在課程的架構安排上，刻意偏離教科書的章節順序，希望可以從生活世界出發，以生活經驗中的重要現象爲主題，把教科書的相關章節編織進這個架構裡。不僅如此，由於「心理學導論」在我們系上是一個上下學期的課程，所以我讓下學期的課程刻意逸出教科書的內容範圍，讓學生們以特定的現象爲主軸（例如，精神疾病），針對議題進行更深入的資料蒐集與討論，希望他們可以更主動地求知整理、研讀思索、分享與聆聽，來豐富在這個課程的學習。不過事後看來，這樣的課程安排（尤其是下學期），對於剛接受大學教育洗禮的大一新生而言，顯然「太有創意」，偏離他們原先熟悉的「你講、我聽」模式太多，導致最後的評價相當兩極。

2　臺灣心理學本土化運動的開創者楊國樞先生在 2005 年〈本土化心理學的意義與發展〉一文中犀利地指出：「非西方國家的西化心理學不切實際，無助於對當地民眾之心理與行爲提出有效解釋，所以是一種沒有多大用處的心理學。尤有進者，西化心理學完全孤立於當地人的文化傳統與社會脈絡，所提供的是一種既無視傳統又脫離現實的假知識。非西方心理學的這種現況必須加以改善。」（楊國樞，2005）

　　不過，打擊也可以是一種學習。我從學生最尖酸刻薄的教學評價中看到，這些對課程評價極差的學生，其實並不理解這樣的課程安排到底是爲了什麼。換句話說，他們搞不清這門課程的「學習框架」，以致於在學習上無所適從，覺得老師「放生」他們，沒有努力把知識「教」給他們。第二年上學期的課程架構，我沒有做太大的調整，但是到了下學期，因爲我任教的科系在整體課程方向的調整，就有了一個改變的契機。

　　這個改變的契機，和臺灣高等教育近來所面臨的危機有關。在 1990 年代中期，臺灣民間發出了強烈的教育改革要求，政府也以具體的「教育改革」政策回應。其中，教改團體爲了減輕升學壓力而提出的「廣設高中大學」，也在政策呼應下成爲事實，臺灣的公私立大學總數在 20 年間出現了倍數以上的成長。不過，與此同時，臺灣的出生率也大幅滑落，因此近幾年來，臺灣的大學面臨了「少子化」的危機（羅綸新，2007），而其中受到衝擊最大的，正是如我所任教的私立大學。2013 年，時任教育部長蔣偉寧宣布，將研議私立大學的退場機制（張錦弘，2013），而私立大學則是在政府「胡蘿蔔」與「棍子」雙管齊下的政策要求下，以發展出各校的辦學特色來回應。我所任教的科系，在這波「辦學特色」的要求下，從 2014 年開始以「學用合一」爲主軸，對既有的課程結構與內容進行調整。

　　順著這個「學用合一」的局勢，加上對第一年教學經驗的反省，我把第二年「心理學導論」的課程分成了「課堂學習」和「現場學習」兩個部分，一半的時間用來上課，一半的時間則是把學生帶到附近以原住民學童爲主的國小進行課業輔導及陪伴活動。我試著用「學知識」和「長知識」這樣的說法，讓他們有不同的「學習框架」來理解在大學課堂和在課輔陪伴時的學習活動。簡單說，「學知識」是他們熟悉的、以聽講爲主的學習活動，而「長知識」則是一個全然不同的「學習路徑」，他們必須從課輔陪伴時所遭遇的困難中思索、討論並找到出路，這過程中的學習，就是他們和伙伴們一起從「現場」長出來的心理學知識。這樣的課程安排，我整整進行了一年。從學生後來的回饋中我發現，相較於「學知識」，我們系上的學生在「長知識」這個學習路徑上，能有更多的投入及動力，雖然在

過程中是辛苦和挫折的。

　　從這一整年雙軌並行的教學經驗中，我開始進一步思考，到底大學生從「學知識」和「長知識」這兩種學習路徑中，對於「心理學」會出現什麼樣不同的認識。以「學知識」為主的學習路徑，「心理學」是一個集合名詞，是一個被打包好的東西，就像教科書的章節安排，它有清楚的架構和內容，學生從中學到一些心理學的理論和概念，而所謂的「現場」則是「應用」這些心理學理論和概念的場域。相較之下，以「長知識」為主的學習路徑，「現場」有完全不同的意涵，它不是應用知識的場域，而是一個活的、有人的、對我們有所期待、我們也必須長出知識予以「回應」的場景。在這裡，「心理學」是個動詞，學生必須先能夠維持住關係，才能在互動中首先「遭遇自己」（尤其是某種助人者不切實際的幻想），在挫折幻滅的逼迫下，真正開始遭遇「他者」（Others），看見偏鄉學童的困境和需要，並盡己所能地予以回應。做為**回應（respond）**的「心理學」，比起做為**應用（apply）**的「心理學」，雖然架構不清楚、甚至有點拼湊，但顯然和「現場」之間有更為緊密的關係。雖然有點誤打誤撞，但強調從現場「長知識」的學習路徑，不正是在大學教「本土心理學」的絕佳方式嗎？

　　就這樣，我在心裡慢慢醞釀著一些教「本土心理學」的想法。2016年，慈濟大學為了強化教學特色及發展，進一步鼓勵各教學單位設置學分學程或微學程，提供學生跨領域修課與適性發展的學習可能。對我來說，這個課程盤點重整的時機，剛好是一個實踐不同於以往的心理學的機會。我提出把「人文心理學」當做科系特色的想法，也獲得了同事們的支持，在 105 學年度的開始，和宗教與人文研究所的盧蕙馨及周柔含兩位老師一起設立了「人文療癒微學程」。而其中，「本土心理學」就成了「人文心理學」的入門課程。[3]

3　我在「人文療癒微學程」裡一共開設了「本土心理學」、「愛情心理學」、「受苦與聆聽」，以及「生態心理學」等 4 門「人文心理學」的選修課程。這四門課程大致上可以分為兩個循序漸進的類別：第一類為「以經驗為基礎」（experience-based）的課

▊三 打開人文心理學的視野：以經驗爲基礎的本土心理學

　　當我決定在大學部開設「本土心理學」這門課程時，最常被學生質問的一個問題就是：「什麼是本土心理學？」以往在面對碩士班學生提出這個問題時，我通常是從臺灣心理學本土化運動的歷史切入，讓他們知道心理學「本土化」（indigenization）的問題意識是如何在歷史的辯證過程中浮現出來。這時，楊國樞先生在 1982 年出版的〈心理學研究的中國化：層次與方向〉和他在 1993 年出版的〈我們爲什麼要建立中國人的本土心理學？〉這兩篇文章，就成了他們必讀的入門文獻。我想，和我同一時期或在我之前踏入本土心理學研究領域的學者們，楊先生的這兩篇文章應該也曾經是他們的「入門儀式」。

　　然而，就像我在一篇評論文章中提到的，心理學本土化運動是「臺灣的心理學學者對中文心理學[4]的殖民性所展開的多面向、而且是逐步深化的反省」（彭榮邦，2017b）。不僅如此，從心理學本土化運動在臺灣的發展看來，中文心理學本身的「殖民性」（coloniality），必須要有學術實踐上的累積，亦即，要有一定程度的研究經驗，才得以逐漸暴露出來（彭榮邦，2017a）。因此，對於心理學還所知不多的大學生，其實並沒有足夠的學術實踐基礎，得以辯證地看見目前的「中文心理學」講中文、但卻不懂在地人心的弔詭性，從而產生對「本土心理學」的嚮往。因此，

程，其中包括「本土心理學」及「愛情心理學」；另一類爲「以文本爲基礎」（text-based）的課程，其中包括「受苦與聆聽」及「生態心理學」。

[4] 「中文心理學」泛指所有以「翻譯」這個跨語際實踐爲基礎、並以中文爲載體來傳播的心理學。它相當於楊國樞先生所談的「西化心理學」（Westernized psychology），也是目前多數中文讀者所認識的「心理學」。我刻意用「中文心理學」而不用「西化心理學」，主要是覺得楊國樞先生談「西化心理學」時，還未能辨識出「西化心理學」的「化」如何在跨語際實踐中發生，而「中文心理學」較能突顯出目前「講中文」的心理學對「mind」所知甚詳、卻對「心」所知不多的弔詭性。關於「中文心理學」的詳細論述，請參考拙文〈人文的凝視：追尋余德慧先生逝去未遠的身影〉中「心理學的東進與『心』的失落」一節（彭榮邦，2017a）。

這個以心理學爲何需要「本土化」的問題意識出發，並以關鍵文獻的閱讀將他們引入「本土心理學」大門的方式，我認爲是行不通的。這個入門的「門檻」太高，不要說「入門」，沒被嚇跑就不錯了。

　　然而如果我們換個角度想，把李維倫教授（李維倫，2017）對心理學本土化的「主體策略」所進行的思考挪用到本土心理學的教學，上述入門方式比較適合的「主體位置」（subject position），是那些開始想做研究、或已經在做研究的人（亦即，碩士班等級的入門者），它在相當程度上屬於強調「理論主體性」的水平模式，對於還在培養理論思辨能力、可能也不以理論建構爲目標的大學生來說，在教學上並不是有效的主體策略。我在「心理學導論」這門課程的教學經驗告訴我，面對大學生我們最好使用「垂直模式」的主體策略，也就是強調「生活主體性」而非「理論主體性」，讓他們從自己的生活經驗出發，來進行心理學思考。

　　因此，面對大學部學生「什麼是本土心理學？」的提問，我決定不以他們習慣的方式回答，也就是說，不把「本土心理學」當做一種被打包好、有清楚架構和內容的知識體系來回答他們；相反地，我延宕了他們的提問，把「本土心理學」這門課程當做是一個「打開人文心理學視野」的邀請，請他們暫且擱置既有的心理學理論或概念，藉由這門課程實踐及體會一種「以經驗爲基礎」（experience-based）的學習路徑，回到生活世界，回到人的生活經驗，藉由經驗的描述和分析，來理解人的心理生活。

　　這種「以經驗爲基礎」的學習路徑，自然與學生以往的學習經驗大相逕庭。在多數學生的經驗裡，學習一門「○○心理學」的課程（例如：人格心理學、發展心理學），通常需要購買這門課程的教科書，閱讀授課教師指定的章節，學習其中涉及的概念、理論，最後再從考試的結果來評量自己的學習。雖然學生對這個心理學領域的認識，總會有以自己的經驗來呼應學習到的知識的部分，但是這樣的呼應，嚴格地來說，其實是「套用」，是以學習到的概念或理論爲框架，來解釋自己或他人的經驗。

　　「以經驗爲基礎」的學習路徑首先放棄的，正是這個以既有的學科知識爲骨幹來架構課程的想法。然而，我以往的教學經驗也告訴我，偏離學生熟悉的學習路徑是「有風險」的，不是不能做，但是必須讓學生在學習

上有方向感，知道自己在做些什麼、學些什麼（例如，讓學生知道這門課程提供的是一個不同於以往的「學習路徑」），不能讓學生覺得有被老師「放生」的感覺。因此，雖然放棄了以既有學科知識為骨幹的課程架構，但是卻需要一個更清楚明白的設計理念與課程結構，讓學生在這個新的「以經驗為基礎」的學習路徑中，不僅在每一個階段都能夠知道自己的學習目標，在活動中有所收穫，還能夠跟著課程的推展，逐步累積以實際生活經驗為基礎長出來的知識，最後在總結性的活動中，一方面整理學習歷程，一方面以更大的局面，來回看及理解自己在這門課程中的所學所得。

四　設計理念：本土即現場，屬於我們的心理學，不在他方，就在此處

學生在修習一門課程之前，總會對於自己在這門課程裡可以學到什麼有所預期。傳統的教學模式在這件事情上似乎有優勢，因為授課老師可以在學習活動尚未發生之前，預先框定一整個學期的學習內容，而學生也可以從被指定的閱讀材料上，預先打量這門課程的學習分量。學生希望可以預先知道自己「可以學到什麼」的預期是合理的，我也打算滿足這樣的期待。然而，如果「本土心理學」這門課程的學習內容，不是從事本土心理學的學者們所進行的思考、所累積出來的研究成果，那麼它還可以是什麼？

從「以經驗為基礎」的學習路徑來看，如果要回答上述的問題，就必須重新打造我們對本土心理學的認識：學習本土心理學，並不等於學習一個被打包好、整理好的「本土心理學」（例如，包括它出現的歷史辯證，它既有的研究成果等），而是把它看成是一種帶著指向性的學習歷程或活動。如果容許我用一種「偽數學式」的方法來表達，這兩者的差異如下：

$$本土心理學 \neq \{本土心理學\}$$
$$本土心理學 = \underline{本土心理}+學$$

圖31-1　「本土心理學」意涵的重新界定

在上圖中，｛本土心理學｝所代表的，就是「做爲集合名詞的本土心理學」，因此第一個不等式所要說明的是：學習本土心理學，不等於學習一個被打包好、整理好的「本土心理學」。第二個等式所要表達的，則是對本土心理學的重新認識。在第二個等式中，本土心理（劃底線的本土心理）指的不是特定的學習內容，而是一種往心理生活「回歸」的指向；而學（斜體的學）則是試圖以「斜體」相對於「正體」的動態，來突顯「學」做爲動詞的使用，以這樣的方式來指涉「學」所指涉的學習活動。因此，學習本土心理學在第二個等式的意義，就不再是把「本土心理學」當做是一個外在於我的知識體系來學習，而是回到生活世界，回到生活經驗，因爲人的心理生活（而非心理學的概念或理論），就只能往具體的生活經驗裡尋，往各種脈絡交織的生活世界裡尋。

然而，若以在課程中「可以學到什麼」的預期來考量，本土心理所涉及的主要還是學習方向的重新界定（一種「回歸」的朝向），指涉的學習範圍還是太大，有待進一步釐清。到底這門課程應該圈出什麼樣的範圍，做爲學生可以展開學習活動的本土心理？如果沿著這門課程所採取的是「以經驗爲基礎」的學習路徑的理解，那麼上述的問題就可以換成：到底這門課程想展開的，是對於什麼經驗的理解？

在回答這個問題之前，請容我先拐個彎，進一步澄清本土心理的「回歸」意涵。有現象學底子的讀者應該早就嗅到，我在本文中所提的「以經驗爲基礎」的學習路徑，其實帶著濃厚的現象學味道。從現象學的角度來看，所謂的「經驗」，誠如加拿大現象學心理學家 Max van Manen（1990）所言，必然是「生活經驗」（lived experience），它是一種立即性的、我總是涉身其中、而其意義需要經過反思才能以明晰的生活意識（consciousness of life）。「lived experience」這個詞，在中文裡不容易直譯，因爲「lived」在這裡有兩層意涵：在第一層意義上，「lived」是被動式，經驗總是屬於某人，是「被」某人「活」出來（lived）的經驗。這也就是說，某人和他的經驗之間，不是一種客觀的外在關係，而是一種我總是涉身其中（self-given）的反身性覺察（reflexive awareness）；在第二層意義上，「lived」是過去式，經驗總是過去的，發生在反思之前（prereflective），然而「意義」（meaning）是由反思（reflection）而來的，只能發生在事後。[5] 這也就是說，當我們要確定／澄清經驗的意義時，只能透過反思這種事後的「回看」，經驗的意義才眞正得以明晰。因此，「以經驗爲基礎」的學習路徑，在相當程度上，就如同 Max van Manen（1990）的書名所示：是一種「生活經驗的探究」（researching lived experience）；它是一種回看式的、對生活經驗的「重新尋找」（re-search），以求從這樣的「探究」（research）之中，理解生活經驗的明晰意義。

現在，讓我們回到設定本土心理的範圍這個問題。「本土心理學」是開在大學部的課程，因此，如果我要設定某種生活經驗，做爲和學生一起探究的範圍，那麼這樣的經驗，就得是與學生比較有關的，而且最好是他們還身在其中、有動機去探索的經驗。以這樣的條件來說，恐怕沒有比「家」的生活經驗更合適的了。對於臺灣的大學生來說，「家」是一個再貼近不過的經驗：許多人可能在上大學之前沒有眞正離開過家，因此處在一個與原生家庭既有距離、又不至於太遠的狀態，既高興可以離家，但同時也不自主地想家。不僅如此，因爲跟原生家庭初次拉開了距離，剛好有機會重新看待、擺放自己與家人的關係，也和一些陌生人在他鄉慢慢形成某種「家人」的感覺，甚至開始夢想著跟愛戀的對象一起成家。

於是，「家」的經驗就成了「本土心理學」課程中的本土心理。藉由這個課程，我想和學生一起探究的，是我們臺灣人怎麼活出「家」的經驗，尤其是其中縈繞的心思、愛恨情仇。在這樣的設計裡，「本土心理學」課程並沒有確定的知識內容，而是指向了一個我們都涉身其中的經驗範圍──「家」的經驗。換句話說，這門課程並沒有固定的知識內容，而是打開或指向了一個經驗的「現場」，邀請學生們一起參與這個「現

---

5 然而，這並不是說，人的經驗是沒有意義感的。相反地，人在日常生活中的經驗，總是有所見的，只不過這樣的「見」並非敞亮的明白，而是一種在實踐脈絡下的意義感（sense），是人活在事情中的「默會之知」（implicit understanding）或是「實踐之知」（practical understanding），而它的明晰意義（或是我們常說的「明白」）則有待事後的反思，藉由語言來勾勒其面貌（articulation）。關於這個部分的討論，可以參考 Dreyfus（1991）第 11 章關於理解（understanding）的討論。

場」的發現及探究。對我來說，這樣的「現場」，就是本土心理學的「本土」，它有著現象學家海德格在闡述 *dasein* 意義時所強調的現場性，不管是動詞意義上的「在此」，或名詞意義上的「此在」。因此，從第一年的教學開始，我就明白地讓學生知道，他們在這門所謂「本土心理學」的課程中，不會有以往那種追求知識涵蓋面的學習；相反地，這門課程每次只會專注在一個重要的心理現象，而我們現在關注的，是每個人的「家」的經驗，不在他方，就在此處。

五 課程結構：先開眼，再以經驗的逐步開顯來架構學習活動

談完「本土心理學」課程的設計理念「本土即現場」之後，接下來我將仔細說明的是課程結構。之前的教學經驗告訴我，「以經驗為基礎」的學習路徑，如果沒有結構清楚的課程來支撐，修課學生恐怕很快就會迷失在活動裡。

首先，我想先從前第一、二堂課的教學談起（這兩堂課的安排，在第一年的課程中還沒有清楚分化出來）。雖然說，這門課程提供的是一個「以經驗為基礎」的學習路徑，而它的核心理念是「本土即現場」，但是該怎麼看見、並且接近經驗的「現場」，對學生來說並不容易。為什麼？因為對於許多學生來說，他們已經習慣在課堂上「學知識」，然後把知識「應用」或「套用」在自己或他人的經驗，以為這樣就是「理解」，就是「看見」。然而對我來說，這其實是一種「理論／概念先行」的學習路徑，在觀看經驗的同時，其實早就已經有所「見」，而這種隱藏在「看」裡頭的「見」，嚴格地說，並不是真正貼著經驗所生的「看見」，因為它的意義是悄悄被「偷渡」進來的。[6] 如果要實踐出以「經驗為基礎」的「看

---

6 這個部分的詳盡論述，請參考拙文〈人文的凝視：追尋余德慧先生逝去未遠的身影〉，特別是 343-345 頁，關於現今的中文心理學如何奠基在「翻譯」這個跨語際實踐上的討論（彭榮邦，2017a）。

見」，首先就要學會該怎麼「看」，然後接著才是形成「見」的過程。

因此，這門課程的第一、二堂課，是一個藉由課堂講述及實例演示的方式，來引導學生學習怎麼「看」經驗的過程。第一堂課對我來說是「破題」，除了一般的課程介紹之外，我會以「什麼是本土心理學？」為題，讓學生知道這門課程所提供的，是一個不同於以往的學習路徑，而且是把每個人的「家」的經驗，做為本土心理學的「現場」。由於討論每個人的經驗，和討論書本內容不同，必然會涉及個人隱私，因此我在課程大綱上列了特別的「討論要求」，請同學務必認真考慮，再決定要不要修這門課程：

討論要求

1. 本課程會大量討論個人經驗，若對此有顧忌者，請勿選課。

2. 分享自己的經驗，是明白這個經驗的開始，也是認識自己的起點，所以請同學們盡量細緻地談論自己的經驗。不要怕說得不好，說了就是開始，一個學期的訓練你會受益良多。

3. 聆聽別人的經驗分享，是個難能可貴的經驗，請認真聽別人說話，藉由提問幫助他把話說得更清楚。

4. 不要在課堂之外八卦你在課堂內聽到的事情，那是別人的私密心事，需要小心對待。你可以跟課堂外的人談你學到什麼，但請你以自己的學習經驗為主，不要多嘴雜舌，好好呵護別人的心事。

圖31-2　「本土心理學」課程的討論要求

第二堂課，比喻地說，是一個協助學生「更換眼鏡」及「打開視野」的過程。我會先花一點時間，讓同學們知道他們將在這裡所學的「本土心理學」並不是我個人所創，而是有一個從楊國樞先生開始、再由余德慧教授進行「人文心理學」轉化的傳承。我想讓學生知道，雖然這條本土心理學的「來時路」他們還不熟悉，但卻實實在在是這門課程的基礎。接下來，我會更詳細地區辨「理論／概念先行」及「經驗先行」這兩種學習路徑，讓他們可以更清楚知道自己在這門課程中到底該怎麼學習（放下書本、擱置既有的理論及概念），要學些什麼（回到人的生活經驗，藉由經驗的描述與分析，來理解人的心理生活）。在第一年的課程裡我沒有明

說，但是到了第二年我就讓同學們知道，這樣的做法，正是本土心理學做爲一種「人文科學心理學」（psychology as a human science）的起手式。

以上的講述內容算是提醒學生，這門課程需要他們「更換眼鏡」，從原本「自然科學心理學」的眼鏡，換成「人文科學心理學」的眼鏡。接下來是第二堂課的另一個重點，更換眼鏡之後「打開視野」的過程。這個部分涉及了講述及示例一組本土心理學的關鍵詞：⑴ 生活經驗（lived experience）；⑵ 生活世界（lifeworld）；以及 ⑶ 心理生活（psychological life）。在介紹這些關鍵詞之前，我首先提醒學生，概念不是死的、拿來背誦的東西；相反地，概念是眼睛，是思考事物的方式。這一組我要介紹的關鍵詞，實際上是一組彼此相關的核心概念，掌握了它們，就等於打開眼睛，有了「看」的能力。

問題是，要理解這一組關鍵詞並不容易，對於沒有現象學背景的大學生來說更是如此。因此，要讓他們理解這一組關鍵詞，絕對不是請他們去讀相關的文獻，而是找到他們熟悉的素材，在課堂上創造出他們可以「懂」這些關鍵詞的條件，讓他們從中去把握這一組關鍵詞的意涵。例如，我在第二年介紹「生活經驗」（lived experience）這個概念時，就用了 YouTube 上「如何成爲臺灣人」[7] 的這部 4 分鐘左右的短片。對學生們來說，身爲「臺灣人」是一個被活出來的事情，是他們再熟悉不過的生活經驗。可是如果問他們「臺灣人」是什麼意思？他們就會發現，這是一個很難回答的問題，或許最好的方法是從經驗上去探究。「如何成爲臺灣人」這部短片，就是以一個經驗集錦的方式，有趣地呈現出學生們所熟悉的「臺灣人」（譬如，開口閉口都要「不好意思」等）。4 分鐘的影片雖然不長，但卻在一個有趣的氛圍裡，密集地召喚出學生類似或不同的經驗，創造出理解「生活經驗」意涵的有效條件。只要學生能夠投入，那麼我就有相當的把握，他們能夠掌握底下 PPT 中我分項條述的內容，也就是「生活經驗」這個關鍵詞的主要意涵。「生活世界」及「心理生活」這兩個關鍵詞，我也是使用類似的教學方法，限於篇幅，在此就不贅述。

7　「如何成爲臺灣人」的網址是：https://youtu.be/KY6OV7ohbxc。

生活經驗（Lived Experience）

- 經驗先行的學習路徑
  - *所謂的「台灣人」*
- 生活經驗（lived experience）：
  - *那些我們都活在其中，模模糊糊知道，但又不太明白的事情*
  - *不是身外之物，無法直接測量*
  - *都在做、都會做，但說起來有點困難*
  - *理解生活經驗只能回看，藉由描述及分析，讓事情變得明白*

圖31-3　闡述「生活經驗」（lived experience）的PPT

　　從第三堂課開始，我安排了一個依「主題」推進的方式，來結構這門課程的主要活動。在第一年的課程裡，我把「家」的經驗大致上分成四個「主題」或「可探究的經驗範圍」，分別爲：⑴童年：家的原初印象；⑵離家、想家、回家；⑶家人：家的愛與傷；以及⑷成家：家的未來想像。這四個主題的設定並沒有太多的理論依據，比較是我試圖貼著大學生經驗而來的設想，它們做爲主題能否在學生那一端引發共鳴，只有執行過後才知道。事實上，第一年的教學經驗告訴我，第一到三個主題，都相當能夠引起學生的共鳴，但是第四個主題「成家」似乎離他們有點遠，以至於在想像上顯得有點貧乏。有鑑於此，我參酌第一年的經驗內容，在第二年的課程裡把第四個主題改爲「家人：我不認識的你/妳」，讓學生有機會去探索自己從來沒有在日常生活裡認識過的家人面貌。從後來學生給出的經驗材料來看，這次的更動，確實能夠引發更多的參與及討論。

　　若以舞臺劇來比喻，確定四個主題，算是把幕次給決定下來了。不過，每一個主題/幕次只是設定了一個我們準備「看」的經驗範圍，主題內的課程活動該怎麼安排，讓「好戲上場」而有所「見」——也就是說，讓每個經驗範圍內的心理生活可以藉由課程活動被看見、被描述，而後被

分析——才是真正的重點。每一個主題，大致上就是三週，前兩週我會把課堂時間用來講課，第三週則不講課，讓學生們分組討論。雖然對學生來說，這門課程的主要學習材料，是自己和其他人所呈現的「家」的經驗，但我還是安排了一些指定和推薦的教材，做為每個主題前兩週的授課材料，也請同學們盡量閱讀。對我來說，以這些書為教材，重要的並不是書的實質內容（學生自有機會可以詳讀），而是其中一些重要的概念區辨。如果他們把握住這些概念區辨，就能夠以此為基礎切換到人文心理學的觀看方式，在自己和同學的經驗裡有所看、從而有所見。

　　以「童年：家的原初印象」這個主題為例，我所安排的指定閱讀是張老師文化出版的《家屋：自我的一面鏡子》（*House as A Mirror of Self: Exploring the Deeper Meaning of Home*）。《家屋》的作者 Clare Cooper Marcus 不是一位心理學家，而是建築系的教授，她這本書的重要論述都是建立在「家」（home）與「家屋」（house）這兩個概念區辨的基礎之上。當我們讓一個人談童年，談家的原初印象時，除了家裡的人和彼此的互動之外，對家屋或家裡物件的鮮活感官描述，也常常出現在回憶的話語當中。如果不先在概念上把「家屋」從「家」分化出來，再把人與「家屋」及相關物件的情感連結，也視為童年經驗的重要部分，那麼這些關於家屋、關於物件的記憶，就極可能被認為太瑣碎而忽略。這麼一來，學生們對童年、對家的原初印象的探索，就很有可能會太偏重「人情」而少了「物情」。對我來說，在「童年：家的原初印象」這個主題的一開始，以《家屋》為引介紹「家」與「家屋」在概念上的區辨，就是希望能夠藉此打開「物情」——亦即，與「家屋」及相關物件的情感經驗——得以被看見的空間。對我而言，每個主題前兩週的講課，與其說是給學生什麼實質的學習內容，不如說是藉由閱讀材料的討論和琢磨，排除在經驗中得以「看見」的障礙，讓他們就像是打開新的眼睛，帶著某種期待和新鮮感，回看自己以及他人的經驗。

　　因此，我的講課試圖要達成的，只是某種類似「開眼」的功能。學生們真正「以經驗為基礎」的學習，則有賴四個以他們為主體的活動來達成。這四個活動，我把它們命名為「自我探索」、「聆聽對話」、「經驗

描述」，以及「主題分析」。「自我探索」安排在每個主題的第一週，活動本身很簡單，就是根據主題完成一張畫（例如，主題一就是畫一張關於「童年」的畫）。如果當週講課後還有時間，就從課堂上開始畫，沒畫完的帶回去完成（圖 31-4 是曾同學在主題一的畫作）。

圖31-4　曾同學的「童年」畫作

「聆聽對話」安排在第二週的課後，我會把學生分成固定的兩兩一組，請他們找時間把自己的畫說給對方聽，也聆聽對方說自己的畫。「經驗描述」同樣是安排在第二週的課後，學生們必須依據他們自己的畫，還有說給對方聽的內容，寫出一份 500 至 1000 字的經驗描述（圖 31-5 是曾同學「童年」畫作的部分經驗描述）。

「主題分析」則是安排在第三週的課堂時間，請學生分成幾個大組，每個組都會分配到其他組成員的畫及經驗描述。他們在各自的分組內輪流閱讀材料，經過討論後整理出各組的主題分析，以海報的形式跟全班同學分享（圖 31-6 是分組討論的海報內容），並在課後撰寫 500-1000 字的反思心得（圖 31-7 是謝同學在主題分析後的反思心得）。

除了同學們自己的經驗敘說、描述和分析，如果時間允許的話，我也

　　即使童年大部分的記憶都在可怕的早餐店裡耗損，但我的家還是有著許多快樂與溫暖，小時候家裡有一輛紅色的腳踏車，我喜歡騎著這輛年紀比我還要大的腳踏車在家隔壁的空地繞圈圈，騎累了就靠著我家大大的鵝黃色牆壁休息，看著滿天的蜻蜓飛呀飛，蜻蜓似乎也成為了我對家與童年一項重要的指標，因為現在回到家鄉，蜻蜓早已寥寥無幾。我對大自然的迷戀也許是從童年便開始，我與姊姊喜歡在睡前爬上頂樓，躺在爸爸親手做的木頭長椅上吹著晚風看星星，滿天星斗照亮我的夜晚，也為我的童年點亮幾分光朵。或許是從小的耳濡目染，除了喜歡大自然，我也喜歡動物，爸爸養了很多隻狗與鳥，家裡有一整道走廊的鳥籠與狗窩，狗狗的壽命有長有短，名字也不斷重複使用，狗狗們不是叫妞妞就是叫恰恰，同樣的名字卻有著不同的靈魂與回憶，喚著相似的名字讓我們永遠不會忘記曾經陪伴我們的狗狗好朋友，以後我若有機會自己扶養狗狗，也許也會將牠取名為妞妞或恰恰吧！

圖31-5　曾同學「童年」畫作的部分經驗描述

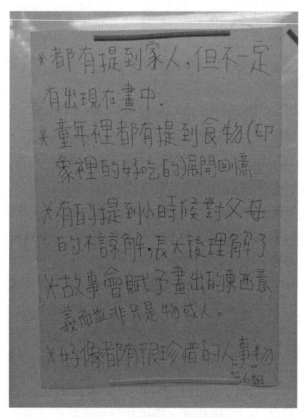

圖31-6　分組討論的海報內容

反思心得

這一次的課程是讀其他同學所寫的童年故事，雖然看到的篇數不多，但是在每個人的內容裡都能發現與自己想像中不一樣的事，以獨生子來舉例，在我印象中只有一個孩子的話，父母對他的關愛應該比有兄弟姐妹的孩子多，但是在一位同學的分享中，發現他竟然說他從小就缺乏父母的關愛與關心，從這裡就能看得出，並不是每個家庭都跟我們腦中的刻板印象一樣。

從上次大家的報告中，整理出幾項特有的項目，例如：空間、五感、物品、親屬，特定的空間就是大家小時候的祕密基地，那個地方對他們來說是私人、放鬆的空間，像是電影納尼亞傳奇裡的櫥櫃，一進去就是屬於自己的想像空間、自己的王國；五感則是小時候聽到旁邊家的雞在叫，長大以後儘管搬到外縣市讀書，但如果聽到雞在早晨叫的時候，仍會想起小時候的記憶；物品在許多人的故事中都是以陪伴、寄託以及回憶為主，像是小被被、娃娃，僅僅一件物品就能讓他們想起以前美好的回憶，雖然有些人的回憶並不是美好的，還有一個令我印象深刻的，是放在床頭櫃上的鐵盒，裡頭不單單是信件而已，他還把所有美好的回憶鎖在裡面，也代表他很重視那些寫信給他的朋友；特定的親人大多都是以手足為多，因為小時候最能與自己溝通的都是年齡最相近的人，所以不管是分享還是玩樂都是與手足的互動最多。

這一次的收穫還有一個讓我印象深刻的，是老師說的一段話，「彼得潘就是我們的童年記憶」，這樣讓我的童年更充滿歡樂。

圖31-7　謝同學在主題分析後的反思心得

盡量在每個主題之間穿插「多媒體賞析」的活動，一方面是提供喘息時間（修過課的同學普遍認為這是一門分量很重的課程），一方面也是藉由賞析電影、電視或音樂等廣義的「心理學文本」，打開同學們對「家」更豐富的認識。學期的最後一堂課是「期末分享」，我會請同學把他們的學習成果，轉化為一個「創意作品」，帶來課堂上和大家分享（圖 31-8、31-9是曾同學期末作品的部分展示）。

六 結語：以滴水穿石的方式，形成對「家」的心理學認識

對授課老師以及助教來說，操作這樣一門「以經驗為基礎」的「本土心理學」課程，是一件很耗時費力的事情，有多少修課學生，每週就要盯

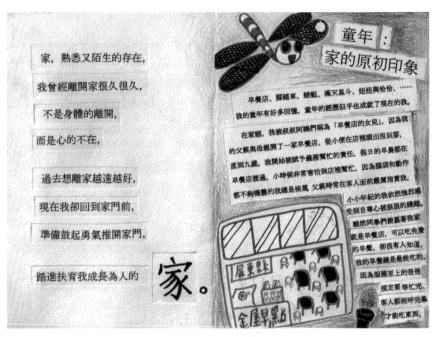

圖31-8　曾同學期末作品的部分展示之一

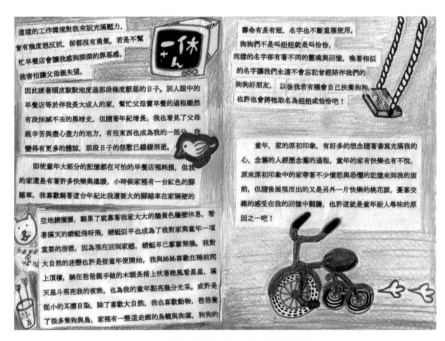

圖31-9　曾同學期末作品的部分展示之二

著多少份作業的完成。在第二年的教學裡，我甚至開始把同學們的經驗描述，整合到我的講課當中，讓他們多少從中感受到一種「從自己的經驗長出心理學認識」的興奮感。例如，在主題二「離家、回家、想家」閱讀同學們的作業時，我發現了一些與「家的空間性」有關的主題，因此就擷取了不同學生的經驗描述段落，試著把它們整合在共通的主題描述之下。第一個主題就像我在圖 31-10 這張 PPT 的描述中所說的，「家」（home）是被人活出來的，如果童年比較「漂泊」，或是家人比較忙碌，「家屋」（house）就失去了家的氣息，連記憶都變得淡薄。

家的空間性
The Spatiality of Home

- 「家」（home）是被人活出來的，如果童年比較「漂泊」，或是家人比較忙碌，「家屋」（house）就失去了家的氣息，連記憶都變得淡薄。
  - 我的童年，是在好幾個親戚家度過的。....這樣的日子一直持續到我上小學，我才跟家人一起住。可是在那個家住沒兩年，我又搬家了，也轉學了。說實話，我對我童年的記憶幾乎忘光了。對很多人來說，童年或許是很快樂充滿很多回憶的一段時光，當然也有例外，但我對那段時光的記憶卻若有若無，能讓我勾起童年回憶的東西也寥寥無幾，幾乎沒有。
  - 搬回家後的多數時間都是我一個人呆著，爸爸要工作到下午，媽媽去進修，姐姐不是上課就是補習，全家人都很忙，在家裡陪伴我的只有書和電視機。我沒有什麼印象深刻的事情，就只是很平淡地度過那段時光。

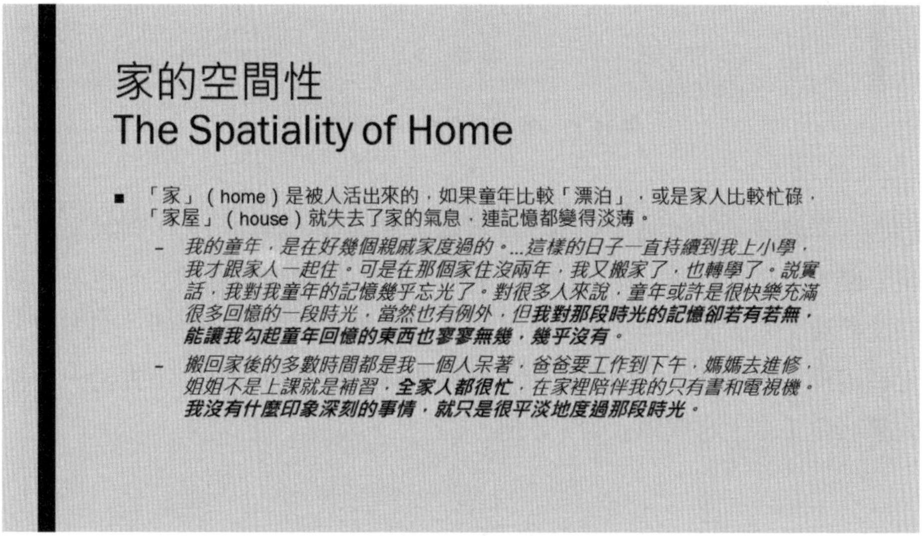

圖31-10　家的空間性PPT舉隅之一

另外一個主題也非常有趣，涉及了家裡不同空間的「質地」，就像我在圖 31-11 這張 PPT 的描述：「家」不是一個同質的空間，家裡的不同地方，有不同的「重力場」，凝聚不同的記憶和意義。

或許在每一年的「主題分析」活動裡，參與同學的分析都還像圖 31-6 的海報所看到的一樣稚嫩，然而隨著每一年開課的累積，這門課程就彷彿一個巨大的質性研究活動，不斷地捲入不同學生帶進來的經驗素材及新觀點，一點一滴地，以經驗的描述及分析為基礎，協力長出一群人對「家」

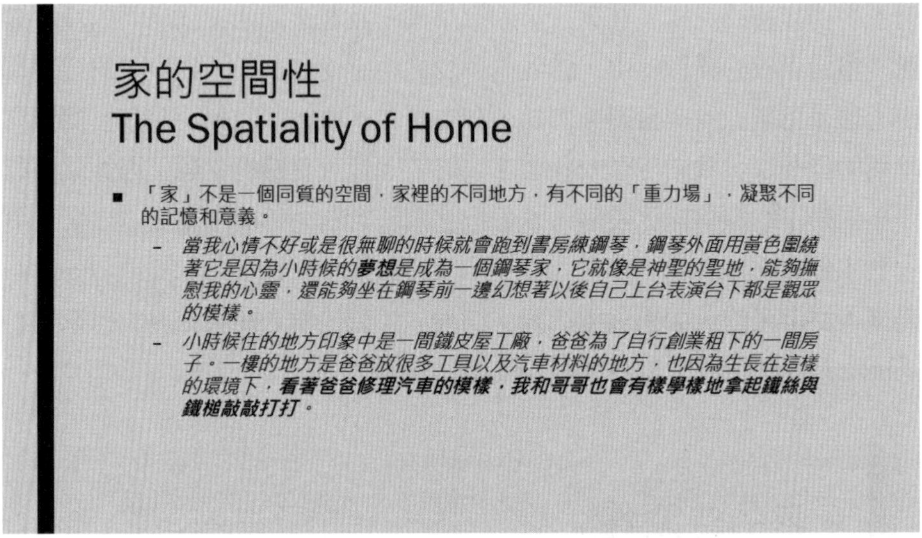

圖31-11　家的空間性PPT舉隅之二

的心理學認識。這種滴水穿石、在經驗上琢磨著話語的功夫，對我來說，是一種大學生可以懂、也可以操作的「本土心理學問題意識」，也是我播在他們身上的人文心理學種子。「本土心理學」還是進行中的一門課程，走到這裡、形成這樣的面貌，有著各種因緣際會，但這應該不失為一個在大學部教「本土心理學」的方法吧。

參考文獻

李維倫（2017）：〈華人本土心理學的文化主體策略〉。《本土心理學研究》，*47*，3-79。

張錦弘（2013）：〈私立大學退場機制教育部啟動〉。《聯合報》。

彭榮邦（2017a）：〈人文的凝視：追尋余德慧先生逝去未遠的身影〉。見余安邦（主編），《人文臨床與倫理療癒》，頁337-360。五南圖書出版公司。

彭榮邦（2017b）：〈文化主體策略？後殖民角度的反思〉。《本土心理學研究》，*47*，99-118。

黃光國（2004）：〈「華人本土心理學研究追求卓越計畫」的總回顧〉。《本土心理學研究》，22，3-10。

楊國樞（1982）：〈心理學研究的中國化：層次與方向〉。見楊國樞、文崇一（主編），社會及行為科學研究的中國化，頁153-187。中研院民族所。

楊國樞（1993）：〈我們為什麼要建立中國人的本土心理學？〉。《本土心理學研究》，1，6-88。

楊國樞（2005）：〈本土化心理學的意義與發展〉。見楊國樞、黃光國與楊中芳（主編），《華人本土心理學》，頁3-54。遠流出版公司。

楊國樞、黃光國、楊中芳（主編）（2005）：《華人本土心理學》（上）、（下）。遠流出版公司。

羅綸新（2007）：〈臺灣少子化現象對高等教育之衝擊與挑戰〉。《教育資料與研究雙月刊》，74，133-150。

Dreyfus, H. L. (1991). *Being-in-the-world: A commentary on Heidegger's Being and time, division I*. MIT Press.

Kim, U., Yang, G.-S., & Hwang, K.-K. (2006). *Indigenous and cultural psychology: Understanding people in context*. Springer.

Van Manen, M. (1990). *Researching lived experience: Human science for an action sensitive pedagogy*. State University of New York Press.

Yeh, K.-H. (Ed.) (2018). *Asian indigenous psychologies in the global context*. Springer Berlin Heidelberg.

國家圖書館出版品預行編目資料

華人本土心理學30年：工商管理與臨床療癒／
　鄭伯壎，林耀盛分冊主編．－－初版．－－
臺北市：五南圖書出版股份有限公司，
2022.06
　面；　公分
ISBN 978-626-317-993-6（平裝）

1.CST：民族心理學　2.CST：企業管理
3.CST：中華民族　4.CST：文集

535.707　　　　　　　　　111009629

4B0G

華人本土心理學30年
工商管理與臨床療癒

分冊主編 ― 鄭伯壎、林耀盛

叢書總編 ― 楊中芳、張仁和

作　　者 ― 李維倫、林升棟、林佳樺、林姿葶、林耀盛
　　　　　　周婉茹、姜定宇、黃敏萍、彭榮邦、鄭伯壎
　　　　　　劉宏信（依姓名筆畫排序）

發 行 人 ― 楊榮川

總 經 理 ― 楊士清

總 編 輯 ― 楊秀麗

副總編輯 ― 王俐文

責任編輯 ― 金明芬

封面設計 ― 姚孝慈

出 版 者 ― 五南圖書出版股份有限公司

地　　址：106臺北市大安區和平東路二段339號4樓

電　　話：(02)2705-5066　　傳　　真：(02)2706-6100

網　　址：https://www.wunan.com.tw

電子郵件：wunan@wunan.com.tw

劃撥帳號：01068953

戶　　名：五南圖書出版股份有限公司

法律顧問　林勝安律師事務所　林勝安律師

出版日期　2022年6月初版一刷

定　　價　新臺幣450元